本书系国家社会科学基金重大项目“研究阐释党的十九大精神”专项课题
“推进绿色发展的路径选择与保障机制研究”
（项目编号：18VSJ038）的研究成果。

推进绿色发展的
路径选择与保障机制研究

Tuijin Lüse Fazhan De
Lujing Xuanze Yu Baozhang Jizhi Yanjiu

杜建国 许玲燕 金帅◎著

上海三联书店

目 录

第3章 推进企业绿色发展的路径选择

第4章 推进绿色消费的路径选择

第5章 推进产业绿色发展的路径选择

第7章　推进绿色发展的保障机制

第8章 推进绿色发展的实践与示范

第9章 推进绿色发展的管理建议

内容简介

本书紧紧围绕新时代推进绿色发展这一前沿主题，综合运用管理科学、环境科学、计算机科学、经济与行为科学、系统科学与系统工程等多学科理论与方法，系统把握党的十九大关于“绿色发展”的理念内涵，并进行科学认知和阐释，从微观企业到中观产业再到宏观区域层面，细致剖析推进绿色发展的系统路径演化规律，深刻揭示绿色发展路径的依赖特性，并从“微观企业—中观产业—宏观区域”三大层面对绿色发展过程中可能出现的“不良锁定”进行解锁，深入提炼新时代背景下推进绿色发展的路径选择；从共享机制、监管考核机制和服务机制三方面科学设计一系列相应的保障制度，并深入调研与发现企业（以电器电子产品企业绿色供应链为例）、产业（以江苏省镇江市制造业高质量发展为例）、区域（以绿色园区建设为例）三个层面的绿色发展实践与示范，为党和政府推进绿色发展过程中的科学决策和制度设计提供参考和决策支持。

本书可作为高等院校管理科学与工程、工商管理、计算机科学与技术、产业经济学、系统工程、环境科学与工程相关专业的师生参考书，也可供相关科研单位、管理部门及决策部门的科技、管理人员参考。

序

习近平总书记在党的十九大上的报告深刻指出：当前我国社会主要矛盾已经转化为人民日益增长的美好生活需要和不平衡不充分的发展之间的矛盾，全面阐述了加快生态文明体制改革、推进绿色发展、建设美丽中国的战略部署，为未来中国的生态文明建设和绿色发展指明了方向、规划了路线。进入新发展阶段，贯彻新发展理念，首先要从学理层面，科学地阐释习近平新时代绿色发展理念的丰富内涵，深入理解如何推进绿色发展，有助于提升我们对绿色发展重大意义的认知，更准确地把握绿色发展的驱动力和实践路径，为推进绿色发展不断贡献学者智慧与力量。

本书是江苏大学杜建国教授为首席专家承担的国家社会科学基金重大项目“研究阐释党的十九大精神”专项课题的研究成果，是集体智慧的结晶。本书按照“科学认知⟶路径选择⟶保障机制⟶实践示范与管理建议”的逻辑思路，综合运用管理科学、环境科学、计算机科学、经济学、系统科学与系统工程等多学科理论与方法，系统学习和领会习近平新时代绿色发展理念的思想内涵，提出了“企业-产业-区域”三层联动的推进绿色发展实践路径以及“共享-监管-服务”三位一体的推进绿色发展保障机制。

重要观点《构建社会主体参与企业环境污染治理的机制》发表于《群众》(决策资讯版)2018 年第 24 期，《系统分析疫情影响实施有效的经济恢复策略》发表于《群众》2020 年第 4 期,《积极引导绿色消费》发表于 2020 年 7 月 10 日的《学习时报》领导内刊。研究提出的企业环境治理方略被《新华日报》、《中国科学报》以及人民日报海外网、科学网、宣讲家网等多家媒体报导。

通览全书,本书在以下方面具有鲜明的学术创新和应用价值:

(一) 既有世界眼光和前沿意识,又立足本土立场与中国特色。如在研究绿色发展的驱动机制等问题上,本书从“企业-产业-区域”多层面的研究对象上总结基本规律;在绿色发展路径选择的研究过程中,紧密结合当前我国进入新时代的背景特征,遵循“国际视野”与“本土特质”有机结合的方式,探讨并给出具有前瞻性和可行性的推进绿色发展路径选择方案和保障机制。

(二) 从“制度背景-发展理念-路径选择-保障机制”逻辑链完整阐释了习近平新时代绿色发展理念的科学内涵和发展脉络,揭示当代中国绿色发展的政治主张及其对世界生态文明建设的贡献,丰富了生态文明理论和可持续发展理论。

(三) 基于行为演化与系统演化视角,尊重驱动主体绿色发展的市场机制,并充分考虑驱动绿色发展的保障机制;重视企业和产业等市场主体与政府的协同作用;研究中长时间尺度下基于不同情景的消费者、企业、产业、区域等层面的绿色发展路径及其演变规律;既展示系统如何从“金山银山”到“绿水青山”再到“绿水青山就是金山银山”的演化过程,又展示系统可能无法达到“绿水青山就是金山银山”的演化路径等多种可能性,为绿色发展理念的贯彻落实及有序推进提供科学的路径方案及制度支持。

(四) 基于“企业-产业-区域”的路径演化及其不良锁定问题,构建推进绿色发展的共享机制、监管机制和服务机制;提出具有普遍指导意义的绿色发展理念与配套政策体系；以具有中国特色的政府引导的推进绿色发展操作手册与行动指南为抓手，为“企业-产业-区域”从“先污染后治理”、“边污染边治理”向“绿水青山就是金山银山”绿色发展转型提供理论基础和决策参考。

（五）以问题为导向，以案例为基础，论证本书提出的推进绿色发展的路径选择与保障机制理论、模型及方法体系，为进一步落实绿色发展理念提供实践示范。

该书的出版不仅丰富发展了生态文明和可持续发展理论，而且也积极促进了管理科学、系统工程、计算科学、资源环境科学等领域的发展。衷心期望杜建国教授及其科研团队能继续深化对推进绿色发展理论与实践的深入研究，多出成果、出好成果，为丰富国家哲学社会科学成果文库做出新的贡献。

南京大学 盛昭瀚

2021 年 9 月

前　言

十九大报告指出中国特色社会主义进入新时代，我国社会主要矛盾已经转化为人民日益增长的美好生活需要和不平衡不充分的发展之间的矛盾。绿色发展作为五大发展理念之一，已经成为解决新时期社会主要矛盾的重要手段，也彰显了党和国家加快推进绿色发展的信念和决心，昭示着绿色发展成为时代的主题，成为引领未来国家经济社会发展的方向和模式。

然而，绿色发展是一项复杂的系统工程和长期任务，涉及社会、经济和技术等各个方面，在"微观—中观—宏观"层面不同程度面临路径选择困惑的现实难题，成为推进绿色发展的障碍。例如：在微观企业层面，现实发展中清洁生产技术不成熟、清洁产品价格偏高、消费者环境意识不够强烈，企业缺乏采用绿色技术和生产装备的微观激励，导致绿色技术在中国工业领域难以获得更广泛的应用。在中观产业层面，由于资源开采、环境污染等成本未按市场机制定价并纳入原材料成本核算之中，导致原材料价格偏离于市场价格，中游制造业绿色转型面临极大成本压力，下游企业或消费者对这种价格扭曲现象也无法做出适应性调整，致使产业链绿色转型困难。在宏观区域层面存在监督不到位，缺乏有效的生态补偿机制、跨区域协同机制等，给高污染、高排放、低产出的企业和产业留下了生存的空间，极大影响了绿色发展理念的践行。

基于以上背景，本书紧紧围绕习近平新时代绿色发展理念这一前沿主题，综合运用管理科学、环境科学、计算机科学、产业经济、系统科学与系统工程等多学科理论与方法，系统把握党的十九大关于"绿色发展"理念的思想内涵，从历史思维、时代思维、战略思维、实践思维、系统思维等角度，对绿色发展进行科学认知和阐释，从微观企业到中观产业再到宏观区域层面，细致剖析推进绿色发展的动力和阻力，利用情景重构、情景推演等关键技术，系统推演不同情景下不同层面绿色发展的演化规律，深刻揭示绿色发展路径的依赖特性，并从"理念—技术—制度"三维组合空间解锁绿色发展过程中可能出现的"不良锁定"，形成新时代绿色发展的演化路径，深入提炼新时代推进绿色发展的保障机制，为党和政府推进绿色发展过程中的科学决策和制度设计提供参考和决策支持。本书的研究对习近平新时代绿色发展理念在我国企业、产业、区域三大层面的实践与推进具有重要的应用价值，也为我国制定绿色制造、绿色消费、绿色创新、经济高质量发展等战略规划提供科学的决策支撑。

本书围绕推进绿色发展的路径选择与保障机制这一研究主题展开讨论与介绍。总体框架可概括为"科学认知→路径选择→保障机制→实践示范与管理建议"，形成了四个部分，共分 9 章。主要研究内容如下：

(1) 绿色发展理念内涵与科学认知。由第一章和第二章组成，通过国内外绿色发展的文献计量与梳理，厘清绿色发展的研究脉络，基于历史实践与国际经验展开绿色发展理念的科学认知和内涵阐释。重点探讨习近平新时代绿色发展理念的理论基础与演进，从实践、认知、总结三方面科学阐释绿色发展理念的内涵。

(2) 推进绿色发展的路径选择。自第三章至第六章，基于行为与复杂性视角，从微观企业到中观产业再到宏观区域，剖析推进绿色发展的系统路径演化规律，揭示绿色发展路径的依赖特性，通过不同情景下绿色发展的演化模拟，研究推进绿色发展的驱动力和演化路径。重点探讨信息分享条件下的企业绿色发展路径影响机理、大数据情境下消费者异质需求与企业环境创新行为演化路径、以名牌产品企业为核心的供应链非绿色发展行为影响因素及作用机理、制造商与消费者交互作用下的产业绿色发展演化路径、基于绿色全要素生产率的区域绿色发展特征与异质性分析以及创新驱动的区域绿色发展实现路径等问题。

(3) 推进绿色发展的保障机制。第七章在分析推进绿色发展的制度供给不足基础上，提出基于企业、产业、区域三大层面的绿色发展共享机制、监管考核机制和服务机制。重点分析共享机制、监管考核机制和服务机制在企业、产业、区域三大层面的执行思路及应用。

(4) 推进绿色发展的实践与示范。第八章和第九章侧重于通过企业(以电器电子产品企业绿色供应链为例)、产业(以镇江市制造业高质量发展为例)、区域(以绿色园区建设为例)三个层面的绿色发展案例分析，总结出推进绿色发展的实践经验、不足与应用示范建议。重点探讨案例中的绿色发展模式、驱动要素、成效与困难、实现路径及保障机制、新思路与新方向等问题。

本书系国家社会科学基金重大项目“研究阐释党的十九大精神”专项课题“推进绿色发展的路径选择与保障机制研究”(项目编号：18VSJ038)的研究成果。项目执行期间，项目组成员先后多次赴江苏南京、常州、无锡、镇江、扬州、宿迁以及四川泸州等地开展实地调查，深度访谈各区县发改委、环保局、科技局等多个部门以及100余家具有代表性的工业企业，展开企业层面、产业层面和区域层面的立体式绿色发展实证研究。课题的研究也得到了湖南省社科联主席刘湘溶教授、中央党校现代科学技术与科技哲学教研室副主任赵建军教授、行政管理学“长江学者”特聘教授王慧敏等专家的多次指导，在此一并表示感谢。

感谢课题组成员兼江苏高校哲学社会科学重点研究基地“绿色发展与环境治理研究中心”团队成员参与了课题的研究并在资料收集、整理过程中辛勤付出。参与课题的主要成员包括朱长春、刘小峰、赵爱武、孟庆峰、孙立成、申彦、张先宝、李星苇、朱晓雯、高鹏、孙江辉、张燕、王烨、金基瑶、周卓赟、王梦丹、狄雨臻、周立鑫、王玥、张婧、李影、王雅柔、蒲天峰、王丹丹、陆梦怡等。特别感谢河海大学王慧敏教授、江苏大学孙梅教授和程发新教授对本研究的大力支持。

在本书的编写过程中参考的大量文献资料已尽可能地一一列出，但由于文献资料较多，疏漏在所难免，在此表示歉意，并向所有的参考文献资料作者表示由衷感谢。限于作者水平，书中问题仍需不断研究和探索，恳请广大读者指正。

作　者

2021 年 9 月

第1章 绪论

1.1 绿色发展成为新时代主题

1.1.1 绿色发展的时代性

习近平总书记在中国共产党第十九次全国代表大会所做的报告全面阐述了加快生态文明体制改革、推进绿色发展、建设美丽中国的战略部署。十九大报告明确指出中国特色社会主义进入新时代，我国社会主要矛盾已经转化为人民日益增长的美好生活需要和不平衡不充分的发展之间的矛盾。绿色发展作为五大发展理念之一，是解决新时期社会主要矛盾的重要手段，既彰显了党和国家加快推进绿色发展的信念和决心，也昭示着绿色发展已成为新时代的主题，引领未来国家经济社会发展的方向和模式。

近现代以来，中华民族承受了巨大的磨难并历经了艰辛的发展过程，对发展的渴求尤其迫切。经过改革开放 40 多年来的高速发展，我国经济总量步入了世界前列，经济社会发展、综合国力和国际影响力实现历史性跨越。但是必须清醒地认识到：过去粗放式的发展模式也带来了不可忽视的生态环境问题，单位产品资源消耗大、环境污染多的粗放型经济增长方式，不仅使我国付出了不菲的环境代价，而且对我国经济可持续发展形成了巨大压力。因而，如何统筹协调好经济发展与生态环境保护的关系是未来实现中华民族伟大复兴中国梦、建设生态文明与推进绿色发展的重大考验。

习近平总书记深刻指出：绿水青山就是金山银山。这就必须纠正不正确的发展观念和粗放的发展方式，补齐生态环境这块突出短板，推进绿色发展。习近平新时代绿色发展理念表达的就是人与自然和谐共处的最高境界，是对长期以来人类处理人与自然关系的规律性认识的高度凝结，是对千百年来人类对人与自然关系思想认识的升华，是对马克思主义绿色发展观的传承和创新，更是明确了我国生态文明建设的路径和方向。这将有利于全党全社会牢固树立社会主义生态文明观、同心同德建设美丽中国、开创社会主义生态文明新时代。

进而，如何推进绿色发展，探索其发展的路径及其保障机制，以实现经济增长和资源环境可持续性改善，让绿水青山成为金山银山，是中国特色社会主义进入新时代、国内社会主要矛盾发生变化的现实提出的新课题、新要求。

1.1.2　绿色发展的系统性

绿色发展本身又是一项复杂的系统工程和长期的战略任务，涉及社会、经济和技术等各个方面，在“微观—中观—宏观”层面不同程度地面临着路径选择困惑与保障机制不完备两大现实难题，严重阻碍了我国推进绿色发展的进程和效率。例如：在微观企业层面，绿色生产技术不成熟、绿色产品价格偏高、消费者环境意识不足，企业缺乏采用绿色技术和生产装备的足够激励，导致绿色技术在我国企业层面难以获得更广泛的应用(刘小峰等，2013)。在中观产业层面，由于对自然资源的过度开采、环境严重污染等导致上游企业成本未按绿色市场机制进行合理定价并直接纳入下游企业原材料的成本核算之中，致使原材料的价格成本远远偏离于绿色市场所规定的价格，中游的制造业在绿色转型过程中面临着极大的成本压力，下游的企业或消费者对原材料价格成本扭曲的行为也往往无法及时做出合理适应性的调整，严重影响下游产业的绿色发展（李平，2011）。在宏观层面，政府存在监督不到位、生态补偿机制缺失、考核晋升机制不合理等保障机制错位或缺位问题，给高污染、高排放、低产出的企业和产业留下了生存的空间，极大影响了绿色发展理念的积极践行。

因此，推进绿色发展的关键是要营造有效的体制机制和政策环境，转变传统的环境保护模式，通过法律、行政、经济、社会治理手段与科学技术相结合，切实推动广泛形成绿色生产生活方式。国外发达国家高度重视绿色发展的管理实践，从微观企业到中观产业再到宏观区域乃至国家层面均形成了一系列绿色发展规范。相比而言，我国虽然也陆续发展了一些绿色发展保障体系的标准与规范，但目前基于政府政策管理（包括监管、激励、考核、共享、服务等）的绿色发展保障机制尚显不足，导致经济系统、自然系统、社会系统在交互过程中可能走向"不良锁定"（如黑色发展）。而绿色发展强调经济系统、自然系统、社会系统间的系统性、整体性和协调性，因此，推进绿色发展需要基于"理念—技术—制度"进行三重绿色解锁，考虑到绿色发展策略具有情景依赖性，需要充分考虑"企业—产业—区域"三大层面参与主体的异质性、适应性和复杂交互机制，并将新时代中国背景纳入研究中，揭示绿色发展的动力机制及演化路径，以此探讨政策优化系列问题。

基于此，本书紧紧围绕新时代推进我国绿色发展这一主题，综合运用管理科学、环境科学、计算机科学、产业经济、系统科学与系统工程等多学科理论与方法，系统把握党的十九大关于"绿色发展"的理念内涵，并进行科学认知和阐释，从微观企业到中观产业再到宏观区域层面，细致剖析推进绿色发展的系统路径演化规律，深刻揭示出绿色发展路径的依赖特性，进而提炼出新时代背景下推进绿色发展的路径选择；在此基础上，深入探析推进企业、产业、区域绿色发展的保障机制；并以电器电子产品绿色企业供应链、江苏省镇江市制造业、典型绿色园区为例总结出推进绿色发展的实践与示范，深入形成实践基础上的理论创新，为党和政府推进绿色发展的科学决策和制度设计提供理论参考和决策支持。

1.2 国内外研究进展与实践

习近平总书记在十九大报告中全面地阐述了中央关于加快推进生态与文明建设和体制改革、推进国民经济绿色可持续发展、建设美丽小康中国的重大战略部署。十九大报告再一次明确指出，我们党所要努力建设的生态与现代化社会是促进人与自然和谐发展与共生的社会经济现代化，既要为人民创造更多的物质财富和更多精神财富以充分满足全国各族人民对日益增长的美好生活的需要，也要努力为人民群众提供更多优质的生态文明产品以充分满足全国各族人民对日益增长的优美生态环境的需要。这就要求，必须坚决纠正不正确的绿色发展思想观念和粗放的绿色发展思维方式，补齐生态环境这块比较突出的短板，推进绿色可持续发展。进而，如何认识和推进绿色发展，探索绿色发展的具体路径及其根本利益保障机制，以实现国民经济快速增长和自然资源生态环境可持续改善，让绿水青山逐步变为金山银山，是为适应中国特色社会主义建设进入新的时代、国内经济社会主要矛盾发生变化的形势和现实需要提出的新理论课题、新战略要求。

围绕推进绿色发展的路径选择与保障机制这个主题，国内外学者展开了丰富的前瞻性研究。聚焦于绿色发展相关领域的典型问题，本书将从以下五个方面进行文献梳理，并进行扼要的文献评论。

1.2.1 绿色发展的整体文献计量分析

尽管已有学者对于绿色发展开展了一定的探索性研究，并形成了有必要研究绿色发展的共识，但目前学界对于绿色发展的研究尚未形成定论，仍处在探索性研究阶段。中国和国际学者在研究绿色发展问题上的时空分布特征是什么？研究热点是什么？研究前沿有哪些领域？研究知识基础是什么？为了解决上述问题并厘清国内外学者们关于绿色发展的研究脉络，本小节主要开展了以下内容研究：

基于文献计量法、知识图谱分析法、空间分析法，主要采用科技文本挖掘及可视化软件 CiteSpace 5. 2. R2，对截至 2017 年已发表且被 CSSCI 数据库收录的 364 篇中文文献其引文（1999—2017 年）以及被 SSCI、SCI 数据库收录的 1 015 篇英文文献其引文（2000—2017 年）进行合作网络、共现网络、共被引情况的可视化分析，重点从相关文献发表的时空分布特征、研究热点、研究前沿、研究知识基础等四个部分对中国与国际绿色发展研究进行了分析。主要包括：(1)时空分布部分，采用 Excel 软件对相关文献发文量年代分布进行了统计，得到了绿色发展研究发文量年代分布特征。采用 CiteSpace 5. 2. R2 对相关文献进行了合作网络分析（包括合作国家网络分析、合作机构网络分析、合作作者网络分析）与期刊共被引分析、采用 Arc GIS 软件将合作网络国家分析结果绘制区划图、采用 Excel 软件对相关文献发文量期刊分布进行了统计，得到了绿色发展研究发文量空间分布特征；(2)研究热点部分，采用 CiteSpace 5. 2. R2 对相关文献进行了关键词共现分析、关键词共现聚类分析、关键词共现时序演化分析，得到了绿色发展研究热点；(3)研究前沿部分，采用 CiteSpace 5. 2. R2 对相关文献进行了关键词突现检测，得到了绿色发展研究前沿；(4)知识基础部分，采用 CiteSpace 5. 2. R2 对相关文献进行了共被引文献分析，得到了绿色发展研究知识基础。通过上述研究，展示了国内外绿色发展研究的时空分布、热点、前沿与知识基础，为未来绿色发展研究提供基础与依据。

1.2.1.1 研究方法与数据

(1) 研究方法

本部分采用的研究方法为文献计量法、科学知识图谱研究方法与空间分析法。陈维军(2001)提出文献计量法是一种起源于20世纪初期的统计分析方法,是一种对文献进行计量研究的方法。本书主要采用文献计量法对中国与国际绿色发展研究的年代分布特征进行研究。Shiffrin & Brner (2004)认为科学知识图谱研究方法可以对某一研究领域进行可视化分析,其研究原理通过数据挖掘、科学计量、信息分析和制图等方式来实现。李杰和陈超美(2016)建议运用CiteSpace来展开文献计量分析,CiteSpace是由美国德雷塞尔大学陈超美教授基于Java语言开发的一款主要用于科学知识图谱研究的可视化分析软件,研发至今已经迭代更新至5.2.R2版本。在此基础上,本部分采用CiteSpace5.2.R2软件进行合作网络、共现网络、共被引情况的可视化分析,得到相关的科学知识图谱。刘湘南等(2008)提出的空间分析法是一种关于地理空间现象的定量研究方法,是地理信息系统(GIS)的核心。本部分采用了ArcGIS软件对主要国家绿色发展研究合作网络知识图谱按国家提取数据,处理后得到主要国家绿色发展研究合作网络发文量区划的可视化图像。

(2) 数据来源

研究数据分为中国数据与国际数据两类。首先,以CSSCI数据库中收录的期刊文献为中国数据源,关键词设置为绿色发展(勾选精确),文献类型选择论文,时间跨度为1998—2017年,结果检索到发表于1999—2017年的364篇中文文献。然后,以Web of Science核心集数据库为国际数据源,在更多设置中勾选SCI-EXPANDED与SSCI,标题设置为green development,时间跨度为1986—2018年,得到1 336条检索结果。随后,在文献类型区域勾选ARTICLE,点击精炼后,结果检索到发表于2000—2017年的1 015篇英文文献。具体检索步骤如图1.1所示。

(3) 数据处理

首先,中国数据源的处理。CiteSpace 5.2.R2无法直接识别分析CSSCI下载的数据,需要进行格式转换后才能进入下一步分析。因此,将364篇中

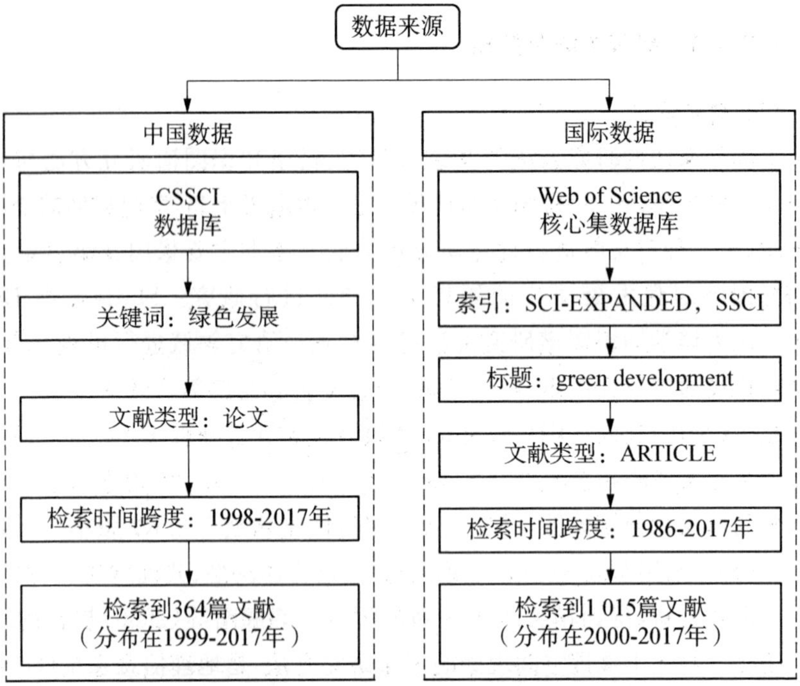

图 1.1　国内外学者绿色发展研究数据检索步骤

文文献样本通过 CiteSpace 5. 2. R2 的 Data→import/export 转换功能完成转换。将时间范围设定为 1999—2017 年、时间分区设定为 1，根据不同的研究问题再选择对应的其他设置。

然后，国际数据源的处理。为对数据除重并按时分割数据，故将检索到的 1 015 篇英文文献通过 CiteSpace 5. 2. R2 的 Data→import/export 除重功能进行除重处理。将时间范围设定为 2000—2017 年、时间分区设定为 1，根据不同的研究问题再选择对应的其他设置。

1. 2. 1. 2　绿色发展研究的时空分布分析

（1）时间分布

对数据进行统计处理后，发现近年来不论是中国数据源还是国际数据源关于绿色发展的研究文献从数量上均呈现出逐年递增的趋势（如图 1. 2 所示）。

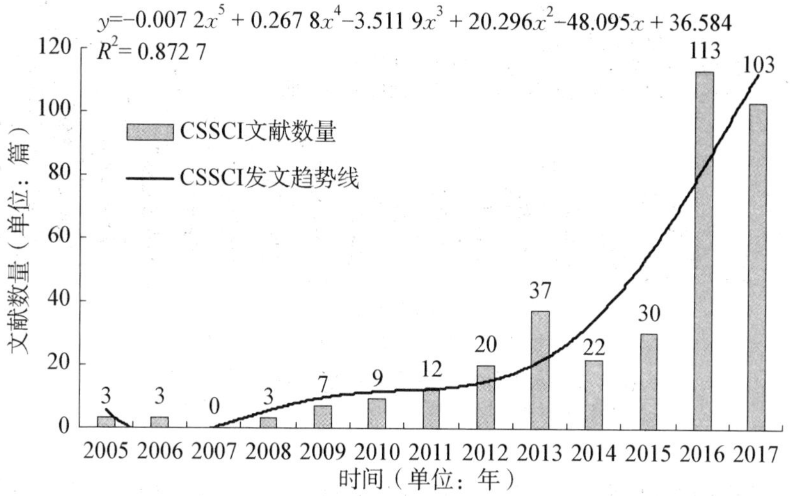

a 中国数据源绿色发展研究的发文量与趋势

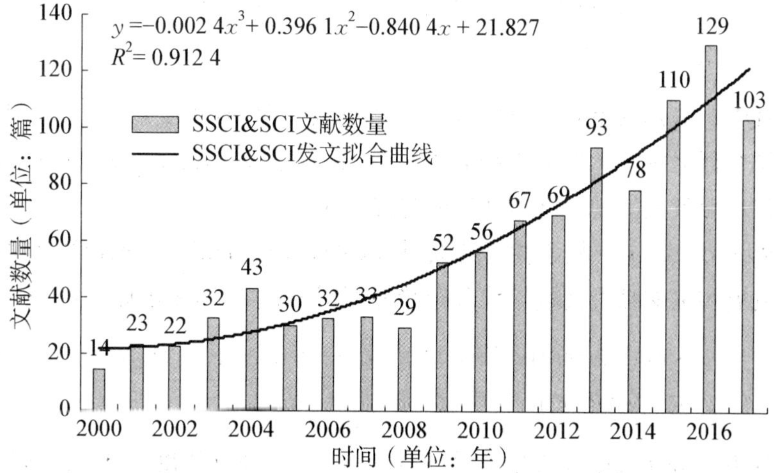

b 国际数据源绿色发展研究的发文量与趋势

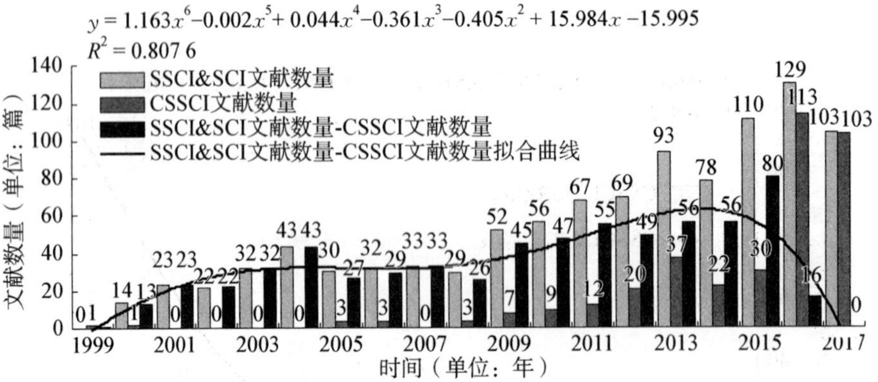

c　中国与国际数据源绿色发展研究的发文量差距与趋势

图 1.2　国内外学者绿色发展研究发文量与趋势

数据来源：CSSCI 数据库、Web of Science 核心集数据库

CSSCI 数据库收录的绿色发展相关文献发文量年代分布趋势可用公式(1.1)表示如下：

$$y = -0.0072x^5 + 0.2678x^4 - 3.5119x^3 + 20.296x^2 - 48.095x + 36.584 \quad (1.1)$$

$$R^2 = 0.8727$$

其中，y 表示文献发表数量(篇)，x 表示发文时间(年度)。R^2 为 0.8727，说明拟合程度较好。根据该趋势可以看出：中国数据源关于绿色发展的研究文献从数量上呈现出逐年递增的趋势。

Web of Science 核心集数据库中 SCI-EXPANDED、SSCI 索引收录的绿色发展相关文献发文量年代分布趋势可用公式(1.2)表示如下：

$$y = -0.0024x^3 + 0.3961x^2 - 0.8404x + 21.827 \quad (1.2)$$

$$R^2 = 0.9124$$

其中，y 表示文献发表数量(篇)，x 表示发文时间(年度)。R^2 为 0.9124，说明拟合程度较好。根据该趋势可以看出：国际数据源关于绿色发展的研究文献从数量上呈现出逐年递增的趋势。

为了更加清晰地掌握中国数据源与国际数据源各年发表绿色发展相关文献数量差距(下文简称差距)及趋势，将 SSCI&SCI 文献数量－CSSCI 文献数量表示为差距，逐年统计差距年代分布趋势可用公式(1.3)表示如下：

$$y = 1.163x^6 - 0.002x^5 + 0.044x^4 - 0.361x^3 - 0.405x^2 + 15.984x - 15.995 \quad (1.3)$$

$$R^2 = 0.8076$$

其中，y 表示文献发表数量(篇)，x 表示发文时间(年度)。R^2 为 0.8076，说明拟合程度较好。尽管中国数据源在 2017 年以前各年关于绿色发展的研究文献数量均落后于国际数据源，但这个差距从 2016 年开始有了明显的缩小，直到 2017 年差距显示为 0。同时，根据该趋势可以看出：中国数据源与国际数据源各年发表绿色发展相关文献数量差距呈 M 形演进趋势，未来中国数据源关于绿色发展的研究文献在数量上将逐年超过国际数据源同类研究。

(2) 空间分布

① 研究国家合作网络

为了清晰地掌握各主要国家关于绿色发展研究的合作分布情况，通过 CiteSpace 5.2.R2 的合作网络分析功能对 1 015 篇国际数据进行处理，得到绿色发展研究的主要国家、地区合作分布情况；通过 Arc GIS 软件将结果根据各国发文量情况按照<5、5～10、10～15、15～20、20～38、≥38 六个档次绘制区划图，并将区划图数据表现为表格(如图 1.3 与表 1.1、表 1.2 所示)。

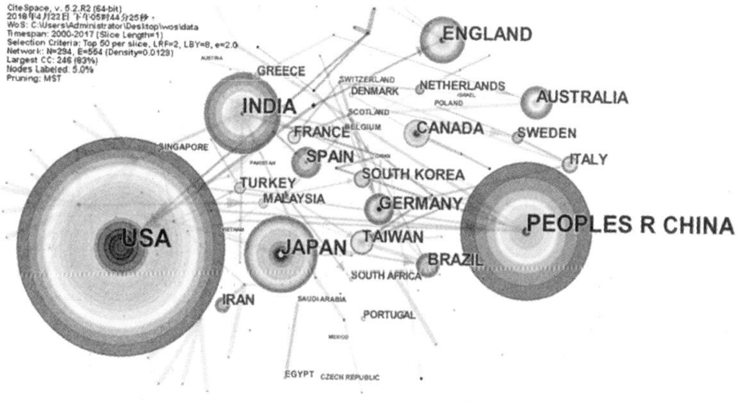

图 1.3 绿色发展研究的主要国家、地区合作网络知识图谱

数据来源：根据 CSSCI 数据库、Web of Science 核心集数据库检索数据，采用 CiteSpace 5.2.R2 绘制

表 1.1　主要国家合作网络发文量(Top10)

国家	发文量	中心度
美国	218	0.17
中国	137	0.14
印度	85	0.07
日本	85	0.06
英国	53	0.06
澳大利亚	38	0.02
德国	38	0.06
西班牙	34	0.03
加拿大	32	0.04
巴西	29	0.04

数据来源：根据 CSSCI 数据库、Web of Science 核心集数据库检索数据，采用 CiteSpace 5.2.R2 软件的国家合作网络分析功能运行得到

表 1.2　主要国家绿色发展研究合作网络发文量区划

半球位置	国家	发文量	半球位置	国家	发文量
西/北	美国	≥21	东/北	葡萄牙	5～10
东/北	中国	≥21	东/南	南非	5～10
东/北	日本	≥21	东/北	丹麦	5～10
东/北	印度	≥21	东/北	新加坡	5～10
东/北	英国	≥21	东/北	埃及	5～10
东/南	澳大利亚	≥21	东/北	比利时	<5
东/北	德国	≥21	东/北	瑞士	<5
东/北	西班牙	≥21	西/北	苏格兰	<5
西/北	加拿大	≥21	东/北	泰国	<5
西/南	巴西	≥21	东/北	捷克	<5
东/北	意大利	16～20	东/北	波兰	<5

（续 表）

半球位置	国家	发文量	半球位置	国家	发文量
东/北	伊朗	16～20	东/北	沙特阿拉伯	<5
东/北	韩国	16～20	西/北	墨西哥	<5
东/北	法国	16～20	东/北	越南	<5
西/北	土耳其	16～20	东/北	奥地利	<5
东/北	瑞典	11～15	东/北	巴基斯坦	<5
东/北	马来西亚	11～15	东/北	芬兰	<5
东/北	荷兰	11～15	东/北	以色列	<5
东/北	希腊	5～10	东/北	阿曼	<5

数据来源：根据 CSSCI 数据库、Web of Science 核心集数据库检索数据，采用 Arc GIS 软件绘制的区划图转换得到

根据可视化结果显示可以看出：美国和中国的节点中心度分别占据第一（中心度 0.17）和第二（中心度 0.14）的位置，说明美国和中国同为绿色发展研究的主要国家，二者均与合作网络中大部分国家或科研机构合作密切程度较高。值得注意的是，尽管结果显示美国和中国在绿色发展研究领域遥遥领先于其余国家；然而，中国在该领域被 SSCI 与 SCI 收录的发文量为 137 篇，仅为美国的 62.84%，说明中国学者在国际学术界关于绿色发展的研究在数量上仍有提升的空间。紧随中国之后的 8 个国家依次为：印度（中心度 0.07）、日本（中心度 0.06）、英国（中心度 0.06）、澳大利亚（中心度 0.02）、德国（中心度 0.06）、西班牙（中心度 0.03）、加拿大（中心度 0.04）以及巴西（中心度 0.04）。

此外，表 1.2 较为直观地显示了各国绿色发展研究发文量的空间分布特征：从南北向来看，绿色发展研究成果主要集中在北半球国家，南半球国家较少分布。从东西向来看，绿色发展研究成果在东西半球均有大量分布。在西半球国家及地区群中，绿色发展研究成果主要集中在美国；在东半球国家及地区群中，绿色发展研究成果主要集中在中国、印度、日本、英国、澳大利亚、德国。

② 研究机构与作者合作网络

为了清晰地掌握绿色发展研究的合作机构与作者分布情况，通过 CiteSpace 5. 2. R2 的合作网络分析功能对 364 篇中国数据源与 1015 篇国际数据源进行处理，得到绿色发展研究的合作机构分布情况（如图 1. 4）与合作作者分布情况（如图 1. 5）。

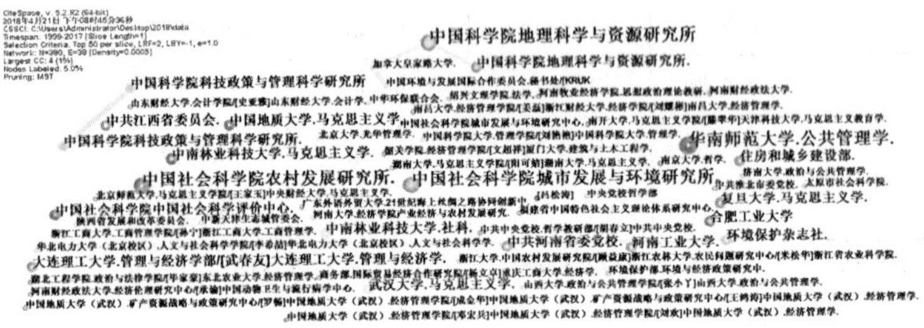

a　中国绿色发展研究合作机构

b　国际绿色发展研究合作机构

图 1.4　绿色发展研究的合作机构知识图谱

数据来源：根据 CSSCI 数据库、Web of Science 核心集数据库检索数据，采用 CiteSpace 5. 2. R2 软件绘制

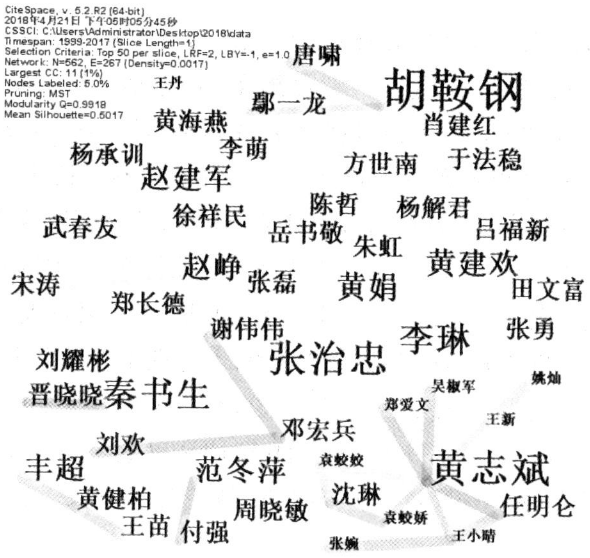

a 中国数据源绿色发展研究合作作者

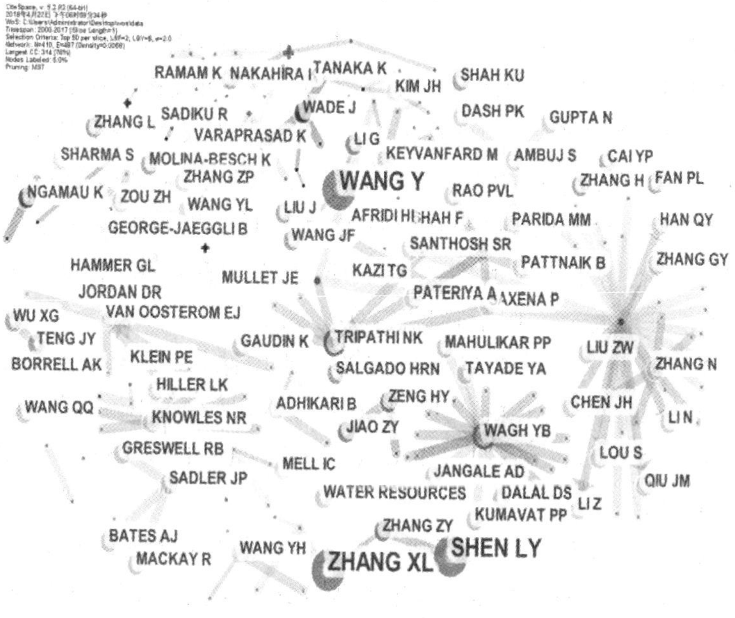

b 国际数据源绿色发展研究合作作者

图 1.5 绿色发展研究的合作作者知识图谱

数据来源：根据 CSSCI 数据库、Web of Science 核心集数据库检索数据，采用 CiteSpace 5.2.R2 软件绘制中国数据源关于绿色发展研究的研究机构主要来自党政部门、杂志社、科研院所、普通高等学校、党校。主要党政部门包括住房和城乡建设部、中共江西省委员会等；主要杂志社包括环境保护杂志社等；主要科研院所包括中国社会科学院城市发展与环境研究所、中国社会科学院中国社会科学评价中心、中国科学院科技政策与管理科学研究所；主要普通高等学校包括华南师范大学公共管理学院、中南林业科技大学社科部、中国地质大学马克思主义学院、武汉大学马克思主义学院、合肥工业大学、复旦大学马克思主义学院、中南林业科技大学马克思主义学院、大连理工大学管理与经济学部、河南工业大学；主要党校包括中共河南省委党校等。

中国数据源关于绿色发展研究的科研团队以范东萍、丰超、胡鞍钢、黄建欢、黄娟、黄志斌、李琳、刘思华、秦书生、张治忠、赵建军、赵峥等为中心的科研团队为主。

国际数据源关于绿色发展研究的研究机构主要来自科研院所以及普通高等学校。主要科研院所包括中国科学院、中国农业科学院等；主要普通高等学校包括伊朗伊斯兰阿扎德大学、日本东京大学、澳大利亚昆士兰大学、美国密歇根州立大学、美国华盛顿州立大学、美国贝勒医学院、巴西圣保罗州立大学、马来西亚大学、印度理工学院、华南农业大学、香港理工大学、新加坡国立大学、英国伯明翰大学、英国谢菲尔德大学、瑞典隆德大学等。从国际科研机构合作可视化结果可以看出，中国科研机构积极参与了绿色发展研究的国际学术合作。其中，中国科学院、中国农业科学院、华南农业大学以及香港理工大学等中国科研机构表现突出。

国际数据源关于绿色发展研究的科研团队以 Wang Y、Shen LY、Zhang XL、Liu ZW、Hilker LK、Jiao ZY、Sadiku R、Kim JH、Hammer GL、Tayade YA、Zhang GY、Zhao K、Arakawa R 以及 Pradhan HK 为中心的科研团队为主。

从发文期刊分布来看，为了清晰地掌握绿色发展研究的发文期刊分布情况，通过 CiteSpace 5.2. R2 的合作网络分析功能对 364 篇中国数据与 1 015 篇国际数据进行处理，得到绿色发展研究的共被引期刊分布情况（如图 1.6 和表 1.3、表 1.4、表 1.5、表 1.6）。

表 1.3 中国数据源绿色发展研究的共被引期刊分布(频次 Top10)

频次	中心度	期　刊
64	0.04	中国人口·资源与环境
34	0.05	经济研究
32	0.11	中国工业经济
23	0.04	经济地理
22	0.03	管理世界
20	0.1	中国软科学
20	0.06	中国社会科学
20	0	Ecological Economics
19	0.06	地理研究
18	0.05	环境保护

数据来源：根据 CSSCI 数据库、Web of Science 核心集数据库检索数据，采用 CiteSpace 5.2.R2 软件的期刊共被引功能运行得到

表 1.4 中国数据源绿色发展研究的共被引期刊分布(中心度 Top10)

频次	中心度	期　刊
2	0.18	International Economics and Economic Policy
32	0.11	中国工业经济
20	0.1	中国软科学
1	0.08	Environmental Innovation and Societal Transitions
1	0.08	Journal of Common Market Studies
13	0.07	生态学报
6	0.07	环境经济
1	0.07	Journal of Financial Economics
20	0.06	中国社会科学
19	0.06	地理研究

数据来源：根据 CSSCI 数据库、Web of Science 核心集数据库检索数据，采用 CiteSpace 5.2.R2 软件的期刊共被引功能运行得到

表 1.5 国际数据源绿色发展研究的共被引期刊分布(频次 Top10)

频次	中心度	期　刊
619	0	CLEAN-Soil Air Water
164	0.37	SCIENCE
130	0.19	P NATL ACAD SCI USA
125	0.17	NATURE
89	0.04	J AGR FOOD CHEM
82	0.08	J CLEAN PROD
68	0.07	ANAL CHIM ACTA
62	0.18	ENVIRON SCI TECHNOL
61	0.01	J CHROMATOGR A
60	0.02	GREEN CHEM

数据来源：根据 CSSCI 数据库、Web of Science 核心集数据库检索数据，采用 CiteSpace 5.2.R2 软件的期刊共被引功能运行得到

表 1.6 国际数据源绿色发展研究的共被引期刊分布(中心度 Top10)

频次	中心度	期　刊
164	0.37	SCIENCE
46	0.21	PLANT PHYSIOL
130	0.19	P NATL ACAD SCI USA
62	0.18	ENVIRON SCI TECHNOL
125	0.17	NATURE
10	0.16	COPEIA
31	0.15	J APPL POLYM SCI
48	0.14	J ENVIRON MANAGE
9	0.14	BIOSCIENCE
21	0.13	SCI TOTAL ENVIRON

数据来源：根据 CSSCI、Web of Science 核心集数据库检索数据，采用 CiteSpace 5.2.R2 软件的期刊共被引功能运行得到

从共引程度来看，中国数据源绿色发展研究共引较多的期刊主要为《中国人口·资源与环境》、《经济研究》、《中国工业经济》、《经济地理》、《管理世界》、《中国软科学》、《中国社会科学》、《Ecological Economics》、《地理研究》、《环境保护》等环境、地理、经济、管理类期刊，中心度最高的3本中文期刊分别为《中国工业经济》和《中国软科学》、《生态学报》。然而，中心度最高的期刊并非中文期刊，而是 *International Economics and Economic Policy*。排在中心度前10位的其余几本中文期刊分别为《环境经济》、《中国社会科学》和《地理研究》。除此之外，排在中心度前10位的其余几本英文期刊分别为 *Environmental Innovation and Societal Transitions*、*Journal of Common Market Studies* 和 *Journal of Financial Economies*；国际数据源绿色发展研究共引较多的期刊主要为 *CLEAN-SOIL Air Water*、*SCIENCE*、*P NATL ACAD SCI USA*、*NATURE*、*J AGR FOOD CHEM*、*J CLEAN PROD*、*ANAL CHIM ACTA*、*ENVIRON SCI TECHNOL*、*J CHROMATOGR A*、*GREEN CHEM* 等 SSCI、SCI 期刊。

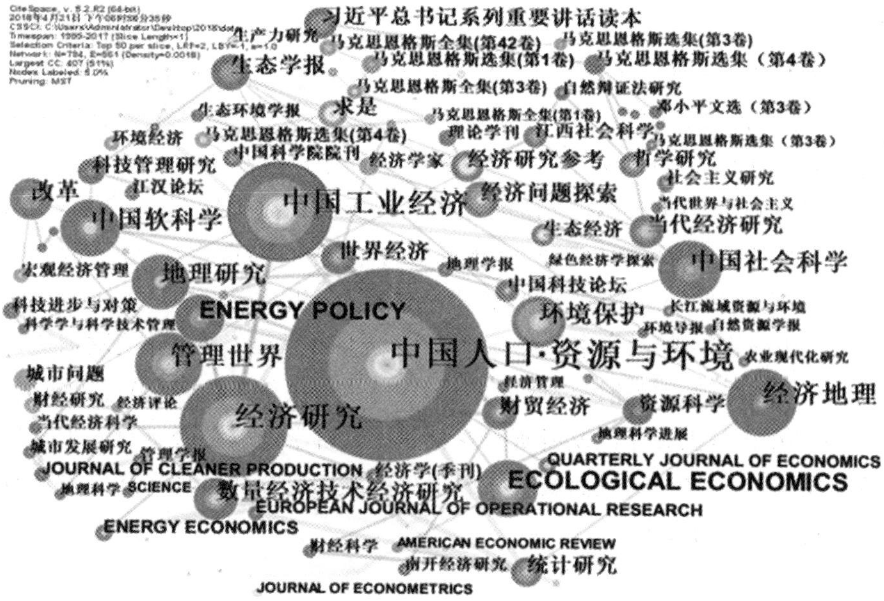

a　中国数据源绿色发展研究共被引期刊

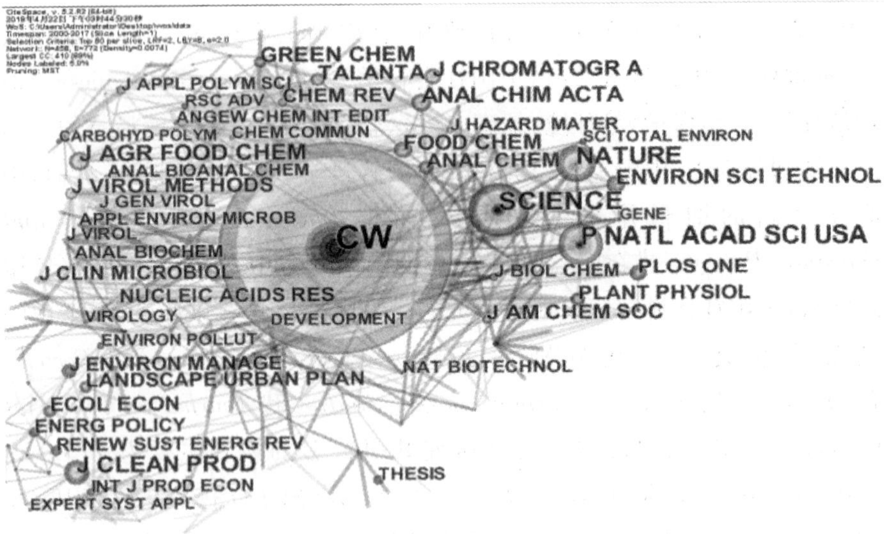

b 国际数据源绿色发展研究共被引期刊

图 1.6 绿色发展研究的共被引期刊知识图谱

数据来源：根据 CSSCI 数据库、Web of Science 核心集数据库检索数据，采用 CiteSpace 5.2.R2 软件绘制

从发文量来看（如图 1.7），中国数据源绿色发展研究领域主要集中在经济学、管理学、政治学、环境科学、马克思主义、哲学、法学等学科；且发文量排在第一与第二位的是经济学与管理学，说明中国绿色发展与社会经济发展密切相关。中国绿色发展研究成果主要发表在以下期刊：《求是》、《改革》、《中国特色社会主义研究》、《理论视野》、《学习与探索》、《经济问题探索》、《理论学刊》、《毛泽东邓小平理论研究》、《福建论坛（人文社会科学版）》、《中国软科学》、《华南师范大学学报（社会科学版）》、《城市发展研究》、《湖南社会科学》、《贵州民族研究》、《科技进步与决策》、《自然辩证法研究》等，说明中国数据源绿色发展研究在哲学社会科学领域已经进行了大量的理论性探索，也从一定层面反映出中国绿色发展研究在管理实践领域还有一定提升空间的事实。

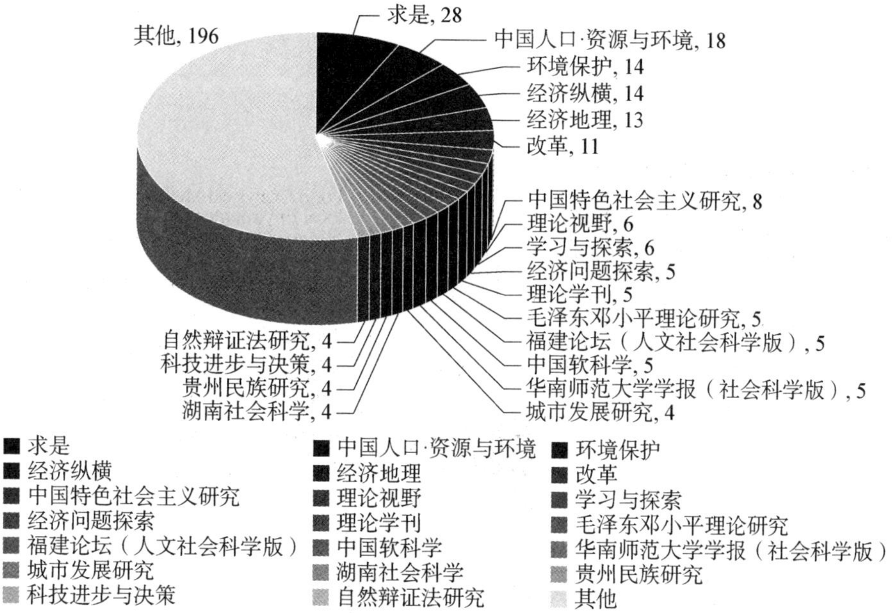
求是, 28
中国人口·资源与环境, 18
环境保护, 14
经济纵横, 14
经济地理, 13
改革, 11
中国特色社会主义研究, 8
理论视野, 6
学习与探索, 6
经济问题探索, 5
理论学刊, 5
毛泽东邓小平理论研究, 5
福建论坛（人文社会科学版）, 5
中国软科学, 5
华南师范大学学报（社会科学版）, 5
城市发展研究, 4
湖南社会科学, 4
贵州民族研究, 4
科技进步与决策, 4
自然辩证法研究, 4
其他, 196
求是
中国人口·资源与环境
环境保护
经济纵横
经济地理
改革
中国特色社会主义研究
理论视野
学习与探索
经济问题探索
理论学刊
毛泽东邓小平理论研究
福建论坛（人文社会科学版）
中国软科学
华南师范大学学报（社会科学版）
城市发展研究
湖南社会科学
贵州民族研究
科技进步与决策
自然辩证法研究
其他

a　中国数据源绿色发展研究主要刊载期刊

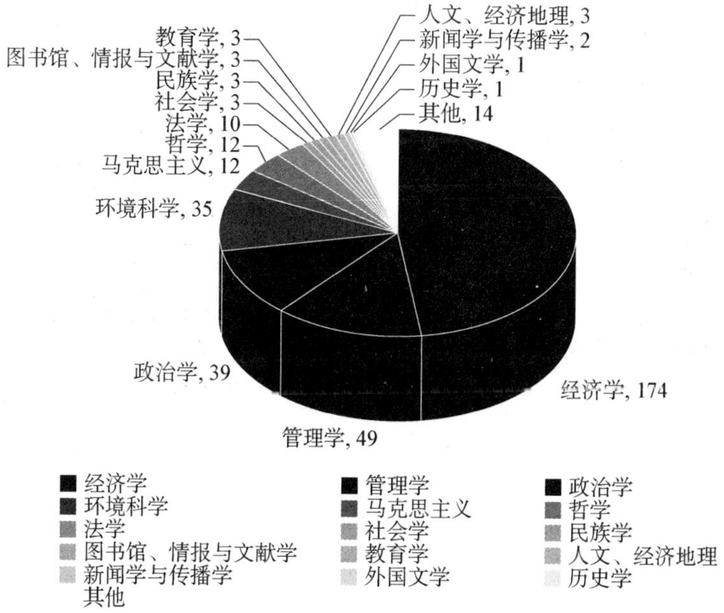
教育学, 3
图书馆、情报与文献学, 3
民族学, 3
社会学, 3
法学, 10
哲学, 12
马克思主义, 12
环境科学, 35
人文、经济地理, 3
新闻学与传播学, 2
外国文学, 1
历史学, 1
其他, 14
政治学, 39
经济学, 174
管理学, 49
经济学
管理学
政治学
环境科学
马克思主义
哲学
法学
社会学
民族学
图书馆、情报与文献学
教育学
人文、经济地理
新闻学与传播学
外国文学
历史学
其他

b　中国数据源绿色发展研究主要学科分布

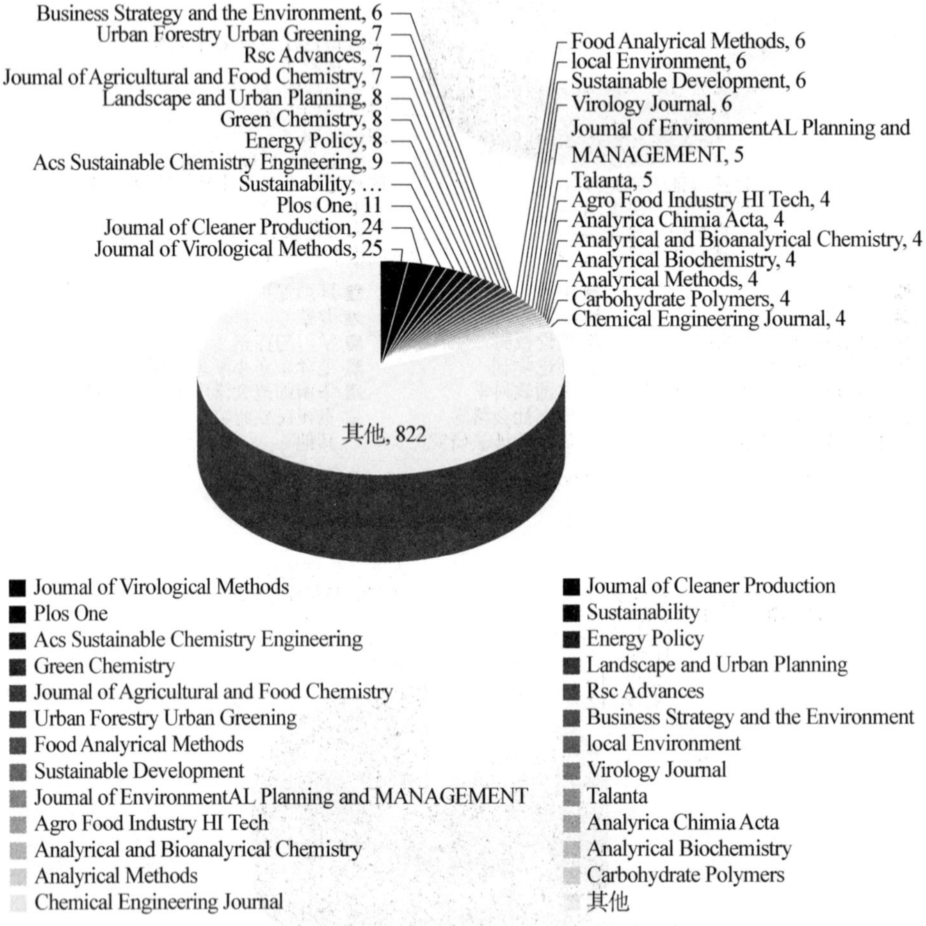
Business Strategy and the Environment, 6
Urban Forestry Urban Greening, 7
Rsc Advances, 7
Joumal of Agricultural and Food Chemistry, 7
Landscape and Urban Planning, 8
Green Chemistry, 8
Energy Policy, 8
Acs Sustainable Chemistry Engineering, 9
Sustainability, …
Plos One, 11
Joumal of Cleaner Production, 24
Joumal of Virological Methods, 25
Food Analyrical Methods, 6
local Environment, 6
Sustainable Development, 6
Virology Journal, 6
Joumal of EnvironmentAL Planning and MANAGEMENT, 5
Talanta, 5
Agro Food Industry HI Tech, 4
Analyrica Chimia Acta, 4
Analyrical and Bioanalyrical Chemistry, 4
Analyrical Biochemistry, 4
Analyrical Methods, 4
Carbohydrate Polymers, 4
Chemical Engineering Journal, 4
其他, 822
Joumal of Virological Methods
Joumal of Cleaner Production
Plos One
Sustainability
Acs Sustainable Chemistry Engineering
Energy Policy
Green Chemistry
Landscape and Urban Planning
Joumal of Agricultural and Food Chemistry
Rsc Advances
Urban Forestry Urban Greening
Business Strategy and the Environment
Food Analyrical Methods
local Environment
Sustainable Development
Virology Journal
Joumal of EnvironmentAL Planning and MANAGEMENT
Talanta
Agro Food Industry HI Tech
Analyrica Chimia Acta
Analyrical and Bioanalyrical Chemistry
Analyrical Biochemistry
Analyrical Methods
Carbohydrate Polymers
Chemical Engineering Journal
其他

c 国际数据源绿色发展研究主要刊载期刊

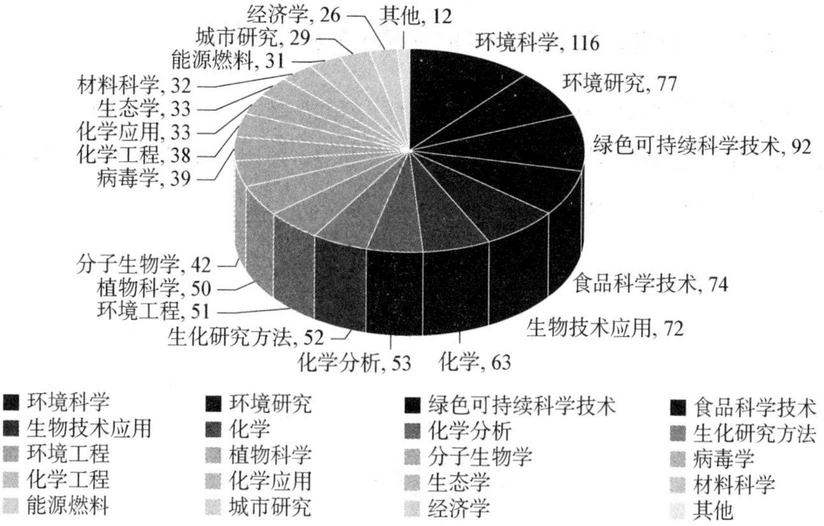

d 国际数据源绿色发展研究主要刊载期刊

图 1.7 绿色发展研究的期刊分布

数据来源：根据 CSSCI 数据库、Web of Science 核心集数据库检索数据

国际数据源绿色发展研究主要集中在环境科学与工程、环境研究、绿色可持续科学技术、生态学、食品科学技术、生物技术应用、化学与化学分析、化学工程与应用、生化研究方法、植物科学、分子生物学、病毒学、材料科学、能源燃料、城市研究、经济学等学科；且发文量排在前列的是环境科学与环境研究、绿色可持续科学技术，说明国际绿色发展与环境和可持续发展密切相关。国际绿色发展研究成果主要发表在以下期刊：《Journal of Virological Methods》、《Journal of Cleaner Production》、《Plos One》、《Sustainability》、《Acs Sustainable Chemistry Engineering》、《Energy Policy》、《Green Chemistry》、《Landscape and Urban Planning》、《Journal of Agricultural and Food Chemistry》、《Rsc Advances》、《Urban Forestry Urban Greening》、《Business Strategy and the Environment》等，说明国际绿色发展研究除广泛受到环境、可持续发展主题期刊的重点关注以外，在病毒学、情报学、能源、城市规划、食品科学、林学以及经济学主题期刊也受到重点关注。

1.2.1.3 绿色发展研究热点的可视化分析

为了清晰地掌握绿色发展研究热点分布情况，通过 CiteSpace 5.2.R2 的共现网络分析功能对 364 篇中国数据与 1 015 篇国际数据进行处理，得到绿色发展研究热点的分布情况（如图 1.8 所示）。

a 中国数据源绿色发展研究的关键词共现

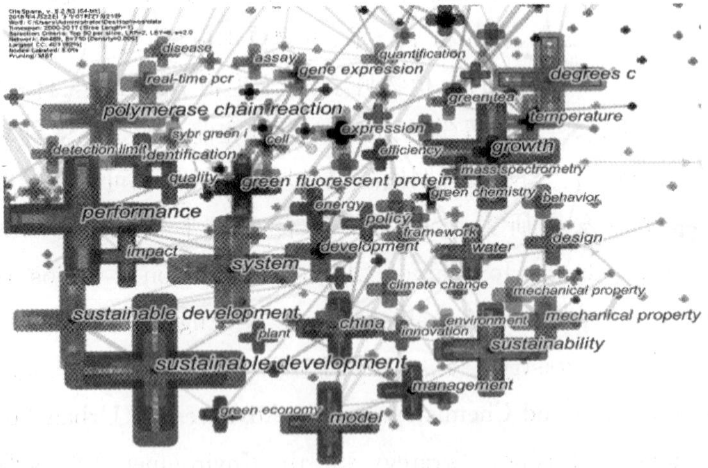

b 国际数据源绿色发展研究的关键词共现

图 1.8 绿色发展研究的关键词共现知识图谱

数据来源：根据 CSSCI 数据库、Web of Science 核心集数据库检索数据，采用 CiteSpace 5.2.R2 软件绘制

图 1.8 为绿色发展研究的关键词共现知识图谱，显示了中国与国际数据源关于绿色发展研究的关注热点。结果发现：从关键词共现频次来看，中国数据源中关于绿色发展的研究排在前 14 个的关键词依次是绿色发展、生态文明、绿色发展理念、生态文明建设、习近平、环境保护、绿色经济、绿色发展效率、可持续发展、生态环境、低碳经济、绿色发展观、协调发展以及人与自然；国际数据源中关于绿色发展的研究排在前 9 个的关键词依次是可持续发展、绩效、生长、系统、持续性、模型、中国、管理以及发展。从关键词共现中心度来看，中国数据源中关于绿色发展的研究排在前 10 个的关键词依次是绿色发展、生态文明、绿色发展效率、生态环境、协调发展、绿道、马克思主义、开放发展、影响因素以及环境规制；国际数据源中关于绿色发展的研究排在前 9 个的关键词依次是实时 PCR、环境设计、化验、细胞、提取、区别、诊断、导数、侦查。

将数据进行关键词共现聚类分析，得到中国及国际数据源中关于绿色发展研究的关键词共现聚类（如图 1.9 所示）。结果显示：中国数据源中关于绿色发展研究的关键词共现聚类分别为绿色发展理念、习近平、绿色发展效率、生态环境、生态文明、协调发展、长江经济带和工业等。国际数据源中关于绿色发展研究的关键词共现聚类分别为绿色供应链、一步法 SYBR、绿色高效液、植物生长、城市绿色空间以及绿色工艺等。

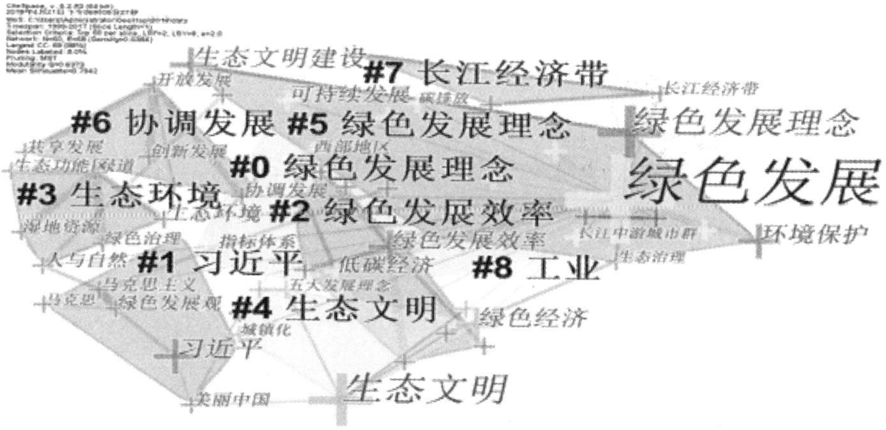

a　中国数据源绿色发展研究的关键词共现聚类分析

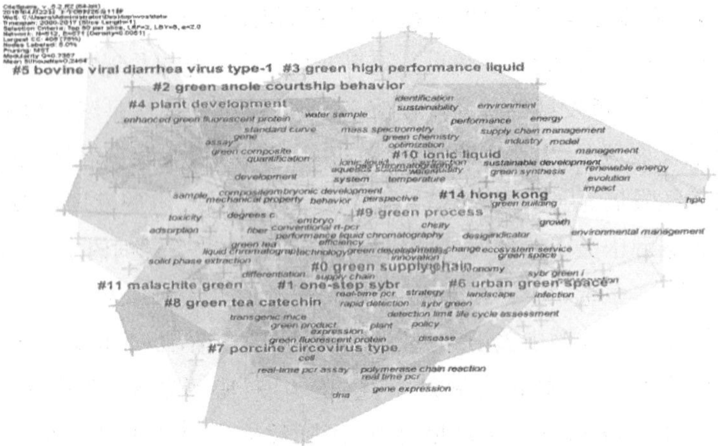

b　国际数据源绿色发展研究的关键词共现聚类分析

图 1.9　绿色发展研究的关键词共现聚类分析知识图谱

数据来源：根据 CSSCI 数据库、Web of Science 核心集数据库检索数据，采用 CiteSpace 5.2.R2 软件绘制

将数据进行关键词共现时序分析，得到中国和国际数据源关于绿色发展热点的演化路径(如图 1.10 所示)。

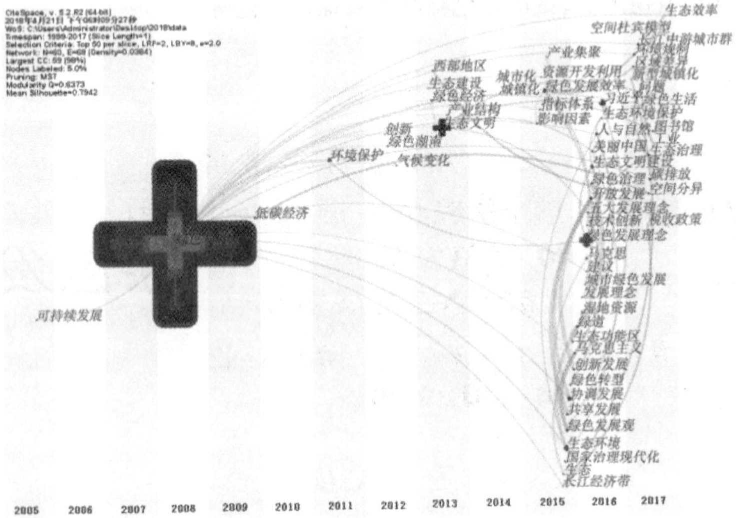

a　中国数据源绿色发展研究的关键词共现演化

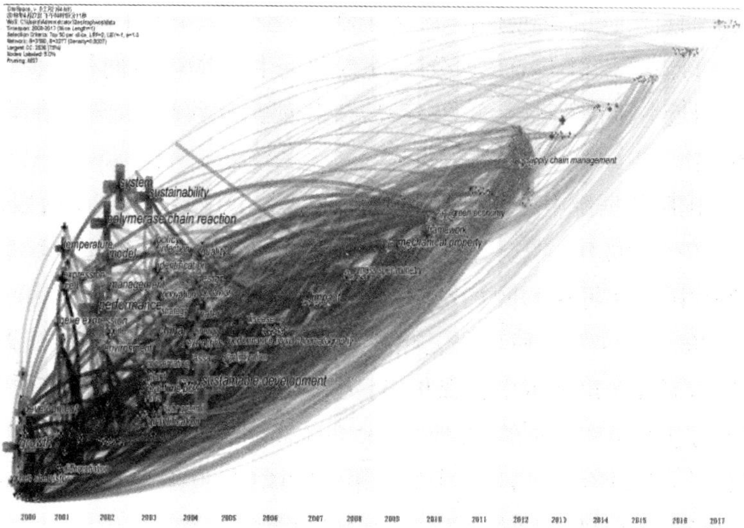

b 国际数据源绿色发展研究的关键词共现演化

图 1.10 绿色发展研究的关键词共现时序图

数据来源：根据 CSSCI 数据库、Web of Science 核心集数据库检索数据，采用 CiteSpace 5.2.R2 软件绘制

结果显示：

(1) 中国数据源中关于绿色发展的研究与可持续发展一脉相承，主要分为四个阶段。第一阶段(2005—2007 年)：2005 年出现萌芽，在这一阶段的研究热点主要以可持续发展为主。第二阶段(2008—2011 年)：这一阶段研究的热点比较单一，主要为低碳经济与环境保护。第三阶段(2012—2015 年)：这一阶段的热点开始变得丰富起来，主要集中在创新、气候变化、生态建设、生态文明、绿色经济、产业结构、城市化、城镇化、产业集聚、资源开发利用以及绿色发展效率领域，其中指标体系和影响因素成为热点研究内容；并且从 2012 年开始，地方绿色发展研究开始成为热点，例如：2012 年涌现的绿色湖南、2013 年涌现的西部地区。第四阶段(2016 年至今)：这一阶段的研究热点呈现出爆发式增长，主要包括四个类型。第一类热点为发展理念类，主要包括绿色发展理念、创新发展、协调发展、共享发展和绿色发展观；第二类热点为区域与城市发展类，主要包括区域差异、长江经济带、空间分异、城市绿色发展、长江中游城市群和新型城镇化；第三类热点为生态环境类，主

要包括人与自然、生态环境保护、环境规制、绿色生活、美丽中国、湿地资源、绿道以及碳排放；第四类热点比较分散，主要包括生产效率、空间杜宾模型、马克思主义、习近平、问题、建议、工业、建设、技术创新、税收政策、国家治理现代化以及图书馆。

(2) 国际数据源中关于绿色发展的研究热点主要分为三个阶段。第一阶段(2000—2002 年)：这一阶段研究热点在绿色化学、气候、环境、系统、管理等学科中产生萌芽，并且较集中在模型、区别等热点研究。第二阶段(2003—2009 年)：这一阶段研究热点集中在可持续发展、能源、植物、水资源等领域，研究视角则集中在保护、行为、策略、认同、创新、战略、质量等方面，研究方法则集中在试验、设计、量化、实时 PCR 等方面；值得注意的是，在此期间的热点关键词里出现了中国。第三阶段(2010 至今)：研究热点主要包括绿色经济、框架、绿色城市以及绿色供应链管理等。

1.2.1.4 绿色发展研究前沿与知识基础分析

(1) 绿色发展研究前沿

为了清晰地掌握绿色发展研究前沿，通过 CiteSpace 5.2. R2 的关键词突发性检测功能对 364 篇中国数据源与 1 015 篇国际数据源进行处理，中国数据源中关于绿色发展的研究关键词突发性检测到 13 个突发词(表 1.7)，国际数据源中关于绿色发展研究的关键词突发性检测到 30 个突发词(表 1.8)。

表 1.7 中国数据源绿色发展研究的关键词突发性检测

时间	关键词	Bust 值
1999—2014 年	可持续发展	2.673
2009 年	低碳经济	1.295 6
2011 年	环境保护	1.942 2
2012 年	创新	1.296 6
2012 年	气候变化	1.296 6
2013 年	绿色湖南	1.296 6
2013—2015 年	生态文明	3.016 2

（续　表）

时间	关键词	Bust 值
2013—2015 年	绿色经济	2.425
2014 年	城镇化	1.927 6
2016—2017 年	协调发展	1.580 7
2016—2017 年	习近平	1.778 3
2016—2017 年	绿色发展理念	3.592 1
2016—2017 年	生态环境	1.901 8

数据来源：根据 CSSCI 数据库、Web of Science 核心集数据库检索数据，采用 CiteSpace 5.2.R2 软件的关键词突发性检测功能运行得到

表 1.8　国际数据源绿色发展研究的关键词突发性检测

时间	关键词	Bust 值
2000—2005 年	绿色荧光蛋白	3.684 3
2011—2015 年	疾病	4.516 8
2011—2017 年	模型	7.542 9
2011—2017 年	创新	3.259 1
2011—2017 年	表现	11.462 5
2011—2017 年	框架	4.551 9
2013—2017 年	纤维	3.372 1
2013—2017 年	设计	5.513 1
2013—2017 年	环境管理	3.358 1
2013—2017 年	系统	8.985 1
2013—2017 年	美国	4.052 9
2013—2017 年	量化	4.569 8
2013—2017 年	指标	3.570 2
2013—2017 年	吸附	3.966
2013—2017 年	可持续性	7.438 3
2013—2017 年	可持续发展	10.506 6

（续　表）

时间	关键词	Bust 值
2013—2017 年	供应链管理	5.1646
2013—2017 年	影响	3.8741
2013—2017 年	景观	3.7682
2013—2017 年	城市	5.6167
2013—2017 年	中国	8.2369
2013—2017 年	机械性能	6.2104

数据来源：根据 CSSCI 数据库、Web of Science 核心集数据库检索数据，采用 CiteSpace 5.2.R2 软件的关键词突发性检测功能运行得到

根据中国数据源中关于绿色发展研究的关键词突发性检测结果可以看出，在 1999—2015 期间，最早是从可持续发展研究开始的，此后逐渐延伸到低碳经济、环境保护、气候变化、生态文明、绿色经济、城镇化等领域，并且非常重视创新。另外，地方绿色发展研究也是这段时期的前沿内容，代表关键词是绿色湖南。从 2016 年至 2017 年，中国数据源中关于绿色发展的研究前沿围绕习近平总书记的重要讲话精神，重点围绕协调发展、绿色发展理念等前沿关键词展开研究。

根据国际数据源中关于绿色发展研究的关键词突发性检测结果可以看出，在 2000—2005 年期间的研究前沿是细胞生物学领域的绿色荧光蛋白，在 2011—2015 年期间的研究前沿是医药领域的疾病。而从 2011 年至 2017 年，研究前沿包括模型、创新、表现以及框架。从 2013 年至 2017 年，国际数据源中关于绿色发展的研究前沿则更加丰富：从思想层面来看，可持续性与可持续发展仍然是这一时期的前沿；从空间区域层面来看，研究对象以中国和美国为主；从研究方法层面来看，指标与量化、机械性能、影响是这一时期的研究前沿；从学科层面来看，系统与管理学、城市与景观设计学是这一时期的研究前沿，例如系统、环境管理、供应链管理、城市以及景观等。

(2) 绿色发展研究的知识基础分析

为了清晰地掌握绿色发展研究的知识基础，通过 CiteSpace 5.2.R2 的

共被引分析功能对 364 篇中国源数据与 1 015 篇国际源数据进行处理，勾选共引文献作为网络节点依次对中国源数据与国际源数据分析，得到绿色发展研究的共被引文献分布情况（表 1.9 和表 1.10）。

表 1.9 绿色发展研究高被引文献

频次	作者	年份	题　目
10	李晓西	2014	人类绿色发展指数的测算
10	王兵	2010	中国区域环境效率与环境全要素生产率增长
9	胡鞍钢	2014	绿色发展：功能界定、机制分析与发展战略
8	世界环境与发展委员会	1987	Report of the world commission on environment and development: our common future (the Brundtland Report)
8	中共中央宣传部	2016	习近平总书记系列重要讲话读本
7	马克思	1844	1844 年经济学哲学手稿
7	赵建军	2012	人与自然的和解："绿色发展"的价值观审视
7	Albino V	2009	Environmental strategies and green product development: an overview on sustainability - driven companies
7	黄建欢	2014	金融发展影响区域绿色发展的机理——基于生态效率和空间计量的研究
6	蒋南平	2013	中国经济绿色发展的若干问题
6	李晓西	2011	中国绿色发展指数的编制——《2010 中国绿色发展指数年度报告——省际比较》内容简述
5	Sarkis J	2011	An organizational theoretic review of green supply chain management literature
5	Welch CJ	2009	Performance to burn? Re-evaluating the choice of acetonitrile as the platform solvent for analytical HPLC
5	Chen SY	2014	'Green' productivity growth in China's industrial economy
4	Bai CG	2010	Green supplier development: analytical evaluation using rough set theory

数据来源：根据 CSSCI 数据库、Web of Science 核心集数据库检索数据，运用 CiteSpace 5.2.R2 软件的文献共被引功能

表 1.10　绿色发展研究高中心性文献

中心性	作者	年份	题　目
0.05	黄建欢	2014	金融发展影响区域绿色发展的机理——基于生态效率和空间计量的研究
0.05	蒋南平	2013	中国经济绿色发展的若干问题
0.04	胡鞍钢	2014	绿色发展：功能界定、机制分析与发展战略
0.04	Lesage J	2009	Introduction to Spatial Econometrics
0.04	胡鞍钢	2014	China：Innovative Green Development
0.01	Constable DJC	2007	Key Green Chemistry Research Areas — A Perspective from Pharmaceutical Manufacturers

数据来源：根据 CSSCI 数据库、Web of Science 核心集数据库检索数据，采用 CiteSpace 5.2.R2 软件的文献共被引功能运行得到

根据表 1.9 和表 1.10 的结果分析，已发现建模的研究方法正成为绿色发展研究的前沿与热点。如 Lesage & Pace(2009)研究了空间计量模型和方法，并讨论了空间自回归过程，扩展了传统的回归模型。

此外，分析可知绿色发展研究的知识基础还包含以下五个方面：

① 绿色化学。Constable et al.(2007)从制药企业的视角指出了绿色化学是未来化学的重要研究方向。乙腈是目前应用于反相高效液相色谱的首选有机溶剂，但是也存在性能过剩的弊端。Welch et al.(2009)研究解决了乙醇等绿色溶剂能否在某些情况下取代乙腈的问题。王兵等(2010)研究发现能源的过度使用、二氧化硫(SO_2)以及化学需氧量(Chemical Oxygen Demand，COD)的过度排放是环境无效率的主要来源；研究还发现中国东部地区的环境效率高于中西部地区。杨晓杰(2020)针对绿色化学工艺的应用与发展途径，展开详细的分析，为化学工艺绿色发展水平的提高以及我国生态环境可持续发展目标的实现，奠定坚实的基础。

② 绿色供应链管理。Bai & Sarkis(2010)认为绿色供应商的发展对绿色供应链的有效管理具有必要性。Sarkis et al.(2011)研究指出，未来在绿色供应链管理研究领域可以在创新扩散理论、路径依赖理论、社会嵌入理论、结构理论等理论基础上深入研究。张志奇(2019)认为目前我国绿色供应链面临着“三大不足”，即市场动力不足、政府推力不足、公众引力不足等

问题亟需解决。

③ 绿色产品与绿色金融。Albino et al.(2009)研究发现面对环境可持续性带来的各方面挑战，企业可通过绿色工艺、绿色产品开发战略与实践发挥重要的作用。绿色金融有助于引导金融资源投向清洁生产企业，实现环境治理目标；然而，中国绿色金融还处于发展阶段，仍然存在着绿色标准不一致、环境信息披露不充分、环境风险分析能力不足等问题，制约着绿色金融的发展(Zhang et al., 2021)。Wang et al.(2019)聚焦互联网金融、绿色金融等热点领域的关系，并探索金融与可持续发展之间的运行机制。黄建欢等(2014)认为金融应当对绿色发展起到重要的促进作用，研究分析了金融发展对于区域绿色发展的影响机理，利用生态效率反映区域绿色发展水平。吴婷婷和肖晓(2018)在供给侧改革的视角下研究指出，中国应分别从防御型、拓展型、扭转型与增长型四种战略入手，实现绿色金融体系总体框架的合理构建，助推绿色发展。

④ 绿色发展指标测算。国家统计局中国景气监测中心联合高校编制了《2010 中国绿色发展指数年度报告——省际比较》，李晓西和潘建成(2011)从背景、思路、结构及预测算几个方面对报告进行了分析。李晓西等(2014)构建了人类绿色发展指数的理念与测算方法，以 12 个元素指标为计算基础，计算得出了 123 个国家绿色发展的指数。Chen & Golley(2014)研究测算了 1980～2010 年间中国 38 个工业部门“绿色”全要素生产率增长的变化模式。

⑤ 绿色发展理论探索。赵建军(2012)从马克思的“人与自然的和解”学说出发，从价值观革命角度审视了绿色发展，研究认为绿色发展是节约型、内向性以及同一式的发展。蒋南平和向仁康(2013)研究认为应当从“资源能源合理利用，经济社会适度发展，损害补偿互相平衡，人与自然和谐相处”理念的基础上定义绿色发展的内涵与实质。胡鞍钢和周绍杰(2014)研究认为绿色发展观是第二代可持续发展观，更加侧重于经济系统、社会系统和自然系统间的系统性、整体性以及协调性，是中国必须选择的发展战略；还指出人类正处于绿色工业革命的时代，是一个迈向绿色文明的时代；认为绿色发展是社会、经济、自然系统的结合，其理论基础源自中国传统哲学中的自然与人性的统一、马克思主义哲学中的自然辩证法以及现代可持续发展理论。任平和刘经伟(2019)构建了基于“经济—生态—社会”可持续发展分析

框架，从经济发展、生态文明、社会和谐三个维度建立了高质量绿色发展的评价体系，提出中国高质量绿色发展的三条实现路径：一是要提升自主创新能力，培育高质量绿色发展新动力；二是以“生态＋”理念，增强高质量绿色发展的底色；三是尊重社会规律，完善高质量绿色发展的反馈机制。

1.2.1.5 研究结果与启示

(1) 研究结果

本书主要基于文献计量法、知识图谱分析法、空间分析法，采用科技文本挖掘及可视化软件 CiteSpace 5.2.R2、Arc GIS、Excel 软件，对截至 2017 年已发表且被 CSSCI 数据库收录的 364 篇中文文献其引文(1999—2017 年)以及被 SSCI、SCI 数据库收录的 1 015 篇英文文献其引文(2000—2017 年)进行合作网络、共现网络、共被引情况的可视化分析，重点从相关文献发表的时空分布特征、研究热点、研究前沿、研究知识基础等四个部分对中国与国际数据源关于绿色发展的研究进行了分析。研究结果如下：

① 时空分布

中国数据源与国际数据源关于绿色发展的研究文献从数量上均呈现出逐年递增的趋势，且两者各年发表绿色发展相关文献数量差距呈 M 形演进趋势。未来中国数据源关于绿色发展的研究文献在数量上将逐步超过国际同类研究。

美国和中国同为绿色发展研究的主要国家，二者均与合作网络中大部分国家或科研机构合作密切程度较高；中国学者在国际学术界关于绿色发展的研究在数量上仍有提升的空间。从南北向来看，绿色发展研究成果主要集中在北半球国家，南半球国家较少分布。从东西向来看，绿色发展研究成果在东西半球均有大量分布。在西半球国家及地区群中，绿色发展研究成果主要集中在美国；在东半球国家及地区群中，绿色发展研究成果主要集中在中国、印度、日本、英国、澳大利亚、德国。

中国数据源关于绿色发展研究的研究机构主要来自党政部门、杂志社、科研院所、普通高等学校、党校。主要党政部门包括住房和城乡建设部、中共江西省委员会等；主要杂志社包括环境保护杂志社等；主要科研院所包括中国社会科学院城市发展与环境研究所、中国社会科学院农村发展研究所、中国科学院地理科学与资源研究所、中国社会科学院中国社会科学评价中心、中国科学院科技政策与管理科学研究所；主要普通高等学校包括华南师范大学公共管理学院、中南林业科技大学社科部、中国地质大学马克思主义学院、武汉大学马克思主义学院、合肥工业大学、复旦大学马克思主义学院、中南林业科技大学马克思主义学院、大连理工大学管理与经济学部、河南工业大学；主要党校包括中共河南省委党校等。国际数据源关于绿色发展研究的研究机构主要来自科研院所以及普通高等学校。主要科研院所包括中国科学院、中国农业科学院等；主要普通高等学校包括伊朗伊斯兰阿扎德大学、日本东京大学、澳大利亚昆士兰大学、美国密歇根州立大学、美国华盛顿州立大学、美国贝勒医学院、巴西圣保罗州立大学、马来西亚大学、印度理工学院、华南农业大学、香港理工大学、新加坡国立大学、英国伯明翰大学、英国谢菲尔德大学、瑞典隆德大学等。以中国科学院、中国农业科学院、华南农业大学以及香港理工大学等为代表的中国科研机构积极参与了绿色发展研究的国际学术合作。

中国数据源中关于绿色发展研究的科研团队以范东萍、丰超、胡鞍钢、黄建欢、黄娟、黄志斌、李琳、刘思华、秦书生、张治忠、赵建军、赵峥等为中心的科研团队为主。国际数据源中关于绿色发展研究的科研团队以 Arakawa R、Hammer GL、Hilker LK、Jiao ZY、Kim JH、Liu ZW、Pradhan HK、Sadiku R、Shen LY、Tayade YA、Wang Y、Zhang XL、Zhang GY 以及 Zhao K 为中心的科研团队为主。

中国数据源中关于绿色发展研究共引较多的期刊主要为环境、地理、经济、管理类期刊，中心度最高的 3 本中文期刊分别为《中国工业经济》和《中国软科学》、《生态学报》。然而，中心度最高的期刊并非中文期刊，而是《International Economics and Economic Policy》。国际数据源中绿色发展研究共引较多的期刊主要为环境、食品科学、化学类等 SSCI、SCI 期刊。

中国数据源中的绿色发展与社会经济发展密切相关，并且在哲学社会科学领域已经进行了大量的理论性的探索，但在管理实践领域的研究还有一定提升空间。国际数据源中的绿色发展与环境和持续发展密切相关，除广泛受到环境、可持续发展主题期刊的重点关注以外，在病毒学、情报学、能源、城市规划、食品科学、林学以及经济学主题期刊也受到重点关注。

② 研究热点分布

中国数据源中的绿色发展研究热点与可持续发展一脉相承，主要分为4个阶段。第一阶段（2005—2007年）：早在2005年便有了萌芽，在这一阶段的研究热点主要以可持续发展为主。第二阶段（2008—2011年）：这一阶段研究的热点比较单一，主要热点为低碳经济与环境保护。第三阶段（2012—2015年）：这一阶段研究的热点主要集中在创新、气候变化、生态建设、生态文明、绿色经济、产业结构、城市化、城镇化、产业集聚、资源开发利用以及绿色发展效率领域，指标体系和影响因素成为热点研究内容；并且在2012年开始，地方绿色发展研究开始成为热点。第四阶段（2016至今）：这一阶段研究热点呈现出爆发式增长，主要研究热点可以分为四个类型。第一类热点为发展理念类，主要包括发展理念、开放发展、五大发展理念、绿色发展理念、创新发展、协调发展、共享发展、绿色发展观；第二类热点为区域与城市发展类，主要包括区域差异、长江经济带、空间分异、城市绿色发展、长江中游城市群、新型城镇化；第三类热点为生态环境类，主要包括人与自然、生态、生态功能区、生态治理、生态环境保护、环境规制、绿色生活、美丽中国、绿色治理、湿地资源、绿道、碳排放；第四类热点比较分散，主要包括生产效率、空间杜宾模型、马克思主义、习近平新时代中国特色社会主义思想、工业、技术创新、税收政策、国家治理现代化、图书馆。

国际数据源中的绿色发展研究热点主要分为4个阶段。第一阶段（2000—2002年）：这一阶段研究热点在绿色化学、气候、环境、系统、管理等学科中产生萌芽并开展研究。第二阶段（2003—2004年）：这一阶段研究热点集中在可持续发展、能源、植物、水资源等领域，研究视角则集中在保护、行为、策略、认同、创新、战略、质量等方面，研究方法则集中在试验、设计、量化、实时PCR等方面；值得注意的是，国际数据源中的绿色发展研究在此期间的热点关键词里出现了中国。第三阶段（2005—2009年）：这一阶段研究热点为疾病、机械性能、高效液相色谱法、质谱分析、优化、影响。第四阶段（2010至今）：研究热点主要包括绿色经济、绿色框架、绿色城市及绿色供应链管理等。

③ 研究前沿分布

中国数据源中绿色发展研究前沿在1999—2015年期间是从可持续发展

研究开始的，此后逐渐延伸到低碳经济、环境保护、气候变化、生态文明、绿色经济、城镇化等领域，并且非常重视创新。另外，地方绿色发展研究也是这段时期的前沿内容，代表关键词是绿色湖南。到了2016年至今，中国绿色发展研究的前沿围绕习近平总书记的重要讲话精神，重点聚焦协调发展、生态环境以及绿色发展理念等前沿关键词展开研究。

国际数据源的绿色发展研究在2000—2005年期间的研究前沿主要是细胞生物学领域的绿色荧光蛋白，在2011—2015年期间的研究前沿是医药领域的疾病。而从2011年开始至今，国际数据源中的绿色发展研究前沿开始包括绿色发展的模型、创新以及框架。从2013年至今，国际数据源中的绿色发展研究前沿则更加丰富：从思想层面来看，可持续性与可持续发展仍然是这一时期的前沿；从空间区域层面来看，研究对象以中国和美国为主；从研究方法层面来看，指标与量化、机械性能、影响是这一时期的研究前沿；从学科层面来看，系统与管理学、城市与景观设计学是这一时期的研究前沿，例如系统、环境管理、绿色供应链管理、绿色城市、绿色景观以及绿色设计。

④ 研究的知识基础

作为绿色发展研究热点与前沿之一的绿色经济，也在马克思撰写的《1844年经济学哲学手稿》中得到了理论支撑；绿色发展理念是对世界环境与发展委员会于1987年提出的可持续发展理念的继承与发展；习近平总书记于2016年提出的“两山论”是推进绿色发展的重要理论支撑之一。

此外，绿色发展研究的知识基础还包括空间计量模型和方法、绿色供应链管理、绿色金融、绿色发展指标测算、绿色发展理论探索。

(2) 研究启示

中国人从自古以来对于自然环境的美好向往到今天对美丽中国的向往，在思想上是一脉相承的；绿色发展与可持续发展在思想上也是一脉相承的。这既是对可持续发展理论的继承，也是中国特色可持续发展的创新。同时，这也是中国特色社会主义对全球性的生态污染和生态平衡破坏这一客观现实做出的重大理论贡献。马克思主义告诉我们要理论联系实际，并且实践是检验真理的唯一标准。既然绿色发展是坚持以人民为中心的发展理念，那么绿色发展最终应当落实为人民参与其中的绿色发展，这便离不开对人民绿色行为的引导。根据绿色行为产生机制：绿色发展需要→绿色发展需求→绿色发展动机→绿色行为，可以看出：首先人民要有绿色发展需要，要对高质量生态环境有渴求和欲望。当人们有了绿色发展需要以后，便产生了绿色发展需求。紧随其后，便产生了绿色发展动机，最终通过实践落实到绿色行为上，实现人民参与其中的绿色发展。

当前，中国正处于实现中华民族伟大复兴的关键时期，经济已由高速增长阶段转向高质量发展阶段。绿色发展事关重大，是解决中国当下面临的生态环境现实矛盾和问题的必经之路。中国要在全面总结历史演化脉络的基础上，充分借鉴美国、印度、日本、英国、澳大利亚等国在处理生态环境与社会经济发展问题之间矛盾冲突所采取的先进经验，并汲取失败案例的教训；在各行各业经济运行过程中，牢牢践行习近平新时代绿色发展理念。

1.2.2 中国绿色发展的思想内涵与科学认知研究进展

绿色发展源于可持续发展（王玲玲和张艳国，2012）。“绿色”实现人与自然和谐共生，“发展”实现国家富强、人民富裕、民族复兴。“绿色发展”是建立在传统发展模式上的一种新型发展模式，是在考虑生态环境容量和资源承载能力的条件下，将保护生态作为发展的重要关注点，从而实现可持续发展的模式。它包含绿色发展的多个子系统如环境、经济、政治、文化等，各个子系统相互依存、相互作用。其中，绿色环境发展是自然前提；绿色经济发展是物质基础；绿色政治发展是制度保障；绿色文化发展是内在的精神资源。胡鞍钢和周绍杰（2014）认为绿色发展应是基于“人与自然和谐相处”基础上的发展模式，马克思主义生态理论是指导中国经济绿色发展的基本理论，绿色发展的有效途径包括合理利用生态资源，制定明确的资源与能源的补偿标准，避免资本管制造成的生态破坏现象，通过科学技术的方法提高生态修复和经济发展的效率。绿色发展观强调经济系统、社会系统和自然系统间的系统性、整体性和协调性。王韶华等（2020）认为推进经济高质量发展，必须坚持以供给侧结构性改革为主线，践行绿色发展新理念，加快生态文明建设。冯之浚和周荣（2010）认为绿色发展的关键途径是循环经济和节能经济、清洁生产、生态经济以及绿色消费。

郑德凤等(2015)认为绿色经济、绿色发展及绿色转型可以缓解自然资源及环境容量对世界经济与社会发展的制约作用。胡鞍钢(2012)从当代中国社会发展历史的总体进程和当代世界经济发展视野的角度出发,以当代中国绿色工业发展战略为理论主题,以中国绿色工业革命进程为发展主线,以当代中国的绿色工业发展的实践为理论佐证,展现了当代中国的伟大绿色工业创新,并重点设计了当代中国绿色工业现代化的战略目标与发展蓝图。洪向华与杨发庭(2016)一致认为:中国的绿色发展是在充分遵循当代世界经济发展规律、社会发展规律、生态规律的前提和基础上,在自然资源生态环境容量和自然资源环境承载力的限制和约束条件下,实现中国经济、社会、人口和自然资源生态环境的可持续发展的一种新型的发展模式,是一种具有独特的中国传统文化特色的当代中国可持续发展的新形态,并着重从走出现实的困境满足美丽的期待、符合社会发展规律和最终目的、用绿色技术建设生态文明、以制度变迁推动转型进程等四个方面深入阐释了习近平新时代绿色发展理念的重要哲学和意蕴。石敏俊(2017)认为,绿色经济发展的理念和目的是为了要实现国民经济的发展与自然资源生态环境可持续的平衡协调发展,而中国经济对绿色平衡协调发展的哲学理论和内涵主要包含两个重要的方面:一是国民经济的增长与自然资源生态环境负荷的平衡脱钩,即保护和增强资源环境的可持续性;二是绿水青山成为金山和银山,其实质意义就是使自然资源可持续平衡发展成为重要的生产力,促进经济增长。王金南等(2017)则从特色产业体系、生态环境服务体系、区域合作服务体系、制度改革创新服务体系、生态支付服务体系五方面,剖析了“绿水青山就是金山银山”的绿色发展理论和内涵。杜雯翠和江河(2017)深入论证了“绿水青山就是金山银山”的理论内涵是我国实现“两个一百年”发展目标的重大历史性命题、“绿水青山就是金山银山”理论是马克思主义政治经济学的重大突破,以及以“绿水青山就是金山银山”绿色发展理论促进当代中国生态环境保护理念重大创新三个方面。吕福新(2013)认为绿色发展主体-生态模式的系统性和整体性可以较好地运用和实践于县域经济社会发展。李雪娇和何爱平(2016)利用对马克思主义政治经济学理论分析的范式深入剖析了新常态下推动绿色经济发展的重要性和制约其发展的因素:物质利益的产生和演化引发了生态的危机,经济发展主体的行为和选择导致了发展的差异化。绿色的发展战略应从对利益关系的协调、行为规范、制度管理方式转型和绿色发展激励措施设计四方面来研究和入手。周洪军和王维杰(2016)认为绿色发展应从加强生态文化建设、形成绿色生产方式、养成绿色的生活方式、加强绿色发展制度建设等方面推进。杨仁发和李娜娜(2019)认为处理好环境规制与工业绿色发展水平之间的关系对于提升我国工业绿色发展水平具有重要意义。何爱平等(2018)从生产力和生产关系两个层面论证了习近平新时代绿色发展理念对马克思主义政治经济学的继承和发展,开拓了中国特色社会主义政治经济学发展的新境界。

1.2.3 推进绿色发展的路径选择研究进展

He et al.(2018)认为环境保护和经济发展之间是一种存在"双赢"结果可能性的波特假说,其实证检验的结果却与实际存在较大的差异,究其原因主要还是在于环境保护企业异质性、产业异质性、空间异质性和环境政策的异质性对环境行为响应带来的影响。因而,推进绿色发展需要考虑异质性的影响,从微观、中观及宏观层面,针对不同的企业、不同的产业、不同的区域,采取不同的政策工具,也会产生不同的行为选择(孟庆峰等,2010;彭远春,2013;石敏俊等,2013; Farrow et al., 2017)。魏一鸣等(2008)、刘卫东和陆大道(2010)以及熊中楷(2014)认为上世纪 90 年代国外学者已经探索绿色发展,而国内更多地从低碳经济、闭环供应链等角度研究可持续发展。傅志寰等(2015)、黄茂兴和叶琪(2017)指出针对绿色发展的研究还处于初步探索阶段,推进绿色发展的报道更多见诸媒体和报纸,也有成果提炼了推进绿色发展需要深入研究的问题等。封晔(2020)认为绿色发展就是在发展经济的同时,将生态文明建设与经济建设、政治建设、文化建设、社会建设相融合,走上可持续发展的道路。廖小平等(2020)认为我国绿色发展模式及路径应该是"文化引领+'三核'联动",共同促进我国的绿色发展。

1.2.3.1 企业绿色发展的影响因素与环境战略选择

企业作为资源消耗与排放的主体,在减量化、再利用、再资源化与减排降碳的过程中肩负重任，因此企业绿色发展受到了政府和社会的高度关注。为进一步分析企业绿色发展影响因素与环境战略选择研究现状，下面将从企业绿色发展影响因素分析、企业绿色管理的阶段性划分及企业减排策略优化三方面进行相关研究梳理。

（1）企业绿色发展的驱动因素研究可归集为制度层次、组织层次和个体层次等。在制度层次，学者主要基于利益相关者理论和制度理论研究企业绿色发展的驱动因素。Dubey et al.（2015）的利益相关者理论认为政府、顾客、供应商和竞争者等利益相关者压力是企业绿色行为的主要影响因素；程发新和孙立成（2014）则认为企业绿色行为是受制度压力的驱使而形成的。Delmas（2002）和 Dacin et al.（2002）研究表明，制度压力是企业被动绿色行为的主要驱动力。在组织层次，Pereira & Vence（2012）和 Fong & Chang（2012）的相关研究主要基于资源基础观，并认为企业基本特征、资源与能力、战略导向等是影响绿色发展的主要驱动力。在个体层次，Pereira & Vence（2012）以及 Fong & Chang（2012）的相关研究主要依据高阶理论与委托代理理论，更关注高管认知等个体因素对企业绿色发展的影响。此外，也有研究从宏观或多层次展开，如 Li et al.（2019）认为工业绿色发展是对现代工业对自然资源过度消耗和污染的重要回应。许士春等（2012）认为，企业绿色发展的主要影响因素是企业的绿色技术创新能力以及政府的监管力度。

针对上述三个层次，国内外学者从不同视角对企业绿色发展进行了一些研究。Bansal & Roth（2000）研究了来自英国和日本的 53 家企业对绿色环保发展的生态响应和动机，主要方面包括市场竞争力、合法化和生态责任。Wong et al.（2012）认为对生产过程的控制是企业绿色运营的关键所在，需要将有效的绿色过程管理应用到供应商和制造商。Jănicke（2012）认为环境保护和资源节约技术是绿色发展的关键，并且根据相应案例，有针对性地研究了绿色发展战略的应用。Yi（2014）以美国企业为例，分析了企业进行绿色发展关键因素，结果表明清洁能源政策、税收优惠政策与劳动力市场状况是企业绿色发展的驱动因素。Yang et al.（2019）在分析企业产品创新和顾客绿色偏好的基础上，建立了衡量企业创新绩效的指标集，从而实现绿色创新设计项目的选择，提高企业绿色创新绩效。Lu et al.（2020）聚焦于中英农业企业绿色发展的共同目标和趋同政策路径进行分析。李卫宁(2010)认为企业绿色管理的三个重要影响因素为:完善的环保法规、可兼容的绿色技术以及不断提升的客户绿色消费意识。杨静和施建军(2012)、曹柬等(2013)也对企业绿色管理、绿色生产、绿色运营方面的内容进行了分析。赵晓丽等(2013)对于企业如何从传统经营行为向低碳、绿色管理模式的转变问题进行了深入的分析。李钰婷等(2016)指出在一个企业主动地充分运用自身的能力进行企业绿色生产和管理实践过程中,会受到更多的来自其利益直接相关者、环境法规、组织人力资源、管理者的人格特质等内外部环境因素的影响。吕一铮等(2020)指出推动企业绿色发展的四个重点是:构建绿色产业链、清洁生产和绿色制造、基础设施绿色转型升级和园区环境管理精细化智慧化。此外,Lash & Wellington(2007)认为,不同的政策工具对企业的绿色行为会产生不同的影响。因此,有些学者如杜少甫等(2009)、Zhang et al.(2011)、陈伯成等(2014)、Narayan & Sharma(2015)、Tang et al.(2015)、任亚运和傅京燕(2019)、胡江峰等(2020)以碳排放交易权为切入点,研究其对企业绿色减排策略所产生的影响;李媛等(2013)、Almutairi & Elhedhli(2014)、Mckibbin et al.(2015)、Jorgenson et al.(2015)和吕宝龙等(2019)研究二氧化碳排放征收税对企业绿色减排行为的影响;以及 Guo & Hu(2011)、张国兴等(2013)、王旭和王非(2019)、刘津汝等(2019)研究了政府出台相应的政策经济补贴对企业绿色行为的影响。然而,Lash & Wellington(2007)认为强制性制度太过机械与僵化,激励制度可以提供更灵活的经济激励,可能会优于强制性制度。Frondel(2004)则认为,严格的环境执行规则比激励政策更有效。Kemp(1997)和石敏俊等(2013)都认为,没有单一的最佳政策工具可以刺激企业的绿色行为,并且每种工具会根据使用的情况不同发挥不同的作用。

(2) 企业绿色管理经历一个从被动到主动的过程(邱世美,2017)。朱清等(2010)从企业最优环境污染控制综合治理水平、社会最优污染控制综合治理水平和环境污染完全综合治理水平三个绿色管理目标和层次的特点出发,阐述了企业绿色管理对应三个目标和层次的绿色环境管理策略及其政策的取向。Murillo-Luna et al.(2011)建议将对企业绿色环境管理策略的划分归类为被动绿色环境管理策略、关注政府制定环境管理法规的策略、关注企业直接利益相关者的策略和全面的环境保护和质量的管理策略，并对它们的属性和特征进行了具体的描述。张海燕和邵云飞(2012)认为在不同的管理阶段，绿色环境管理呈现出不同的属性和特点。首先，在绿色环境管理被动阶段，企业虽然严格遵守了政府的环境资源保护政策，但仍以最终实现企业利润最大化为其目标，主要对其生产经营活动局部环节能源进行必要的减排和投入。其次，在绿色环境管理预防阶段，Roy & Khastagir(2016)认为企业会积极地寻求通过先进的生产技术提高生产效率和综合应用 3R(减少、再利用和再循环)的原则优化自然资源的利用，在组织内部企业也开始积极讨论绿色环境的问题，并且主动地参与一些外部的绿色环境管理的行动。最后，在绿色环境管理主动阶段，Cheng et al. (2014)认为由于企业的各个管理层次、各个领域、各个方面、各个阶段和过程都会积极采用绿色管理的原则和绿色管理工具系统，从而帮助企业获取市场竞争中的优势。绿色管理已逐渐成为企业履行社会责任的重要组成内容。Dost et al. (2019)认为企业环境管理的注意力正从清洁技术和污染预防转向绿色产品开发。因此，绿色产品开发对于提高生产率、降低成本、更好地利用投入资源、减少废物处置以及成为环境友好型企业至关重要。程发新和邵世玲(2016)认为在主动减排阶段，企业的创新行为与企业局部环节能源投入等解决方案能够直接提升和改善企业环境管理方面的问题。因此，企业积极推行绿色管理的策略，由传统的被动型向主动型的转变。沈灏等(2010)首先对国外大型企业的绿色经营管理与发展研究的情况进行了深入的总结和分析，并从企业绿色经营管理的内涵含义、研究的领域、理论和实证分析提出了一系列可供我国企业绿色管理与发展借鉴的方法和经验。王文军等(2020)提出应深入理解人工智能为绿色发展所带来的机遇和挑战，并提出应利用人工智能加快企业技术创新，在绿色发展方面取得新突破。

(3) 在企业绿色发展行为选择方面，纵览相关研究成果可以发现，从制度层次研究企业绿色发展策略优化的成果最多，从制度层次、组织层次和个体层次互动研究企业减排策略及行为优化的成果相对较少。在制度层次，基于制度理论和利益相关者理论，国内外学者对企业减排策略优化进行了大量的研究。Dobos(2005)在碳交易价格处于可持续接受适用范围内的一定条件下，利用 Arrow-Karlin 模型探讨了碳交易对企业生产决策的影响。

国内学者如杜建国等(2013)、田江等(2015)、马秋卓和宋海清(2015)、金帅等(2015)及程发新和邵世玲(2016)分别研究了公众参与碳交易体系、碳税动态惩罚机制、补贴等情境下的企业减排策略优化。此外,Pizer(2002)认为复合型减排政策有助于提高减排决策的弹性、提升整体福利、增强减排量的可预知性,更易被企业接受。Milner et al.(2020)考虑低碳排放的政策,可以改善健康问题,也可以推进绿色发展。丁黎黎等(2017)在Subramanian et al.(2007)研究的基础上,探索碳税、碳减排补贴及碳交易组合对企业碳排放权投标、碳减排技术投入、生产产量行为的影响。赵黎明和殷建立(2016)研究了减排交易和减排税对企业实现减排社会效益最优的影响。焦建玲等(2017)分析了静态和动态减排奖励和惩罚机制下企业减排策略演化稳定策略。但这些研究忽视了组织层次和个体层次的相关要素(如组织层次的企业绿色创新能力,个体层次的高管环保意识等)。在三个层次互动对企业减排策略优化方面,Wang et al.(2012)探索了复合环境政策和投资不确定情况下企业技术投入成本最小的最优减排策略。谢小丽(2016)探讨了碳配额拍卖和消费者环保意识下企业减排策略。王明喜等(2015)研究了碳减排约束下企业技术创新和减排成本最优减排路径选择。刘传明等(2019)基于面板数据对碳排放权交易试点的碳减排效应进行研究,并对碳交易试点的减排效应进行稳健性检验。

1.2.3.2 绿色消费的内涵与影响因素

有关绿色消费的概念最早在1987年由英国学者Elikington & Hailes在《绿色消费者指南》中提出,他们将绿色消费定义为避免对7类商品的消费,具体包括:(1)危害人类健康的产品;(2)对环境产生不利影响的产品;(3)消耗能源过多的产品;(4)不必要浪费的产品;(5)使用濒临物种的产品;(6)因各种不必要的目的而使用动物的产品;(7)对其他国家造成污染的产品(王鑫和袁一达,2019)。之后,在绿色消费内涵的界定上,不同学者表明了自己的观点。UNEP在奥斯陆专题研讨会上发表的《可持续消费的政策因素》报告中明确地将绿色消费定义为:通过最少量能源、有毒原材料的使用以及最少量污染物的排出,而进行的既满足当代人基本需求又不危及后代人生存发展的产品消费。《有益于地球的购物指南》一书中通过回答是否考虑到环境与健康、包装对策如何、资源是否可回收再利用、经营方针与公司内的对策如何、情报是否公开 5 个问题对绿色消费进行了定义(王建友等，2013)。在国内，中国消费者协会首先在 2001 年从消费内容、消费过程和消费观念三个角度指出了绿色消费的内涵，即消费内容上优先选择未被污染的绿色产品、消费过程中注重对垃圾的及时处理，消费观念上引导消费者做出既满足当代人需求的同时，也不损害后代人需求的消费行为。柯水发(2013)指出，绿色消费是消费者对绿色健康产品从产生需求到购买消费的整个过程。陈凯(2016)则将绿色消费定义为从购买购置、使用管理到废气处理的过程中，既能实现自身利益又能减少环境损耗的消费行为。

有关绿色消费的概念国内外学者的说法不尽相同，但是，目前国际上比较受人们认可的是绿色消费的"5R"原则，即节约资源、减少污染(reduce)；绿色生活、环保选购(revaluate)；重复使用、多次利用(reuse)；分类回收、循环再生(recycle)；保护自然、万物共存(rescue)(张俊娥，2018)。

人们对绿色产品的消费选择受到众多因素的影响。Taufique et al.(2015)在马来西亚消费者的消费行为研究中发现：消费者的绿色消费意识、年龄、地理区域、教育水平以及收入都会对其绿色消费行为产生影响。Lee et al.(2019)的研究将绿色消费影响因素划分为心理因素、社会因素和产品相关因素，并分析了它们对绿色消费的影响。此外，Ritter et al.(2015)也发现信息与知识因素、环境态度、社会情境和环境意识与消费者的绿色消费行为存在显著的相关关系。Kumar et al.(2019)对印度年轻消费者进行调查，衡量同行、政府和非政府组织(NGO)的倡议对个人态度驱动因素(如环境知识和环境关注)的影响，这些因素是影响消费者绿色购买意愿的原因。Nguyen et al.(2019)从消费者行为研究的认知视角出发，从理论上发展并检验了绿色消费意愿与行为关系的两个关键调节因子，即绿色产品可用性和消费者感知有效性。Yue et al.(2020)通过研究环境关注和价格敏感性的调节作用，考察环境责任对绿色消费的影响。葛万达和盛光华(2019)基于联合分析法定量评估了消费者对产品价格、产品种类、产品品牌和绿色程度四种属性的偏好。王淑慧和袁薇(2017)利用二元 Logistic 模型分析了收入水平、婚姻状况、认知状况、信任态度、是否与老人或 12 岁以下儿童共同居住、求廉动机和求速动机对大庆市居民的绿色农产品消费行为的影响。仇立

(2016)基于天津市居民的问卷统计数据分析了社会心理因素、情境因素、经济因素和社会人口因素对绿色食品消费行为的影响。

从研究角度来看,国内对绿色消费影响因素的研究大多基于人口统计学特征、心理因素以及外部环境因素。然而,Biswas et al.(2016)在其研究中指出,用户生成内容将正向影响消费者的绿色选择行为。同时,已有研究发现,在线评论数据相对于用户调研数据而言更加真实可靠(严建援等,2020)。因此,为了增加企业绿色产品的市场份额,绿色产品生产企业有必要对消费者在相关平台中生成的用户内容给予高度关注。

1.2.3.3 产业绿色发展的促进机制与演化路径选择

绿色产业随着低碳经济、循环经济热成为世界各国谋求可持续发展的战略性产业而得到人们的广泛关注(Liu et al.,2010)。在绿色产业的评价、发展模式、发展战略及其发展政策等方面,国内外有很多丰富的研究成果。绿色产业发展基础是绿色产业链构建(程宇航,2013),但产业链绿色发展的促进机制与演进路径选择的研究却很缺乏。现有的研究基本上是从产业链形成、整合、演进等方面进行,主要是在相互关联的产业链中具体分析其中之一。同时,国内外学者对绿色供应链驱动机制及供应链企业减排战略优化做了大量的研究工作。

目前,产业链绿色发展的促进机制还缺乏一个明晰的分析框架。唐晓华等(2007)认为生态效益目标有助于企业间合作协同的激励,内化企业进行合作的行为动力,更易促进生态产业链的形成。盛彦文和马延吉(2017)认为共生关系、经济利益的驱动、对生态效益的追求、政府的引导和激励及技术的支持和保障能够促进循环农业生态产业链的形成。唐浩和蒋永穆(2008)从转变经济发展方式的要求出发,结合典型企业分析,总结了产业链从初期的纵向生产链→形成中期的配套协作链→加快发展期的循环生产链→成熟期的供应关系链→蜕变期的文化价值链的动态演进路径。刘光富和田婷婷(2017)针对再生资源产业链存在的问题,提出了运用顶层设计理论系统,探讨我国再生资源产业链的协同发展战略。周颖等(2012)探索了循环农业产业链的运行规律及动力机制。随着产业链整合从资源驱动型向资本与知识驱动型转变,程宏伟等(2008)提出在资源、资本与知识相互作用下的产业链演进规律。上创利等(2013)以产业链整合为出发点，探索流通模式、流通观念、流通功能、流通产业结构、流通政策及流通效率驱动我国流通产业发展方式转变的路径。徐红等(2017)基于利益主体协同演化视角，探索政府、消费者及快递企业等利益相关方在快递废弃物回收产业链营建过程中的角色及演化稳定策略和规律。刘秀秀等(2020)认为睢宁县花生产业的发展的瓶颈之一是产业链条简单低端，政策扶持、加快产业融合和规模化等是有效的解决途径。

国内外学者更多地从供应链角度，对绿色供应链驱动机制及其优化策略进行了研究。梳理相关文献发现，绿色供应链驱动要素可分为内源驱动要素和外源驱动要素。①内源驱动要素包括管理者、股东、上下游企业和内部员工。例如，Zhu et al.(2007)认为除了上下游企业是重要的驱动或压力因素，还有规范、市场等影响中国企业实施绿色供应链管理；钱铭贵和施励行(2007)经过调查研究得出企业产品质量、成本和声誉取决于供应商的素质，作为企业上游的供应商对整个供应链有很大的影响；绿色设计是绿色供应链管理实践活动中重要的环节，叶飞和张捷(2010)等应用实证研究的方法对其进行了分析，并认为企业绿色化的重要影响因素除了竞争者、管理者、政策法规等因素外，还包括上下游企业。曹景山和曹国志(2007)在分析四层次绿色供应链管理概念模型的基础上，指出员工除了关心与自身利益密切相关的薪酬、工作环境、工作前景等方面之外，也越来越多地关注企业环境声誉；郭彦丽(2009)认为企业内部员工在驱动供应链绿色化中发挥着重要的作用。②能够对供应链绿色化产生驱使影响作用的各种具有主观能动性的主体，便是外源驱动要素。外源驱动要素包括消费者、竞争者、社会公众和政府部门。例如，Doonan et al.(2005)认为现在影响供应链组织环境绩效最重要的外部压力就是消费者需求；消费者更愿意购买那些他们认为对环境有益的产品的观点已经得到了许多国内外学者的支持；Seuring(2004)、Gottberg et al.(2006)的研究结果表明，企业采取绿色供应链管理实践活动的动力来源于“环保规范”及“竞争”因素。同时，也有学者从不同层面说明了环境法规对实施绿色供应链能够起着促进、制约和监督的作用。如 Baumann et al.(2002)认为政府环境管制能有效促进企业发展绿色供应链；Haslinda et al.(2010)发现很多公司会对供应商施加压力，要求执行环境管理系统、ISO14001 认证等，原因是其为了履行政府的法律法规政策。此外,现有研究表明,绿色和平组织、世界自然基金会、自然之友等 NGO 对绿色供应链的影响也不可忽视(程发新等,2013)。

研究者把绿色供应链驱动要素分析当作前提条件,构建了绿色供应链驱动机制的理论框架并对此进行了大量实证研究。有学者从绿色供应链驱动因素出发,探索了绿色供应链减排策略。例如,Hafezalkotob(2015)假设一个市场中同时存在绿色产品和普通产品,把政府财政干涉作为影响因素进行研究分析;Micheli et al.(2020)基于 169 个不同领域制造企业的绿色供应链驱动因素调查结果,指出存在部分因素能对企业供应链的实践与绩效产生强烈的影响,管理人员据此提高绿色供应链绩效。朱庆华和窦一杰(2007;2011)在绿色供应链管理模型中引入产品绿色度和政府补贴分析因素,对政府不同补贴政策下的供应链减排策略进行了比较和分析;解学梅等(2019)通过多元回归方法,分析长三角 405 家企业问卷后指出驱动因素对绿色创新与供应链协同均产生正向影响。同时,也有学者从消费者偏好的视角研究绿色供应链核心企业的减排优化策略。Atasu et al.(2008)根据消费者对新产品和再制造产品估价的异质性,把消费者分为绿色消费者和普通消费者,根据消费者的效用函数构建供应链决策模型;Tong et al.(2019)考虑总量管制与贸易政策影响下,建立零售商主导下的供应链演化博弈模型,探究了消费者低碳偏好对零售商、制造商行为的影响;Wang & Hou(2020)分析了异质绿色供应链中消费者绿色偏好对成员最优决策和最优价格策略调整速度的影响。丁雪峰等(2013)把奢侈、环保偏好消费者考虑到再制造品市场需求中,研究了奢侈与环保消费者构成市场的再制造品最优定价策略;张艳丽等(2017)为探究政府补贴对普通产品制造商、绿色产品制造商以及零售商决策变量的影响,构建了无政府补贴、政府补贴绿色产品制造商或绿色消费者三种情况的绿色供应链决策模型;梁喜和张余婷(2020)在双渠道闭环供应链中,为了更好确定制造商与零售商最优定价策略和对环保的影响,对消费者赋予了绿色偏好属性。

1.2.3.4 区域绿色发展的促进机制与战略路径选择

促进区域绿色发展与战略路径的选择,既是发展理念的重塑,也是发展资源的重组,还是发展方式的重构。促进区域绿色发展,形成以企业支撑为点、产业链对接为线、空间功能划分为依赖面的点、线、面格局，以主动适应“生态文明先行示范区”和“生态文明试验区”的新形势，实现从以“治山、治江、治湖、治穷”的应急抢救型为主的生态治理模式，转变为“富山、富水、富民、强生态”的减压增效型为主的可持续发展模式。为此，国内外学者从区域划分、促进机制和保障构建等方面对区域绿色发展和路径选择进行研究。

首先，区域绿色发展的前提和基础为区划研究。我国各类区划研究历时较长，成果丰富。相关研究以自然、经济、资源等某一方面为标准认识地域分异规律，使得区划结果综合性较弱，服务应用范围有限。而以区域整体特征为依据的综合区划能较好体现区划的综合性与应用价值，如综合自然区划、主体功能区划等（黄姣等，2011）。随着生态问题的影响加重，区划中开始有生态因素融入，出现了生态地貌区划（Wu et al., 2003）、生态功能区划（白杨等，2011）、生态经济区划（徐翀崎等，2016）、生态水文区划（李艳梅等，2009）、生态主体功能区划（刘金花和郑新奇，2013）等。如今，发展转型的驱动力是推动绿色生态，区划研究的重心必然是绿色发展区划。目前，该类区划未在全面评价区域自然、经济、生态、资源等各方面条件基础上，实现生态优势向发展优势转换，所以进一步研究区域绿色发展区划已成为亟需。

其次，在区域绿色发展的促进机制方面，相关学者进行了探索性研究（郭永杰等，2015；Dai et al., 2016）。黄建欢等（2014）认为加强环境保护和金融支持绿色产业的力度是有重要意义的，金融支持绿色发展的政策重点应是加大资金投入的同时，加强资金使用的监督。陈泽文和陈丹（2019）主张区域绿色发展必须强化政府主导推动，突出绿色产业支撑，加快新旧动能转换，促进生态优势转化，完善制度保障体系。胡安军等（2018）认为高新技术产业在降能提效、促进经济结构转型方面具有极大优势，是实现绿色发展的重要抓手；何剑和王欣爱（2017）从区域协同视角出发，根据不同产业协作联盟，从空间合作策略、政策机制来驱动绿色发展。吴传清和黄磊（2017）表明，提升长江中游城市群绿色发展绩效，必须大力推进绿色城市建设，促进园区低碳循环绿色转型发展，创新驱动产业绿色发展，加强跨区域合作联合推进污染防控。杨宏伟等（2019）在区域协同视角下通过实证分析对丝路中道区域工业绿色发展的差异特征及影响因素进行了研究；马勇和黄智洵

(2017)通过熵权-TOPSIS法测度长江中游城市群绿色发展指数发现，影响城市群绿色发展的主要因素是人均GDP、经济密度、第三产业增加值比重、人均当地水资源量、人均公共绿地面积；而经济刺激对区域绿色发展的驱动效应逐年减弱，产业结构及资源状况对绿色发展的边际作用力明显提升。肖黎明和张仙鹏(2019)应用耦合协调模型对绿色发展和绿色创新的协同关系进行了实证分析，结果显示二者在耦合度呈现上升趋势，但协调度总体偏低；另外，经济发达地区二者的关系明显，而经济欠发达地区两者的作用关系尚未显著。

最后，关于区域绿色发展路径选择方面，相关学者大多以定性分析为主。黄茂兴和叶琪(2017)分析如何使驱动要素为绿色发展持续发挥作用提供基础和保障，广大民众的自觉行为如何与绿色发展的各项措施有效链接，在资源配置中怎样发挥绿色发展的正向作用，以及绿色发展的影响作用如何强化等问题，这些都是限制中国绿色发展效能的枷锁，必须突破这些关键问题，才能为中国绿色发展打下坚实的基础；吴传清和黄磊(2017)通过定性分析指出区域绿色发展的路径实施必须加快建设绿色基础设施，发展壮大绿色产业，保护改善水环境，修复涵养水生态，高效利用水资源，大力建设绿色城市群、绿色城镇和美丽乡村，积极探索践行绿色新政；宋猛等(2020)在总结发达国家形成的系统化制度体系、标准化技术规范等成熟经验后指出，要重视部门协同、发挥地方政府能动性，构建产业系统管理体系。Schiederig et al. (2011)针对绿色经济的区域创新生态系统的构成要素、结构与功能，以及区域创新生态系统的形成过程、运行机制与演化规律进行了研究。Liu et al. (2019)运用中国的区域面板数据和空间杜宾模型，研究了绿色金融对区域生态效率的影响。Wu et al. (2020)采用面板向量回归模型(PVAR)实证检验环境分权对区域绿色发展的影响。

1.2.4 推进绿色发展的保障机制研究进展

(1) 推动绿色发展的多主体参与

随着协调、绿色、共享理念的提出，以及我国资源环境的刚性约束，积极促进绿色发展的多主体共享具有重要意义，目前学者们主要集中在政府、企业和个人等不同层面研究推动绿色发展的多主体参与问题及其相应的保障机制。具体如下：

在政府层面，Kvimaa & Mickwitz(2006)认为绿色技术与环境政策整合是实现企业绿色发展的重要内容，因此治理环境问题的关键是把环境保护纳入政策体系，同时科技研发也需要科技政策的全力支持。孙毅和景普秋(2012)认为：推进资源型区域绿色转型的重要动力和保障是科技创新融合、体制体系的构建，政府为推进转型需加大科技投入、区域创新建设，改善投资环境、提供创新型人才创业平台。甄霖等(2013)在总结各国绿色发展政策、实践经验后，提出制度和政策制定是绿色发展推进的着力点，经济发展和环境保护相辅相成，绿色就业和劳动力素质提高关系密切，保护方的利益需要生态补偿、生态产权交易等提供保障。徐建中和吕希琛(2014)的研究揭示了在三方博弈演化至理想状态的前提下，影响政府、制造企业以及消费群体低碳决策的关键因素，并为政府政策的制定和完善提供有益借鉴。胡鞍钢和周绍杰(2014)的研究表明经济系统、自然系统和社会系统的共生性和交互机制以及绿色发展是全面推动经济建设、政治建设、生态建设、文化建设和社会建设等五大建设的抓手。石杰琳和秦国民(2014)研究提出绿色发展导向推动政府回归职能本位，加强社会管理、公共产品供给和市场监管职能。朱利和武宏(2016)提出低碳生态港区的建设涉及资源、能源、环保等不同专业领域，需要政府不同管理部门的积极参与，通力合作，共同推进港区的绿色发展。秦书生等(2017)提出地方政府要通过行使行政职能、管理行为和政策调控，成为生态意识和绿色发展理念的引领者。宋雅薇和李建华(2017)研究提出政府需要通过理顺和社会多元力量的生态权责关系，倡导生态伦理思想，建立绿色政绩考核体系、健全生态问责体系等路径来强化政府生态责任。任懿等(2020)通过空间计量模型，对中国式财政分权对绿色经济发展的空间效应进行了探究，研究结果表明，二者存在正向的空间总体效应，且在本地区和相邻地区有呈现不同的空间效应，有助于政府从财政方面对我国绿色经济发展进行把控。

在企业层面，朱庆华和曲英(2005)研究表明在服从政府的环境管理法规的基础上，企业应培养和树立环境管理理念，提高社会责任感以及采取积极的态度和方法来提高企业的环境管理水平，从而促进绿色供应链管理的全面实施。Bai & Sarkis(2010)提出绿色供应商的发展是管理有效绿色供应链的必要因素，并主要研究了如何有效开发和管理绿色供应链。彭诗言(2013)认为中国企业实施绿色管理应通过建立绿色企业文化、落实绿色产品研发、构建绿色战略联盟等根本途径提高自身竞争力。陈兴红等(2015)认为，绿色发展会使企业在短期内成长缓慢，但从长远来看，绿色发展会使企业成长到一个更高水平的发展阶段，同时企业也会对绿色发展起到正向的反馈作用。Hafezalkotob(2015)在建立一套绿色和非绿色供应链的生产竞争模型的基础上发现，政府、供应链级别、消费者和环境都会对建立最佳应对策略产生影响。何德贵和范冬萍(2020)指出我国企业绿色管理存在的难点在于企业缺少系统管理方法论，将绿色价值理念内化到企业管理系统，基于实际情况变革企业系统结构，是企业进行绿色发展的前提。

在个人层面，Evans(2011)从公众参与的角度分析了可持续消费对企业绿色发展的影响。吕福新(2013)的研究表明与会者关于绿色发展的观点，集中体现在全面、融合和协调的主体生态模式以及其逻辑上，并以浙商和遂昌的实践为绿色发展的理论及模式提供了实证。Paço & Gouveia Rodrigues(2016)通过结构方程模型对绿色消费者的行为进行了研究，结果表明绿色价值对绿色购买行为和绿色广告的接受度产生积极影响，而绿色广告对绿色购买的行为影响很小，为如何推广绿色购买行为提供了参考。李岩等(2020)指出行为方式的转化不仅取决于认知和意识，让生产者和消费者的利益最大化更加重要，为了能让消费者和生产者实现环境正效益，完善的配套机制必不可少。

(2) 推动绿色发展的多主体监管

学者们主要就政府、企业以及NGO等社会组织等不同类型监管主体对于推动绿色发展相关监管机制展开了有意义的研究工作。具体如下：

在政府监管方面，甄霖等(2013)认为政府可以通过向OECD国家(如澳大利亚和加拿大)学习推进绿色经济发展的结构调整和改革的经验，这些国家的先进经验可以对我国绿色发展起到一定程度的指导和借鉴作用。徐建中和徐莹莹(2014)认为政府可以通过合理加大对本地区制造企业碳排放超标的惩罚和宣传力度，采取措施降低政府对制造企业的低碳监管成本、提高监管效率以及加大对制造企业低碳活动的关注和扶持等对策来促进社会理想的低碳模式演化。胡鞍钢等(2014)认为政府应做好绿色规划,放弃 GDP 本位主义,将绿色发展的理念充分融入地方发展的实践规划中去。柳键和曾剑锋(2014)认为政府的监督检查力度应随着制造商的绿色生产效益的上升而降低,同时处罚力度也应该上升,反之则反。Lin & Zhu(2019)从绿色发展的整体入手,研究了我国"蓝天保卫战"政策对绿色发展的积极影响,结果表明其对中国城市绿色发展有促进作用,尤其是对经济发达且减排目标相对较高的地区,影响效果会随着时间推移而逐渐扩大。

在社会组织监管方面,曹柬等(2013)认为政府可以加大对行业龙头企业的政策扶持,可以充分发挥公众、NGO 以及各类媒体的监督作用,加强绿色发展的宣传力度。刘长玉和于涛(2015)认为第三方等非政府组织在监管中对企业主要起一定的震慑作用,促使企业绿色发展。Grant & Vasi(2016)研究指出在气候变化问题缺乏立法的情况下,非政府组织可以通过传播环境规范来帮助减少人为温室气体排放到环境中有助于绿色社会的发展。

(3) 推动绿色发展的服务支持

现有研究主要从金融服务方面开展了较为丰富而有意义的研究工作。Liu et al. (2010)要求积极制定低碳金融发展战略规划,完善金融监管法律体系,构建低碳金融创新机制与工具,完善低碳金融中介服务。Xu & Zeng (2021)从空间溢出角度考虑金融集聚的环境影响,探讨了金融集聚与绿色发展之间的相互作用,结果证明金融集聚是有利于绿色发展。Xu & Li (2020)从绿色信贷角度剖析了该政策对高污染、高排放企业的正面影响,研究结论认为绿色信贷有助于政府、银行和企业制定环境保护策略和融资决策。Zhu et al. (2020)对中国电力公司绿色金融行为进行研究后认为中国绿色税制的建设促进了电力公司的财务行为向绿色迈进。

从服务主体来看,分为政府、企业及个人。在政府方面,凌六一等(2012)建立一个环保属性模型,结论表明在绿色产品市场中,政府政策,特别是政府补贴,面临不同的市场情况、不同的补贴对象时,政府要根据具体的情况实施综合的政府补贴政策,单一的、不分具体情况的政府补贴策略,很可能对环境保护没有作用,甚至会起到反作用。在企业方面,Loncar et al. (2019)从企业社会责任角度出发,论证了企业使用绿色创新或技术有益于扩大企业收益，并且获得绿色环境可以增强企业的竞争力。Liu et al.(2020)认为绿色技术创新是企业解决环境问题，进行绿色发展的重要组成部分。在个人方面，Sudmant et al.(2017)以一个私人投资者的角度分析了卢旺达基加利一大批低碳交通投资的经济案例，以这个城市作为一个经济单位探索适合不同类型低碳投资的融资机制和政策框架 Polzin(2017)分析了关于低碳创新障碍和金融后果(投资和撤资)，并提出政策制定者需要采取系统性的方法来调整各种私人资金来源，使高碳和低碳技术的风险透明化，以提供一致而适应性的长期过渡战略。

从服务种类来看，主要包括绿色信贷、绿色债券、绿色基金、绿色保险。绿色信贷是指银行用金融优惠政策来鼓励绿色产业或者限制非绿色产业，从而实现资金的优化配置和绿色经济的杠杆作用。赤道原则是目前全球流行的自愿性绿色信贷原则，以"绿色利润"作为自己的长远目标。德国成立了全世界第一家"生态银行"。蒋先玲等(2016)基于商业银行如何经营绿色信贷，配合政府和绿色企业构建健康的绿色金融体系为切入点进行研究分析。刘婧宇等(2015)以绿色信贷政策中对"双高"行业实施惩罚性高利率这一市场化的利率政策为出发点，利用中国 2007 年 SAM(社会核算矩阵)表、部分行业主要上市企业年报、2006 年及 2007 年资金流量表及金融年鉴数据，建立一个加入金融系统的 CGE 模型，刻画绿色信贷政策的传导路径，定量测算政策在不同时期的系统性影响。绿色债券是指用于中央银行或商业银行发行，用于一些效益较好却需要运用大量资金的环保项目和生态工程。中国人民银行于 2015 年发布了关于发行绿色金融债券有关事宜的公告和中国金融学会绿色金融学会绿色金融专业委员会发布的《绿色债券支持项目目录(2015 版)》，标志着中国绿色证券市场正式启动。绿色基金的作用是解决绿色项目融资的市场失灵。在市场经济条件下进行环境风险管理的方法之一是绿色保险，其主要是指环境污染责任保险。Yang et al.(2017)利用咨询团队、政府、企业、保险公司和第三方服务机构作为元素构建通用模型对安全和环境污染责任险的操作进行描述，并通过一系列指标对安全和环境污染责任险运营绩效进行了评价。Yi & Yang(2021)针对环境风险问题，指出环境污染责任保险是实现工业减轻污染最有效的市场方法，但由于其局限性，监管部门需要坚持"污染者应对污染负责"的原则。

1.2.5 推进绿色发展的实践与启示

十九大报告明确提出,建设生态文明是中华民族永续发展的千年大计,必须树立和践行"绿水青山就是金山银山"的理念。只有把习近平新时代绿色发展理念践行到实处,才能真正实现经济效益和环境效益的统一,才能真正实现"美丽中国"的宏伟目标。现有各个层次关于绿色发展实践案例正在不断呈现,分别从企业、产业、区域、国家四个层面进行综述。

(1) 企业绿色发展的践行及启示

企业是社会经济微观运作单位,要实现社会经济增长和资源环境可持续性的改善,首先企业必须践行起绿色发展的相关理念。早在2009年,宝钢就有预见性地提出环境经营战略,全面推进实施绿色制造、绿色产品、绿色产业三大任务,实施了一大批节能环保技术改造项目,开发出大量的绿色产品,并在绿色产业发展方面不断取得突破。中国神华集团以产权为纽带,在集团内部建立循环经济产业链,每年投入巨大的循环经济技术研发资金,有效克服了循环经济本身所固有的正外部性、高进入壁垒,满足了对循环经济发展至关重要的稳定性要求,这说明企业是中国实施循环经济产业化的最佳载体(赵晓东和汪克夷,2011)。作为我国最大的光伏企业、全球最大的晶硅电池制造商,尚德太阳能电力有限公司在成立十年间,走出了一条有尚德特色的绿色发展道路:即树立"科技创造绿色"的理念,坚持"产品的质量就是企业生命"的原则,通过技术、人才和组织行为创新,开发出稳定可靠的太阳能电池及组件并实现清洁化生产,使当代人用最小的代价获取最大的资源利用(周健奇和李黎明,2016)。中国石油绿色发展战略的核心内容是大力发展天然气、可再生能源等清洁能源;大力提高能效,努力减少温室气体排放。湖北兴发集团处理三废的态度不在"治理"而在"利用",通过产业链加长、技术创新和设备改造等措施,为产品贴上了"绿色"标签,增大了产品附加值,该企业还通过建立各类生态工业园区,大力推广循环经济,实现节能减排(严良等,2014)。作为军需企业的典范,新兴际华集团将履行环境责任作为公司的责任文化之一,通过"践行绿色理念、打造绿色产品、集成绿色产业和落实绿色行动”，在全集团范围内推行“绿色生产方式”，构建“既要金山银山，更要绿水青山”的环保价值观，在传统制造企业中走出一条绿色发展道路(人民网，2017)。此外，为顾客提供价值和增值服务为主的多种商业模式则是中国钢铁企业商业模式绿色转型的重要方式(汪涛和王铵，2014)。

(2) 产业绿色发展的践行及启示

产业链是在一种最终产品的生产—流通—消费过程中，以产业分工和供需关系为基础，通过纵向为主、横向为辅的经济技术关联，由相关企业或组织所构成的网状链条。因此，产业链具有完整性、层次性、协同性等重要特征。一些学者和重要媒体从产业链层次对绿色发展的实践进行了深入报道。农业产业的绿色发展是新常态下必须重视与解决的现实问题，在筑牢“生态优先”发展理念的指导下，坚持农牧结合与循环利用，把握依规管理，种养结合、产业集聚等环节(周华，2013)，积极打造“智慧型”生态农业是一些地区发展高效生态农业的重中之重(秦辰，2014)，而实施生态补偿也有利于构建绿色农业良性发展长效机制(王欧和宋洪远，2004；田苗等，2012)。煤炭产业是高污染资源型工业产业，其绿色发展在全工业产业链范围内具有典型意义。当前煤炭产业濒临全行业亏损，而绿色矿山建设成本相对较高，煤炭产业绿色发展之路任重道远。近年来，在国家重大科技支撑项目和相关政策的支持下，煤炭清洁高效转化技术攻关和示范工程建设取得重大进展，即生产出了高质量的油品和化工原料，解决了煤炭从单一燃料向原料转化的主要技术问题；同时大力推动了煤炭的清洁高效利用(林火灿，2016)，同时也要注意不同周期内绿色转型与绿色技术创新协同的不同路径(张倩和吴梦锡，2016；安景文和张志强，2014)，此外，构建“光伏＋”绿色产业体系在实现煤炭产业去产能化过程中起到了重要作用(陆瑶和常江，2017)。汽车产业作为国民经济的重要支柱，在我国制造业中占据重要地位，基于产业与环境、资源矛盾日益突出的现状，我国汽车企业在有毒有害物质控制、资源综合利用、再制造等方面投入了大量资金，政府层面也高度重视汽车产业领域绿色供应链体系建设，先后发布多项国家战略规划，推动汽车产业绿色发展；与此同时，开展生态设计、大力研发新能源汽车也是汽车产业链践行绿色制造的重要手段。作为新型绿色产业的典型代表，现代生态旅游产业链的发展以山水观光和基础休闲向山水深度体验延伸为重要特征，越来越多地与林业、农业、渔业、生态度假等结合形成产业集群，而且许多地区践行第一产业的旅游化，形成了“生态农庄热”，农旅融合、文旅融合、康旅融合等成为最新亮点（光明日报，2017）；而第三方认证可构建品牌绿色声誉，通过契约合同及纵向一体化可以实现绿色采购，提高合作企业的信任程度是餐饮产业链绿色发展的主要方式（李晓英和朱庆华，2013）。

（3）区域绿色发展的践行及启示

区域是以一定地域为范围，并与经济要素及其分布密切结合的区域发展实体。不同产业会在某特定区域内相互作用，形成区域产业结构。发展循环经济和推行节能减排可以实现城市经济、环境和社会的三赢（耿涌和王珺，2010）。总体而言，我国区域绿色发展呈现明显的不平衡性，碳排放效率呈现出“东＞中＞西”的格局，且东部的优势有所扩大，但中西部地区的部分城市群绿色发展效率要高于东部地区的一些城市群，这使得两者差异呈缩小之势（李琳和楚紫穗，2015）。产业结构、经济开放程度、基础设施等外部营运环境以及行业内容的技术、管理、规模等是中国区域全要素能源效率的关键影响因素（王兆华和丰超，2015）。由于区域绿色发展中要素之间的关系具有不确定性，应从技术、经济、环境和社会等多维度探讨不同区域推进绿色发展的适应性举措（周鹏等，2013）。

长江经济带作为我国生态文明建设的先行示范带、创新驱动带、内河经济带与协调发展带，是我国国土空间开发最重要的东西线主轴，但绿色发展中面临着水生态环境恶化趋势严重、产业结构重化工化、协同发展机制不健全等问题。因而，加快建设绿色基础设施，发展壮大绿色产业，保护改善水环境，修复涵养水生态，高效利用水资源，大力建设绿色城市群是长江经济带绿色发展的主要路径（吴传清和王磊，2017）。京北地区绿色发展体系框架包括基础平台、协同演化和价值实现三层面多环节。该地区正以绿色技术转移为突破口，积极提升地区绿色发展的科技含量和创新水平（李华晶，2017）。然而，我国西部地区在工业化、城市化和现代化进程中面临着比东部地区更大的生态困境。资源枯竭、环境破坏、国家生态安全与经济发展之间的矛盾严重制约着该地区资源友好型、环境节约型社会的实现。基于西部地区实现绿色发展的优先条件，大力发展循环经济和低碳经济，积极发展生态农业和旅游业，促进绿色传统资源加工产业向绿色产业转型、产业园区式和集群式发展是该地区绿色发展的重要路径（王珂和秦成逊，2013）。

城市绿色发展方面的践行也时常见诸报道。典型的如：北京以筹办"绿色奥运"为契机，加快推进资源节约、污染防治和生态建设，且随着习近平新时代绿色发展理念广为弘扬，深入人心，"绿色北京"理念上升为城市发展战略。除此之外，作为全国重要煤炭工业基地、资源型城市的典型案例，大同在"大同蓝"的绿色转型过程中，始终坚持生态文明和绿色发展为核心理念，积极调整产业结构，优化能源构成，以传导压力担当尽责，落实环保主体责任为保障，建立起了全市污染防治的联防联控机制（张义丰等，2017）。而打造环保铁军，提升环境质量、优化规划"一张图"、推进建设"一盘棋"、加强农村环境整治、大力发展环境经济则是杭州践行绿色发展的具体措施（人民网，2017）。吕薇等（2015）从地区经验、典型领域和国际经验几个方面，研究绿色发展的体制机制和政策，重点选择了北京、上海、深圳 3 个城市，研究地方绿色发展典型经验；并通过选取和剖析 15 类典型的体制机制案例，归纳了法律保障、市场决定、公共管理、统筹协调和创新驱动等方面的先进经验。

(4) 国外发达国家绿色发展的经验启示

欧美和亚洲一些经济发达国家践行绿色发展的措施对推动我国绿色发展体系的构建具有一定的启示作用。总体而言，国外绿色发展的理论研究经历了由可持续发展理论、生态伦理学、生态马克思主义到现代化理论的发展，其建设经验主要包括生态立法、环境教育、循环经济、生态科技、智慧城市等方面。

美国是生态环境保护制度较为完善和先进的国家，采取了包含生态工业园、自然保护区管理、运用生态保护的市场机制和生态补贴政策、温室气体排放控制在内的一系列绿色发展措施，并建立了动物保护法、区域生态保护法、生态安全保护法和全球生态保护法等相关法律，在管理的机构上则包含了联邦层面的生态保护管理机构和州政府层面的生态保护管理机构（宋海鸥，2014）。英、美、日在环境教育方面各有特色，但在通过教育促进行动方面却是一致，共性方面有：规章制度完善、定位准确、发挥自身优势、全民参与、投入有保障（杨昕，2017）。日本政府对绿色生态发展的支持不仅体现在生态工业园区的建设和循环经济体系的打造，更体现在环境教育体系的完善上，其环境教育已经不局限于保护自然环境上，已逐渐地扩展到可持续发展领域中(王民等,2005)。丹麦绿色生态发展的实践主要表现为循环经济工业园的构建,高效、稳定、协调、可持续发展的工业园人工复合生态系统促进了生产发展、资源利用和环境保护的良性循环,特别是丹麦卡伦堡工业园在世界环境保护界知名度极高,被认为是循环经济“圣地”(蓝庆新,2006)。澳大利亚、新加坡、荷兰的绿色实践则注重于生态城市的构建。哈利法克斯(Halifax)生态城是澳大利亚首例生态城市规划,创立了“社区驱动”的生态开发模式,在伊斯坦布尔举行的联合国人居会议的“城市论坛”中被评为最佳实践范例(王立和,2016)。新加坡的绿色城市建设措施主要体现在构建智能交通系统、发展清洁能源、推广“绿色建筑”等方面,并通过立法管制、政策鼓励、市场推动和宣传教育等多种方式推广绿色建筑(陈劲,2010)。总体可见,发达国家在投融资体系、环境保险制度、生态补偿体系、市场交易体系等几个维度方面已有良好的成功案例及经验,对我国打造良好的生态保护体系有积极的作用(梅冠群,2016)。发达国家形成的系统化、多元化、契约化的生态环境保护体系在协调生态利益相关者认知差异、目标分歧和利益矛盾方面也有值得借鉴的经验(丘水林和靳乐山,2019)。此外,吕薇等(2015)聚焦于绿色发展的制度体系及其政策实践,系统梳理了一些发达国家推进绿色发展的体制机制和政策。Akanji(2020)通过总结主要环境政策的执行效果,认为环境政策的制定需要基于合作原则和整体环境管理价值理念。

1.2.6 文献述评

综上所述,国内外学者在绿色发展的内涵与认知、推进绿色发展的路径选择、推进绿色发展的制度创新、推进绿色发展的实践与示范等相关方面开展了广泛研究,已经取得了大量研究成果,为本书的撰写奠定了丰厚的研究和文献基础。但从现有文献来看,既有研究还存在进一步完善和深入研究的地方。具体表现为:

(1) 在绿色发展的内涵与认知方面。绿色发展是第二代可持续发展观,是对马克思主义绿色发展观的创新发展和对全球环境保护的理论贡献(黄茂兴和叶琪，2017）。绿色发展强调经济系统、社会系统和自然系统间的系统性、整体性和协调性（胡鞍钢和周绍杰，2014），是一个典型的多学科交叉问题。中国的绿色发展具有丰富的中国情景和内涵，需要以跨界思维从全息情景阐释和研究。当前，学术界对绿色发展与循环经济、低碳经济、生态文明建设等的关系还没有厘清，没有从根本上理解绿色发展的内涵、属性和时代要求（黄茂兴和叶琪，2017）。

（2）在推进绿色发展的路径选择方面。既有文献关于绿色发展效率和绿色发展指数的研究，还存在一定的局限，特别是针对中国特色社会主义建设进入新时代，考虑时间跨度如何测度企业、产业及区域绿色发展的研究更为欠缺；既有文献大多分别从企业、产业、区域等层面进行单一层面研究，缺少微观—中观—宏观的系统建模与整合研究。对企业而言，现有研究大多研究企业绿色发展策略、企业绿色管理的内容体系及企业绿色生产与绿色运营的内容，缺乏从制度、组织及个体层面系统解析企业绿色发展的影响因素并分析其驱动机制的实证研究。对产业而言，国内学者围绕绿色产业链形成、整合、演进路径等方面做了大量富有前瞻性的研究。然而，现有研究多从技术、组织结构、利益分配、法律、环境中的几个方面进行研究，更多集中于某些特定的行业或产业链中某一特定环节的研究，很少从产业整体角度系统考虑产业绿色发展驱动机制。对区域而言，现有研究主要关注区域绿色发展的差异性、区域绿色发展效率（指数）的影响因素，以及区域绿色发展困境和对策等，缺乏从区域特性分析、政府引导、公众参与和监督、绿色技术创新、产业结构升级、保障构建等要素分析区域绿色发展影响机制的定量研究。

（3）在推进绿色发展的保障机制方面。现有关于推动绿色发展的实践经验仍属于“碎片化”阶段，较少从系统层面对绿色发展的保障机制进行梳理与总结，进而，尚未形成具有较强推广价值的绿色发展模式及其相应的保障机制。既有文献关于推动绿色发展的理论研究也主要从政府、企业和个人层面来展开，但是还相对分散，并以定性为主，尚未形成体系化的理论成果，无法实现对推动绿色发展实践的有效支撑，特别是，缺乏考虑市场拉力—政府推力双重动力驱动下的“微观—中观—宏观”立体式绿色发展路径研究。因此，亟需展开推进绿色发展的保障机制分析及其创新研究，构建企业、产业、区域的绿色发展保障机制和服务体系。

(4) 在推进绿色发展的实践与示范方面。现有关于绿色实践经验的总结较为分散,尚未形成具有较强推广价值的绿色发展模式。虽然,企业、产业及区域都在市场机制的作用下积极探索绿色发展的路径和模式,并取得了一定的成果。但这些努力尝试目前仍处于经验总结阶段,不同层面的绿色发展过程中仍存在诸多困惑,尚未形成具有理论层次和普适推广价值的绿色发展理论。因此,需要进一步结合新时代绿色发展的总体要求,从企业、产业、区域三个层面总结绿色发展的一般规律,探索具有整体指导意义的发展模式和路径;需要积极寻找典型案例,系统总结其推动绿色发展的经验,从全要素角度重新探讨不同情景下的绿色实践规律,提升绿色实践总结的示范效应和推广价值。

1.3 本书研究思路与内容

本书紧紧围绕新时代推进绿色发展这一前沿主题，综合运用管理科学、环境科学、计算机科学、产业经济、系统科学与系统工程等多学科理论与方法，系统把握党的十九大关于“绿色发展”的思想内涵，并进行科学认知和阐释，从微观企业到中观产业再到宏观区域层面，细致剖析推进绿色发展的系统路径演化规律，深刻揭示绿色发展路径的依赖特性，并从“理念—技术—制度”层面对绿色发展过程中可能出现的“不良锁定”进行“三重解锁”，深入提炼新时代背景下推进绿色发展的路径选择；从共享机制、监管考核机制和服务机制三大层面科学设计一系列相应的制度创新机制，并从企业（以电器电子产品企业绿色供应链为例）、产业（以镇江市制造业高质量发展为例）、区域（以绿色园区建设为例）三个层面的绿色发展实践与示范出发，深入形成实践基础上的理论创新，为党和政府推进绿色发展过程中的科学决策和制度设计提供参考和决策支持。

本书研究的整体思路与研究内容将按照“科学认知→路径选择→保障机制→实践示范与管理建议”的逻辑关系分别设计了依次递进的四个部分，共九章。

第一部分是第二章《绿色发展理念的实践与科学认知》。具体内容包括：总结与梳理中国绿色发展历史，分析国外绿色发展实践与思想内涵，厘清绿色发展思想的理论演进，明确习近平新时代绿色发展思想内涵与科学认知；进而有的放矢地为推进绿色发展的路径选择与保障机制设计提供理论依据。

第二部分由第三章《推进企业绿色发展的路径选择》、第四章《推进绿色消费的路径分析》、第五章《推进产业绿色发展的路径选择》和第六章《推进区域绿色发展的路径选择》，四章组成。研究逻辑为：基于行为与复杂性视角，从微观企业到中观产业再到宏观区域层面，细致剖析推进绿色发展的系统路径演化规律，深刻揭示绿色发展路径的依赖特性，通过不同情景下绿色发展的演化模拟，研究充分整合多元主体动力，突破传统路径选择惯性及不良锁定的制度条件，为政府制定科学的绿色发展保障体系提供理论依据与决策支持。

第三部分是第七章《推进绿色发展的保障机制研究》。主要分析推进绿色发展的制度障碍，分别基于企业、产业、区域三个层面的绿色发展过程中的共享机制、监管机制、发展服务机制等方面入手，构建立体化的不同层面的绿色发展保障机制，为实践绿色发展提供制度保障，为推进绿色发展的保障体系研究提供全新的制度创新视角和研究思路。

第四部分包括第八章《推进绿色发展的实践与示范》和第九章《推进绿色发展的管理建议》。通过研究电器电子产品企业绿色供应链的案例、镇江制造业高质量发展案例及绿色园区案例等，总结推进绿色发展的实践与示范，深入形成实践基础上的理论创新，提出推进绿色发展的新思路与新方向，为推进绿色发展的路径选择及保障机制构建提供理论和方法支持，更好地服务党和国家工作大局。

具体的研究思路及内容如图 1.11 所示。

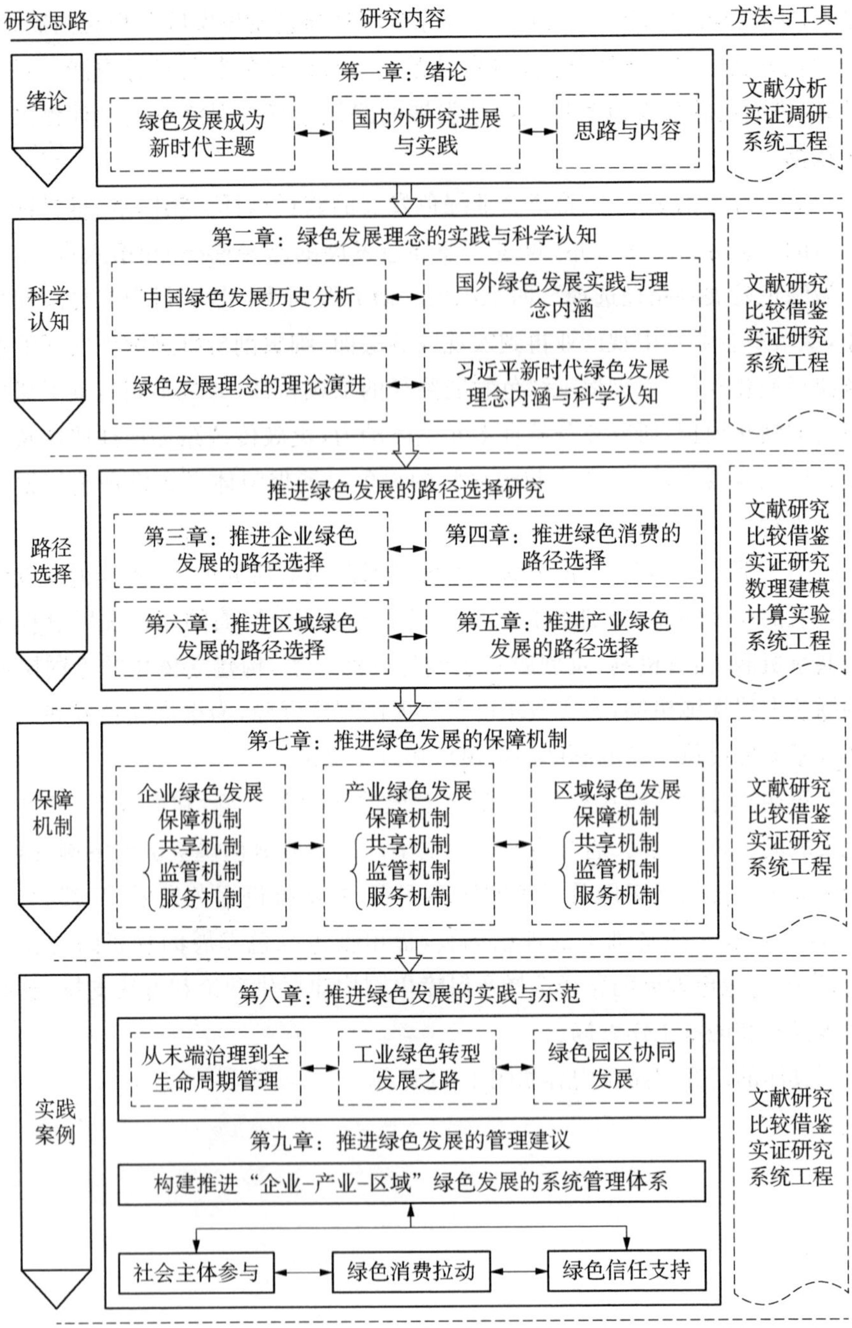

图 1.11　本书研究思路及研究方法

第2章

绿色发展理念的实践与科学认知

随着经济的快速发展，环境污染问题、资源短缺问题、极端气候问题等一系列挑战接踵而至。日趋恶化的生态问题已成为制约经济发展、社会进步乃至生存的重要因素，绿色发展理念应运而生。绿色发展遵循“天人合一”的生态伦理，以人与自然和谐共存为价值取向，实现经济社会与生态环境的协调发展，追求人与自然和谐共生。本章根据中国绿色发展的实践逻辑以及绿色发展理念的理论演进，梳理了中国古代的生态智慧、中国近现代的环境政策，以及西方现代的绿色发展思潮，系统分析了习近平新时代绿色发展理念的内涵与科学基础。作为马克思主义生态理论的继承与创新，中国人民努力奋斗的伟大实践内在规律的理论升华，习近平新时代绿色发展理念是实现中国经济高质量发展的重要支撑，是实现美丽中国的坚实基础。

2.1 中国绿色发展理念的历史与实践

2.1.1 我国古代和近代绿色发展实践

（1）先秦时期

先秦时期，已有思想家超前考虑到了人与环境的关系问题，并发表了独到的见解，反映出朦胧的生态意识，其中以儒家思想与道家思想最为突出。

儒家思想以“仁”学为主轴，孔子、荀子、孟子三位思想家在“修己爱人”之上“推己及物”，将仁爱延展至自然万物，以求“天人合一”的至高境界。孔子的主张可以概括为“仁爱万物”，孔子认为“仁”、“爱”这些人际道德原则适用于自然界的万事万物，强调人与大自然相互依存的思想，人能改造自然，但不能违背自然规律，不能破坏生态平衡，以此来协调人与自然的关系：“钓而不纲，弋不射宿”强调了孔子所具有的人与自然互为一体、不可贪眼前利益而有损长远发展的宝贵思想（张雪瑞，2011）。

孟子强调了“仁民”与“爱物”同等的重要性，强调了人与自然和谐共存的基础是将“恩及禽兽”与“功至百姓”结合起来。孟子爱物与“时养”的思想是其生态伦理观的基本出发点，以维护人类自身生存、繁衍和发展为主旨。其主张要热爱和尊重大自然，节制人类的物欲，限制人类随意随时向大自然索取的劣习，以促进万物的生长和与人类的共同发展；减少人对自然的索取，保护自然原有的面貌，使自然万物繁育旺盛、和谐有序，维持可持续的良好生态循环系统（蒲沿洲，2004）。荀子更注重“天人合一”的生态伦理实践。荀子认为环境的好坏，直接关系到物种的生死存亡；并且，动植物的生长发育有其规律和过程，人类索取有度，即“不夭其生，不绝其长”，体现了中国传统文化中对自然要取之以时、取之有度的环保意识。

道家自然的总观点是：“道”是宇宙的本源，它先于天地存在，即“先天地生”。老子认为万物源于自然且应平等相处，宇宙间的一切都是一个自然而然的过程，人在自然面前的“无为”即是“有为”（夏显泽，2006）。

道家的另一个代表人物庄子，丰富并发展了老子的自然观。庄子强调自然天性并且崇尚自然真情，认为天然的东西均具有质朴的本色，因而是最美好的。天就是自然，人是自然所生，但人能变天然的东西为人为的东西，体现了人本生态思想。

(2) 魏晋南北朝

魏晋时期，玄学畅行，人们将精神寄托于自然。玄学将“自然”明确地规定为自然事物本身，要求人们直面自然，并从中体会宇宙造化的奥妙和生生不息的玄机。玄学为魏晋南北朝通向自然、观赏自然的审美倾向开辟了理论之路。

其中，郭象把“自然”概念明确规定为自然事物本身的存在：“天者，自然之谓也”、“故天也者，万物之总名也”。阮籍认为自然是天地万物的整体，赋予了自然以新的含义：“天地生于自然，万物生于天地。自然者无外，故天地名焉。天地者有内，故万物生焉。当其无外，谁谓异乎？当其有内，谁谓殊乎？”嵇康认为“自然”是指宇宙本来的样子，而人类作为自然中的一部分，应根据“自然”的规则来生活，他崇尚气一元论：“夫论理性情，折引异同，固寻所受之终始，推气分之所由。顺端极末，乃不悖耳。今子欲弃置浑元，捃摭所见，此为好理网目，而恶持纲领也。”“元气陶铄，众生禀焉。”（杨广银和左义林,2008)。

(3) 秦汉时期

秦汉时期自然观的主旋律仍然是强调自然界与人类社会的和谐统一。秦汉时期杰出的思想家以“天人和谐”的思想为基础,阐述并发扬了保护环境、合理利用自然资源、人与自然和谐共生等宝贵的生态保护思想。除此以外,秦汉时期的思想家一直大力倡导“以时禁发”的生态保护原则,强调对自然资源进行“保护性开发”时要依据大自然本身的运行“节律”。儒家学派董仲舒提出了“天人相应”思想,从本质上讲,就是把天地人看作是有机的、不可分割的一个整体:“何谓本? 曰:天、地、人,万物之本也。天生之,地养之,人成之,天生之以孝悌,地养之以衣食,人成之以礼乐。三者相为手足,合以成体,不可一无也。”他还将“爱物”直接赋予了“仁”,要求将“爱物”包容在“仁”中,中国传统伦理实现了生态道德的逻辑,仁学进化成了一种生态伦理学:“质于爱民,以下至鸟兽昆虫莫不爱。不爱,奚足谓仁?”(佚名,2011)

“以时禁发”,自然资源的保护性开发利用等思想在“月令系”中体现得最为集中。在这一时期中,“月令”逐渐走向官方政治体系,形成一套理想色彩突出的最高话语体系,调节社会节奏与自然节律和谐互动。《淮南子》还指出了自然的发展有其特定的规律,自然规律要去遵循,且需发挥人的主观能动性去适当改造自然:“夫地势,水东流,人必事焉,然后水潦得谷行。禾稼春生,人必加工焉,故五谷得遂长。听其自流,待其自生,则鲧、禹之功不立,而后稷之智不用。”(姜颖,2007)

(4) 隋唐时期

隋唐时期,崇尚自然依旧是人们的主要自然观念,农田的春种、夏长、秋收和冬藏都依赖于“天地生养万物”、“四季气序顺畅”。但同时,秦汉以来神秘主义的“天人感应”思想非常严重,该思想认为,自然是由神的意志操纵的,倘若发生灾害或异象,人们会立即想到天意,认为是神在惩恶扬善。而隋唐时期已有对“天人感应”思想的批判和质疑,如柳宗元认为“天人不相预”,即人和老天互不相干,他认为万物是孳生成长还是遭荒受灾,都是自然因素;社会是依法治理还是动乱不安,都是人为因素,两者互不干预。

刘禹锡则认为“天人交相胜、还相用”。他在《天论》中提出:“天人交相胜、还相用”,意思是天不能干预人间的治乱祸福,而人也同样不能干预天

（自然界）的各种变化，人有时可胜天，天有时也可胜人。人与天还有一定的相互作用，“天无私”，自然的运行规律是客观的，人们必须按“天理”即自然规律行事，才能作用于天；天与人也可以相互促进、相互作用（吴点明，2014）。

（5）宋元时期

宋人认为，“天人一体”是一种道德规范，人类须顺应、保护自然，将人们生态自然与伦理道德观念融为一体。张载指出：“乾称父而坤母；予兹藐焉，乃混然中处。故天地之塞吾其体；天地之帅吾其性。民吾同胞；物吾与也。”可以看出，“民胞物与”是源于“天人合一”的自然规律的生态伦理思想，体现了张载遵循“天道”、顺应“四时行，百物生”的万物枯荣自然规律的思想底蕴。宋学的集大成者朱熹，对“天人一体”的认识主要表现在：一是认为人性与物性在某些方面是相通的，二是认为人与天地是两个规模大小不同的具有内在生命结构的有机体，具有相同的特性，三是把对待生物生命的态度作为区别仁与不仁的根本标准。

除此以外，宋元时期开始注重提倡植树造林，保持水土，顺乎自然之利，重视生态农业。这一时期，不少学者都从不同方面阐述了保护自然环境、促进生态平衡的观点。以实践为基础，不少的生态典籍应运而生，如宋元时期的《王祯农书》、《农桑辑要》、《陈旉农书》、《茶录》、《荔枝谱》、《吴门水利书》等。

（6）明清时期

明清时期出现了许多闪光的生态思想。明代初期的思想家刘基对自然规律的认识形成了较为完整的体系，他的代表著作《郁离子》中处处体现了其生态思想：“惟天地之善生而后能容焉，非圣人之善盗，而各以其所欲取之，则物尽而藏竭，天地亦无如之何矣”，体现了刘基尊重自然、顺应自然规律、善于利用更注重保护自然、对自然取之有度不可竭尽其源的生态智慧（夏咸淳，2013）。明末清初的思想家王夫之认为，动物的生活为“任天”，人与动物不同，其特点在于“相天”，他在《读春秋左传·博议·吴征百牢》中提出了调整自然、治理万物的“相天”说，认为人可以通过自身的主观能动性，对自然环境进行调整，从而改变“天”、治理自然与万物。

除此以外，李诩的《戒庵老人漫笔》中曾记载：明嘉靖年间，常熟县谈参对农副业实行多元化经营，在洼地挖水池养殖鱼苗，水池边架梁养殖家禽；高地、畦地、塍上、汗泽处应因地制宜，分别种植粮食、蔬菜、果树、水生作物，充分发掘了土地与空间的利用效率和经济效益。可见明代时期就已在农业领域注重运用生态智慧，探索出了早期的“绿色生态农业”（杨昶，1998）。

(7) 民国时期

民国时期，孙中山、张謇等在生态环境领域提出了一系列主张，大致可归为以下几个方面：兴修水利以预防自然灾害发生；保护和营造森林植被。

孙中山在中国民生史上提出了一系列涉及生态环境领域的主张，主要可归纳为：兴修水利、植树造林以预防自然灾害发生。他在《三民主义》一书中指出我国水灾、旱灾频发的原因在于良好的生态环境未能得到有效的保护。面对这一亟需解决的情况，孙中山设计了水利建设蓝图，以“河运建设”为核心，为整治江河，预防灾害提出一系列规划。孙中山也认识到，兴修水利只是可以挽救短暂的水旱天灾，但并非长久之计，治本之策是植树造林。

张謇在森林的保护和营造方面做出了特殊的贡献。张謇上任农林、工商总长以后，针对我国东三省政设施失修，采伐无度的情状，建立专门的林业机构对现有的森林资源进行有效的管控。1913年颁布了《东三省林务局暂行规程》，后又拟订了《东三省林务局分科规则》，除了行政上加以管理外，张謇还十分重视国民生态意识的培养，表现在把清明节作为全国的植树节，且国民每种一树“部拟通令各省如法为之”（张廷栖和范建华，2006）。

(8) 小结

中国古代的历史源远流长，从先秦到近代经历了几千年的变迁，在这样的历史长河中孕育出了璀璨的哲学思想，其中蕴含着极为丰富的生态文化观念。随着时代进步、朝代变迁，这些哲学思想也在不断地变化与进步，由先秦儒家提倡“仁爱”、道家崇尚自然真情，魏晋南北朝时期玄学盛行到宋元时期提倡人的自然生态意识与伦理道德观念应该合而为一、隋唐时期的“天人不相预”思想，到明清时期出现的巧用自然的生态智慧、民国时期在生态环境领域提出的主张，均为现代生态观的发展提供了坚实的哲学思想基础（见表2.1）。

表 2.1　古代和近代绿色发展实践重要发展时期思想总结

重要发展时期	思想总结
先秦时期	1. 儒家：以“仁”学为主轴，孔子、荀子、孟子以“修己爱人”为基础，“推己及物”，把仁爱精神延伸至自然万物，追求人与天地万物“合一”的至上境界。孔子首先提出了“仁爱万物”的主张，强调人与大自然相互依存的思想；孟子将“仁民”与“爱物”相提并论，强调了要把“恩及禽兽”与“功至百姓”结合起来；荀子更注重“天人合一”的生态伦理实践。 2. 道家：“道”是宇宙的本源，它先于天地存在，即“先天地生”。老子认为万物源于自然且应平等相处；庄子反复强调自然天性，崇尚自然真情。
秦汉时期	该时期的自然观强调了自然界与人类社会和谐统一，儒家学派的学者将“爱物”直接赋予了“仁”，仁学由此也就成为了一种生态伦理学。
魏晋南北朝	人们把精神寄托于自然，玄学成为这一时期的思想基础。玄学将“自然”规定为自然事物本身，倡导人们直接接触天地万物，从自然中感悟、体察宇宙造化的奥妙、生生不息的玄机。
隋唐时期	哲学家们开始怀疑和批判“天人感应”的思想，提出了“天人不相预”思想，并提出天与人还有相互补充、相互促进的一面。
宋元时期	人们认为人的自然生态意识与伦理道德观念应该合而为一并且开始注重提倡植树造林，保持水土，顺乎自然之利，重视生态农业。
明清时期	出现了许多深邃且影响深远的生态思想：明初刘基敬重、顺乎、善取、巧用自然，永葆自然生机而不竭其源；清初王夫之提出了精彩的“相天”说；明代时期在探索发现新的农业生产模式方面取得了卓越成就。
民国时期	孙中山、张謇等在生态环境领域提出了一系列主张，大致可归为以下几个方面：兴修水利以预防自然灾害发生；保护和营造森林植被。

中国传统文化中，在“人与自然”的关系问题上主流思想是“天人合一”，这也充分体现出了中国传统思维方式，即从整体上对事物的特点和规律进行认识和把握。“天人合一”的实质在于和谐以及内在的统一，人与自然最高的价值选择就是和谐共生，这也契合了当代绿色发展以人与自然和谐为价值取向。

我国传统生态文化发展的另一个非常重要的思想就是“循自然之理而举事”，也就是说人类需从生态伦理的角度来认识、探究、利用自然，并依循自然界的客观规律。人类只是自然界中微小的存在，依托自然界而生存，若不按自然规律办事，将会打破生态系统平衡，这与当代可持续发展理念不谋而合。

2.1.2 中国近现代绿色发展实践

2.1.2.1 思想萌芽和早期实践

中华人民共和国成立之初，以毛泽东同志为代表的中国共产党第一代中央领导集体就开始重视山林湖泊的修复与祖国的绿化问题，从灾害治理到绿化祖国再到环境保护的过程，是绿色发展理念的萌芽与早期实践阶段。

(1) 灾害治理

1951 年 5 月，毛泽东同志就 1950 年淮河流域特大洪涝灾害题词："一定要把淮河修好"（中共中央文献研究室，1988），并相继展开了治理海河工程、荆江分洪工程、官厅水库工程和治理黄河工程（黄承梁，2019），自此新中国的灾害治理与山河修复拉开了帷幕。

(2) 绿化祖国

从 1956 年毛泽东同志发出"绿化祖国"的号召（中共中央文献研究室，2003）开始，新中国的绿化祖国事业便开始了。中共中央政治局提出，1956 年～1967 年，全国需要尽可能地绿化荒山荒地，尽可能地、有计划地植树。毛泽东同志对林业问题十分关注，致力于祖国河山的绿化，号召植树造林、改变自然面貌、实现祖国园林化，逐渐形成了毛泽东林业建设思想，体现了党中央对于祖国绿化和林业发展的重视，为国家的林业建设和祖国绿化奠定了实践基础。

(3) 环境保护

1972 年 6 月，中国政府代表团在联合国人类环境大会上充分阐释了中国在维护和改善人类环境问题上的主张：发展现代工业是国家独立富强的重要方面，工业发展会引起环境污染，但不能因噎废食；中国多年的卫生运动、绿化祖国活动及环境保护举措的实践证明，工业发展中带来的环境问题是可以解决的；人民可以通过辛勤劳动以及科技的发展改善环境。1973 年，第一次全国环境保护会议于北京召开。此后，环境保护的具体方针得以确立(中国环境科学研究院和武汉大学环境法研究所,1983)。

(4) 小结

新中国正处于复杂严峻的维护主权及百废待兴的建设国家时期,党中央的工作重心以重工业发展为主,在一定程度上环境让位于工业发展,虽尚未形成绿色发展的有关理念,但绿色发展的意识已开始觉醒和萌芽,认识到环境治理及生态保护的重要性,得出不恰当的经济发展方式会对环境产生破坏、可以通过科学技术的进步和人民的努力来改善环境等科学认知。

2.1.2.2 环境保护道路的探索与环保法律体系建立

以邓小平同志为核心的党的第二代中央领导集体正式开始了对环境保护的探索,并建立了初具规模的环保法律体系,绿色治理政策的制定也开始起步。

(1) 环境保护道路的探索历程

第一,绿化祖国和林业建设工程进一步完善。邓小平同志在毛泽东林业建设的基础上继续坚持植树造林,他认为植树造林是造福后代的事业,祖国绿化的伟大事业需要不断坚持、不断发展。

第二,环境保护的战略地位与重要性不断明确。环境保护在这一时期被确立为基本国策,其在现代化建设中的战略地位也不断明晰(郑丽莹,2019)。

第三,环境保护的任务不断明晰、具体。如"六五"规划纲要在基本任务中要求制止环境污染的进一步发展,改善一些重点地区的环境状况(中共中央文献研究室,2008;刘建伟,2011);"七五"规划纲要要求"保护江河、湖泊、水库和沿海的水质,保护重点城市的环境,保护农村环境,改善生态环境;把治理污染作为一项重要内容;同时强调完善环境法规和标准"。

(2) 环保法律体系的建立

这一阶段,环保法律体系开始建立并不断发展,为环境保护道路的探索奠定了法律基础与法治保障(见表 2.2)。

表 2.2 我国环保法律体系发展历程

时间	名称
1979 年 9 月颁布并实施	《中华人民共和国环境保护法(试行)》
1984 年 5 月通过	《中华人民共和国水污染防治法》
1984 年 9 月颁布	《中华人民共和国森林法》
1985 年 10 月实施	《中华人民共和国草原法》
1987 年 9 月发布	《中华人民共和国大气污染防治法》
1994 年 10 月发布	《中华人民共和国自然保护区条例》
1989 年 12 月正式实施	《中华人民共和国环境保护法》

(3) 绿色治理政策

这一时期的中国适逢改革开放战略阶段,推行以经济建设为中心,绿色治理政策主要服从于国民经济恢复的需要。在能源方面已开始关注节能,突出表现在节约用电、节约用煤和节约用油等方面(苗向荣和尚智丛,2013);农业方面注重退耕还林工程和水利设施建设的开展,在农村强调科学施肥以及水资源的合理利用(斯丽娟和王佳璐,2018)。

(4) 小结

这一时期,我国处于改革开放和现代化建设的起步阶段,已经颁布并实施了一系列的环境保护法律与绿色治理政策,明确了环境保护在现代化建设中的战略地位,环境保护已成为国家现代化建设必不可少的基本内容,其重要性不断上升直至成为基本国策。这是我国环境保护体系的全面建设阶段,也可以看作我国生态文明建设的探索准备阶段。

2.1.2.3 可持续发展理念的提出与法律体系的完善

以江泽民同志为核心的党的第三代中央领导集体创造性地提出了可持续发展理念,并将环境保护纳入依法治国的轨道,此时的绿色治理也已逐渐摆脱"经济优先发展"、"发展优先、注重效率"的束缚。

(1) 可持续发展理念

为了积极响应国际社会保护全球生态的号召,1994 年发布的《中国 21

世纪议程——中国21世纪人口、环境与发展白皮书》中首次描绘了中国的可持续发展战略，明确了经济发展同人口、资源和环境间的关系，首次提出“走可持续发展道路是加速中国经济发展、解决环境问题的正确选择”（黄承梁，2019），并规划了中国实施可持续发展战略的具体方案。江泽民同志强调，必须把可持续发展作为现代化建设中的一个重大战略，此后“可持续发展战略”被纳入“九五”规划纲要。在改革开放的推进与深化过程中，能源短缺、资源浪费等问题不断加重，严重阻碍了经济的可持续发展。为此，党的十五大提出了“资源开发与节约并举”的思想，要求正确处理经济发展同人口、资源和环境的关系，可持续发展作为战略思想被写入党代会报告；党的十六大将“可持续发展能力不断增强”作为全面建设小康社会的重要目标之一。至此，可持续发展理念的地位不断上升，并对我国经济发展方式的转变产生了深远影响。

此外，工业节能、可再生能源发电等项目的合作开展，使得可持续发展在绿色金融方面实现了与国际接轨。

（2）环境保护纳入依法治国轨道

这一阶段，环境保护逐渐纳入依法治国轨道，环保法律体系进一步完善，《中华人民共和国节约能源法》等法律的颁布也以“补丁”的形式不断填充环保法律体系存在的空白与漏洞。

绿色治理摆脱了过去“经济优先发展”的枷锁，得到了极大的发展。能源方面开展煤炭行业整顿、电力工业整顿、发展节约能源及发展能源科学技术。绿色金融也在这一时期实现了初步发展。1995年，中国人民银行率先明确在工作内容中结合环境保护；1995年以后，金融部门通过对贷款项目划分“不能贷”、“审查后贷”和“优惠扶持”三等级缓解财政部门环境污染治理的资金压力。

（3）小结

该阶段形成的可持续发展思想是绿色发展重要的思想来源与内涵基础，它包含了“资源开发与节约并举”、既要发展也要效率、对工业污染的控制要逐步从末端治理为主转到生产全过程控制等的科学认识，也就是江泽民同志指出的：“决不能吃祖宗饭，断子孙路”。可持续发展与环境保护既有区别又有联系，可持续发展以发展为核心，环境保护是其重要方面之一，但可持续发展也要求在严格控制人口、提高人口素质和保护环境、节约资源的前提下促进经济和社会的发展。

2.1.2.4 中国特色社会主义生态文明建设理念确立

以胡锦涛同志为核心的党的第四代中央领导集体以可持续发展思想为基石，提出科学发展观，确立了中国特色社会主义生态文明建设理念，从社会各个层面全面推动生态文明建设，为习近平新时代绿色发展理念的提出开辟了道路。

（1）可持续发展的继承与科学发展观的提出

2003年，以胡锦涛为总书记的党中央在继承可持续发展思想的基础上，明确提出了"科学发展观"。此后，科学发展观的内涵在探索进程中不断丰富与完善。科学发展观是全面、协调、可持续的发展观念，科学发展观强调发展是可持续的，科学的发展必须考虑资源与环境的承载能力，必须兼顾当前发展需要与未来发展需要，必须转变过去以牺牲环境为代价的粗放型经济增长方式，必须在实现人与自然和谐相处的基础上开发、利用自然，必须实现自然生态系统和社会经济系统的良性循环。科学发展观的提出极大推动了绿色发展观的诞生。

（2）生态文明建设全面展开

① 中国特色社会主义生态文明建设理念确立

中国特色社会主义生态文明建设理念逐步确立（如表2.3），并成为绿色发展理念的重要基础。

表2.3 中国特色社会主义生态文明建设理念确立历程

时间	文件/事件	内容与意义
2007年	党的十七大报告	要求在产业结构、经济增长方式、消费模式等方面实现节约能源、资源和保护生态环境；首次把"生态文明"理念写入党代会报告；明确"建设生态文明"是"实现全面建设小康社会奋斗目标的新要求"。
2008年	政府工作报告	在"两型社会"建设进程中树立"生态文明"的观念，标志着中国从"工业文明"过渡为"生态文明"。
2012年	中国共产党第十八次全国代表大会	强调重点加强生态文明制度建设，提出了"五位一体"的总体布局；着力推进绿色发展、循环发展、低碳发展，全面部署"五位一体"的总体布局。
2012年	习近平考察广东	要求大力推进中国特色社会主义生态文明建设。

② 中国特色社会主义生态文明建设实践

能源方面。2004 年 6 月，中国第一个能源长期规划《能源中长期发展规划纲要（2004—2020 年）》草案讨论并通过；2004 年 11 月，国家发展和改革委员会在《节能中长期专项规划》中对节能目标和发展重点作出了详细规划，体现这一时期在开发使用能源的同时更加重视对环境的保护。

农村发展方面。生态文明理念成为农村发展的重要指导思想，自 2004 年中央一号文件首次提出“搞好生态工程建设，统筹安排，注重实效”起，农村建设开始关注经济、资源、环境的可持续发展，在农村地区开展大规模的生态恢复绿色工程，鼓励特色农业、循环农业的发展，完善农村地区的生态文明建设。

绿色金融方面。绿色信贷在这一时期得到了极大的发展，逐步走向规范化、常态化。中国银监会于 2007 年强调，对“节能环保项目”的信贷需求须重点满足、对“高耗能、高污染项目”的贷款条件须严格把关。2012 年中国银监会又发布了《绿色信贷指引》。有关政策鼓励绿色信贷向节能环保行业新技术的研发、新产品的推广倾斜，向地方的支柱产业、特色产业和新兴产业倾斜，采取优化信贷资源配置的方式促进节能减排、发展循环经济、降低经济发展对资源的消耗与对环境的破坏、实现环境保护与经济发展的有机结合，最终实现环境效益与经济效益的双赢。

工业转型升级方面。这一阶段明确提出了工业的绿色发展，对工业的转型升级做出了详细的规划。2010 年 5 月 18 日，工业和信息化部发布《关于请参加“2010 年中国绿色工业论坛”的通知》，该论坛主要围绕绿色工业发展战略、工业节能降耗减排治污、传统产业升级改造、信息化与绿色发展、低碳技术促进绿色发展、绿色金融等主题进行深入研讨。2011 年 12 月 30 日，国务院发布《国务院关于印发工业转型升级规划（2011—2015 年）的通知》，该通知提出了以下要点：必须促进工业转型升级，改变过去的粗放式经济增长模式，转向工业又好又快发展的新阶段；“两型”社会建设将进一步完善绿色发展的机制体制，有利于工业节能减排、淘汰落后产能，也将促进新兴产业的快速发展，如节能环保、新能源等产业；工业转型升级的重点任务是促进工业绿色低碳发展；注重增强工业的可持续发展能力是工业转型升级的重点；必须推进工业的节能降耗、清洁生产、污染治理，发展循环经济和再制造产业(韩永奇和韩晨曦,2012)。可见,此时的工业发展已开始强调节能减排和综合利用。

区域合作方面。中国特色社会主义生态文明的建设不仅从国家层面全面展开,还开始关注区域间的合作、世界的共同努力。2011 年 9 月,首届亚太经合组织林业部长级会议在京召开,胡锦涛同志参会并致辞,强调了森林资源对人类发展及人类未来的重要作用,促进亚太地区林业的可持续发展需加强区域合作、深化亚太经合组织各成员间的合作,实现绿色增长。2012 年 12 月,李克强总理出席主题为“区域平衡与绿色发展”的中国环境与发展国际合作委员会 2012 年年会开幕式,并作了题为“建设一个生态文明的现代化中国”的重要讲话,他指出生态文明是对发展的反思,也是对发展的提升,并指出了需加大建设的几个重要方面。

此外,绿色建筑、节约型机关、新能源等有关绿色发展、科学发展的项目也开始起步,生态文明建设进入全面开展、持续深化阶段。

(3) 绿色发展道路的铺垫

这一时期,中国特色社会主义生态文明理念基本确立,中国特色社会主义生态文明建设有序展开,党中央在经济全面、协调、可持续的科学发展的基础上,开展了一系列如“两型社会”建设、低碳城市试点政策、“两山论”等的试验与探索,为绿色发展道路的开辟做好了理论与实践的铺垫。

(4) 小结

这一时期,绿色发展的思想内涵得到了极大丰富,增添了生态文明、科学发展观的内容。生态文明建设将可持续发展拔高到生态系统的高度,从“不砍后人树”变为“为后人乘凉而种树”,从“给后人留下遗憾”变为“留下更多的生态资产”,人与自然应该和谐共生、形成良性循环、促进人与自然的全面发展。

2.2 国外绿色发展实践与认识

2.2.1 主要发达国家绿色发展实践

作为生命之源的淡水资源一直是地球上的稀缺资源之一，占全部水源的3%左右，而其中可供生物饮用的不到1%。随着经济发展带来了世界人口的激增问题，人类对水源的需求迅速增长，而全世界对水消耗的增长率超过了人口增长率，水资源问题成了亟待解决的世界难题。一方面水资源取之有竭，而另一方面人类用之无尽，这一矛盾加剧了水资源的短缺问题，并且目前尚未有能替代水资源的物质，此外，世界水资源还存在分布不均导致各地旱涝不均的问题，这些问题接连导致相关的生物生存问题，对干旱地区人口造成严重威胁。

除了人口激增带来的水资源需求的剧增，人类经济发展带来的环境污染问题也是加剧水资源短缺的重要原因（姜春云，2010）。世界经济发展水平增长最显著的时期是二战后，这一时期战争逐渐平息，各国将视线转移到国内，纷纷着手恢复国内的生产发展，由此开启了第二次工业革命。这一时期由于各国首要目标是发展而忽略了由此带来的环境问题，因而第二次工业革命导致了非常严峻的环境问题。例如，19 世纪 50 年代日本发生了水俣病事件，由于废水排放处理随意，导致了很多生物的死亡。与此同时，日本的神东川河也遭到了废水污染，附近农户饮用这条河里的水，并且用来灌溉农田，最终导致骨痛病（朱海燕，2017）。1979 年墨西哥石油公司在海底油层钻井时发生井喷，导致这一带的海洋环境受到严重污染。20 世纪 80 年代一时成为了巴西工业卫星城的库巴唐市，不计环境成本的发展，最终以“死亡之谷”为众人所知。1986 年莱茵河遭到工厂污染，自此 20 年不能使用。1991 年韩国斗山电子公司管道泄露，原料流入洛东江，导致全市供水中断。2010 年 4 月，位于美国墨西哥湾的“深水地平线”钻井平台发生原油泄漏，造成了前所未有的环境灾难和难以估量的经济损失（王冶英和任以顺，2012）……工业发展由此带来的水污染问题给人类敲响了警钟，治理水污染不仅经济成本高，时间成本也高，这大大地阻碍了发展，违背了发展的初衷。

种种迹象表明人类亟需对水资源问题做出相关规定，以此缓解水资源的紧缺问题，由此“立法”成为共识（刘涛等，2012）。各国颁布了不同的法案对不可再生资源做出要求，并大力开发可再生能源，表 2.4 给出了一些法案内容：

表 2.4 各国有关不可再生资源的法案颁布对比

国别	时间	法案名称	具体内容
美国	2005 年	《能源政策法案》	强调加强可再生资源的开发，要求大力发展替代能源，并在水资源方面强调了节约能源的必要性（宋玉春，2006）。
英国	2003 年	《我们能源的未来：创建低碳经济》	高效利用能源资源，开发清洁能源和新型能源，获取经济发展的绿色增长（赵娜等，2005）。
	2009 年	《英国可再生能源战略》	其目标是为未来提供干净、安全及充足的能源。要快速加强对可再生能源电力、热力和交通运输燃料的利用，确保到 2020 年英国能源供应的 15%来自可再生能源。
澳大利亚	2009 年	《可再生能源法案》	强调减少水资源等不可再生能源的使用，期望在未来十年中，可再生能源电力随处可见（钱伯章，2010）。
德国	1976 年	《控制水污染排放法》	控制水污染，将雨水经过导流、储藏、再利用。
	2004 年	《可再生能源法修正案》	强调能源的可持续供应，降低能源供应在国民经济中的成本占比（叶桂香，2011）。

（续　表）

国别	时间	法案名称	具体内容
日本	2000 年	《资源有效利用促进法》	将四种可再生资源拓展为七大类并分别制定回收利用相关制度，制定循环经济的“3R”原则（郭廷杰，2003）。
	2008 年	福田蓝图	特别强调大力发展风能、太阳能、生物能等可再生能源（陈志恒，2009）。
韩国	2008 年	《国家能源基本计划》	以提高资源循环率、自主率为主。减少不可再生资源的消费比重，扩大可再生能源的比重（詹小洪，2009）。
法国	2015 年	《绿色增长能源转型法案》	提出能源转型的五大行动原则。要求能源结构多样化，限制化石燃料使用，使发电多元化，增加可再生能源的份额（田丹宇和徐华清，2018）。
瑞士	1876 年	《森林法》	规定森林面积不得减少，如需砍伐森林必须种植相同面积的森林予以补偿。
	1991 年	《联邦水保护法》	意在保障饮用水和其他用途用水的供应和经济使用，保持动植物的自然生境，确保水成为地貌景观的要素之一，保证水文周期的自然功能（海欣，2003）。
	2017 年	《能源战略 2050》	改善能源使用效率、减少能源消费量、鼓励可再生能源发展，大力提高太阳能、风能、地热能等可再生能源的能效和补贴力度，且为亏损的水电企业提供额外政府补贴（李忠东，2017）。

气候和环境是人类生存和发展的基础，而低碳经济正是源于全球气候变暖。随着人们低碳减排的意识日益增强，低碳经济不仅成为国际经济和政治中的一个重要议题，并且正在不断地改变着人们的生产、生活方式，指引着未来经济的发展方向。人类社会发展到现在，在感叹人类创造的辉煌文明奇迹之时，对于社会发展中出现的各种问题人们很难不感到惋惜。工业革命和信息革命的不断推进，困扰人类社会的一些问题也随之而来。低碳经济正是解决这些问题的重要措施之一。

低碳经济的概念源于人类对全球气候变化问题的客观认识。早在 1898 年，瑞典科学家斯万阿伦纽斯（Svante Ahrrenius）就提出了“温室效应”一词，他警告说煤炭和石油产生的二氧化碳会导致全球变暖。然而，他的说法直到 20 世纪 70 年代才得到证实，当时科学家们进行了深入的研究讨论，并引发了人们对全球气候变化的普遍关注。根据联合国政府间气候变化专门委员会（IPCC）的数据，全球气温在 1906 年到 2005 年间平均上升了 0.74 摄氏度。该报告甚至预测，全球气温将在 1990 年至 2100 年间上升 1.4 至 5.8 摄氏度，而气候变化将导致未来 60 至 70 年的物种大灭绝。

基于对全球气候变化严峻性与紧迫性的认识，全球掀起了控制温室气体排放和减缓全球变暖的热潮，对于人类生存来说如何应对气候变暖是一种挑战。各国都致力于减少温室气体排放，转向低碳经济发展模式，具体政策措施如表 2.5 所示：

表 2.5　各国应对气候变暖的措施对比

国别	时间	法案名称	具体内容
美国	2005 年	《能源政策法案》	将建筑节能提升到了前所未有的高度，要求政府建筑节水、节能、限制二氧化碳排放，并鼓励公众参与，家庭节能改进可享受税收抵免。
	2007 年	《低碳经济法案》	制定了“总量控制以及碳排放交易”计划，到 2030 年，新建房屋实现“零碳排放”(陈柳钦，2010)。
	2009 年	《清洁能源安全法案》	旨在减少温室气体排放、减少美国对进口石油的依赖、规划美国绿色能源蓝图。通过控制碳排放量，设置碳排放上限，管理美国的能源密集型企业的碳排放量(田晓飞，2010)。
英国	1956 年	《清洁空气法》	制订了一系列规定以减少大气污染，包括关闭伦敦城内的电厂，并要求工业企业建造高大的烟囱来加快大气污染物的疏散(陈秀双，2010)。
	2006 年	《气候变化的经济学：斯特恩报告》	呼吁全球向低碳经济转型，主要措施为提高能源效率以及建立强有力的价格机制等。
	2008 年	《气候变化法案》	明确温室气体减排目标，承诺英国到 2050 年将温室气体排放量在 1990 年的基础上减少 80%，并制定未来五年的“碳预算”，改善碳管理，控制、削减碳排放，促进英国向低碳经济转型。
		《商品和服务在生命周期内的温室气体排放评价规范》	帮助企业管理生产过程中所形成的温室气体排放量，专门针对产品和服务的碳足迹进行评价，最终开发出更小碳足迹的新产品。
	2009 年	《低碳经济转型计划》	提出力争到 2020 年实现小轿车平均碳排放量比目前降低 40%的目标。
		《英国低碳工业战略》	详细描述了低碳经济时代的机遇意义、当前应该采取的行动、如何推动低碳经济创新以及如何推动英国的整体经济向低碳方向转移等战略内容。
		《英国低碳迁移计划——国家气候能源战略》	对低碳迁移的具体任务目标进行了部署。计划规定到 2020 年，英国碳排放要在 1990 年的基础上减少 34%；40%的电力来自低碳能源；新生产汽车的排放量在目前基础上减少 60%等一系列措施。

（续 表）

国别	时间	法案名称	具体内容
	2018年	《绿色未来：英国改善环境25年规划》	阐明了英国政府帮助恢复自然环境并保持公众健康的行动举措，为英国的城乡提供清洁的空气（郭印和王敏洁，2009）。
澳大利亚	2007年	《全国温室气体以及能源行动法案》	提供了温室气体排放监控的框架。
德国	1974年	《控制大气排放法》	主要内容是保护全球气候。
	2004年	《可再生能源法修正案》	促进德国能源的可持续发展，使国民经济中能源的供应成本下降（叶桂香，2011）。
日本	2006年	“十年后的东京”计划	制定减排目标为：到2020年东京的碳排放量降低25%（与2000年相比）（张旺和周跃云，2012）。
	2007年	《21世纪环境立国战略》	提出为克服全球变暖的环境危机，完成可持续社会建设的目标，必须全面推进建设低碳社会、循环社会以及和自然和谐共生的社会（陈健佳，2010）。
	2008年	“实现低碳社会行动计划”	计划的长期目标是到2050年削减目前碳排放的60—80%；对世界各国的支援；推进5年间可提供累计100亿美元资金的“清凉地球伙伴”行动；7月1日在世界银行设立气候投资基金。
	2009年	《绿色经济与社会变革》	通过实施温室气体排放限制等措施，推进日本的低碳经济。政策还提议实施温室气体排放权交易制和征收环境税（李艳君，2009）。
法国	2010年	《综合环境政策与协商法》	主要分为六个部分，其中一部分就是如何应对气候变化。
	2015年	《绿色增长能源转型法案》	制订了一个全面的法律框架，以应对气候变化、加强能源独立和能源安全为目标，提出了能源转型的行动原则。
联合国	1989年	《蒙特利尔议定书》	严格管制五种氟氯碳化物和三种哈龙的生产，规定各国对臭氧层有不利影响的所有活动都应采取适当的预防措施，并要求发达国家在1988年减少50%的制造（陈钱，2019）。
	1994年	《联合国气候变化框架条约》	要求发达国家实施具体措施减少温室气体的排放，并支付发展中国家履行公约义务所需要的费用（韩缨，2011）。
	1997年	《京都议定书》	设定《联合国气候变化框架公约》中发达国家2008—2012年的减排指标，以1990年为基准，碳排放量减少5%（王海燕，2010）。
	2008年	《绿色新政》	该文件主要涉及保护环境、低碳减排、防治污染、气候变化等可持续发展的相关重大问题（梁慧刚和汪华方，2010）。

（续　表）

国别	时间	法案名称	具体内容
	2009 年	《哥本哈根协议》	规定发达国家实行强制减排以及发展中国家采取自主减排行动的战略（胡静宜和杨檬，2011）。
	2015 年	《巴黎协定》	旨在将全球平均气温本世纪的上升涨幅控制在 2 摄氏度之内，以及全球气温上升涨幅控制在前工业化时期水平之上的 1.5 摄氏度之内（童娜，2019）。

绿色经济是“在显著降低环境风险和生态稀缺的同时，促进人类福祉和社会公平的经济”。绿色经济以效率、和谐、持续为发展目标，是产业经济为适应人类健康与环保的需要而产生的一种发展状态。它作为实现可持续发展的一种重要方式，追求发展经济和保护环境的统一与协调。传统发展模式的增长方式主要是增加要素投入和追寻数量扩张，这对全球的环境构成了相当大的威胁，因而共同协作转型绿色经济已经变成全球的共识。绿色经济这一概念近年来才受到国际社会的重视，经常在联合国会议等国际场所中使用，渐渐从学术研究延伸到国际政治实施的层面。

在 2008 年国际金融危机爆发之后，美、日、欧等发达国家相继出台经济刺激计划，试图通过产业、技术创新的方式向绿色经济转型。美国是世界上最早实施绿色保护的国家之一，它打破了企业只注重生产、忽视环境保护和资源的陈旧的发展模式，在保护环境的同时，不断创新绿色发展模式和技术，并将其应用于经济发展的各个方面，绿色金融、绿色保险和绿色能源等都得到了大力发展。欧洲是绿色经济的倡导者，经过几十年的发展，其环境保护获得了丰硕的成果。它将节能减排、治理环境污染、开发利用新能源及发展环保产业都纳入绿色发展的框架之中；日本高度重视节能减排、倡导建设低碳社会及大力保护环境，将绿色技术的发展作为企业的核心竞争力。

各国绿色经济的具体政策措施如表 2.6 所示：

表 2.6　各国绿色经济政策对比

国别	时间	法案名称	具体内容
美国	2009 年	《经济刺激法案》	指出绿色建筑产业作为美国改革能源制度、刺激经济的重要手段，获得了大量资金投入，发展迅速。

（续 表）

国别	时间	法案名称	具体内容
		《美国创新战略》	意在激起美国人民的内在创造力并激励私营部门，强调了明智的政府政策可以为关键领域的创新奠定基础，带来高质量的就业机会，实现共同繁荣（张家明，2011）。
	2010年	《美国制造业促进法案》	创建有利于制造业发展的税收条件：降低企业所得税至25%及以下，制定针对小型公司及个人的永久性低税收政策（牛振华，2013）。
	2011年	《先进制造伙伴计划》	将美国的产业界、学界和联邦政府部门联系在一起，通过形成多元化的绿色创新系统，积极吸收有用人才，合理配置各项资源，拓展成果产业化渠道，为美国的制造业创造全球竞争的优势（宋国友，2013）。
		《美国创新战略：保护我们的经济增长和繁荣》	对美国未来科技发展做出了战略规划和部署。将先进制造业、清洁能源与生物技术等作为美国优先发展的领域，以巩固先进制造业的地位。
		《先进制造国家战略计划》	明确从投资、创新和劳动力等方面具体制定促进美国先进制造业战略及发展的五大目标及相应的措施。
英国	2003年	《我们能源的未来：创建低碳经济》	指出对能源资源高效利用，开发利用清洁能源和新型能源以减少环境污染，获取经济发展的绿色增长。
	2009年	《低碳经济转型计划》	指出英国争取到2020年实现以下具体目标：支持家庭自己生产清洁能源，改造700万户住宅；创立120万绿色工作岗位；减少50%天然气进口量；40%的电力由清洁能源生产；轿车降低40%碳排放量（苏时鹏，2004）。
日本	2009年	《绿色经济与社会变革》	旨在通过实施温室气体减排等措施，推动日本低碳经济。政策规定采用能源、环境举措刺激经济，实现与自然和谐共生的社会，其中内容包括消费、技术革新、社会资本等方面。
韩国	2008年	“绿色增长”主张	提议把“低碳素的绿色成长”作为韩国新的远景目标之轴心。韩国时任总统李明博认为此战略将开辟韩国下一代10年至20年的谋生之道，提供韩国人的衣、食、住、行。
		《低碳绿色增长战略》	实行新的发展模式：以清洁能源与绿色技术带来新的增长动力，实现从制造经济向服务经济转变。
	2009年	《低碳绿色增长基本法》	提出“绿色新政”，其目标是：短期内，政府将向“绿色经济”投入50万亿韩元，创造96万个工作岗位，建设200万户具备太阳能热水器等的“绿色家庭”。
		“绿色工程”计划	提出通过绿色投资为韩国经济未来发展提供新的增长动力以及“绿色新政”目标（王德铭，2000）。

生物多样性是维持生态平衡、促进人与自然和谐发展的重要成分，而随着人类活动和全球气候变化的加剧，全球性物种灭绝的速度正在加快，生态

系统的功能和服务也会随之降低。由此引起的一系列问题使得世界各国越来越重视对生物多样性的保护，开发了一系列包括行政命令和经济政策的生物多样性保护的政策工具，其中经济政策可以有效推动经济系统正确反映生物多样性的价值，引导经济主体做出更有利于生物多样性保护的决策。许多国家在生物多样性保护上积累了较多的实践经验，尤其是经济政策，包括环境财税政策、生物多样性补偿、绿色产品市场和生物多样性惠益等几大类，取得了一定效果。

保护生物多样性，对于人类经济和未来的发展都是极其有利的，各国也为保护生物多样性做出了积极努力，具体措施如表 2.7 所示：

表 2.7　各国有关保护生物多样性法案对比

国别	时间	法案名称	具体内容
英国	2018 年	《绿色未来：英国改善环境 25 年规划》	政府帮助恢复自然环境，保持民众健康，为英国城乡提供清洁的空气和水源、保护濒危物种并提供多样性更丰富的野生生物栖息地；呼吁农业、林业、土地利用及渔业采取一种将环境问题置于首位的发展方式（熊琳，2019）。
澳大利亚	1988 年	《维多利亚植物和动物保护法案》	保护本州的特有植物和动物生存、繁衍和保留它们在野生条件下的进化趋势，保护特有动植物群体，保证人类对这些特有动植物的可持续利用并保持这些特有动植物的遗传多样性等。
	1999 年	《环境保护与生物多样性保护法》	联邦政府及地方政府、非政府机构、慈善机构以及社区团体共同工作，对本国的原产物种进行保护，保护稀有和濒危动植物物种（徐曙光等，2011）。
	2017 年	《澳大利亚 2018—2030 年自然战略》	保持森林的健康状况，呼吁澳大利亚人民应更多地参与生物多样性保护，从而实现三大战略目标和 12 项具体目标。
法国	2010 年	《综合环境政策与协商法》	强调要应对气候变化，保护生物多样性、生态系统和自然要素，防止环境和健康风险、防止垃圾污染（王树义和周迪，2015）。
瑞士	1998 年	《宪法》	在其第三部分专设了第四章“环境保护与领土整治”。
	2012 年	《生物多样性战略》	明确了瑞士到 2020 年在保护生物多样性领域的具体目标（蔡圣琼，2014）。
联合国	1992 年	《生物多样性公约》	最大限度保护生物资源多样性，要求签约国为本国境内的动植物编目造册，对濒危的动植物制定保护计划。

（续　表）

国别	时间	法案名称	具体内容
	2014年	《小岛屿发展中国家快速行动方式（萨摩亚途径）》	涵盖可持续和公平经济增长、气候变化、可持续能源、减灾、海洋、粮食安全和营养、水和环境卫生、化学品和废物管理、保健和非传染性疾病、性别平等、社会发展、生物多样性等方面内容。

城市垃圾治理包括垃圾的收集、运输、处理和资源利用。城市垃圾的组成复杂，并且受到自然条件、能源结构、经济发展水平等因素的影响，国外城市垃圾的处理方法往往随国情而不同。目前，发达国家的垃圾收集与处理的技术与管理已经日益成熟，积累了很多经验。

欧洲许多国家将垃圾视为一种资源并加以利用，建立和运营了大量的垃圾焚烧设施。与一般意义上的焚烧和填埋相比，焚烧发电具有独特的优势，受到北欧一些国家的青睐，通常把废物处理和废热发电相结合。日本根据自身资源特点，形成了以公民参与为核心的垃圾分类协同管理机制。基于多样的垃圾分类宣传和教育，以责任明确的垃圾分类管理的法律体系为保障，在严格的监督和惩罚措施的外部压力下，日本成为世界上垃圾分类的典范。

垃圾处理对于低碳发展的意义非凡，垃圾处理到位能节省资源是一方面，对地球的环境保护是另一方面，各国对垃圾处理的政策措施如表2.8所示（朱群芳，2000；唐啸，2014；周银香，2011）。

表2.8　各国有关垃圾处理政策对比

国别	时间	法案名称	具体内容
德国	1986年	《废弃物限制及废弃物处理法》	规定废弃物管理的最主要目标是避免废弃物的产生，而不是处理废弃物。
	1991年	《包装废弃物处理法》	法律规定包装材料必须进行回收利用，生产者负责回收或者委托其他公司进行回收。
	1994年	《循环经济及废弃物法》	确立了管理废弃物的政策新措施，将资源闭路循环的理念推广到全部的生产部门。要求各方从最初就须考虑再生利用废弃物的问题。

（续 表）

国别	时间	法案名称	具体内容
	2012 年	《促进废弃物闭合循环管理及确保环境相容的处置废物法》	旨在将废物管理理念转变为资源管理理念。
日本	2000 年	《废弃物处理及清扫法》	指出由中央政府制定废弃物处理的基本方针，都道府县制定各自的废弃物处理计划。
新加坡	2001 年	《全国循环计划》	规定自 2001 年起，为每一个住宅区提供环保垃圾箱，或是某些地区的每户政府组屋门前留下绿色环保袋，每 2 个星期上门收集。
	2012 年	《新加坡 2012 年绿色计划》	提出在 2012 年前达到 60%的垃圾循环率。
	2012 年	《国家再循环计划》	提出 3“R”方针，旨在呼吁民众减少制造垃圾，重视废弃物的循环再利用。

各国在各行各业也做出了不同的措施来保障绿色低碳的实践，美国与澳大利亚的践行措施如表 2.9 所示。

表 2.9 美国、澳大利亚与英国保障绿色低碳的践行措施对比

国别	时间	法案名称	具体内容
美国	1994 年	《领先能源与环境设计》	各类建筑需要进行绿色评估，不仅关注规划期的建筑用地选址问题，还对建筑施工时的建筑材料与能源消耗以及使用期的室内空气质量作出规定(柳亮，2008)。
	2010 年	《美国制造业促进法案》	对制造业企业降低所得税至 25%及以下，境外收入实行公平税收政策，针对个人及小型公司制定永久性低税收政策(张欣，2010)。
	2011 年	《先进制造伙伴计划》	将产业界、学界和联邦政府部门联系在一起，积极形成多元化的绿色创新系统，吸收人才，拓展成果产业化渠道，扩大对新兴技术的投资(赵刚，2012)。
	2012 年	《先进制造国家战略计划》	从投资、创新和劳动力等方面具体提出促进先进制造业战略及发展的五大目标与对策措施。
澳大利亚	2009 年	《绿色技能协议》	指导职业教育和技能培训机构，积极针对个人、企业和社区可持续发展开展技能培训(左世全，2012)。

（续　表）

国别	时间	法案名称	具体内容
	2010年	《建筑能源效率公开法案》	对建筑类的能源效率使用作出规定，一定规模的办公建筑需要公开其最新的建筑能源效率认证（BEEC）才能出售或出租（杨华和刘春路，2016）。
英国	2009年	《英国低碳工业战略》	详细描述了低碳经济时代的机遇意义、当前应该采取的行动、如何加强低碳经济创新以及如何促进英国整体经济向低碳方向转移等战略内容（何继军，2010）。

环境是人类赖以生存与可持续发展的基础。伴随着工业革命、信息革命的巨大成功，一些困扰人类社会的问题也接踵而至，全球气候变暖的出现使得低碳经济逐渐成为国际经济和国际政治的重要议题，并且正改变着人们的生产与生活方式，引领未来经济发展方向。为适应低碳经济的发展要求，各国推出了各自的低碳经济发展策略与制度性措施，通过加强国际、区际合作，推行低碳经济，共同守护地球生态环境，并希望在未来世界低碳经济发展中占据一席之地。具体而言，低碳经济的产生基于以下实践脉络：

（1）美国

随着极端天气的加剧，世界各国不得不对此采取一系列的行动。低碳经济作为正在兴起的新经济模式，实际上是对现有发展模式的一种反思，是影响人类生产、生活方式和价值观的全球经济革命。能源问题是其中的一个重要方面，能源不仅作为当今经济社会发展的坚实基础，同时也成为了美国抢占经济制高点的关键领域。20世纪70年代，汽车在美国开始流行，根据运输部的数据，交通运输占了石油消耗的53%。在1973年和1979年的石油危机之后，石油价格的急剧上涨导致了西方各国的经济动荡。此时，人们开始认识到节约能源以及发展新能源的重要性，把“战略石油储备”提上了议事日程。2003年，国际油价再次上涨至每桶150美元。美国要减少对化石能源的过度依赖，就必须重视新能源的开发和节能技术的改进。汽车作为主要的石油消费产品，历史性的转型变革自然是必要的。美国迫切需要找到新的替代燃料，以加快新能源汽车产业的发展，减少化石燃料的使用和温室气体的排放。2006年由美国次贷危机引发了全球金融危机，使得全世界的经济态势陷入低迷。金融危机的爆发也再次证明了资本泡沫和商品价格泡沫不足以持续支撑经济的增长。美国汽车销量从 2007 年的 1 615 万辆下滑至 2008 年的 1 320 万辆，这对汽车行业构成了严重挑战。在高失业、低增长、高债务、低投资的背景下，奥巴马提出了“再工业化战略”，把新能源汽车当作脱离经济困境的关键途径，颁布有关政策促进新能源汽车的发展，为汽车产业的转型升级提供良好的契机。此后，可再生能源成为美国推动可持续发展的又一重要领域。2012 年，美国参议院能源和自然资源委员会在《美国能源创新报告》中呼吁美国积极促进能源技术创新。

在空气污染控制方面，世界上八大环境污染事件中，有两起发生在美国：1943 年的洛杉矶烟雾事件和 1948 年的多诺拉事件。这两大事件都是由严重的空气污染引起的。1963 年颁布的《清洁空气法案》是首部将空气污染治理作为核心内容的联邦法律。清洁空气法的制定不仅帮助美国有效改善了空气质量，而且成为世界上许多国家学习的榜样。1965 年通过的《机动车空气污染控制法案》是联邦层面上第一个针对制造商的法案，它授权卫生、教育与福利部制定机动车排放标准。1967 年，通过了《空气质量法案》，进一步扩大了联邦空气污染行动的范围。1977 年出台了《清洁空气法案修正案》，1990 年出台了新的《清洁空气法案修正案》，也是目前美国正在使用的最新版本。

在美国的低碳经济发展道路上，完备的政策和制度保障是必不可少的，政策制度为美国低碳经济的发展提供了强有力的支持作用。气候的恶变、能源的匮乏无疑将会增加未来传统能源的使用成本，美国的新能源技术创新将迎合未来经济和社会发展的需求，实现可持续发展。

(2) 英国

英国是世界上最早发展低碳经济的国家，其低碳经济的法制建设走在世界的前列。英国低碳经济的立法在国际上享有较高的声誉，有关立法经验也被其他国家借鉴，其低碳经济法律制度相对完善，立法层次明确，措施多样可行。

英国是世界上第一个工业化的国家，也是第一个遭受环境恶化后果的国家。20 世纪 50 年代，被称为“雾都”的伦敦一年四季都笼罩在烟雾、灰尘和废气之中。工业革命加速了英国的工业化进程，刺激了经济和技术的发展，但也带来了严重的环境问题。1952 年 12 月，伦敦历史性的烟雾事件致使两个月内 12 000 多人死亡，许多人患上了肺结核、支气管炎甚至癌症。此后，伦敦又发生了 12 起重大雾霾事件。泰晤士河的臭气熏天、鱼虾死亡，由于水质差，从 1832 年到 1886 年的 54 年间，伦敦发生过四次霍乱，仅 1849 年就有 14 000 人死亡。经过惨痛教训，英国人民开始觉醒，走上了空气污染治理的法制之路。经过几十年的治理，在英国政府、企业、监测机构的共同努力之下，污染情况得到了有效控制，英国建立起一套制度全面、职能健全、管理高效的环境治理体系。20 世纪 90 年代末，英国将环境保护和污染控制的可持续发展视为赢得 21 世纪竞争的关键。政府对环境保护机构进行了全新的重组，逐步形成了由政府到私人、由分散到统一的新的英国环境管理体系。

"毒雾"事件对曾经创造工业奇迹的英国人是一个打击。在付出了难以言说的代价之后，英国人通过"综合治理"走上了一条救赎之路。1956 年，英国议会通过世界上首部空气污染治理法案《清洁空气法》。该法案是现代意义上首部空气污染防治法，作为之后大气污染防治的基本参考。20 世纪 80 年代以后，汽车尾气的排放成为了空气污染的主要来源。为此，政府采取了一系列措施来防治交通污染。除了各种有关汽车和燃料的规定外，甚至使用拥堵费来限制私家车进入城市。2003 年，英国政府颁布《我们的能源未来：创建低碳经济》，率先提出发展"低碳经济"的理念；2006 年，英国政府发布《气候变化的经济学：斯特恩报告》；2008 年，发布《气候变化法案》，明确温室气体减排目标；2009 年，发布《低碳经济转型计划》、《英国低碳工业战略》、《英国低碳迁移计划——国家气候能源战略》、《英国可再生能源战略》等政策法规；2018 年发布《绿色未来：英国改善环境 25 年规划》。

纵观英国低碳经济的发展历程，完善的制度措施已经成为发展低碳经济的有力保障，而相关的低碳经济法律制度是这些措施的核心，同时也促进了新的低碳政策的出台。通过建立健全法律法规从正面控制污染物的排放与侧面引导产业向环境友好型发展相结合的方式，创造出一条同时兼顾经济增长和环境治理的可持续发展道路。

(3) 德国

德国在环境领域的起步也是遵循了先污染再治理的顺序，二战后的德国重心在经济发展上，由于没有相关的环境保护政策，以至于当时作为重工业中心的鲁尔区成为一时的工业奇迹，随后又成为德国空气污染重灾区。20世纪60年代，作为工业国的德国生态环境越来越糟糕，空气污染甚至达到了令人恐慌的地步，在这种情况下鲁尔区所在的州政府于1964年颁布了第一个《雾霾法令》，该法令设定了空气污染浓度的最高限值。最初该限值较为宽松，后来意识到空气是流动的，这一限值更为严格，并于1974年德国政府颁布《控制大气排放法》，主要内容是保护全球气候。

德国是发达国家，国土面积35.737 6万平方公里，而人口仅8千多万，每年产生的垃圾量却高达一千多万吨，平均一个德国人一年产生三百多公斤垃圾，德国在这一问题上非常重视，早在1972年就颁布《废物管理法》，首次在全国范围内对废物处理进行了统一规定。1986年又发布《废弃物限制及废弃物处理法》，从法律上确定了固体废物管理分级制度，并以避免废弃物产生作为废物管理的首要目标。20世纪90年代德国对生活垃圾的处理开始从无害化转向减量化和资源化，1991年，德国颁布了《包装条例》与《包装废弃物处理法》，对包装材料的充分回收利用从法律上进行规定。1994年，联邦议院发布《循环经济及废弃物法》，以资源闭路循环为中心思想，要求生产商、销售商及个人消费者三方都要考虑废弃物的再生利用问题。1996年，又发布了更为系统的《循环经济和废物管理法》，规定了对待废弃物的先后顺序为“避免产生—循环利用—最终处理”。后于2012年，德国政府发布《促进废弃物闭合循环管理及确保环境相容的处置废物法》，将废物管理理念转变为资源管理理念，体现了“变废为宝”的绿色发展理念。

地球上的资源都是有限的，对废弃物进行回收与再利用，不仅可以减少环境污染，也有益于防止资源枯竭，促进可持续发展。德国废弃物管理以保护自然环境和资源为目的，注重人、环境与经济的协调发展，具体表现为对垃圾进行科学管理，充分调动各利益主体，让整个社会参与垃圾管理，提高人们的环境意识。德国在废弃物的处理问题上具有典型的国际代表性，值得各国学习借鉴。

(4) 瑞士

有“世界花园”之称的瑞士是世界上最早注意保护环境生态平衡的国家之一，又是在世界范围内堪称环境生活品质的楷模。瑞士是一个小国，国土面积仅四万多平方公里，环境容量很小，所以能做到在实现发展的同时又保护环境很不容易。瑞士取得如今的环保成就，主要是因为瑞士各级政府十分重视环保，在环保上采取“预防为主，谁污染谁治理、相互合作、统一治理”的原则，由于重视程度高，政策措施也到位，因此瑞士没有出现很多其他西方国家曾有过的严重污染问题。

瑞士在环境领域的保护一向很到位，但在早期也发生过一件影响严重的水污染事件。瑞士是欧洲淡水之源，境内有40多条河流，是欧洲几条主要河流的发源地，著名的莱茵河和罗纳河都发源于瑞士的阿尔卑斯山，这使得防止污染在瑞士特别重要。而1986年，瑞士巴塞尔市桑多兹化工厂仓库失火，近30吨剧毒的化工产品随灭火剂和水流入莱茵河，有毒物沉积在河底，使莱茵河因此“死亡”20年。为此瑞士付出了巨大的代价去治理，1991年，瑞士联邦议会颁布《联邦水保护法》，规定了相当严厉的具体惩罚措施，其中有7种违法行为可处以长达6个月的监禁或罚款。

早在1876年，瑞士就颁布了第一部《森林法》。而后根据国内国情与环境生态的需要，从20世纪中后期开始逐步形成了比较完备的环境生态保护法律法规体系。瑞士国土面积小，资源匮乏，对资源的保护可以在相关法律文件上得到体现。1971年，瑞士制定《宪法》，规定采取环境保护措施是国家的义务。而后根据宪法又制定了许多环境法律，如1971年《水资源保护法》、1972年《捕鱼法》、1985年《环境保护法》、1995年通过了《环境保护法》的修改，增加了一系列环境保护手段；1998年新修订了《宪法》，新增了环境保护与领土整治；2012年《生物多样性战略》，以保护当地的生物多样性确保人类与自然更佳互动；2017年《能源战略2050》，旨在改善能源使用效率、减少能源消费量、鼓励可再生能源利用，以及禁止新建核电站。

可见，瑞士立法严格、公民环境教育到位、民众环保素质高，共同促进瑞士成为了当今的世界花园，值得各国学习借鉴。

（5）法国

作为欧盟主要成员国之一的法国，也是2015年巴黎气候大会的主办方。近年来，法国政府积极推动此次会议成为应对全球气候变化进程中的里程碑式会议，制定了从中央到地方、针对不同领域的气候与能源政策。在欧洲一体化和法国分权改革之后，法国逐渐形成了分权制度下的地方治理模式，法国的地方公共组织也被宪法赋予了一定的地方自治权。法国作为温室气体的重要排放国，在应对全球气候治理问题上责无旁贷。

法国是工业比较发达的西方国家之一，因此由于工业生产和生活过程等人类活动造成的环境污染问题也比较严重。法国政府非常重视如何预防和控制污染，建立了一套严格的监控检测体系，制定了较为严格的管理和处罚措施。

日内瓦湖作为中欧地区最大的饮用水蓄水池，20 世纪 70 年代曾达到所谓的死湖水平，无法用于生产和休闲活动，水污染的严重性使政府和公众意识到水污染对他们生活的灾难性影响，从而开始了一系列的水治理活动。日内瓦湖一半位于法国，另一半位于瑞士，两国必须在治理水污染问题上达成共识。为此，法国和瑞士在合作环保方面发挥了模范作用，建立了跨国界的合作治污系统，共同颁布一系列的法律法规，以限制使用磷酸盐等有毒化学污染物，通过立法的手段保护赖以生存的湖泊生态环境。此外，贯穿巴黎首都的塞纳河一度洪水泛滥，在工业化的进程中河水生态环境受到破坏，市民饱受河流污染之苦。巴黎地区经过多年的实践积累了丰富的治水经验。在防洪方面，塞纳河的上游修建了一个大型蓄水池，有效地控制了洪水的破坏。在水质控制方面，法国政府出台了相关的法律法规，要求污水在排入河流之前必须经过净化。与此同时，通过将污染工业转移到郊区，塞纳河的水质在源头上得到了控制。

此外，在控制温室气体排放的方面法国也颁布了一系列的法律法规。作为重要的工业国家，2013 年法国排放了 4.91 亿吨温室气体，占当年全球排放总量的 0.09%。法国首个气候变化行动计划《气候计划》于 2004 年启动，首次将整个经济领域的行动结合起来，以确保法国如期实现其《京都议定书》上的减排目标。2010 年，法国议会通过了《综合环境政策与协商法》，2011 年颁布的法令《国家气候变化规划》，全面规定了适应行动的原则和方向，确保了各领域适应政策的一致性，包括 84 项行动和 230 项措施。2015 年，法国政府颁布《绿色增长能源转型法案》，提出了能源转型的五大行动法则。

(6) 日本

在日本，环境法亦称为公害法，将之定义为公害，可见认识到了环境问题的危害。日本法律众多，唯独环境保护方面的法律广受大众追捧，除了政府的积极宣传作用之外，人们过去受到过环境污染的危害是另一大原因。

日本经济的蓬勃发展归功于二战后的第二次工业革命时期，这一时期日本加大国内经济建设的投入，使得日本在经济发展上跻身全球前列，而由此也带来了一系列不可忽视的环境问题。其中，在20世纪广受世界瞩目的日本环境公害事件就有四件，1953年，熊本县水俣镇氮肥公司废水排放不到位导致民众患水俣病；1955年，一家炼锌厂常年向神东川排放废水导致民众患骨痛病；1961年，四日市多家化工厂长期向空气中排放含SO_2的气体和粉尘导致民众患呼吸系统疾病；1968年，九州大牟田市一家粮食加工公司生产失误导致几十万只鸡死亡、人也得病。这些经济发展伴随而来的环境危害，使得民众环保意识普遍提升，强烈要求治理污染，由此促成了日本环保立法与全民环保的格局。也正是这些环境公害事件促进了日本环境法的颁布，日本最早的公害法始于1958年，在“水俣病”与“骨痛病”两大公害事件之后，政府颁布《关于公共用水域的水质保全的法律》和《关于工厂排水等规定的法律》，俗称“水质二法”。

而后于20世纪六七十年代，日本颁布了一系列以《公害对策基本法》为中心的法律文件，旨在督促日本企业采取措施减少污染。90年代，又发布一系列以《环境基本法》为中心的法律，致力于公害防治，引导全社会向低环境负荷和健康生活方式转变。

21世纪后，日本关于环境的法律文件由治理转向预防。2000年，日本国会发布《循环型社会形成推进基本法》将循环经济概念上升到“循环型社会”层面。2007年，为了克服全球变暖等环境危机，内阁颁发《21世纪环境立国战略》，建设低碳、循环以及与自然和谐共生的社会。2008年，在发布《面向低碳社会的12大行动》之后，日本时任首相福田康夫发布《福田蓝图》，指出低碳社会是发展目标，这是日本低碳战略形成的正式标志。又于2009年4月公布《绿色经济与社会变革》的政策草案，强化日本的低碳经济，实现低碳社会与自然和谐共生的社会。

日本环境保护法在经历了一个迂回曲折的过程后发展态势好转，在融合现代全球环境保护理念的基础上实现可持续性发展。整体而言，日本环保工作的特点是环境保护的法制化与全民化。

（7）韩国

韩国是一个人口多、面积少的国家，因而韩国人民对在经济发展的过程中造成的环境问题尤为敏感。在韩国经济发展的同时，民间一直有很多小群体对经济发展带来的环境破坏问题持反对的声音。从上世纪60年代开始，经济的快速发展确实给韩国创造了很多财富，但是对环境也造成了一定的影响，甚至就一些发展建设项目引发了民众与政府的冲突，如修建水坝、高速公路等。随着民众环保意识和维权意识的增强，生态破坏带来的环境污染给民众日常生活造成的严重损害等问题暴露，民众在环境问题上的冲突事件也随之增多。由此，韩国政府为了化解该方面的冲突，制定了相应的冲突管理制度，也颁布了多部法律来控制环境问题的发生。

20世纪60年代，韩国经济开发和工业发展带来了许多环境问题。1963年，为了防治环境问题，韩国政府颁布了《公害防治法》法律文件，这是韩国第一部环境基本法，标志着韩国环境法律开始走向体系化。1977年，随着环境问题的出现，原来的法律文件实用价值不大，于是韩国废弃了《公害防治法》，并颁布了《环境保全法》。这部法律在原来法律文件的基础上扩大了防治的同时对整体环境问题以及预防等都进行了补充。

20世纪90年代，政府在推动经济发展方面仍然坚持发展重化工业，而那一时期技术尚且没有现在成熟，重化工业在生产过程中产生污染大气的有害物质，随之水污染等问题也频繁发生，如1990年首尔自来水致癌物质事件、1991年洛东江苯酚污染事件等严重的环境污染问题。为此，政府颁布了一系列环境法，并逐渐形成以《环境政策基本法》为首的环境法律体系。21世纪以来，韩国政府的工作重心开始倾向绿色发展，不仅发布了许多绿色计划、绿色战略，还为绿色发展颁布了一系列法律文件。2008年，提出《国家能源基本计划》，要求提高资源循环率、自主率，提高韩国在新能源和再生能源世界市场上的地位。同年，韩国时任总统李明博发布“绿色增长”主张，将“低碳素的绿色成长”作为韩国新的远景目标之轴心。紧接着，政府提出《低碳绿色增长战略》，要求积极开发绿色技术和清洁能源以创造新的增长动力和就业机会，由制造经济转向服务经济。2009年，韩国政府颁布《低碳绿色增长基本法》，树立绿色国家的形象，使韩国进入世界环境十强国。同年，韩国国务会议通过“绿色工程”计划，提出通过绿色投资为经济未来发展提供新的增长动力，并提出了三个目标，即创造就业岗位、扩大未来增长动力以及基本确立低碳增长战略。2010 年，为进一步明确绿色增长战略，韩国政府发布《绿色增长基本法》。至此，韩国绿色增长战略的政策体系已初步形成，绿色增长战略进入全面实施阶段。

(8) 新加坡

新加坡在获得独立的短时间内，为全面改善绿化和环境做出了不懈的努力，建成了世界上公认的最宜居的城市，赢得了“花园城市”的美誉。新加坡是一个人多地少、资源贫乏的岛国，建国以来伴随着经济不断发展，人口不断增长，截至 2010 年 6 月达到 508 万人。人口的增长和经济的扩张迫使新加坡不断填海造地。新加坡不仅面积小，而且土壤结构也不适合耕种，还必须进口水和包括食品在内的所有农产品。如何利用极其有限的资源满足日益增长的商业、工业、居住等方面的需求，对于新加坡来说，一直是其建国以来面临的重要问题。在建国初期，新加坡的环境状况十分恶劣，街道被成堆的垃圾所堵塞，城市的许多角落变成了贫民窟，河流也遭到严重的污染。

独立后，新加坡进入了经济快速增长的阶段。到 20 世纪 70 年代初，经济的快速发展带来了十分严重的环境问题，如工业化和汽车的大量使用，使空气污染更加严重，公共卫生也因缺少污水处理设施而被损害。1972 年的联合国报告《人类环境》评估了新加坡这一时期的环境状况。报告指出了工业、农业和居民垃圾不加分类地排入河流、水渠和海洋造成污染等问题；炼油厂排放的二氧化硫加剧了空气污染；环境立法不足，执法不力。新加坡的环境利益不但被放在经济利益之后，而且偏离了经济发展的方向。

从 20 世纪 60 年代初贫民窟清除运动开始以来，生活环境的改善和环境污染的处理就一直是人们密切关注的问题。随着新加坡加快工业化进程，工业活动造成的污染问题日益严重。1970 年，总理办公室之下设立了一个污染管理办公室，其主要的目的是保证快速发展的工业化不会对空气质量造成危害。1972 年，新加坡成立环境部，是世界上最早保护环境的政府部门之一。80 年代至 90 年代，环境问题已成为政府规划的重要领域。在此期间，新加坡建设了现代化的环境基础设施，建立了有效的环境管理体系，达到了很高的环境卫生标准。新加坡绿色计划是在 1992 年 6 月于巴西里约热内卢举行的全球政府首脑会议上提出的，会议商定了一项称为“21 号决议”的全球行动计划。2001 年，新加坡环境局颁布“全国循环计划”；2012 年，新加坡政府出台“新加坡 2012 年绿色计划”、“国家再循环计划”、“无垃圾行动政策”等政策法规。

(9) 澳大利亚

澳大利亚政府高度重视环境保护，在保护环境和保护生物多样性方面取得了显著成效。20 世纪 70 年代初，澳大利亚联邦政府提出“打扫澳大利亚”的口号，旨在加强环境立法，不断创新和完善环境政策、决策机制和管理机制。1988 年，维多利亚州出台《维多利亚植物和动物保护法案》，保护本州特有的动植物；1992 年，澳大利亚联邦政府颁布《国家生态可持续发展战略》，以法律条文对污染环境的行为施以惩罚；1999 年，澳大利亚联邦政府制订了《环境保护与生物多样性保护法》，旨在保护濒危灭绝的动植物。澳大利亚政府在建设和保护生态环境中发挥了重要的作用，获得了巨大的成功。

然而，澳大利亚也是低碳经济起步较晚的发达国家之一，其低碳经济发展道路一直是曲折的。究其原因，作为世界上对化石燃料依赖最大的国家之一，澳大利亚对煤炭、石油、天然气的消耗占据其能源消耗的大部分，如澳大利亚 80%的电力供应来自煤炭火力发电，对化石燃料的依赖很严重，国内也没有一个具有法律约束力的气候变化缓解策略。澳大利亚和美国一样，成为全球实现碳减排、应对全球气候变化最消极的发达国家之一，拒绝签署《京都议定书》，阻碍了其把建立低碳经济作为未来经济发展的方向。从统计数据可以看出，2010 年澳大利亚的温室气体排放量相比较过去继续增长了 0.5%，在能源领域其排放量在 1990 年到 2010 年之间增加了 44%，工业碳排放的增长问题也非常突出，自从 2000 年成为发达国家中人均碳排放量最大的国家以后，一直位于发达国家的前列。全球气候变暖的严峻形势和居高不下的碳排放量，对于澳大利亚的自然生态系统来说造成了相当大的威胁，直接影响到国民的生存和国家未来的发展。

正因如此，自 2006 年以来，气候变化已成为澳大利亚环境问题关注的焦点，成为了 2007 年联邦选举的政治议题之一，澳大利亚应对气候变化的政策发生重大变化，迈入了低碳经济的发展时代。2007 年，澳大利亚政府发布《全国温室气体以及能源行动法案》，确立了一个监控温室气体排放的框架；

2008 年陆克文政府通过了《减少碳污染计划绿皮书》，被看作是新政府倡导经济低碳发展的宣言书；2009 年，发布《可再生能源法案》并实施可再生能源目标(RET)计划；2010 年，发布《建筑能源效率公开法案》；2017 年，发布《澳大利亚 2018—2030 年自然战略》，呼吁国民参与生物多样性保护，实现三大战略及 12 项具体目标。

2.2.2 国际组织绿色发展倡议

在治理全球环境问题的演变过程中，国际组织作为基本主体之一，其作用不可忽视(于宏源，2018)。国际组织持续以不同的方式积极参与全球环境治理，如最大的国际组织——联合国为生态环境问题内设了多个与环境保护相关的机构，如联合国环境规划署、可持续发展委员会等。此外，国际自然保护同盟与世界环境与发展委员会等也是全球环境治理的重要参与者。国际组织在世界环境保护上做出的贡献有目共睹，大多以协议、公约等书面形式达成国际共识。

1945 年联合国成立，当时国际上重大的环境问题不多，因此在环境保护方面缺乏预见性，《联合国宪章》中没有明确对自然资源的保护。20 世纪中后期，发生了一系列的重大环境公害事件，如 1948 年美国多诺拉事件、1952 年英国伦敦的烟雾事件、1953～1956 年日本水俣病事件、1986 年苏联切尔诺贝利核泄漏事件等，给国际社会敲响了警钟，随之一场超越国界的环境保护运动拉开序幕，联合国的议事范围新增了关于环境的相关事宜。1972 年在联合国召开的联合国人类环境会议中通过了《行动计划》与《斯德哥尔摩人类环境宣言》文件，其中《行动计划》成为了后来联合国开展环境行为的指南，并且于 1973 年根据会议指示建立了联合国环境规划署，这次联合国会议标志着联合国正式全面介入世界环境事务的开始(那力和郭静，2005)。

联合国签订的关于环境问题的协议、公约等，大致可以分为四大类，分别是自然资源问题、生物多样性问题、气候问题、可持续发展问题。

(1) 自然资源问题

能源贫困问题是联合国等国际组织十分关注的发展与健康问题。为此许多国际组织根据自身的特色，积极采取行动，致力于缓解能源贫困问题，如世界卫生组织对室内空气污染等相关的疾病进行评估，国际能源署着重关注发展中国家的现代能源服务普及，世界银行致力于清洁燃料的供应和清洁炉具的推广，联合国提出“人人享有可持续能源”倡议。此外，1980 年，国际自然保护同盟发布《世界自然保护大纲》，目的在于保护自然资源，保证地球能够被持续开发利用并且保持可以支持所有生物生存的能力，总的来说就是通过保护生物资源而有助于尽快达到自然资源可以永续开发利用的目的，这是关系到全球环境并涉及每个人切身利益的大事(尹希成和季正矩，1999)。1992 年，联合国环境规划署发布《巴塞尔公约》，旨在遏止越境转移危险废料，要求各国把危险废料数量减到最低限度，有利于督促各国节约资源减少浪费。国际组织关于自然资源的协议，相对于各个国家的法律文件而言，更注重“节流”，从源头减少使用，保护自然资源(薄燕，2007)。

(2) 生物多样性问题

20 世纪 70 年代联合国缔结了一系列关于生物多样性的公约，以此保护地球上的生物。1973 年，联合国通过《濒危物种国际贸易公约》，旨在保护濒于灭绝的物种，罗列了许多动植物或产品，并且对这个清单进行及时更新。1979 年联合国在德国波恩通过《养护野生动物移栖物种波恩公约》，保护国家管辖边界以外野生动物中的移栖物种。1992 年，联合国环境规划署通过《生物多样性公约》，这是一项有法律约束力的公约，最大限度地保护地球上多种多样的生物资源(王新霞，1994)。1995 年，联合国发布了《联合国关于跨界鱼类种群与高度洄游鱼类种群的协定》，规定对跨界鱼类种群实行配额管制，保证鱼类种群能在将来继续存活。2004 年，联合国环境规划署与联合国粮食及农业组织共同发布《鹿特丹公约》，促进各缔约方在危险化学品的国际贸易中分担责任和开展合作，减免人类健康和环境遭到此类化学品危害的可能；此外，生物多样性的保护是多方面协同进行的，除了上述针对物种的保护以及对危废的处理规定，还包括各种气候问题的处理(安芝和宋良荣，2013)。

(3) 气候问题

气候问题相对于自然资源问题出现得要晚，环境问题带来的气候变化需要一定周期，由此国际组织间关于气候的协议也开展得相对落后。1989

年，为了避免地球臭氧层因为工业生产过程中产生的氟氯碳化物而继续恶化，联合国发布《蒙特利尔议定书》。1994年，又根据“共同但有区别的责任”原则，发布《联合国气候变化框架条约》，要求温室气体的排放大户发达国家采取具体措施对温室气体的排放进行限制，并向发展中国家提供资金援助。1997年，联合国签署《京都议定书》，规定工业化国家在1990年排放量的基础上减排5%，同时确立了实现减排的灵活机制。2001年，联合国发布《斯德哥尔摩公约》，该公约的目标是铭记《关于环境与发展的里约宣言》中确立的预防原则，保护人类健康和环境免受持久性有机污染物的危害（张文君，2001）。2009年12月，联合国通过《哥本哈根协议》，要求发达国家强制减排、发展中国家自主减缓行动，同时在全球长期目标、透明度以及资金与技术支持等焦点问题上各国达成广泛共识。2015年，联合国大会通过《巴黎协定》，针对全球气候变暖作出要求，本世纪全球平均气温上升幅度必须控制在2摄氏度以内。在气候问题上，联合国做出了许多贡献，签署国也逐年增加（吕江，2016）。

（4）可持续发展问题

对环境问题的处理不是独立存在的单方面，而是多方面共同协调的任务，社会生产离不开环境，治理环境问题也不能就环境论环境，而应该将其放入整体发展中，只有多方面共同治理才能使环境得到有效改善，因而环境问题更多的是可持续发展问题。就可持续发展，联合国等国际组织在这方面进行了多次探讨。1987年世界环境与发展委员会发表《我们共同的未来》，“可持续发展”的概念由此正式提出。2000年，联合国经济与社会理事会、亚洲及太平洋经济社会委员会共同颁发了《可持续发展政策》，核心主题是减少贫困、社会动员和可持续发展三者的充分结合。此后，2002年联合国发布《约翰内斯堡可持续发展宣言》，阐述可持续发展的“三支柱”的概念，即环境保护、经济发展与社会平等三者间的平衡。2008年，时任联合国秘书长潘基文发布《绿色新政》，该文件主要强调环保治污、节能减排等与人和自然可持续发展的重大问题。2012年，绿色经济联盟公布了绿色经济的九个原则，其中包括可持续发展的基本原则。2014年，联合国大会通过《小岛屿发展中国家快速行动方式（萨摩亚途径）》，以结成广泛联盟的形式来共同实现小岛屿国家的可持续发展，使政府、民众、社会团体和私营部门携手。2015

年，联合国发布《2030 年可持续发展议程》，该议程共有 17 个目标，表达了人类的共同愿景，以及世界各国领导人与各国人民之间达成的良好的社会契约。2015 年，联合国大会通过《亚的斯亚贝巴行动议程》，这项协议是建设可持续发展的未来进程中迈出的关键一步，为资助可持续发展提供了全球框架，为确保实现“不让任何一个人被全球发展落下”的目标奠定了重要基础。2016 年，联合国住房和城市可持续发展大会通过《新城市议程》，旨在建设“全人类的可持续城市与住所”。

（5）小结

综上所述，国际组织在环境可持续发展方面发挥着重要作用，不仅能够提高国际社会和国家的环境保护意识和行动能力，也有利于发展和完善国际和国家层面的环境立法及制度建立，督促多边环境规约，督促各决策单位把环境保护融合到可持续发展进程中，加强国际组织与多种治理主体之间的协作。

2.3 绿色发展理念的理论演进

按照理论发展的时间路径，绿色发展理念主要以马克思主义生态文明理论(1844)、企业社会责任理论(1924)、绿色经济理论(1989)、环境库兹涅兹曲线理论(1993)、“两山”理论(2003)以及生态补偿理论(2005)等理论为支撑，如表 2.10 所示。

表 2.10　绿色发展的相关理论

理论	提出时间	代表人物	观　点
马克思主义生态文明理论(Ecological Civilization，EC)	1844 年	马克思	社会实践和唯物史观是马克思主义生态文明理论的两块基石。马克思主义生态文明理论蕴含了三个层次的内涵：第一，人类社会应当与自然协调发展；第二，人类应当对自然保持爱护之心，但不应当破坏自然；第三，人类应当按自然规律办事(郑少春，2013)。
企业社会责任理论(Corporate Social Responsibility，CSR)	1924 年	Sheldon	企业要将社会责任以及经营满足消费者需求的各种责任联系起来；企业社会责任的内涵包括道德因素，企业服务社区有益于促进社区利益(崔明悦，2019)。

（续　表）

理论	提出时间	代表人物	观　点
绿色经济理论（Green Economy, GE）	1989 年	Pearce	效率导向的关注焦点在于提高经济系统效率，并且倾向依据绿色经济解决生态的退化以及环境的污染；规模导向的关注焦点在于生态系统的规模极限，希望通过控制规模总量而迫使经济系统面向更有效率与改革的方向发展；公平导向更加关注于遏制生态压力增长，并认为实现可持续发展的关键在于社会系统之公平（唐啸，2014；陈伟平，2015）。
环境库兹涅茨曲线理论（Environment Kuznets Curve, EKC）	1993 年	Panayotou	在早期的经济发展，由于人均收入水平上升，环境质量退化；当人均收入水平上升到某个水平后，环境质量将被改善，简而言之，即环境质量和人均收入水平之间的关系呈现出倒 U 型（吴文洁和王小妮，2011；韩君，2012）。
“两山”理论（‘Two Mountains’ Theory, TMT）	2003 年	习近平	绿水青山就是金山银山；既要绿水青山，也要金山银山。
生态补偿理论（Payment for Ecosystem Services, PES）	2005 年	Wunder	人与自然的关系在生态系统服务的理念下重新构建，通过货币衡量社会活动中体现生态系统的价值，并最终将其纳入社会经济系统之中作为生态、经济政策决策的依据（范明明和李文军，2017）。

2.3.1　马克思主义生态文明理论(1844)

马克思在《1844 年经济学哲学手稿》中明确指出了人和自然之间以及人和人之间的相处原则是和谐（马克思和恩格斯，1979），这些重要观点对指导现在的社会主义现代化建设依然有重要的意义（吕振斌，2011；张琦琳，2019）。

社会实践和唯物史观是马克思主义生态文明理论（Ecological Civilization，EC）的两块基石。马克思主义生态文明理论包括三个层次的内涵：第一，人类社会应当与自然协调发展；第二，人类应当对自然保持爱护之心，但是不应当破坏自然；第三，人类应当按自然规律办事（郑少春，2013）。

习近平总书记有关生态文明的思想反映出了对马克思主义有关人和自

然关系的辩证自然观的继承以及发展(中共中央文献研究室,2017;薛涵,2019)。鉴于人和自然是一个生命共同体,必然将引起生态和文明之间兴衰的联系,正所谓生态兴则文明兴、生态衰则文明衰。

2.3.2 企业社会责任理论(1924)

由 Sheldon (1924) 提出的"企业社会责任"(Corporate Social Responsibility, CSR)认为,企业要将社会责任以及经营满足消费者需求的各种责任联系起来;企业社会责任的内涵包括道德因素,企业服务社区有益于促进社区利益(李国平和韦晓茜,2014;李国平等,2014;崔明悦,2019)。在学界不断深化对企业社会责任研究的过程中,企业应承担社会责任的观点逐渐得到社会各界普遍认可,企业界则开始注重承担社会责任(李国平和韦晓茜,2014;李国平等,2014;崔明悦,2019)。企业社会责任理论所蕴含的基本原则为除了关心利润与经济绩效以外,企业也应满足并响应来自社会的多重期望;企业社会责任包含的观点、概念和方法非常广,并且企业社会责任概念的发展经历了漫长和多样化的阶段,这个趋势仍在持续中(郑若娟,2006;冉景亮,2013)。

目前,学界对企业社会责任的研究转变体现在以下方面:(1)从宏观研究企业社会责任对社会的影响,转向从微观研究企业社会责任对企业的影响;(2)从企业社会责任和商业伦理的关系研究,转变成企业社会责任和企业绩效的关系研究;(3)在研究方法层面,从规范研究转向实证研究(李国平等,2014)。

2.3.3 绿色经济理论(1989)

绿色经济(green economy, GE)理论存在三种导向,分别是效率导向、规模导向和公平导向。效率导向的关注焦点在于提高经济系统效率,并且倾向依据绿色经济解决生态的退化以及环境的污染;规模导向的关注焦点在于生态系统的规模极限，希望通过控制规模总量而迫使经济系统面向更有效率与改革的方向发展；公平导向更加关注于遏制生态压力增长，并认为实现可持续发展的关键在于社会系统之公平，规模与效率的冲突实质为人类福利优先或者生态保护优先的顺序性冲突，但是这两者可以通过社会系统的公平发展进行调和(唐啸，2014；陈伟平，2015)。

绿色经济的第一阶段从1989年到2007年。在这一时期，尽管大多数有关研究与生态保护有关，但是绿色经济的概念界定依然是不清晰的(苏时鹏和张春霞，2004；吴玉萍和董锁成，2001；王德铭，2000；朱群芳，2000；陈伟平，2015)。同之前的研究相比，这一时期的绿色经济研究取得了一些突破：(1)提出了遏制环境污染与生态破坏系统的经济工具，关注焦点在于不同资本之间的转化以及补偿。(2)从污染末端治理转向绿色生产过程，提出了采用经济激励手段部分代替传统行政规制方案。在这一时期，绿色经济的关注焦点在于污染治理的经济手段，强调生态系统的经济价值，其目的是保护生态系统，因此，其本质上进一步延伸了传统环保手段(唐啸，2014；陈伟平，2015)。

绿色经济的第二阶段从2008年到2010年。联合国环境规划署等国际组织在2008年首次定义了绿色经济，即：重视人与自然、能创造体面高薪工作的经济(唐啸，2014；陈伟平，2015)。在这个阶段，绿色经济研究的焦点转向关注经济系统的整体改变，认为绿色经济是“经济绿色化”的过程。也就是说，利用绿色发展的想法去转变生产、建设、分配和消费过程(唐啸，2014；陈伟平，2015)。

绿色经济的第三阶段是从2010年至2013年。2010年，联合国开发计划署提出，绿色经济是指带来人类幸福感以及社会公平，并且显著降低环境风险以及改善生态缺乏的经济(唐啸，2014；陈伟平，2015)。

2.3.4 环境库兹涅茨曲线理论(1993)

自20世纪90年代初学术界提出环境库兹涅茨曲线(Environment Kuznets Curve, EKC)理论以来，经济增长同环境质量的关系引起了学界的高度关注(周银香,2014)。1993 年,Panayotou 借用 Kuznets 界定的人均收入水平与收入不均等之间的倒 U 型曲线,首次将环境质量与人均收入水平间的关系称为环境库兹涅茨曲线(Panayotou, 1993)。

该理论认为,在早期的经济发展,由于人均收入水平上升,环境质量将受到退化;当人均收入水平上升到某个水平后,环境质量将被改善,简而言之,即环境质量退化和人均收入水平之间的关系呈现出倒 U 型(高文静和赵国浩,2011;吴文洁和王小妮,2011;韩君,2012)。目前,许多学者从不同视角研究了环境库兹涅茨曲线形成的动因,并且深刻地揭示了环境库兹涅茨曲线形成机理,这些视角主要包括经济结构、市场机制、收入需求弹性、科技水平、国际贸易以及政府政策等(高文静和赵国浩,2011;吴文洁,2011;韩君,2012)。

环境库兹涅茨曲线理论在绿色发展领域的应用研究中发挥了较大的贡献,如:旅游业收入增长对旅游业碳排放的影响(范跃民等,2019)、城市空气污染与区域联系及经济发展之间的关系(谢骁和董利民,2019)、经济发展与城市土地利用效率的关系(匡兵等,2018)等。

2.3.5 “两山”理论(2003)

“两山”理论(Two Mountains' theory, TMT)是习近平总书记在 2003 年发表的《环境保护要靠自觉自为》中首创的有关经济发展与环境之间的关系的理论(习近平,2003)。他指出“人们对环境保护和生态建设的认识”、“有一个由表及里、由浅入深、由自然自发到自觉自为的过程”,“金山银山”与“绿水青山”之间的关系就是“经济”与“环境”之间的关系。也就是说,“两山”关系就是比喻经济社会发展与环境保护之间的关系。处于社会主义初级阶段的中国在社会主义建设中存在经济社会发展和自然环境之间的冲突。“两山”理论,是对发生在当代的经济社会发展与环境保护之间矛盾的反映,在本质上是一种发展思想或关于人类社会如何向前发展的思想(徐祥民,2019;贾德荣,2020)。“两山”理论的启示是:保护好绿水青山是根本前提;发展好金山银山是根本目标;从绿水青山里面要金山银山是根本路径

(罗成书和周世锋,2017)。

"两山理论"是基于保护生态环境与发展生产力、发展经济这一自改革开放以来逐渐显示出来的现实矛盾问题提出的,体现了直面生态危机的问题意识、勇于攻坚克难的担当精神,体现了生产力发展的历史逻辑。如何在人与自然和谐相处的基础上发展生产力、发展经济、改善物质生活条件,是人类面临的重大基本问题。人类通过社会实践活动有目的地利用自然、改造自然,离不开自然界这个基础和前提。习近平总书记强调,"山水林田湖是一个生命共同体,人的命脉在田,田的命脉在水,水的命脉在山,山的命脉在土,土的命脉在树"(秦书生,2018;裴艳丽,2018;张琦琳,2019;薛涵,2019;刘海娟和田启波,2020)。在人与自然发生关系的过程中,人类的行为方式必须符合自然规律。归根结底,人类本身是自然的一部分。然而,自工业革命以来,西方传统工业化的迅猛发展在创造巨大物质财富的同时,无节制地消耗资源,不计代价污染环境,难以为继,教训深刻。"既要绿水青山,也要金山银山",刷新了把保护生态与发展生产力对立起来的僵化思维。不论是农业还是工业社会,良好的生态环境是社会生产力发展和经济发展的基本要素(卢宁,2016)。

2.3.6 生态补偿理论(2005)

伴随世界经济的高速发展,草、林、田、河、湖等生态系统遭受了不同程度的破坏,生物多样性显著降低,二氧化碳等温室气体给全球带来愈来愈广泛的影响。世界各国也越来越重视保护生态系统,经济手段便成为解决生态和社会系统之间矛盾的重要途径,从而催生了生态补偿理论(Wunder,2005;范明明和李文军,2017)。在国际研究中,生态补偿理论有两个公认的术语,分别为 Payment for Ecosystem Services 以及 Payment for Environmental Services(范明明和李文军,2017)。生态补偿理论被应用于绿色发展相关领域研究,如:生态补偿参与意愿(张化楠等,2019)、生态补偿支付意愿(刘军和岳梦婷,2019)、生态补偿机制(丁振民和姚顺波,2019)、生态补偿政策(郭渐强和杨露,2019)等。

生态补偿的发展过程为：通过生态系统服务的概念重构人和自然之间的关系，以货币化的衡量方式在社会活动中体现生态系统的价值，并最终将其纳入社会经济系统之中作为生态或者经济政策决策的依据。生态补偿理论的内容包括目标确定、利益相关者的确定和实现途径三方面（范明明和李文军，2017）。

2.4　习近平新时代绿色发展理念的科学认知与系统分析

2.4.1　习近平新时代绿色发展理念的实践分析

随着全球化的不断深入，环境污染问题、资源短缺问题、极端气候问题等一系列挑战接踵而至。日趋恶化的生态问题已成为制约经济发展、社会进步乃至生存的重要因素。因此，坚持可持续发展道路，从“黑色发展”迈向“绿色发展”成为国际社会的大势所趋。2013年至今，我国在以习近平同志为核心的党中央领导下也不断坚持绿色发展事业，并因地制宜地提出了具有中国特色的绿色发展理念，将绿色发展理念作为习近平新时代中国特色社会主义思想的重要内容。习近平新时代绿色发展理念在吸纳中国传统文化中的生态智慧、扬弃西方现代发展思潮、继承马克思恩格斯的绿色发展理念以及发展中国共产党对绿色发展观的认知过程中不断得以完善，在实践中予以创新，在理论研究中加以深化。在此基础上，加大治理污染的管控力度，出台更为严格的环境制度，加强执法监管的强度，极大改善环境质量，促进绿色发展进入了深化阶段。

自 2012 年 11 月十八大把生态文明纳入“五位一体”的中国特色社会主义总体布局开始，我国将生态文明建设提升到了前所未有的高度，提出建设美丽中国和走向社会主义生态文明新时代的目标。习近平总书记指出，为把我国建设成生态环境良好的国家，全社会需切实增强生态意识以及加强对生态环境的保护（丁英，2020）。2013 年，习近平总书记进一步强调保护生态环境是一项功在当代、利在千秋的事业。而作为生态文明建设的载体，国土空间的开发尤为重要，按照原则使人口、资源、环境得以均衡发展，在经济、社会、生态效益统一目标下进行整体谋划，科学布局。针对经济发展与生态环境保护的关系，习近平总书记更是指出要正确处理、辩证看待，要推动绿色发展、循环发展、低碳发展，不能为了暂时的经济增长而牺牲环境（贾德荣，2020）。7 月 18 日，生态文明贵阳国际论坛开幕，习近平总书记发去贺信，表达出中国作为大国将继续承担国际义务，愿与各国深入开展有关生态文明领域交流合作的希冀，开始向世界传达出中国的新发展理念。在哈萨克斯坦纳扎尔巴耶夫大学，习近平总书记在回答学生问题时把“绿色青山就是金山银山”这一科学论断从国内带向国际。

十八大后绿色发展开启新篇章，成为社会发展的主基调，以习近平总书记为核心的党中央从顶层设计上夯实绿色发展，逐步完善国土空间开发、生态环境保护的体制机制、实现资源节约利用，并向世界传递出中国声音。2013 年有关绿色发展的政策文件具体如表 2.11 所示。

表 2.11　2013 年有关绿色发展的政策文件

机关部门	时间	政策文件	具体内容
国务院办公厅	2013 年 1 月 1 日	《关于转发发展改革委住房城乡建设部绿色建筑行动方案的通知》	该通知主张开展绿色建筑行动，以绿色、循环、低碳理念指导城乡建设，严格执行建筑节能强制性标准，扎实推进既有建筑节能改造，集约节约利用资源，提高建筑的安全性、舒适性和健康性，对转变城乡建设模式，破解能源资源瓶颈约束，改善群众生产生活条件，培育节能环保、新能源等战略性新兴产业，具有十分重要的意义和作用。

（续 表）

机关部门	时间	政策文件	具体内容
中国银行业监督管理委员会办公厅	2013年2月7日	《中国银监会办公厅关于绿色信贷工作的意见》	该意见指出，根据党的十八大提出的“建设生态文明”，“着力推进绿色发展、循环发展和低碳发展”总要求，主张牢固树立绿色信贷理念，积极支持绿色、循环和低碳发展，动态防控“两高一剩”行业信贷风险，严防环境和社会风险引发的风险损失及不利影响，加强环境和社会风险提示，有针对性地开展环境和社会风险排查，加快有关信息共享平台建设，完善绿色信贷统计制度。
工业和信息化部	2013年3月28日	《2013年工业节能与绿色发展专项行动实施方案》	该方案要求加快推进工业节能降耗，加快实施清洁生产，加快资源循环利用，促进工业向节约、清洁、低碳、高效生产方式转变，推动工业转型升级。
住房和城乡建设部	2013年4月3日	《“十二五”绿色建筑和绿色生态城区发展规划》	该规划深入贯彻落实科学发展观，推动绿色生态城区和绿色建筑发展，建设资源节约型和环境友好型城镇，实现美丽中国、永续发展的目标。
交通运输部	2013年5月22日	《关于加快推进绿色循环低碳交通运输发展指导意见》	该意见指出，作为国民经济和社会发展的基础性、先导性和服务性行业，交通运输业也是国家节能减排和应对气候变化的重点领域之一。为全面落实党的十八大提出全面建成小康社会的宏伟目标和“五位一体”的总体布局，加快推进绿色循环低碳交通运输发展，提出的指导意见。

2013年11月，《关于全面深化改革若干重大问题的决定》提出用制度保护生态环境，分别从源头保护、损害赔偿、责任追究，完善环境治理和生态修复五大方面建立系统完整的生态文明制度体系（康达华，2020）。这一决定为我国的生态文明建设和绿色发展明确了目标，指明了方向，提出了具体的要求和实践措施。2014年2月25日，习近平总书记在北京市考察工作时强调：“大气污染防治是北京发展面临的一个最突出的问题。应对雾霾污染、改善空气质量的首要任务是控制PM 2.5。虽然说按国际标准控制PM 2.5对整个中国来说提得早了，超越了我们发展阶段，但要看到这个问题引起了广大干部群众高度关注，国际社会也关注，所以我们必须处置。民有所呼，我有所应！”既要治标更要治本，有针对性地进行专项治理，协调好常态治理

与应急减排，本地治污与区域治理，群策群力、相互促进、共同行动。基于大气污染防治协作机制，拓宽防护林建设、水资源保护、水环境治理、清洁能源使用等合作领域，完善合作机制（崔松虎和金福子，2020）。在着手优化国土空间开发格局后，习近平总书记更是把目光放长远，延伸至节约资源，保护自然生态系统和环境，重点解决雾霾等生态环保问题。

2013 年中国中东部发生的严重雾霾事件敲响了生态安全的警钟，以习近平总书记为核心的党中央着眼于大气污染防治、保障民生，2014 年 5 月出台了《国务院办公厅关于印发大气污染防治行动计划实施情况考核办法（试行）的通知》，作为《大气十条》重要配套政策性文件，该考核办法明确了实行《大气十条》的责任主体与考核对象，确立了以空气质量改善为核心的评估考核思路，标志着我国最严格大气环境管理责任与考核制度正式确立。2014 年有关绿色发展的相关政策文件具体如表 2.12 所示。

表 2.12　2014 年有关绿色发展的政策文件

机关部门	时间	政策文件	具体内容
工业和信息化部	2014 年 3 月 14 日	《2014 年工业节能与绿色发展专项行动实施方案》	该方案以提高能源资源利用效率、降低污染物排放为目标，在重点区域、重点领域制定专项工作方案，分解目标任务，强化标准约束，加强政策引导和监督管理，动员全系统力量，整合各方面资源，加强制度创新和模式创新，实施一批对全行业有重大影响、资源环境效益显著、推广前景广阔的试点示范工程，引领推动工业绿色发展。
国务院办公厅	2014 年 5 月 27 日	《关于印发大气污染防治行动计划实施情况考核办法（试行）的通知》	《考核办法》设置了空气质量改善目标完成情况和大气污染防治重点任务完成情况两类指标，实施双百分制。重点选择了对空气质量改善效果显著的任务措施，建立了可量化、可评估、可考核的大气污染防治重点任务完成情况指标体系。

2014 年 10 月，《中共中央关于全面推进依法治国若干重大问题的决定》，提出三个基本要求以严格的法律制度保护生态环境：一是要有效约束开发行为；二是要促进绿色、循环、低碳发展；三是强化生产者环境保护的法律责任，大幅度提高违法成本。随后《中华人民共和国环境保护法》于 2015 年 1 月 1 日开始实施，《中华人民共和国大气污染防治法》、《中华人民共和国

水污染防治法》、《中华人民共和国土壤污染防治法》陆续被完善修订。2015年1月19日至21日，习近平总书记在云南考察，指出不能以破坏生态环境为代价寻求经济发展。强调生态环境保护的长久性，树立久久为功的观念，更突出了生态环境保护的重要性，像保护眼睛一样保护生态环境，像对待生命一样对待生态环境。同年6月、7月，习近平总书记深入到遵义、贵阳、贵安新区、延边朝鲜族自治州和长春市调研考察，针对扶贫开发、谋划“十三五”时期经济社会发展，习近平总书记指出当前我国经济发展的特点，阐述发展和生态环保的关系，提出基于新形势、新起点，在生态文明建设体制机制改革方面先行先试，大力推进生态文明建设，强化综合治理措施，落实目标责任，推进清洁生产，扩大绿色植被，实现发展和生态环境保护协同推进。

立足于“十三五”规划，以习近平同志为核心的党中央带领中国人民不仅从思想上确立顺应自然，更是从法律层面上开始保护自然，深入基层，强调生态环保的长远性以及重要性，科学探索经济社会的绿色发展。2015年有关绿色发展的相关政策文件具体如表2.13所示。

表2.13 2015年有关绿色发展的政策文件

机关部门	时间	政策文件	具体内容
国务院	2015年5月5日	《关于加快推进生态文明建设的意见》	该意见指出坚持把绿色发展、循环发展、低碳发展作为基本途径。经济社会发展必须建立在资源得到高效循环利用、生态环境受到严格保护的基础上，与生态文明建设相协调，形成节约资源和保护环境的空间格局、产业结构、生产方式。
	2015年9月21日	《生态文明体制改革总体方案》	该方案从保障国家生态安全，改善环境质量，提高资源利用效率出发，推动形成人与自然和谐发展的现代化建设新格局。
环境保护部	2015年11月16日	《关于加快推动生活方式绿色化的实施意见》	该意见指出，推动生活方式绿色化，是生态文明建设融入经济、政治、文化和社会建设的重要举措，是推动形成一个人人、事事、时时崇尚生态文明社会新风尚的行动指南。

2015年10月，党的十八届五中全会提出创新、协调、绿色、开放、共享的新发展理念，其中的绿色发展体现了党对生态文明和社会主义现代化建设的规律性认识，是推动我国走向社会主义生态文明新时代的根本动力。中

共第十八届中央委员会第五次全体会议审议通过了《关于制定国民经济和社会发展第十三个五年规划的建议》，提出生态文明建设的本质要求，具体落实到为人民提供更多优质生态产品，推动形成绿色发展方式和生活方式，实现人民富裕、国家富强、中国美丽。2016 年 5 月 30 日，习近平总书记在《为建设世界科技强国而奋斗》中指出"绿色发展是生态文明建设的必然要求，代表了当今科技和产业变革方向，是最有前途的发展领域。依靠科技创新破解绿色发展难题，形成人与自然和谐发展新格局。"同年 8 月 30 日，习近平总书记在中央全面深化改革领导小组第二十七次会议上的讲话，提出实现绿色发展的重要措施在于发展绿色金融（张栋等，2020）。具体来说，制度安排上，要创新性引导激励更多的社会资本进入绿色产业，遏制污染性投资；金融工具和相关政策上，要利用绿色信贷、绿色债券、绿色股票指数以及相关产品、绿色发展基金、绿色保险、碳金融等为绿色发展保驾护航（陈四清，2020）。

习近平新时代绿色发展理念是在政府主导的顶层设计下，结合新时代新技术，不仅对传统产业进行绿色化改革，更渗透到互联网、金融等新兴产业。2016 年有关绿色发展的政策文件具体如表 2.14 所示。

表 2.14　2016 年有关绿色发展的政策文件

机关部门	时间	政策文件	具体内容
国家发展改革委办公厅	2016 年 1 月 11 日	《"互联网＋"绿色生态三年行动实施方案》	该方案通过实现生态环境数据的互联互通和开放共享，发挥互联网在逆向物流回收体系中的平台作用，促进生产生活方式绿色化。
国家发展改革委、中宣部	2016 年 2 月 17 日	《关于促进绿色消费的指导意见》	该意见指出，按照绿色发展理念和社会主义核心价值观要求，加快推动消费向绿色转型。加强宣传教育，在全社会厚植崇尚勤俭节约的社会风尚，大力推动消费理念绿色化；规范消费行为，引导消费者自觉践行绿色消费，打造绿色消费主体；严格市场准入；完善政策体系，营造绿色消费环境。
工业和信息化部	2016 年 3 月 24 日	《绿色制造 2016 专项行动实施方案》	该方案指出，按照制造强国建设战略部署，围绕落实绿色制造工程 2016 年重点任务，以制造业绿色改造升级为重点，加快关键技术研发与产业化，强化试点示范和绿色监管，积极构建绿色制造体系，力争在重点区域、重点流域绿色制造上取得突破，引领和带动制造业高效清洁低碳循环和可持续发展。

（续　表）

机关部门	时间	政策文件	具体内容
	2016年6月30日	《工业绿色发展规划（2016—2020年）》	该规划提出了大力推进能效提升、促进工业绿色开放发展等十大主要任务。
最高人民法院	2016年5月26日	《关于充分发挥审判职能作用为推进生态文明建设和绿色发展提供司法服务和保障的意见》	该意见指出，为深入贯彻落实党的十八大和十八届三中、四中、五中全会精神，促进"十三五"规划纲要的全面实施，充分发挥人民法院审判职能作用，为加快推进生态文明建设与绿色发展提供公正、高效的司法服务和保障，制定意见。
中国人民银行、财政部、发展改革委	2016年8月31日	《关于构建绿色金融体系的指导意见》	该意见指出，坚持五大发展理念，落实政府工作报告部署，从经济可持续发展全局出发，建立健全绿色金融体系，发挥资本市场优化资源配置、服务实体经济的功能，支持和促进生态文明建设。
发展改革委	2016年12月22日	《绿色发展指标体系》和《生态文明建设考核目标体系》	作为生态文明建设评价考核的依据。

2016年11月24日，国务院公布的《"十三五"生态环境保护规划》提出了"以环境质量为核心、生态与环境首次统筹"的总体工作思想，把绿色发展和改革作为重要任务，强化绿色发展和生态环境保护的联动，坚持从发展的源头解决生态环境问题。自此，绿色发展成为我国经济发展中举足轻重的一部分。2017年1月，习近平在联合国日内瓦总部演讲时，向联合国表述中国的决心，"我们不能吃祖宗饭、断子孙路，用破坏性方式搞发展。绿水青山就是金山银山。我们应该遵循天人合一、道法自然的理念，寻求永续发展之路"。同年5月26日，习近平在中共中央政治局第四十一次集体学习时强调必须突出生态文明建设在全局的地位，坚持节约资源和保护环境的基本国策，坚持节约优先、保护优先、自然恢复为主的方针，推动形成绿色发展方式和生活方式，形成节约资源和保护环境的空间格局（周诣和胡议丹，2020）。此后，6月24日习近平总书记在山西考察工作时的讲话指出坚持绿色发展是发展观的一场深刻革命，要多措施并举，开展生态环境保护（朱守银，2019）。

由此可见，习近平总书记关于绿色发展的理念不仅涉及具体的生产层面，更落实到居民生活消费层面，能更好地体现出共建共享；绿色发展不仅需要政府主导的顶层设计，也需要人民群众的参与共建，绿色发展的成果也应被人民群众共同享有。2017 年有关绿色发展的政策文件具体如表 2.15 所示。

表 2.15　2017 年有关绿色发展的政策文件

机关部门	时间	政策文件	具体内容
交通运输部	2017 年 11 月 27 日	《关于全面深入推进绿色交通发展的意见》	该意见指出，以交通强国战略为统领，以深化供给侧结构性改革为主线，实现绿色交通由被动适应向先行引领、由试点带动向全面推进、由政府推动向全民共治的转变，推动形成绿色发展方式和生活方式。
国土资源部、财政部、环境保护部等部门	2017 年 3 月 22 日	《关于加快建设绿色矿山的实施意见》	该意见指出，通过政府引导、企业主体，标准领跑、政策扶持，创新机制、强化监管，落实责任、激发活力，将绿色发展理念贯穿于矿产资源规划、勘查、开发利用与保护全过程，引领和带动传统矿业转型升级，提升矿业发展质量和效益。
工业和信息化部、国家发展和改革委员会、科学技术部、财政部、环境保护部	2017 年 6 月 30 日	《关于加强长江经济带工业绿色发展的指导意见》	该意见指出，按照习近平总书记提出的“共抓大保护，不搞大开发”要求，坚持供给侧结构性改革，坚持生态优先、绿色发展，全面实施中国制造 2025，扎实推进《工业绿色发展规划（2016—2020 年）》，紧紧围绕改善区域生态环境质量要求，落实地方政府责任，加强工业布局优化和结构调整，以企业为主体，执行最严格环保、水耗、能耗、安全、质量等标准，强化技术创新和政策支持，加快传统制造业绿色化改造升级，不断提高资源能源利用效率和清洁生产水平，引领长江经济带工业绿色发展。
农业部	2017 年 4 月 26 日	《农业部关于实施农业绿色发展五大行动的通知》	该通知从推进农业供给侧结构性改革方面，增强农业可持续发展能力方面，以及提高农业发展的质量效益和竞争力方面启动农业绿色发展五大行动。
中共中央办公厅、国务院办公厅	2017 年 9 月 26 日	《建立国家公园体制总体方案》	建立国家公园体制是党的十八届三中全会提出的重点改革任务，是我国生态文明制度建设的重要内容，在美丽中国建设方面意义重大。

（续　表）

机关部门	时间	政策文件	具体内容
	2017年9月30日	《关于创新体制机制推进农业绿色发展的意见》	该意见指出农业供给侧结构性改革是守住绿水青山、建设美丽中国的时代担当，对保障国家食物安全、资源安全和生态安全，维系当代人福祉和保障子孙后代永续发展具有重大意义。
农业部、中国农业银行	2017年11月21日	《关于推进金融支持农业绿色发展工作的通知》	该通知指出金融是推动农业绿色发展的重要手段。利用金融工具，探索支持农业绿色发展的新模式、新机制，既是农业部门转变政府职能、创新服务理念的具体体现，也是金融机构贯彻中央"重中之重"战略部署、实现业务转型升级的必然选择。

2017年10月，党的十九大明确宣布中国特色社会主义进入新时代，强调要建设人与自然和谐共生的现代化，并专门对生态文明建设做了"加快生态文明体制改革，建设美丽中国"的战略部署，开创了中国特色社会主义生态文明建设的新时期。在我国经济发展进入新常态之际，发展方式转变、经济结构优化、增长动力转化之期，习近平总书记强调此时需推进绿色发展，建立健全绿色发展体制机制，构建绿色发展经济体系。2018年3月20日，习近平总书记强调"要以更大的力度、更实的措施推进生态文明建设，加快形成绿色生产方式和生活方式，着力解决突出环境问题"。4月26日，对长江经济带新形势下的发展，习近平总书记指出其发展关键在于正确把握整体推进和重点突破、生态环境保护和经济发展、总体谋划和久久为功、破除旧动能和培育新动能、自我发展和协同发展的关系，坚持新发展理念，坚持稳中求进工作总基调，坚持共抓大保护、不搞大开发，加强改革创新、战略统筹、规划引导，以长江经济带发展推动经济高质量发展。生态环保大会上习近平总书记强调民生领域方面优先解决突出生态环境问题，成为推进生态文明建设的基本原则。

可以看出，十九大之后，生态文明建设和绿色发展得到高度重视，习近平总书记的生态文明思想，成为指导中国绿色发展的指南。生态文明建设和绿色发展也迎来了新的战略机遇。2018年有关绿色发展的政策文件如表2.16所示。

表 2.16　2018 年有关绿色发展的政策文件

机关部门	时间	政策文件	具体内容
商务部	2018 年 4 月 20 日	《关于做好 2018 年绿色循环消费有关工作的通知》	该通知指出，为贯彻落实党的十九大关于加快生态文明体制改革的决策部署，推进绿色发展，推动消费升级行动计划加快实施，现将 2018 年绿色循环消费工作有关事项通知如下：深入开展绿色商场创建、大力发展绿色餐饮、积极推进绿色采购、着力推动绿色包装、持续推广绿色回收。
交通运输部	2018 年 3 月 14 日	《关于印发推进珠江水运绿色发展行动方案（2018—2020 年）的通知》	该通知指出，推进珠江黄金水道绿色发展，为流域经济社会发展提供更加有力的支撑。
发展改革委	2018 年 6 月 21 日	《关于创新和完善促进绿色发展价格机制的意见》	该意见完善有利于绿色发展的价格政策，将生态环境成本纳入经济运行成本，撬动更多社会资本进入生态环境保护领域，促进资源节约、生态环境保护和污染防治，推动形成绿色发展空间格局、产业结构、生产方式和生活方式。

2019 年的两会热点聚焦在坚持生态优先和绿色发展，统筹经济与环保协同发展。构建现代化经济体系，绿色发展必不可少，解决污染问题，更应以绿色发展为根本。习近平总书记在两会上强调“保持加强生态文明建设的战略定力，探索以生态优先、绿色发展为导向的高质量发展新路子，加大生态系统保护力度，打好污染防治攻坚战。”除了顶层设计上奠定绿色发展的基础，与之更重要的是，习近平总书记强调让绿色发展扎根在百姓心中，落实到日常简约适度、绿色低碳的生产生活中。系统性、全域性、针对性地创建节约型机关、绿色家庭、绿色学校、绿色社区、绿色出行、绿色商场、绿色建筑等，其次建立完善绿色生活的相关政策和管理制度，推动绿色消费，促进绿色发展（白晓娜，2020）。同年 9 月 18 日，习近平总书记召开黄河流域生态保护和高质量发展座谈，强调坚持生态优先、绿色发展，共同抓好大保护，协同推进大治理，着力加强生态保护治理、保障黄河长治久安、促进全流域高质量发展、改善人民群众生活（王金南，2020）。此外，习近平总书记为第七届库布其国际沙漠论坛致贺信强调“中国高度重视生态文明建设，荒漠化

防治取得显著成效。面向未来，中国愿同各国携手，坚持绿色发展，共筑生态文明，推进全球环境治理保护，为建设美丽清洁的世界作出积极贡献。”

发达国家在经济和环境之间权衡时，多将保护经济、刺激经济放在首位，而习近平新时代绿色发展理念从治理黄河到荒漠防治，都将经济发展与环境保护融为一体、和谐统一，体现出一种更高的发展境界。2019 年有关绿色发展的政策文件如表 2.17 所示。

表 2.17　2019 年有关绿色发展的政策文件

机关部门	时间	政策文件	具体内容
农业农村部	2019 年 4 月 11 日	《2019 年农业农村绿色发展工作要点》	提升农业农村绿色发展水平，充分发挥绿色发展对乡村振兴的引领作用。
中共中央、国务院	2019 年 9 月 19 日	《交通强国建设纲要》	《纲要》要求，建设交通强国，要注重绿色发展节约集约、低碳环保，促进资源节约集约利用。提高资源再利用和循环利用水平，推进交通资源循环利用产业发展。
中国人民银行	2019 年 5 月 14 日	《关于支持绿色金融改革创新实验区发行绿色债务融资工具的通知》	该通知明确，支持试验区内企业注册发行绿色债务融资工具。鼓励试验区内承担绿色项目建设且满足一定条件的城市基础设施建设类企业作为发行人，注册发行绿色债务融资工具用于绿色项目建设。

从十八大到十九大，习近平总书记所引领的绿色发展不仅从顶层设计上贯彻绿色发展理念，强化系统推进意识，不断完善法律法规来保障战略实施，更是细致到具体产业行业，聚焦到人民的生产生活，不仅在本国落实绿色发展，更是肩负起全球生态治理责任。习近平新时代绿色发展理念是实现中国经济高质量发展的重要支撑，是实现美丽中国的坚实基础。

2.4.2　习近平新时代绿色发展理念的科学认知

习近平总书记提出的“绿色发展”理念的重要论述植根于中华文明积淀的生态智慧，是对马克思主义生态理论的继承与创新，是 1949 年以来中国人民努力奋斗的伟大实践内在规律的理论升华，有助于构建全球生态新秩序，维护全球生态安全，推进人类命运共同体建设。肆虐全球的新冠病毒致使全球1 500多万人感染，波及全球215个国家和地区。联合国环境规划署执行主任英格安德森表示"新冠肺炎疫情的爆发是大自然给人类敲响的警钟，人类在试图改变自然规律的同时，我们严重破坏了自身赖以为生的生态系统。"因此，保护自然，践行"绿色发展"在疫情当前显得尤为重要和紧迫。深刻理解"绿色发展"理念的科学内涵，有助于我们维护全球生态安全，降低未来大流行病暴发的风险，实现世界共同发展。

(1)"绿色发展"理念根植于中国古人"天人合一"的伟大生态智慧之中

中国古代思想家提出的"天人合一"、"道法自然"的思想，蕴含着"绿色发展"理念。大自然是孕育人类的母体，人类要顺其自然，按照自然规律做事，与自然和谐相处。唯有如此，人类才能与自然实现和谐共生。

遵从"大道"，实现"无为"，是道家处理人与自然关系的核心思想。道家认为万物皆出于道。"道生一，一生二，二生三，三生万物。""天地与我并生，而万物与我为一。"表明人与自然是平等且统一的，是命运与共的生命共同体。在人与自然的关系上，道家提倡万物应顺其自然。"夫莫之命而常自然""复命曰常，知常曰明""人法地，地法天，天法道，道法自然"，道家把世间万物的发展变化视为一个自然而然的过程，把了解和把握事物生长变化的内在规律的能力叫做智慧，认为尊重和顺应自然法则是万物运行的必然规律。道家提醒自然之道不可违。"不知常，妄作，凶"，倘若不认识规律，而去乱做妄为，必然会招致凶险。这是对人类不遵守客观规律、与自然规律对抗的一种警告。

顺应"天道"，广施"仁爱"，是儒家生态伦理观念的思想基础。儒家把"天"视为万物的根源。"天何言哉？四时行焉，百物生焉，天何言哉?"表明世间一切都按照天道自然生长、运行，人也应恪守天道。儒家生态伦理思想的核心是"仁"。"亲亲而仁民，仁民而爱物"将人和人之间的道德关系进一步引申为人和物之间的生态关系，提倡"仁爱万物"。在对待生态环境的具体策略方面，儒家倡导因地制宜，因时因势而为之。《月令》提出对自然万物的利用要尊重其本身的规律，才能在不破坏生态的前提下实现资源的可持续利用，体现了一种可持续的生态理念。

中国古代道家和儒家的生态伦理思想开启了生态保护的先河，为新时代绿色发展理念提供深厚的文化资源。绿色发展理念汲取了中国古代生态思想的精华，并赋予这种古老的生态智慧新的时代内涵和实践价值。

(2)“绿色发展”理念是对马克思主义生态观的继承与创新

马克思主义的生态观蕴含着辩证唯物主义哲学思想，其把实践作为中介来实现人与自然的和谐统一，用发展与联系的眼光对待世界的发展，强调遵循自然规律是实践活动的前提。马克思主义生态观为绿色发展理念提供了哲学源泉。

“人是自然界的一部分。”“人有两个身体，一个是他的有机身体即血肉之躯，还有一个是无机身体即外部自然界”，自然界先于人类而存在，是人的无机身体，人属于自然界的一部分，是大自然经过长期演化的产物。“人只有靠这些自然产品才能生活，不管这些产品是以实物、燃料、衣着的形式还是以住房等等的形式表现出来。”自然界为人类提供生存所必须的物资，人类所有的物质生产活动以及人类自身的繁衍都离不开大自然，大自然诞生且养育了人类。

“人与自然是一种共生关系。”马克思认为“自然的历史是真正的历史，是人们改造自然、人化自然的历史。”人类在实践活动中影响着自然并创造着属于自身的自然。“人同植物一样是受动的、受制约的和受限制性的存在物”，人限于自然规律的制约，人类不能随意发挥自己的主观能动性。人与自然环境相互依存，相互促进，和谐共生，人类要按照自然规律开展实践活动。把实现“人类同自然的和解以及人类本身的和解”确立为人类社会发展过程中处理人、自然与社会三者之间关系的最高价值目标。

“不以伟大的自然规律为依据的人类计划，只会带来灾难。”恩格斯认为，人类不尊重自然、肆意破坏生存环境将招致来自大自然祸患。人类对待自然的态度，处理与自然关系的方式，关乎人类的生死存亡。只有遵循自然规律的基础上开发利用自然，才能避免误入歧途。

“绿色发展”理念是以我国生态文明实践为研究对象，把立足当前与着眼长远相结合，实现了发展与保护二者关系的辩证统一，反映了新时代人类对与自然和谐共生及自身的全面和谐发展的诉求，体现并丰富了马克思主义的生态观、发展观、实践观的哲学意蕴。

(3)“绿色发展”理念是改革开放以来我国生态环境治理实践探索的系统总结

改革开放以来,中国在对发展的实践探索经验系统总结的基础上,因时因势地对指导思想和发展理念进行优化升级并贯彻实施,促进了绿色发展理念在中国“生根发芽”。

改革开放初期,邓小平曾提出“植树造林,绿化祖国”口号,特别强调要发挥科学技术在解决环境问题重要性。上世纪90年代,江泽民提出可持续发展观。1996年,第八届全国人民代表大会第四次会议将可持续发展作为一条重要的指导方针和战略目标并上升为国家意志。党的十六大以来,胡锦涛提出科学发展观,构建社会主义和谐社会。可持续发展观、科学发展观均体现出了绿色发展的理念。

党的十八大把生态文明建设放到中国特色社会主义事业“五位一体”总体布局之中。党的十八届五中全会正式提出绿色发展,绿色发展自此成为五大发展理念之一。党的十九大提出我国经济转向了高质量发展阶段,高质量发展是体现新发展理念的发展,是绿色成为普遍形态的发展。2018年“习近平生态文明思想”正式确立。在习近平生态文明思想中,绿色发展理念则体现为以保护环境、节约资源作为手段,以实现人类文明的可持续发展为目标,实现人与自然和谐相处。

中国经过40余年的保护环境和节约资源的探索,生态环境治理能力明显加强,为绿色发展理念的提出贡献了实践经验和制度环境。习近平新时代绿色发展理念是以习近平生态文明思想为方向指引和根本遵循,是科学发展观的创新与发展,是体现了可持续发展观的发展理念。

(4)“绿色发展”理念体现了人类命运共同体思想在生态领域的时代要求

此次新冠疫情的爆发与人类打破生态环境的平衡有极大的关系,这个生态环境包括了由细菌、病毒等构成的微生物环境。人类大肆捕杀野生动物,破坏生物多样性,就是在毁灭支持自身生命存续的系统根基,导致一系列新兴传染病。另外,全球气候变化、环境污染同样也会导致新型疾病的传播。人类破坏生态环境就必然会遭受到大自然的惩罚,地球通过新冠病毒向我们发出了最强烈的警告。因而,转变发展观念,保护自然,坚持绿色发展，才是战胜疫情，实现人类永续发展的途径。

“病毒没有国界，疫情不分种族，人类是休戚与共的命运共同体。”疫情面前，任何国家都不能独善其身、更不会对病毒“免疫”。唯有携手应对，方能共克时艰。目前，中国已向全球半数以上国家提供抗疫援助，分享防控经验，共享病毒全基因序列信息，已向世卫组织提供5 000万美元现汇援助，并将在两年内继续向世卫组织提供20亿美元的援助。中国承诺“中国新冠疫苗研发成功后将作为全球公共产品，与全球各国分享”、“青山一道，共担风雨”。中国政府为在此次疫情中，为国际社会所提供的援助，生动地诠释了人类命运共同体的理念。

“生态兴则文明兴，生态衰则文明衰。”此次疫情更加证明，生态问题是当前全体人类需要共同面对的问题。生态系统具有不可分割性，生态破坏所引发的后果将由全体人类共同承担，生态文明为人类的共同价值提供重要内涵。人类的生态共同体是人类命运共同体的基石，是“真正的”人类命运共同体。共建共享人类共有的绿色家园理应成为各国的统一行动。作为新时代生态文明建设的治本之策，绿色发展为全球生态环境治理提供中国方案；绿色发展是构建人类命运共同体的时代要求；绿色发展必将驱动中国与世界携手实现共同发展。

2.4.3　习近平新时代绿色发展理念的系统总结

（1）习近平新时代绿色发展内容的系统总结

① 绿色经济。绿色经济观是绿色发展的根本动力，主要是指以生态保护、节约资源为前提的谋求经济利润的行为，是指兼顾生态效益和经济效益的经济发展方式。绿色经济来源于生态经济、循环经济、低碳经济，但又区别于这三者。绿色经济是实现对自然资源的永续利用，对生态环境持续改善以及生活质量持续提高的一种生产方式。生态经济强调在发展经济的同时注重对生态的保护和修复，循环经济是对资源的节约使用和永续利用，低碳经济则关注碳排放的降低以及经济发展过程中污染物的减少。而绿色经济则是将三者结合起来，注重在经济发展的同时保护环境，在保护环境的同

时推动经济发展。以长江经济带为例,“不搞大开发,共抓大保护”是习近平总书记亲自谋划、亲自部署、深入推动长江经济带发展的伟大事业,是绿色经济观实践的重要组成部分。在推动国家绿色经济试验示范区的建设实践中,云南省普洱市坚持以习近平生态文明思想为指引,全力践行“绿水青山就是金山银山”的理念,在全国率先实行 GDP、GEP 双核算、双运行、双提升机制,落实“绿水青山”量化为“金山银山”的绿色经济评价体系,以绿色发展为主题、绿色经济为主流、绿色产业为主体、绿色企业为主力的绿色发展新格局初步形成。2017 年以来,福建省南平市大力推进生态产业化和产业生态化,“商、居、文、游”一体的水岸经济迅速崛起,亲水旅游、康体疗养等新业态、新模式快速迸发。在“绿水青山”转化为“金山银山”的价值实现机制上不断地创新,一个以绿色经济带动地区发展的“南平样本”日益清晰。

② 绿色政治。绿色政治观是绿色发展的机制保障,是指反对环境污染,保护自然环境,维护生态健康,保障生态平衡,追求公正、平等、和谐的政治民主、公民自由的政治结构模式。绿色政治观是一种不同于过去传统政治的发展观念,它将绿色生态理念引入政治维度,通过政治制度指引人与自然和谐发展。21 世纪以来,世界各国组成的人类命运共同体面临着共同的生态问题、可持续发展问题,这些政治课题无法仅通过发展绿色经济得以解决,这充分说明了如果没有绿色政治观作为机制保障,绿色发展只能是无法实现的空中楼阁。从“可持续发展战略”到落实“科学发展观”,再到新时代中国特色生态文明社会建设,不仅实现了通过政治方式来解决生态问题,也为绿色发展提供了制度上的有力保障。习近平总书记在第十八届中央纪律检查委员会第六次全体会议上指出“政治生态好,人心就顺、正气就足;政治生态不好,就会人心涣散、弊病丛生”。政治生态是党风、社风和民风的集中体现,良好的政治生态是中国共产党巩固执政根基的重要举措。2017 年,河北省雄安新区的设立是“继深圳特区和上海浦东新区之后又一具有全国意义的新区,是千年大计、国家大事”。其规划建设的定位要求之一就是构建水城共融的生态城市。从 2009 年试点到 2017 年全面实行五级河长制,作为国家首批生态文明试验区之一,贵州大力推进生态文明建设。经过近十年的探索,贵州建立了五级党政领导主抓、主干、主责的河长体系,率先将河长制纳入法治化轨道。此条例不仅是对水治理体制与生态环境制度进行的重

大创新，更是对贵州推进绿色发展的又一有力举措。

③ 绿色文化。绿色文化观是绿色发展的精神源泉，是指具有绿色象征意义的生态意识、生态哲学、生态伦理、生态美学、生态艺术、生态教育等可以弘扬人类与自然和谐发展的文化。区别于狭义的以森林文化、林业文化、花卉文化为代表的绿色植物文化，新时代的绿色文化泛指一切不以牺牲环境为代价的绿色产业、绿色生态、绿色工程以及绿色意识形态。它既包括科学文化素质，也包括思想道德素养；既包括去粗取精的传统文化，也包括革故鼎新的文化创新；既包括生产环保的文化产品，也包括建设绿化等软环境工程。绿色文化不仅是一种文化现象，更是涵盖了环保意识、生态意识、生命意识的绿色行为，体现了人类与自然和谐相处、人与生态共谋发展的生活方式、行为规范、思维方式以及价值观念。要将绿色以文化的形式深入人心，正如习近平总书记指出的要“像保护眼睛一样保护生态环境，像对待生命一样对待生态环境”。绿色文化的发展更多的是体现“人”的参与与进步，2015 年习近平总书记在北京市参加首都义务植树活动中指出植树造林是最普惠的民生工程，对实现天蓝、地绿、水净具有重要意义。此外，习近平总书记指出要坚持全民动手植树造林，共同建设美丽中国。2019 年在中国北京举办了集“低碳、节能、环保”为一体的世界园艺博览会，以“绿色生活，美丽家园”为主题向世界各国展示了生态文化的“中国气质”，广泛传播了我国生态文明建设的绿色发展理念。绿色发展不仅需要政府主导的顶层设计，也需要人民群众的参与共建，绿色发展的成果也应被人民群众共同享有。

④ 绿色社会。绿色社会是指为了社会与环境相协调而自觉推进社会变革的一种社会过程和状态。绿色社会观是绿色发展的实现途径，是指基于一定的绿色理念和绿色价值取向进行创新的绿色管理新模式，它囊括了社会运行的方方面面，其表现形式也多种多样。绿色社会观证明了绿色经济、绿色政治、绿色文化等子系统之间不是相互独立的，它们相互依存，共同作用，统一于绿色社会。习近平总书记指出“我们要充分认识形成绿色发展方式和生活方式的重要性、紧迫性、艰巨性”，无疑是在强调绿色社会的意义。随着绿色社会概念的深入，绿色社会实践也逐步落实，全国“两型社会”在习近平生态文明思想的引领下不断深化，重视规划、强调集约、追求和谐、加大节能减排力度，形成尽可能地减少资源消耗和环境代价满足人民日益增长

的美好生活需要的社会发展模式。城市建设司副司长张乐群2019年在江西考察时也曾指出城市绿地系统要分布更均衡、结构更合理、功能更完善、景观更优美，为人民群众提供更多的绿色活动空间，满足人民日益增长的美好生态环境需要。这些都表明了习近平总书记提出的绿色发展不仅涉及具体的生产层面，更落实到居民生活消费层面，全面打造绿色社会。

⑤ 绿色生态。绿色生态观是绿色发展的重要前提，是指将生态作为社会发展的可持续生产力，通过改变经济发展方式，合理利用生态资源的方式，实现保护环境、节约资源，从而协调人类社会和自然环境和谐发展的关系。一方面人类社会的发展离不开生态环境提供的各种自然资源，另一方面，目前全球正面临着日益严峻的生态环境问题，绿色生态发展迫在眉睫，因此绿色生态观是人类文明得以延续的必要前提。绿色发展的实现并非完全取决于生产力发展水平以及科学技术水平，还取决于人类对生态环境的认知水平。这就要求我们在秉持可持续发展观、科学发展观的基础上，践行生态文明建设。绿色生态观在强调对自然资源的永续利用和生态环境的健康发展的基础上，保持了社会发展的可持续性，通过人与自然的和谐发展实现环境保护、经济增长和社会进步，因此它是可持续发展观、科学发展观的继承和突破。习近平总书记高度重视生态环境问题，他指出环境就是民生，青山就是美丽，蓝天就是幸福，保护自然环境是惠及千秋万代的事业。建立国家公园体制是绿色生态观的重要内容，国家公园体制严守生态保护红线，以加强自然生态系统的完整性保护为基础，有利于推动科学合理地保护与利用自然资源，促进人与自然的和谐共生，加快绿色发展进程。目前，已建成三江源、大熊猫、东北虎豹、湖北神农架、钱江源、南山、武夷山、长城、普达措和祁连山10处国家公园体制试点。2018年，福建省生态文明试验区建设取得了积极进展，综合性生态保护补偿、重点生态区位商品林赎买等18项改革经验在全国推广，有序推进了闽江流域的山水林田生态保护修复试点工作，划定生态保护红线、改革国有林场，建立了具有地方特色的改革模式。

(2) 习近平新时代绿色发展理念的系统总结

① 科学性。绿色发展理念高度总结并提炼升华了人类千百年来对人与自然关系的规律性认知，传承了马克思主义绿色发展观并加以创新，也为我国生态文明建设的道路打下了坚实的思想基础（黄茂兴和叶琪，2017）。绿

色发展理论的提出既立足于当前中国面临的生态危机，又肩负起全球生态治理的重要责任，同时顺应了经济新常态的现状，具有一定的科学性。我国的环境问题由于过去传统的工业化发展模式而具有复合型、结构型、压缩型的特点(康沛竹和段蕾，2016)。我国环境污染的范围在扩大、资源短缺的程度在加剧、生态平衡的失调在加重，自然资源和环境容量已接近警戒红线，长期积累的环境欠账亟待解决。中国正面临着如何兼顾生态效益与经济效益的难题，传统的“黑色发展观”导致经济增长超越生态负荷，社会发展违背可持续道路，习近平新时代绿色发展理念的提出是中国解决当前生态危机的必经之路。同时，作为世界最大的发展中国家之一，绿色发展是中国主动承担国际环境保护责任、促进中国与世界互联互通并为全球治理提供新理念、作出新贡献的必然选择。面对国际社会出现的“中国生态环境不负责任”的不和谐论调，走具有中国特色的绿色发展道路，不仅有利于破除“中国不负责任论”，而且有利于树立全球生态治理与经济发展领域负责任的大国形象，有利于在国际上就绿色发展的若干问题打造中国学术话语体系，体现绿色发展方面的“中国特征”和“中国经验”。此外，中国的经济增长方式正由粗放型转向集约型，经济增长动力正由传统走向创新，如何实现将环境约束转化为绿色机遇，走出传统发展的不良路径锁定，实现产业结构升级，成为了抢占未来世界市场竞争制高点的关键，因此绿色发展是当前中国经济成功转型的必要手段。

② 系统性。习近平新时代绿色发展理念具有大局观、长远观、整体观，习近平总书记汲取古人智慧与国外先进经验，立足于中国长期以来的可持续发展与生态文明建设实践，从顶层设计上重视规划生态文明，践行绿色发展。系统性是习近平新时代绿色发展理念的重要特点之一：第一，从人与自然的角度而言，绿色发展注重人类与生态的系统性，过去人与自然一直是对立斗争的两个方面，而绿色发展强调人与自然的相互依存、相互联系，既要合理利用自然，也要保护自然、改善自然。第二，从习近平新时代绿色发展内容的角度而言，绿色发展将绿色生态观与绿色经济观、绿色政治观、绿色文化观、绿色社会观联系起来，改变了以牺牲环境为代价的片面的发展模式；此外，绿色发展将生态文明建设融于“五位一体”的总体布局，贯彻到中国特色社会主义建设的全过程，绿色发展理念不仅自身是一个完整的系统

性概念，而且它贯穿于经济社会的各个方面，将全社会的发展作为一个系统。第三，从经济发展模式的角度而言，绿色发展有别于“不良锁定”的“黑色发展”模式，它强调经济系统、自然系统、社会系统间的系统性、整体性和协调性(胡鞍钢和周绍杰，2014)；习近平新时代绿色发展理念需要“理念—技术—制度”的三重统一，以达到经济发展方式的绿色解锁与转型升级。第四，绿色发展是个复杂的开放巨系统，新时代背景下推进绿色发展更是一项复杂而艰巨的系统工程，推进绿色发展需要多主体参与、多主体监督，从推动绿色发展的主体而言其具有系统性，绿色发展强调政府为主导、社会组织和公众共同参与，形成企业为主体、产业链为主线、区域为践行面的系统，绿色发展需要政府为主体的体制体系构建、制度政策制定、环境政策整合、不同管理部门协同治理；需要企业作为主体培养和树立环境管理理念、提高社会责任感，实行绿色设计、绿色生产、绿色营销、绿色服务，采用绿色技术创新，构建绿色供应链；需要个人为主体的公众参与、树立绿色消费理念、参与舆论监督。

③ 先进性。习近平新时代绿色发展理念源于马克思主义绿色发展观以及我国传统的环境保护、生态伦理和可持续发展思想，是人类探寻永续发展过程的重大理论创新。习近平新时代绿色发展理念借鉴了国际低碳发展理论，吸收了中国传统文化的精华，继承了可持续发展理念、科学发展观和中国特色社会主义生态文明理论，并在此基础上有所突破，具有先进性。第一，马克思主义生态理论是中国经济绿色发展的指导性理论，习近平新时代绿色发展理念对其既有继承也有突破。马克思认为，人是自然的产物与组成部分，人类从自然中获取必要的生活资料，而习近平新时代绿色发展理念强调人类要尊重自然，可以利用自然和改造自然，但必须呵护自然，不能凌驾于自然之上。第二，习近平新时代绿色发展理念是对传统文化的继承和突破，中国传统思维模式中认为只有人与自然和谐共存，才能建立一个天人合一、社会协调的生态伦理社会，对于自然必须“取用有度，用之有节”，而绿色发展认为人与自然应该是一个完整的系统，应该保持生态的平衡，维系生态的自然运转，构建一个生命的有机整体。第三，习近平新时代绿色发展理念是对可持续发展理念的继承和突破，可持续发展理念强调不妨碍后代人的需求，而绿色发展在以人为本的基础上更强调“发展为了人民、发展依靠

人民、发展成果由人民共享”。可持续发展注重的是不损害后代需求的前提下满足当代人需求的发展；而绿色发展是一个涉及社会、经济和自然环境的复杂适应性系统。绿色发展的核心是人与自然生命共同体，受到生产、生活、政策和绿色发展理念的共同影响(Li et al.，2019；Koutsoyiannis，2011；Sargentis et al.，2019)。虽然绿色发展与可持续发展都关注自然环境与经济发展，但是绿色发展更加强调经济与自然环境的系统性(Li et al.，2020)。因此，习近平新时代绿色发展理念对可持续发展理论既有继承，也有突破。第四，习近平新时代绿色发展理念是对科学发展观的继承和突破，科学发展观认为发展要为后人留下更多的生态资产，而不是留下生态遗憾，而绿色发展则强调要实现资源环境可持续发展、经济可持续发展，追寻和谐共生的绿色生产生活方式，创新性地提出“人与人、人与社会、人与自然和谐发展”和“美丽中国、美丽世界”的愿景。

第3章

推进企业绿色发展的路径选择

为突破我国经济发展面临的环境污染、资源短缺等瓶颈，早在2010年4月，习近平同志在博鳌亚洲论坛开幕式上发表演讲时就鲜明地提出“绿色发展”的重要理念，指明了解决我国经济发展与资源环境突出矛盾的战略方向。绿色发展包含了企业、产业和区域等多维度多层次的科学发展内涵。其中，企业是社会经济活动的微观主体，其绿色发展的驱动因素及路径选择为产业和区域的绿色发展提供了技术基础。根据我国企业环境行为评价的具体认识和实践，依据污染控制差异可以将企业绿色发展行为分为环境末端治理、环境管理行为以及环境创新行为三种。作为环境创新行为的重要形式，绿色产品涉及设备投资、材料提取、技术创新、性能检验、产品推广等多个环节，是实现企业绿色发展的重要路径。本章基于博弈理论和决策优化理论，针对企业生产和销售绿色产品这一重要的绿色发展路径，考虑消费者绿色偏好、需求不确定性、绿色制造成本、下游销售企业绿色需求预测和共享等因素对企业绿色生产决策的影响，并探索实现上下游企业有利合作的绿色信息分享补偿机制，为推进企业绿色发展的路径选择提供了一些可供参考的决策依据。

3.1 绿色生产和信息分享
——企业绿色发展路径概述

企业绿色生产是实现企业绿色发展路径的重要环节。它是一种基于绿色制造和供应链运作理论，旨在实现整个产品周期内所有环节（原料采购、生产制造、报废处理）中最低化环境污染且最大化资源利用的运行模式（Kerr，1999），从而推进现代企业的可持续发展。诸如国际履约类产品、可再生回收类产品、改善区域环境质量类产品都属于绿色产品的范畴。鉴于绿色生产和绿色产品的卓越社会效应，已经引起了诸多学者的关注（Choi & Hartley，1996；Noci，1997；达庆利等，2004；张建军等，2009；高鹏等，2013）。

绿色产品价值的实现，不仅需要在政府对绿色发展的倡导和推动下，制造商不断加大研发投入以提高产品绿色性能，更取决于消费者的绿色偏好及绿色行为。随着人们生活水平日益提高，愿意为产品"绿色度"支付额外价格的"绿色消费者"在所有消费者中的比例越来越高，具有绿色效应的产品越来越受到人们的偏好。所谓"绿色度"，是指产品的环境友好度，是产品在满足环境保护要求、资源利用、能源消耗等方面表现的综合性评价。例如，许多国家规定销售的大功率电器（冰箱、空调）外壳所贴的醒目绿色能耗等级标记即可用来表征产品绿色度。据 Codington 公司的大样本统计数据分析，约有 80%的美国人自视为“绿色环保主义”者，其中 67%愿意为产品支付高额的环境相容属性费用。绿色产品在为企业带来丰厚利润的同时能为企业树立绿色形象，提升社会效益，有助于企业长期目标的实现。因此，越来越多的制造企业致力于提升产品的“绿色度”以吸引更多的消费者购买。“绿色度”成为了制造企业生产决策中一个重要的考虑因素，成为企业实现绿色发展的重要路径。诸多学者已经对消费者绿色意识和产品绿色度展开了深入研究。陶宇红等（2011）的研究聚焦于消费者绿色品牌偏好成因；Conrad（2005）在双寡头博弈的框架下探讨了消费者环境意识对产品绿色度及产品市场份额的影响；高鹏等（2014）进一步考虑了双寡头的异质性特征，区分了消费者绿色偏好的高低；Liu et al.（2012）探讨了不同市场结构、不同横向竞争程度下消费者绿色意识的影响。

显然，在推进企业绿色发展的过程中绿色消费者数量起到极其关键的作用。但某个区域绿色消费者的数量取决于经济、文化、社会观念等多重因素的共同作用，呈现出高度不确定性特征。在信息不对称条件下，上游制造商并不能完全掌握终端消费者的绿色需求，影响了绿色生产决策的准确性。只有直接与消费者接触的零售商才有可能准确地了解这一信息。事实上，随着互联网、大数据技术的兴起，下游产品零售商对终端需求信息预测和信息分享行为越来越频繁（Liu et al.，2012），这将提升制造商绿色生产决策的准确性，带来更高的绿色绩效，被视作企业绿色发展路径的重要环节。近年来，已经有一些学者开始致力于运作管理领域信息分享策略的研究。Li（2002）研究了两个竞争性零售商在信息分享下的定价决策；Yao et al.（2008）构建了零售商信息分享下的服务竞争行为模型，总结了零售商分享信息的经济动机；聂佳佳（2012）和艾兴政等（2008）关注销售渠道选择时的信息预测和分享问题；聂佳佳和熊中楷（2009）则进一步把需求信息的分享引入了闭环供应链的运作。以上文献尽管都详细研究了零售商信息预测和分享的价值，但都没有基于企业绿色发展的框架，探索企业产品绿色度决策及其绿色绩效如何受到信息预测和分享的影响。

本部分通过研究绿色制造企业的产品绿色度决策和经销企业的销售决

策来探讨企业的绿色发展路径问题。我们认为零售商的消费者需求信息预测能够同时影响两类决策，因而是企业绿色发展路径的重要一环。本章采用博弈论、决策优化等方法，探讨了在消费者具有绿色偏好的情境下，零售商的信息预测和分享对绿色产品生产决策的影响，进一步设计信息分享补偿机制实现绿色制造企业和经销企业的“双赢”，研究消费者绿色偏好、企业绿色制造成本对补偿机制的影响，从而探索通过绿色生产以及信息分享实现企业绿色发展的可行路径。

3.2 基于信息分享的企业绿色生产路径建模

本部分考虑企业通过绿色生产和信息分享实现绿色发展路径的具体流程，并进行建模。考虑一个绿色制造商和一个零售商构成的纵向绿色供应链系统，制造商以单位边际成本 c 生产一种绿色度为 e 的绿色产品。参照 Liu et al.(2012)的研究，绿色度由制造商投入的各类绿色研发成本 I(含设备、工艺设计、人工、检验等)等所决定，可假设 $I = he^2$。即制造商绿色研发具有边际成本递增效应，投入的研发总成本随绿色度增大而急速增加。这与很多企业开展绿色生产实际情况是相符的。式中 h 称为研发成本系数，且绿色研发成本为固定成本。制造商和下游零售商之间的转移支付价格为 w(即批发价)。零售商负责绿色产品的销售。设产品零售价为 p，则对于具有一定绿色偏好的消费者市场，产品需求由价格和产品绿色度共同决定，可以表示为下式：

$$D(p, e) = a + \lambda e - bp \tag{3.1}$$

式(3.1)中，a 表示绿色产品潜在市场需求(称为市场规模)；b 为消费者价格敏感系数；λ 表示消费者对产品绿色度的敏感程度，称为绿色消费偏好系数。

λ 越大，相同绿色度的产品能引起越多的消费者购买。本节所描述的企业绿色产品生产销售的流程如图 3.1 所示。在制造商和零售商的价格博弈中，假设制造商为市场主导者(Liu et al.，2012；高鹏等，2013)。

图 3.1 绿色产品生产销售流程示意图

参照 Li(2002)、艾兴政等(2008)的研究结果，认为消费者对绿色产品的潜在需求规模受到多类因素的影响而呈现一定的随机性，且可以表示为 $a = a_0 + \xi_1$。其中，a_0 为期望潜在市场规模，为制造商和零售商的共同知识；ξ_0 为随机因素，其期望为 0，方差为 ν。由于绿色制造商不与终端消费者直接接触，故无法得知 ξ_1 的精确信息。而零售商可以采用各种信息技术对市场潜在需求进行精确预测。用 f 表示潜在需求预测值，设 $f = a + \xi_2$。ξ_2 表示预测误差，为一期望为 0，方差为 s 的随机变量。并且随机变量 ξ_1 和 ξ_2 相互独立。于是，根据 Li(2002)、艾兴政等(2008)以及聂佳佳(2012)的研究可得下式：

$$E(a \mid f) = \frac{s}{\nu + s} a_0 + \frac{\nu}{\nu + s} f = A,\ E((f - a_0)^2) = \nu + s \qquad (3.2)$$

即在需求信息预测下，绿色产品的潜在市场规模由预测值与期望规模加权合成；而预测值的二阶中心距由两类方差之和决定。零售商可以选择私人拥有该预测信息，也可以选择与制造商分享该信息。于是，可以用 $t = \nu/(\nu + s)$ 来度量需求信息预测的精度，显然 $t \in [0, 1]$。进一步得到 $E(a \mid f) = (1 - t)a_0 + tf$。

以下我们分集中和分散两种模式分析制造商和零售商的绿色生产销售决策。每种模式下又分别探讨零售商分享预测信息和不分享信息的决策结果，从而得到信息分享的价值，并设计合理的信息补偿模式实现双方价值的“双赢”。用 π_j^i 表示 i 模式下成员 j 的利润函数。其中，j 的取值为：m、r、s，分别表示制造商、零售商和供应链；i 的取值为：CN、C 和 M，分别表示集中无绿色制造模式、集中绿色制造模式以及分散绿色制造模式。另外，用 V_j^i 表示 i 模式下信息分享对成员 j 的利润函数。

3.3 企业绿色生产路径的决策建模

3.3.1 企业绿色生产路径的集中决策模式

在该模式下，绿色制造商和零售商共同组成一个“超级”组织，双方以整体期望利润最大化为目标进行决策。

(1) 不考虑绿色生产时的决策模型

为了凸显绿色生产的价值，首先建立不进行绿色生产时的决策模型。此时产品需求完全由零售价决定，且信息预测即信息共享。供应链整体期望利润目标为：

$$\max_{p} E(\pi_{sIS}^{CN} \mid f) = E((p-c)(a-bp) \mid f) \tag{3.3}$$

求得均衡产品零售价为：

$$P_{IS}^{CN^*} = \frac{[(1-t)a_0 + tf + bc]}{2b} \tag{3.4}$$

无约束条件下的最优期望利润为：

$$E(\pi_{sIS}^{CN^*})=\frac{(a_0-bc)^2+t\nu}{4b} \tag{3.5}$$

经计算，无信息预测时供应链最优利润为 $\frac{(a_0-bc)^2}{4b}$。此时信息预测价值为：

$$V_s^{CN}=\frac{t\nu}{4b} \tag{3.6}$$

(2) 考虑绿色生产时的决策模型

此时，产品需求量由零售价和产品绿色度共同决定。信息预测即为信息共享。由上节模型描述和假设，信息预测时系统整体期望利润目标为：

$$\begin{aligned}\max_{p,e}E(\pi_{sIS}^{C}\mid f)&=E((p-c)(a+\lambda e-bp)-he^2\mid f)\\&=(p-c)[(1-t)a_0+tf+\lambda e-bp]-he^2\end{aligned} \tag{3.7}$$

用一阶偏导法求解得到绿色产品最优绿色度和零售价为：

$$e_{IS}^{C^*}=\frac{((1-t)a_0+tf-bc)\lambda}{4bh-\lambda^2},\ p_{IS}^{C^*}=\frac{2h((1-t)a_0+tf+bc)-\lambda^3c}{4bh-\lambda^2} \tag{3.8}$$

显然，只有满足条件 $4bh>\lambda^2$ 时模型才有均衡解。这与诸多制造企业异常高昂的边际研发成本这一事实相符。后文均假设该条件成立。代入(3.7)式，得到 C 模式下无约束条件最优期望利润为：

$$E(\pi_{sIS}^{C^*})=\frac{h((a_0-bc)^2+t\nu)}{4bh-\lambda^2} \tag{3.9}$$

按 3.3.1 的方法，得到 C 模式下信息预测价值为：

$$V_s^{C}=\frac{ht\nu}{4bh-\lambda^2} \tag{3.10}$$

容易得到 $\frac{\partial V_s^C}{\partial\lambda}>0$，$\frac{\partial V_s^C}{\partial t}>0$。即，集中决策模式下，系统成员进行消费

者潜在需求信息预测的精度越高，消费者本身的绿色偏好越大，信息预测对整个系统的经济价值就越明显。因而整个系统有动力进行准确的信息预测，并且努力提高消费者的绿色偏好。

3.3.2 企业绿色生产路径的分散决策模式

分散决策模式下，绿色制造商和零售商按照各自利润最大化目标独立决策。根据上节假设，双方决策制定的顺序如下：①绿色制造商同时决定 w 和 e；②零售商决定 p。以下分析研究零售商不进行信息分享和进行信息分享两种情况下的生产销售决策，并依此探讨信息分享对双方的价值。

(1) 零售商不进行信息分享

根据以上分析，给定零售商潜在需求预测信息 f 时，其期望利润最大化目标可表示为：

$$\max_{p} E(\pi_{rNI}^{M} \mid f) = E((p-w)(a+\lambda e-bp) \mid f) \tag{3.11}$$

采用逆向回溯法，首先分析零售商的决策。用一阶偏导法得到 p 相对于 w 和 e 的反应函数为：

$$P_{NI}^{M}(w,\ e) = (bw+\lambda e+((1-t)a_0+tf))/(2b) \tag{3.12}$$

当预测信息不分享时，绿色制造商对潜在市场规模的预期仍为 a_0，因而对零售商所制定产品零售价预期为 $(bw+\lambda e+a_0)/(2b)$。绿色制造商的期望利润目标改写为：

$$\begin{aligned}\max_{w,\ e} E(\pi_{mNI}^{M}) &= E((w-c)(a+\lambda e-bp)-he^2) \\ &= (w-c)(a_0+\lambda e-bw)/2-he^2\end{aligned} \tag{3.13}$$

对(3.13)式进一步运用一阶偏导法，求得 M 模式下均衡产品绿色度和批发价表达式：

$$e_{NI}^{M^*} = \frac{(a_0-bc)\lambda}{8bh-\lambda^2},\ w_{NI}^{M^*} = \frac{4ha_0+(4bh-\lambda^2)c}{8bh-\lambda^2} \tag{3.14}$$

代回(3.12)式，得到均衡零售价表达式：

$$P_{NI}^{M^*}=\frac{(4bh+\lambda^2)a_0+2b(2bh-\lambda^2)c+(8bh-\lambda^2)((1-t)a_0+tf}{2b(8bh-\lambda^2)} \tag{3.15}$$

进而得到无信息分享下绿色制造商和零售商的期望利润为：

$$E(\pi_{mNI}^{M^*})=\frac{h(a_0-bc)^2}{8bh-\lambda^2},\ E(\pi_{rNI}^{M^*})=\frac{t\nu}{4b}+\frac{4bh^2(a_0-bc)^2}{(8bh-\lambda^2)^2} \tag{3.16}$$

(2) 零售商进行信息分享

由于零售商仍然进行信息预测，因此零售商的决策过程仍然与无信息分享时一致，故零售价格的反应函数仍为(3.8)式。零售商分享潜在需求信息后，绿色制造商对零售价的预期由 $(bw+\lambda e+a_0)/(2b)$ 演变为(3.8)式。故此时绿色制造商的利润决策目标为：

$$\begin{aligned}\max_{w,e}E(\pi_{mIS}^{M}\mid f)&=E((w-c)(a+\lambda e-bp)-he^2\mid f)\\&=(w-c)(((1-t)a_0+tf)+\lambda e-bw)/2-he^2\end{aligned} \tag{3.17}$$

对(3.17)式分别求关于 w，e 的一阶偏导，令其为 0，联合驻点方程组求解，得到：

$$e_{IS}^{M^*}=\frac{((1-t)a_0+tf-bc)\lambda}{8bh-\lambda^2},\ w_{IS}^{M^*}=\frac{4h((1-t)a_0+tf)+(4hb-\lambda^2)c}{8bh-\lambda^2} \tag{3.18}$$

进一步得到：

$$p_{IS}^{M^*}=\frac{2b(2bh-\lambda^2)c+12bh((1-t)a_0+tf)}{2b(8bh-\lambda^2)} \tag{3.19}$$

最终得到 M 模式下绿色制造商和零售商期望利润表达式如下：

$$E(\pi_{mIS}^{M^*})=\frac{h(tv+(a_0-bc)^2)}{8bh-\lambda^2},\ E(\pi_{rIS}^{M^*})=\frac{4bh^2(tv+(a_0-bc)^2)}{(8bh-\lambda^2)} \tag{3.20}$$

3.4 企业绿色生产路径的影响机理分析

3.4.1 企业绿色生产路径下信息分享价值分析

命题 1：C 模式下需求信息预测的价值高于 CN 模式。

证明：由(3.6)和(3.10)式，用作差法得到：

$$V_s^C - V_s^{CN} = \frac{htv}{4bh - \lambda^2} - \frac{tv}{4b} = \frac{\lambda^2 tv}{4b(4bh - \lambda^2)} > 0 \qquad (3.21)$$

该命题表明，集中模式下，与无绿色生产相比，制造商开展绿色生产能够凸显零售商信息预测的价值。因为此时信息预测不仅有助于系统进行精确的生产和销售决策，更能帮助制造商确定合适的产品绿色度以吸引消费者购买，从而对整个供应链产生更高的经济价值。

命题 2：集中绿色生产决策模式下，消费者绿色偏好有助于提升需求信息预测的价值，而制造商绿色研发成本系数则会降低该价值。

证明：由(3.10)式可得：

$$\frac{\partial V_s^C}{\partial \lambda}=\frac{2\lambda htv}{(4bh-\lambda^2)^2}>0,\ \frac{\partial V_s^C}{\partial h}=\frac{-\lambda^2 tv}{(4bh-\lambda^2)^2}<0 \tag{3.22}$$

证毕。

该命题说明，消费者绿色意识的加强或者绿色制造的成本降低能明显提升产品绿色度，并降低产品售价，引起更多的绿色消费者购买。在这种情景下，零售商进行潜在需求的预测能够更有效地降低决策的盲目性，提高预测的经济价值。

命题3：分散决策下：(1)信息分享对零售商的价值为负，并且该负价值与消费者绿色产品偏好正相关；(2)信息分享对制造商的价值为正，并且该价值与消费者绿色偏好正相关；(3)当满足条件 $\lambda^2/(4b)<h<(3+\sqrt{5})\lambda^2/(8b)$ 时，信息分享对供应链的价值为正，否则价值为负；而该价值始终与消费者绿色产品偏好程度正相关。

证明：由(3.16)和(3.20)式可得

$$V_r^M=E(\pi_{rIS}^{M^*})-E(\pi_{rNI}^{M*})=\frac{-(12bh-\lambda^2)(4bh-\lambda^2)tv}{4b(8bh-\lambda^2)^2}<0,\ \frac{\partial V_r^M}{\partial \lambda^2}$$

$$=\frac{8htv}{(8bh-\lambda^2)^3}>0,\ \frac{\partial V_r^M}{\partial h}=\frac{-8bh\lambda^2 tv}{(8bh-\lambda^2)^3}<0$$

$$V_m^M=E(\pi_{mIS}^{M^*})-E(\pi_{mNI}^{M^*})=\frac{htv}{8bh-\lambda^2}>0,\ \frac{\partial V_m^M}{\partial \lambda^2}$$

$$=\frac{htv}{(8bh-\lambda^2)^2}>0,\ \frac{\partial V_m^M}{\partial h}=\frac{-\lambda^2}{(8bh-\lambda^2)^2}<0$$

$$V_s^M=V_r^M+V_m^M=\frac{(12bh\lambda^2-\lambda^4-16b^2h^2)tv}{4b(8bh-\lambda^2)^2}$$

$$=\frac{-((6+2\sqrt{5})bh-\lambda^2)((6-2\sqrt{5})bh-\lambda^2)tv}{4b(8bh-\lambda^2)^2} \tag{3.23}$$

由于 $4bh-\lambda^2>0$，故 $(6+2\sqrt{5})bh-\lambda^2>0$ 恒成立。因而当((6－

$2\sqrt{5})bh-\lambda^2)<0$，即满足条件$\lambda^2/(4b)<h<(3+\sqrt{5})\lambda^2/(8b)$时，$v_s^M>0$。此时有$\frac{\partial V_s^M}{\partial\lambda^2}=\frac{\partial V_r^M}{\partial\lambda^2}+\frac{\partial V_m^M}{\partial\lambda^2}>0$，$\frac{\partial V_s^M}{\partial h}=\frac{\partial V_r^M}{\partial h}+\frac{\partial V_m^M}{\partial h}<0$。反之，结果相反。证毕。

该命题表明，分散决策下，零售商向制造商分享需求信息会形成“利益转移”的局面。说明作为市场主导者的绿色制造商可以利用零售商的分享信息进行精准决策，增大获利可能性。而作为追随者的零售商在供应链运作中居于劣势地位，会被制造商产品绿色度和批发价决策攫取精准零售的价格优势，从而损失一部分利润。对整体供应链系统而言，零售商的信息预测和分享不仅仅是一个内部利益转移的过程，而自带“造血”功能。也就是说，绿色制造商从中获得的收益超过了零售商损失的利润，信息分享能实现供应链系统的整体正向价值。但该结论仅适用于绿色研发成本系数较低的情况，否则，信息分享会损失一部分系统总利润，产生负向价值。由此可见，信息分享给绿色制造商和零售商的价值方向是不一致的，必须建立一定的信息补偿机制才能使零售商有动力分享预测信息。这将在下部分详细探讨。

另外，在分散决策下，消费者绿色偏好的增大一定会提升信息分享给各企业带来的价值。无论是给绿色制造商带来的正向价值还是给零售商带来的负向价值，抑或给供应链带来的不确定总价值，该结论都不会改变。另外，绿色制造商绿色产品研发成本系数的增加一定会降低信息分享给各企业和供应链带来的价值。因此，无论哪种模式，也无论零售商是否进行信息预测和分享，提高消费者的绿色产品偏好，提高绿色研发的效率一定是企业实现绿色发展的有效途径。

3.4.2 企业绿色生产路径下均衡价格和绿色度分析

命题4：绿色产品生产路径下的产品零售价高于无绿色生产时的产品零售价。

证明：由(3.4)和(3.8)式可得

$$p_{IS}^{C^*} - p_{IS}^{CN^*} = \frac{2h((1-t)a_0 + tf + bc) - \lambda^2 c}{4bh - \lambda^2} - \frac{((1-t)a_0 + tf + bc)}{2b}$$
$$= \frac{\lambda^2((1-t)a_0 + tf - bc)}{2b(4bh - \lambda^2)} > 0 \quad (3.24)$$

该命题表明，当消费者具有绿色偏好时，系统可以依靠绿色生产吸引更多的消费者购买，这将使其具备提价空间，获取更高的产品利润。

命题 5：分散决策下，若产品潜在需求预测值高于均值（$f > a_0$），则与无信息分享相比，信息分享时的产品零售价、绿色度和批发价更高；反之结论亦反。

证明：由(3.14)，(3.15)，(3.18)和(3.19)式可得

$$p_{IS}^{M^*} - p_{NI}^{M^*} = \frac{t(8bh + \lambda^2)(f - a_0)}{2b(8bh - \lambda^2)},\ e_{IS}^{M^*} - e_{NI}^{M^*}$$
$$= \frac{t\lambda(f - a_0)}{8bh - \lambda^2},\ w_{IS}^{M^*} - w_{NI}^{M^*} = \frac{4th(f - a_0)}{8bh - \lambda^2} \quad (3.25)$$

该命题表明，当零售商对产品的潜在需求作出较为乐观的预测时，和绿色制造商分享需求信息可以促进绿色制造商加大绿色研发投入，带来更高的社会绿色效应，反过来又能促进零售商制定更高的产品零售价，带来更大的经济收益；而当零售商对市场潜在需求预测比较悲观时，不得不靠降价的方式来吸引消费者购买，这将引起制造商降低绿色研发以节约成本，以部分抵消降价带来的利润损失。

命题 6：在信息分享时，若零售商预测的潜在产品需求高于由潜在需求均值决定的阈值（$f > ((1-t)a_0 - bc)/t$），则集中决策模式可以带来更低的零售价和更高的产品绿色度；若零售商预测的潜在产品需求低于该阈值（$f < ((1-t)a_0 - bc)/t$），则结论完全相反。

证明：由(3.8)，(3.19)和(3.18)式可得

$$p_{IS}^{C^*} - p_{IS}^{M^*} = \frac{8bh(2bh - \lambda^2)(bc - (1-t)a_0 - tf)}{2b(8bh - \lambda^2)(4bh - \lambda^2)},$$
$$e_{IS}^{C^*} - e_{IS}^{M^*} = \frac{4bh((1-t)a_0 + tf - bc)}{(8bh - \lambda^2)(4bh - \lambda^2)} \quad (3.26)$$

该命题颠覆了关于集中决策优于分散决策的传统观念。表明，只有当零售商对产品潜在预测较为乐观并且进行信息分享的情况下，集中决策才能实现更低的产品价格和更高的产品绿色度，否则结论将完全相反。也就是说，集中决策的绿色效应和消费者效应只有在零售商乐观的信息预测的条件下才能体现。否则，信息分享对集中决策产生的冲击更大，分散模式下的产品反而更具优势。

命题 7：信息分享模式下，集中决策实现的供应链总利润均一定高于分散决策，而无论零售商潜在需求的预测结果如何。

证明：由(3.9)式和(3.20)式可得：

$$E(\pi_{sIS}^{C^*})-E(\pi_{sIS}^{M^*})=\frac{16b^2h^3((a_0-bc)^2+tv)}{(8bh-\lambda^2)^2(4bh-\lambda^2)}>0 \qquad (3.27)$$

该命题表明，无论零售商是否进行信息预测和分享，就供应链整体利润而言，集中决策模式更有优势。这说明，分散决策产生的“双重边际效应”不会随信息预测和分享而消失，即使潜在需求的预测值并不乐观也不会改变结论。进一步可以看出 $\frac{\partial(E(\pi_{sIS}^{C^*})-E(\pi_{sIS}^{M^*}))}{\partial t}>0$，说明零售商信息预测精度越高，集中模式的利润优势更加明显。

3.4.3　企业绿色生产路径下信息分享利益补偿机制

由以上分析可知，在采用绿色产品生产路径时，零售商分享潜在需求信息有助于提高绿色制造商和供应链总利润，但于自身不利。若不建立利益补偿机制零售商必然无动力分享信息，这不利于绿色生产路径价值的实现。本部分即探讨在分散决策模式下建立合适的信息分享利益补偿机制。其思路是绿色制造商拿出部分信息分享后获得的利益增量补贴给零售商，使得：(1)利益补偿后零售商的利润不低于无信息分享时；(2)利益补偿后绿色制造商的利润不低于无信息分享时。该机制的本质是使信息分享产生的经济价值在双方之间重新分配。以下基于纳什讨价还价思想来解决这一问题。

设绿色制造商补偿给零售商能够的利益为 ΔV_r^M，自身从信息分享中分得的收益为 ΔV_m^M。设两者效用分别为$(\Delta V_r^M)^{\theta_r}$ 和$(\Delta V_m^M)^{\theta_m}$。其中 θ_r，θ_m 分别表示零售商和绿色制造商的讨价还价能力。而利益之和即为信息分享对供应链的价值。于是，建立下面的纳什讨价还价模型：

$$\max_{\Delta v_m^M, \Delta v_r^M} u = u_r u_m = (\Delta V_r^M)^{\theta_r} (\Delta V_m^M)^{\theta_m}$$

$$s.t. \begin{cases} \Delta V_r^M + \Delta V_m^M = V_s^M = \dfrac{-(\lambda^4 - 12bh\lambda^2 + 16b^2h^2)tv}{4b(8bh - \lambda^2)^2} \\ \Delta V_r^M > 0, \ \Delta V_m^M > 0 \end{cases} \tag{3.28}$$

解得 $\Delta V_r^M = \dfrac{\theta_r}{\theta_r + \theta_m} V_s^M$，$\Delta V_m^M = \dfrac{\theta_m}{\theta_r + \theta_m} V_s^m$。可见，两者从信息分享中的利润补偿与各自讨价还价能力正相关。利益补偿后，分散模式下零售商和绿色制造商的收益分别变为：$E(\pi_{rIS}^{M^*}) + \Delta V_r^M$ 和 $E(\pi_{mIS}^{M^*}) - \Delta V_r^M$。代入条件(1) 和条件(2)，再假设双方讨价还价能力相同($\theta_r = \theta_M$)，得到信息补偿机制顺利实施的条件。概括于命题 8：

命题 8：当满足条件 $\lambda^2/(4b) < h < (11 + \sqrt{37})\lambda^2/(56b)$ 时，基于纳什讨价还价模型的信息分享利益补偿机制能顺利实施。

证明：当 $\theta_r = \theta_m$ 时，$\Delta V_r^M = \Delta V_m^M = V_s^M/2$，由于有 $V_m^M - V_s^M > 0$，故有：

$$\begin{aligned} E(\pi_{mIS}^{M^*}) - \Delta V_r^M &= E(\pi_{mNI}^{M^*}) + V_m^M - V_s^M/2 \\ &= E(\pi_{mNI}^{M^*}) + V_m^M/2 + (V_m^M - V_s^M)/2 > E(\pi_{mNI}^{M^*}), \end{aligned}$$

即条件(2)恒成立。条件(1)可化为：

$$\begin{aligned} E(\pi_{rIS}^{M^*}) + \Delta V_r^M &= \frac{4bh^2[tv + (a_0 - bc)^2]}{(8bh - \lambda^2)^2} + \frac{(12bh\lambda^2 - \lambda^4 - 16b^2h^2)tv}{8b(8bh - \lambda^2)^2} \\ &> \frac{tv}{4b} + \frac{4bh^2(a_0 - bc)^2}{(8bh - \lambda^2)^2} \end{aligned}$$

解得：

$$(11 - \sqrt{37})\lambda^2/(56b) < h < (11 + \sqrt{37})\lambda^2/(56b) \tag{3.29}$$

从命题 3 可知信息分享下价值为正向的条件为 $\lambda^2/(4b) < h < (3 +$

$\sqrt{5})\lambda^2/(8b)$，且由于不等式$(11+\sqrt{37})/56<(3+\sqrt{5})/8$和$(11-\sqrt{37})/56<1/4$自然成立，故满足条件$\lambda^2/(4b)<h<(11+37)\lambda^2/(56b)$时，双方的利润均大于信息分享前，该信息补偿机制能够顺利实施。

由该命题可知，若要信息补偿机制能够实施，从而使得绿色制造商和零售商均能够从信息分享中受益，则制造商开展绿色研发的成本不能太高。否则整个供应链系统无法获取足够的信息收益重新分配给零售商。而当绿色研发成本一定时，消费者的绿色产品偏好不能过低$(\lambda^2>56bh/(11+\sqrt{37}))$，信息分享的价值会由于市场需求的不足而受到损失，无法保证双方均从中受益。

3.4.4 数值实验与结果

本部分通过数值算例验证前面得出的主要结论。根据课题组的前期调研以及数据分析，设定具体参数如下：$a_0=50$，$c=6$，$b=0.8$，$t=0.6$，$v=6$。首先设定消费者绿色产品偏好$\lambda=5$，观察绿色研发成本系数h的变化对制造商和零售商利润的影响。然后再设定$h=10$，观察λ的变化的影响。利用Matlab7.0得到图3.2—图3.5。

由图3.2和图3.3可见，绿色研发成本系数的增大不仅会降低信息分享的价值，也会降低所有供应链成员（包括零售商、绿色制造商以及供应链）的

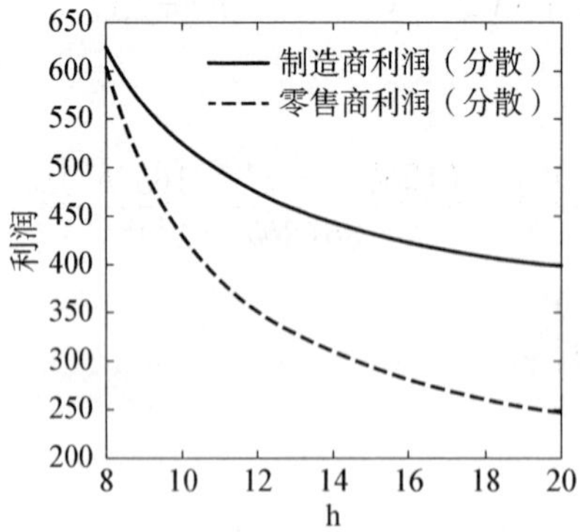

图3.2 信息分享下h对供应链总利润影响

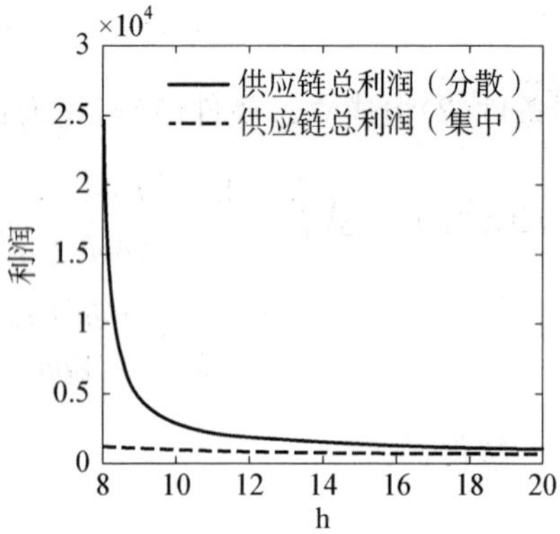

图3.3 信息分享下h对零售商、绿色制造商利润影响

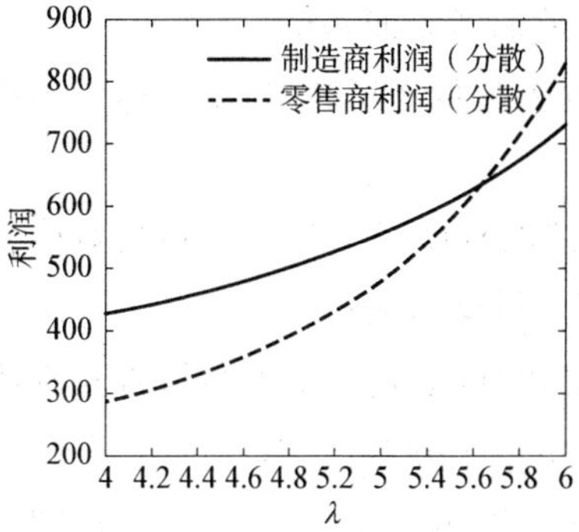

图 3.4 信息分享下 λ 对零售商、制造商利润影响

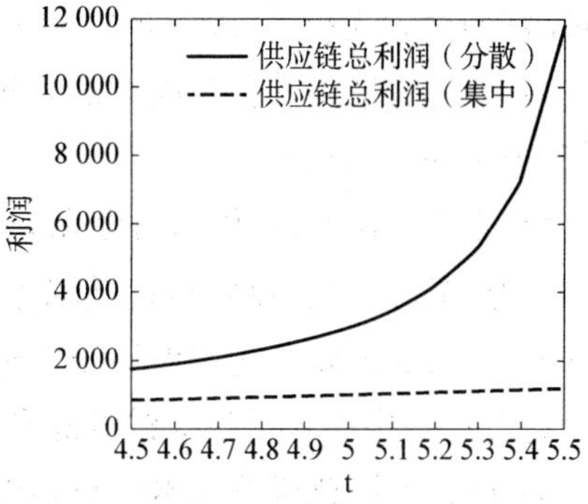

图 3.5 信息分享下 t 对供应链总利润影响

实际利润，但利润下降速度渐趋平缓。由图 3.4 可见，消费者绿色产品偏好的提高不仅会增大信息分享的价值，也会提升零售商、制造商的利润，且利润提升的趋势越来越明显。当绿色偏好程度较小时，绿色制造商利润高于零售商利润；当绿色偏好程度较大时，零售商利润将超过绿色制造商。这是由于零售商直面消费者，消费者绿色偏好的增大有利于提高购买绿色产品的效用，带来更高的产品需求，给零售商带来的直接影响高于制造商。图 3.5 则显示，无论是集中还是分散决策，消费者绿色偏好的增大一定能提升总利润，并且集中决策下的提升幅度高于分散模式。这表明，在消费者具有较高绿色偏好的环境中进行集中决策能创造更高的价值。

3.4.5 结论与启示

本部分通过博弈分析，从绿色制造商开展绿色产品研发与生产以及零售商进行绿色产品销售的角度探讨了企业绿色发展的路径，特别研究了零售商进行潜在市场需求的预测和分享活动对绿色供应链的经济价值。研究得到的主要结论有：

（1）与绿色制造商不开展绿色生产相比，绿色生产路径下零售商信息预测产生的经济价值更高，应该多方共同促进零售商的信息预测行为；

（2）无论是分散还是集中决策，需求信息分享的经济价值始终随消费者

绿色偏好的增大而提升,随绿色研发成本系数的增大而降低;

(3) 需求信息分享会形成零售商和绿色制造商之间的“利益转移”,不利于零售商利润的实现;

(4) 分散模式下,零售商对潜在需求预测的程度(乐观或悲观)会对信息分享后的产品零售价、批发价以及绿色度产生重要影响;

(5) 无论零售商对潜在市场需求预测值如何,也无论零售商是否和制造商分享信息,集中模式下供应链的总利润一定高于分散模式;

(6) 只有当绿色研发成本系数和消费者绿色偏好程度满足一定条件时,才能促进绿色制造商和零售商“双赢”的信息分享补偿机制顺利实施。

根据本部分的研究结论,得到企业绿色发展可行的几条重要路径选择如下:

(1) 绿色产品可以在提高企业社会效应的同时增加企业经济收益,实现短期利益和长期利益的一致性。因而企业应该大力加强绿色产品的研发和生产,强化绿色前沿技术的掌握,并致力于理论技术的实践化。另外,政府也应积极鼓励企业进行绿色产品的研发,并增加对企业绿色研发和生产过程的财政补贴,切实降低绿色研发和生产成本。

(2) 绿色制造企业应该和经销企业、政府一起,在全社会范围内大力加强绿色宣传,提高公众的绿色意识;进一步,通过各种手段向消费者公开绿色产品整个生命周期的所有环节,并加强对其特殊性能的说明,增强消费者对绿色产品的接受程度。

(3) 经销企业应该加强对消费者绿色产品需求的了解,在对历史需求信息进行分析、整理和统计的基础上,通过各种现代化信息技术、大数据技术对本区域内的产品潜在需求进行精确预测,以此作为制定销售策略的依据。另外,在合作的基础上,绿色制造商应该给予零售商一定的经济利益补偿,鼓励其分享预测信息,以此作为绿色研发和生产的依据,实现双方经济利益的双赢。

(4) 在双方信息分享的基础上,绿色制造商应该进一步致力于和零售商结成企业战略联盟,以提升企业核心竞争力(即实现集中决策模式)。例如,在国家对循环经济大力提倡的前提下,消费者对再制造产品的接受程度有了显著提升。2019 年 12 月,世界再制造巨头卡特比勒公司与广西玉柴股份有限公司联合成立再制造业务合资子公司，不仅为双方母公司提供优质的再制造服务，并利用玉柴的销售渠道进行再制造零部件的外销。这不仅节约了运营成本，提升了社会绿色效应，更为双方带来了额外的经济收益，成为当地绿色发展的典型案例。

第4章

推进绿色消费的路径选择

20 世纪 60 年代的工业革命在给世界各国带来巨大经济利益的同时，也引发了一系列的环境和资源问题。人类持续使用各种宝贵的自然资源、乱砍滥伐、向河流排放污水等行为，最终导致了地球生态环境的逐渐恶化，如二氧化碳的过度排放导致了全球气候变暖、氟利昂的大量使用造成了臭氧层的极大破坏、过度放牧和垦荒等造成的土地荒漠化等问题。随后，人们逐渐认识到人口和消费是当前环境恶化的主要原因之一(Kates, 2000)。自此，绿色消费逐渐在国内外受到关注，如国外《我们共同的未来》、《关于环境与发展的里约热内卢宣言》和《全球 21 世纪议程》对绿色消费的提及，国内的《绿色消费丛书》的出版，党的十八大、十八届五中全会中对绿色消费的重视(金晔等，2009；包庆德和陈艺文，2017)以及十四五规划相关政策的列入等。本章基于现代绿色消费的大数据特征，采用文本挖掘方法，分析绿色消费的影响因素；并以绿色消费为驱动力，将环保因素引入消费者购买动机，考虑消费者的微观异质性、有限理性和复杂性，运用计算实验方法，构建基于情景建模的绿色消费行为形成过程演化模型，并分析消费者异质性需求与企业环境行为的演化机理，为推进绿色消费的路径选择提供决策依据。

4.1 绿色消费的大数据分析

目前国外有关绿色消费的研究较多且相对完善，然而国内相关研究还不够全面，仍处在绿色消费研究的初级阶段，主要以绿色消费的概念以及影响因素为主(刘辉，2010；周佳儒和罗权隆，2019)。同时，随着电子商务的普及，用户购买产品的方式得到了极大地改变。用户越来越倾向于在网上购买产品，并在电商网站上反馈与表达自身的购买体验。相对于传统的基于问卷收集用户意见的费时耗力，大量的用户产品评论因其准确性和及时性，逐渐成为企业宝贵的信息来源，并成为企业进行产品改进的重要参考。因此，本书通过分析挖掘绿色产品评论大数据，既丰富了国内有关绿色消费的研究，又为文本挖掘研究提供了新的研究视角。本节首先对绿色消费的概念和影响因素进行了介绍，然后对文本挖掘的相关内容进行了阐述，并以京东变频空调为例，通过京东变频空调评论数据建立决策树模型对用户关注点分析模型进行了挖掘分析，最后基于挖掘结果提出了变频空调的产品改进意见以及未来的研究方向。

4.1.1 文本挖掘过程

文本挖掘是数据挖掘方法的一种，是指从大量的、无规则的文本数据中提取出有用的、可理解的知识，并更好地生成有价值信息的过程（贾璇，2019）。随着大数据技术的不断发展，文本挖掘技术逐渐渗透到各个研究领域中，研究范围主要围绕聚类、分类展开，主要研究对象也囊括了网络评论、网络舆情、研究文献等（程航和王东，2019）。李萍等（2017）利用百度旅游和携程网上的评论数据，对南锣鼓巷地区、798 艺术区、三里屯、什刹海、大栅栏 5 个旅游社区的形象感知进行了研究。范馨月和崔雷（2018）以 PubMed 数据库中的相关文献数据为基础，利用文本挖掘技术实现了对药物副作用数据库的完善和对药物副作用的早期预测。夏立新等（2016）则通过对互联网上的就业相关的文本的挖掘，成功地构建了“专业—岗位—知识点”的就业知识需求关系，一定程度上解决了目前就业知识供需不对称的问题。还有龚言浩等（2018）、王晰巍等（2018）、吴克昌和叶阳澍（2019）利用新浪微博上的数据对当下的时事热点进行了文本挖掘。另外也有一些学者利用电子商务平台上的在线评论进行了文本挖掘研究。如刘玉林和菅利荣（2018）通过对天猫碧根果的在线评论挖掘，有效地判断出了在线评论的情感倾向，为电商商家建立新的评价方式、动态监测情感变化、把握整个电商行业的情感趋势提供了帮助。雷兵和钟镇（2018）则使用京东商城的电子图书的评论文本等信息，通过文本挖掘等方法实现了对不同类型电子图书用户体验、销售等方面的共性和异性特征的发现和识别。由此看来，网络评论为不同领域的产品或服务改进提供了很大的帮助，因此，在研究中可以将在线评论信息用于后续的用户关注点分析研究。

近年来不少学者将情感分析的方法用于消费者行为与观点的挖掘。现有的有关情感分析的方法主要有基于情感词典和基于机器学习两种。基于情感词典的分析方法是借助现成的情感词典，将文本内容按照一定的规则计算得到文本的情感倾向。郗亚辉（2016）基于两阶段领域相关情感词典方法进行情感倾向性分析，取得了较好的效果。Chen & He（2018）通过结合公众情绪词典和 Word2Vec 扩展词典对酒店领域评价信息情感进行了分类实验，研究结果也表明了该方法对酒店领域评价信息的分类具有良好的有效性和准确性。基于机器学习的情感分析就是利用机器学习方法训练模型，然后利用模型预测新数据的情感倾向。邓存彬等（2019）分别采用逻辑回归、支持向量机和朴素贝叶斯三种机器学习方法对燃气客服热线文本进行了情感分析，结果表明三种方法的准确率都达到 80%以上。程正双和王亮（2019）使用 SVM 算法对网络评论数据进行情感判断，发现其情感分析的准确率高达 88.6%。Bilal et al.（2016）在对 Roman Urdu 意见挖掘的研究中采用的决策树和朴素贝叶斯算法准确率也达到了 94%以上。根据相关方法的总结分析发现，机器学习算法在消费者观点挖掘中表现出极大的优势。因此，本书鉴于决策树算法的高可理解性和高可阅读性，选取了决策树算法来对评论文本做情感分析，并将其应用到消费者关注点的研究中。

研究过程主要包括文本预处理、分类器模型训练和结果分析三个阶段。首先利用八爪鱼第三方数据采集器爬取京东变频空调的评论数据，然后通过分词、去停用词、文本向量化、特征选择，最后利用部分样本数据集对模型进行训练，得出评论文本的用户关注点分析模型。具体的研究模型如图 4.1 所示。

（1）文本预处理

① 分词

与英文语句不同，中文句子中词与词之间没有间隔，要想使计算机能更好地理解语义，就必须将其作分词处理。因此，本书利用结巴分词工具，将爬取到的用户评论信息进行分词以供后续挖掘分析使用。分词前后的结果如下：

分词前：特意比较了几款空调，这款性价比合适。

分词后：特意\比较\了\几款\空调\，\这款\性价比\合适\。

② 去停用词

一些词对于情感分析没有帮助并会造成运行时间上的浪费，因此，需要在模型训练之前将这些无实际意义的词如“了”“的”等，进行删除。本书使用哈工大停用词表对分词后的词表进行了过滤。

③ 文本向量化

常用的文本向量化方法主要有：CountVectorizer 和 TF-IDF（词频-逆

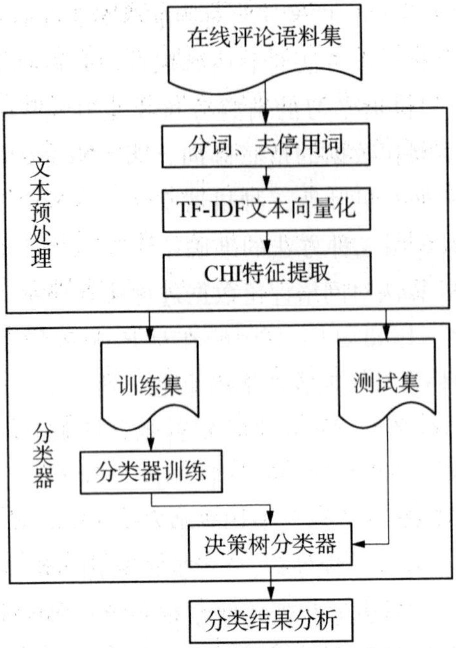

图 4.1 基于决策树的用户关注点分析模型

文档频率)。CountVectorizer 方法主要是通过统计词频来实现的词语向量化表示,但其通常因为没有考虑词语在句子中的重要程度而不被使用。TF-IDF(词频-逆文档频率)方法则是在 CountVectorizer 方法的基础上,增加了逆文档频率的计算,以实现对常见词语的过滤和对重要词语的保留。考虑到 TF-IDF 方法的优越性,本书选择使用 TF-IDF 方法实现对特征的初步过滤。

④ 特征提取

对于均衡数据集,CHI 统计具有较好效果(彭敏等,2015)。因此,本书采用 CHI 统计法进行特征提取。CHI 统计法的主要思想是:假设特征项与类别之间是非独立的。CHI 值的大小表明了特征项与类别相关度的高低,CHI 越大,二者的相关度越高。

(2) 构建分类器

作为一种直观、简单的分类方法,决策树被广泛用于文本挖掘研究(刘钢和张维石,2017;王知津等,2013)。决策树算法的基本思想是:首先从所有属性当中找到最有判别力的属性，然后利用该属性将样本划分为多个子数据集，针对产生的每个数据子集以同样的方法找到最有判别力的属性并继续划分，直到每个子数据集中含有的样本的类别一致时为止。其中，最有判别力属性的获取主要采用信息增益法。

4.1.2 评论挖掘结果与分析

(1) 评论数据

作为国内的主流电商平台，京东商城为了方便消费者进行决策，将用户评论的好评、差评单独分开，省去了费时费力且主观性较强的人工标注。因此，选取了京东商城上的评论数据进行相关分析和研究。同时，据中关村排行榜显示，截至目前 2019 年 11 月 16 日，格力空调居于排行榜首位，因此格力品牌成为了此次研究的首选。

在京东商城官网上搜索框中输入“格力变频空调”。通过八爪鱼采集器，爬取了京东商城上位于同等价位的变频空调的评论共 3 136 条，去除重复评论和无效评论后，剩余 3 000 条有效评论。其中，好评 1 493 条，差评 1 507 条。随机抽取 70%的评论作为训练集，剩余 30%作为测试集。

(2) 结果分析

如图 4.2 所示，位于决策树根节点的是“声音”，说明与用户好差评最为相关的关切点是变频空调的静音功能。其次，消费者关注的是“师傅”。然后是“制冷”、“外观”、“省电”、“制热”。相对于专业人员，普通消费者关注的大多是变频空调的一些常见的功能，如“声音”、“制冷”、“省电”、“制热”。其中，在产品的“声音”属性方面，484 条评论中有 458 条是差评，用户对变频空调的静音性能非常关注，目前变频空调的静音性能仍不能满足用户需求，生产厂家有必要对“静音”功能进行持续改进。在“制冷”方面，122 条评论中，差评(114 条)占据了 93%，说明消费者对空调的制冷效果仍感到不满。在“省电”方面，983 条评论中有 853 条好评，130 条差评。究其差评的原因，普通消费者可能在平时的生活中无法觉察到用电量的变化，因此少数消费者在评论中给出了差评，这也证明了用户对家电类消费产品的绿色属性，如环保、节电等属性确实非常看中。商家应在以后产品研发过程中对产品的绿色属性进一步关注与持续优化。在“制热”方面，182 条评论中有 85 条好评，97 条差评，用户的好评数与差评数几乎持平，说明产品的“制热”功能与用户自身的体感有关。诚然，制热功能也应继续改善。由于该产品需要师傅上门安装，因此有 2077 条评论提及了“师傅”这一属性。但是在这 2077 条评论中，有 1052 条为好评，剩下 1025 条为差评，与“制热”功能一致，好评和差评数几乎持平，也从侧面说明产品的售后服务尚不能很好地满足用户需求，还有很大的提升空间。

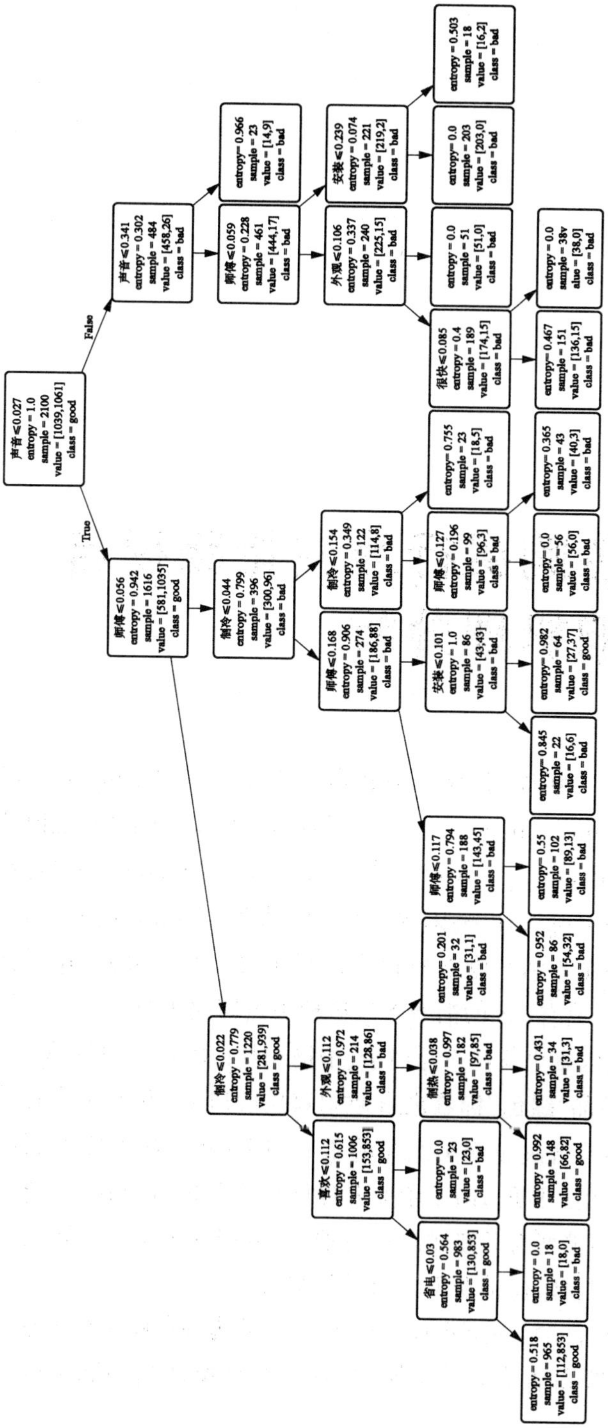

图 4.2 绿色产品评论情感分析结果

4.2 绿色购买行为演化路径与影响机理分析

随着生活质量不断提高，绿色消费市场迅速发展(Diamantopoulos et al.，2003；Hartmann & Ibáñez，2006)。然而，绿色市场的真实规模却遭到质疑(Papaoikonomou et al.，2011)，其中 Cowe & Williams(2000)指出，绿色市场正遭受“30∶3 综合症”的困扰。30%的消费者声称，他们在购买产品和享受服务时将优先考虑环境影响和社会责任的产品和服务，并愿意为此付出高价。实际上，只有 3%的消费者将这种观点转化为行动。27%的潜在绿色消费者比环境因素更关注产品质量、价格和其他因素。同时，Meagan et al. (2013)对环保产品“绿色”标签进行使用效果的研究，发现简单的“绿色”标志不能够成为消费者决定购买意愿的重要因素，而产品的熟悉度和信任度起着更重要的作用。同时，由于企业开展绿色产品的开发设计、清洁生产等方面的成本转移，消费者若要实践绿色消费，就需要承担一定程度的绿色产品保费，这种情况会阻碍消费者实施绿色购买。

Shrum et al. (1995)、Mainieri et al. (1997)认为绿色购买行为是一种环境责任行为，在消费和消费活动领域，特别是对环保产品的购买行为。因此，与一般消费者的行为不同，消费者的环保意识和绿色产品认知影响着消费者的绿色购买决策。Ilker(2012)指出，绿色产品市场仍然有很大增长空间。制造商生产绿色产品，且消费者积极消费，这将是绿色市场发展的决定性因素。为此，许多专家学者对消费者绿色购买行为或购买意愿的影响因素进行了有意义的探索。孙剑等(2010)基于EKB模型、HS模型和消费价值模型，发现绿色产品直接影响消费者的购买行为。如绿色信息的传播对绿色产品的属性对其具有普遍的直接影响，而绿色信息的传播和价值属性对其也具有普遍的直接影响。Samantha & Angela(2010)研究了消费者购买绿色有机食品的动机，发现由于关注健康和环境问题，越来越多的消费者购买和消费绿色有机食品；并发现绿色有机食品的熟悉程度是影响消费者购买的唯一重要影响因素；与绿色食品相比，非食品环保产品面临更大的市场挑战。Ramayah et al. (2010)以尿布为例，从理性行为理论的角度探讨了发展中国家消费者绿色购买意愿的影响因素。结果表明，可回收绿色产品的后续劳动报酬与其呈负相关，而对环境损害的认知、环境责任意识和自我价值感与其呈正相关。Engel et al. (1995)将影响消费者购买决定的因素分为三类，分别是个人、心理和社会因素。当前，关于消费者绿色购买行为的研究大多采用基于问卷调查的经验方法，并采用计量工具分析之间的关系。Ariel(1997)认为，消费者在实际中往往受到自我认知和对信息的不完全访问的限制，其决定是有限理性的。井绍平(2004)认为，没有两个消费者拥有相同的观点，每个消费者都有个性化需求。因此，消费者的绿色购买决策规则因人而异，这用传统的数学模型难以解决；同时，由于消费者绿色购买态度与行为的不一致，即使大样本的单一实证调研方法也具有一定的局限性。计算实验方法为特定条件下研究绿色消费提供了理想条件。为了科学全面地分析绿色消费的路径选择问题，需要从消费者角度和企业角度两个视角对绿色消费问题进行研究。基于Agent的计算实验方法可构建具有自主行为的人工主体，并对来自外部环境的刺激做出反应，能实时、动态、自主地与不断变化着的外部环境进行交互，通过对极复杂系统进行模型与程序化，利用计算机直接模拟出整个复杂过程的演变。

基于上述原因，本部分采用社会科学的计算实验方法，充分考虑现实生活中消费者的异质性、有限理性及消费者之间的交互关系，将其进行抽象后，将现实生活中的消费者映射到具有自适应能力，自学习能力和交互能力的仿真实验对象，然后通过场景建模，实现动态仿真消费者绿色购买行为的目的。从宏观角度探索消费者绿色购买行为的演化路径，从微观角度分析消费者绿色购买行为的内在机理。Martin & Timothy(2013)认为这对于揭示消费者绿色购买行为的根本动因，促使消费者将绿色消费理念转化为实际的绿色购买行动，推动绿色消费市场的健康发展具有重要的现实意义。

因此，使用计算实验研究方法研究绿色购买行为演化路径与影响机理分析能为社会提倡的绿色消费理念提供新的参考视角。

4.2.1 模型假设

假设新上市某环保易耗商品 A，与其等效的同类传统商品为 B。本书运用计算实验方法，以仇立(2012)调查的天津市绿色品牌市场数据为原型，模拟不同情境下有限理性消费者对两类商品的选择情况，基本假设如下：

(1) 产品 A、B 的质量、广告力度、售后满意度等无明显差异，绿色商品 A 单价略高于商品 B 的单价。

(2) 市场中的消费者总数为 w，为了观察消费者多个消费周期的行为演化规律，假设市场消费者群体是固定的，没有增长或减少的趋势。

(3) 消费者之间的互动是通过建立朋友关系来体现，并且假定每个周期中的朋友组是固定的。

(4) 根据环保意识水平和实际环保行为将消费者分为五类。G_1 为深绿色消费类型，也就是在消费过程中会坚定地购买绿色商品；G_2 为绿色消费类型，也就是具有强烈环保意识的绿色消费类型，他们认为应该支持绿色环保友好商品，但不一定实践到实际行动中；G_3 为萌芽消费类型，他们具有一定的环保意识；G_4 为环保抱怨类型，他们虽然不满意环境状况，但认为环保和自己没有关系，更不愿意采取相应行动；G_5 为基本棕色类型，对环境问题无动于衷、毫不在意。

(5) 每个周期每个消费者必须选择购买商品 A 或 B。

另外，关于主体行为购买规则：根据仇立(2012)对天津市居民绿色品牌购买行为的调查结果，采用 Zhang & Zhang(2007)文献描述的动机函数作为消费者选择商品的决策依据，则消费者购买商品 A 的动机函数表述为：

$$M_{iA} = S_{iA} \times P_A + E_{iA} \tag{4.1}$$

其中，消费者 i 对商品 A 的原始购买动机是 $M_{iA}(w=1, 2, \cdots, w)$；$i$ 属于的环保类型对绿色商品的购买倾向为 E_{iA}；i 对商品 A 的价格敏感度为 S_{iA}，根据 Kim et al.(1995)建立的价格敏感性分布模型，消费者的价格敏感性是实际价格 P_A 与预期价格 P_e 之差的幂函数，即：

$$S_{iA} = -\alpha^{P_A - P_e} + K_i \tag{4.2}$$

α 是大于 1 的参数，消费者 i 的社会经济属性决定 K_i。根据巴莱多定律，20%的富人占据社会 80%的财富，故按 Zipf 定律具体分配消费者个体价格敏感度常数 $K_i = K' \times (1 - C/i^{\beta})$，其中 β 为 Zipf 指数，K、C 为常数。P_e 是主体对该类商品的期望价格，以传统商品 B 的价格 P_B 代替期望价格。由式(4.1)(4.2)，商品 A 的动机函数可描述为：

$$M_{iA} = (-\alpha^{P_A - P_B} + K_i) \times P_A + E_{iA} \tag{4.3}$$

而商品 B 的动机函数为：

$$M_{iB} = (K_i - 1) \times P_B \tag{4.4}$$

Zhang & Zhang(2007)的研究没有考虑主体的学习过程；事实上，消费者是智能主体并且具有学习能力，应考虑消费者在多个时期的适应性学习。在复杂行为的研究中，Camerer & Ho(1996)的 EWA 学习模型通常用于人工主体的学习过程。在本书的有限理性框架内，消费者会选择自己认为最理想的策略，在实际的消费行为中，消费者的学习经验一般来源于自己和周围的朋友。因此，添加学习规则后，主要消费动机函数调整如下：

$$M'_{ix}(t) = \rho \times M'_{ix}(t-1) + ft_i \times \sum (\text{inf}_j \times Q(s_j^x, t-1)) + Rd_{ix}(t) \tag{4.5}$$

其中 $x=A$ 或 B，过去经验的折现系数为 ρ，t 周期主体 i 对于产品 x 的当期购买动机为 $M'_{ix}(t)$，$M'_{ix}(0)=M_{ix}$，i 的从众敏感度为 ft_i，i 的朋友 j 的影响力系数为 $\inf_j$，指标函数为 $Q(s_j^x, t-1)$，当 $t-1$ 时刻主体 j 选择产品 x 时，$Q(s_j^x, t-1)=1$，否则为 0。情感等带来的不确定影响为 $Rd_{ix}(t)$。

在计算实验的每个周期，第一步，先根据消费者主体的个人特点、商品价格、朋友推荐、购买习惯及环保特征等分别计算其对商品 A 和商品 B 的购买动机 $M'_{iA}(t)$ 和 $M'_{iB}(t)$。接着比较两者大小，当商品 A 购买动机大于商品 B 时，主体选择购买商品 A；若商品 A 的购买动机小于商品 B，主体选择商品 B；否则，由计算机随机产生[0, 1]的小数并按“四舍六入五成双”的规则取整，若结果为 0，选商品 A，否则选 B。

4.2.2 模型构建

建立一个多周期模型，总循环数为 T，每个循环分别用分别以 $t=1, 2, \cdots, T$ 表示。现实生活中复杂的有限理性消费者被映射到多个 Agent，每个 Agent 有唯一标识号 $i(i=1, 2, \cdots, w)$，并将消费者的个体特征及行为映射为 Agent 的属性和规则。Agent 根据自己的属性，根据某些行为规则模拟个体行为，并根据某些交互规则根据其自身的影响与好友 Agent 进行交互。同时，Agent 会记住其先前的购买经验并养成购买习惯，这会影响以后的购买决策。观察记录各 Agent 在各周期的决策规律，模拟现实世界消费者的绿色购买行为。模型工作流程如图 4.3 所示。

根据系统的初始设置，将生成具有异质特性的多个 Agent。对于每种情况，将在特定的周期内模拟人工 Agent 的绿色购买行为。每个人工对象每周期都要被遍历。根据他们的个人特质，朋友对其的影响和以往交易习惯，分别计算出购买两种商品的动机。相比之后，做出购买决定并将其保存到历史信息数据库中。对历史信息数据库中的数据进行分析可以知道主体的微观表现和系统的宏观表现，方便观察消费者绿色购买行为的动态变化及长期演变。

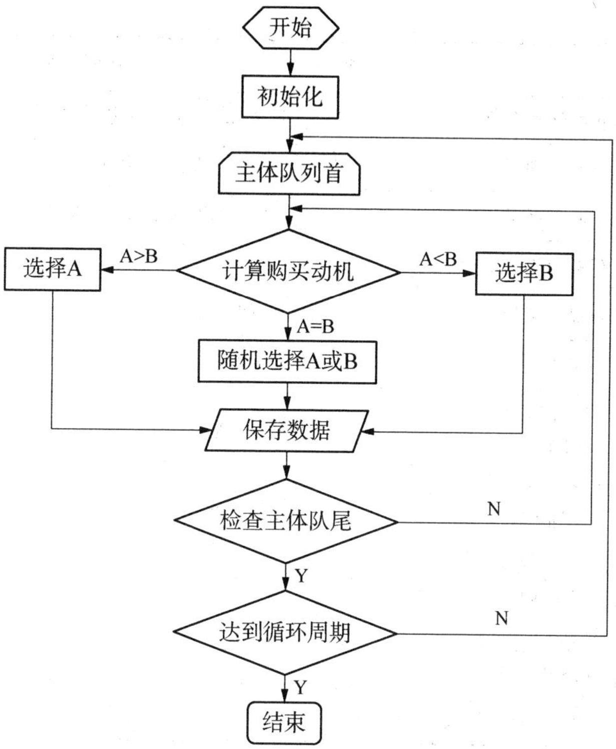

图 4.3 模型工作流程图

4.2.3 参数设置

设定主体总数 w 为 1 000，系统参变量及初始赋值规则如表 4.1。

表 4.1 系统参变量及初始赋值规则表

变量/参数	含义	范围	赋值规则
V_fri	主体朋友	0—10	每位主体随机取数 m，并随机选取 m 个不同的主体
E_type	环保类型	1—5	主体环保类别属性，分别按主体总数的 3%，27%，30%，25%，15%设置
α	价格敏感参数	大于 1	通过多次训练和测试设定，取 1.1

（续　表）

变量/参数	含义	范围	赋值规则
K′, C, β	价格敏感参数		多次训练和测试设定，分别取－40，1，0.5
Ft	从众心理参数	0.1—1	取决于个性特质，随机分布
Inf	影响力因子	0—10	取决于朋友关系密切程度及推荐技巧，随机
ρ	经验折现因子	0.1	多次训练和测试设定
P_A	商品 A 价格	12	固定值
P_B	商品 B 价格	10	固定值
E_{1A}	深绿消费者购买环保商品倾向	50	固定值
E_{2A}	绿色消费者购买环保商品倾向	20	固定值
E_{3A}	萌芽消费者购买环保商品倾向	5	固定值
$E_{4A}-E_{5A}$	其他消费者购买环保商品倾向	0	固定值
Rd_x	情绪等不确定因素	(－50，50)	$\mu=0$，$\sigma=10$ 的随机正态分布

4.2.4　实验结果与分析

根据系统假设和参数设置，生成了 1 000 名异质消费者人工主体，进行多次仿真实验。同时，考虑 Agent 信息交流方式的不同，分别设计和模拟了四种场景。其中，场景 1 假设消费者之间的购买信息完全透明；场景 2 假设消费者之间的购买信息是随机透明的；场景 3 假设消费者主体之间信息完全不透明；情境 4 假设消费者购买商品 A 后向别人推荐 A 的概率会是购买 B 的概率的两倍。

不同信息交互情境下的消费者绿色购买行为演化规律分析。为消除随机因素的影响作用，图 4.4 是模拟 5 000 次多周期绿色购买行为的统计结果。

由图 4.4 可见，在所有场景下绿色商品 A 的市场份额通常都很低，这与

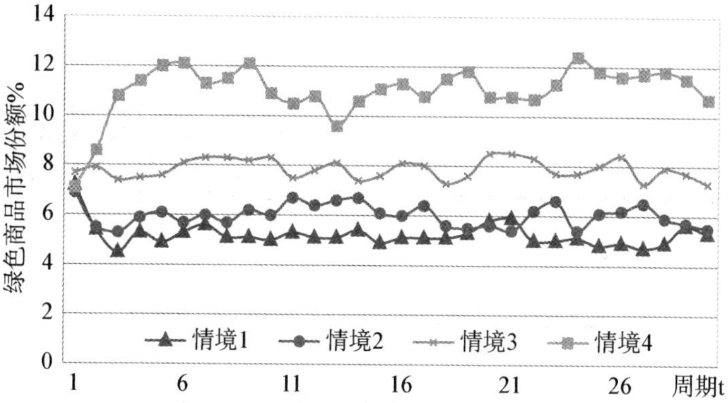

图 4.4 模拟 5000 次多周期绿色购买行为的统计结果

绿色商品购买率低的现状相吻合。在信息完整的情况 1 中，由于商品 A 初期市场份额低，在受到更多购买商品 B 的朋友的影响之后，后期消费者对 A 的选择迅速下降并稳定在较低的水平；随机信息获取情况 2 与完全信息情况 1 类似，略高于完全信息情况 1；在信息封闭的情况 3 下，商品 A 市场份额没有明显随着周期变化；在商品 A 信息优势情况 4 下，消费者获取有关其朋友购买商品 A 的更多信息，并会受到相应的影响。在后期阶段，商品 A 市场份额迅速增加，然后保持较高水平。结果表明，消费者间的互动更多地偏向于绿色商品 A 时，会明显地影响消费者的绿色购买决策。

为进一步考察绿色购买消费者在各情境下受朋友影响的情况，选取绿色购买人数最多的 $t=24$ 周期的某次模拟数据，统计购买商品 A 的消费者其朋友影响在决策中的因素比例情况如图 4.5(a)—(d)所示。

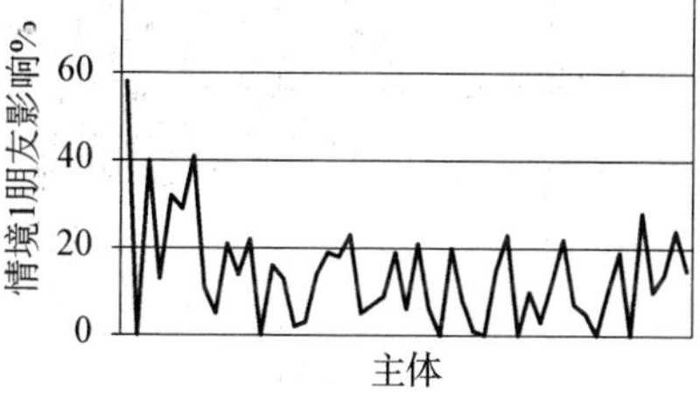

(a)

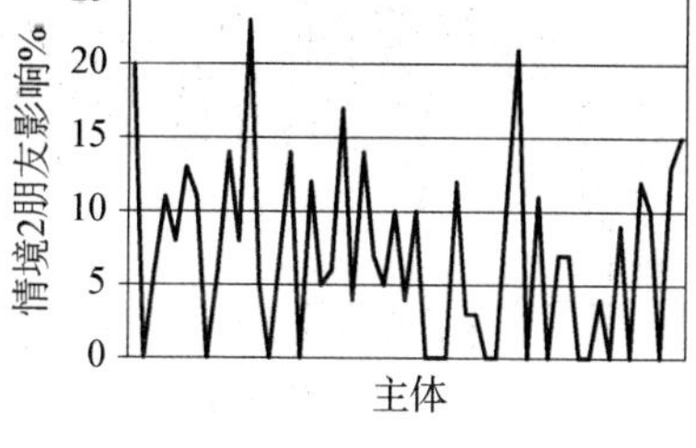

(b)

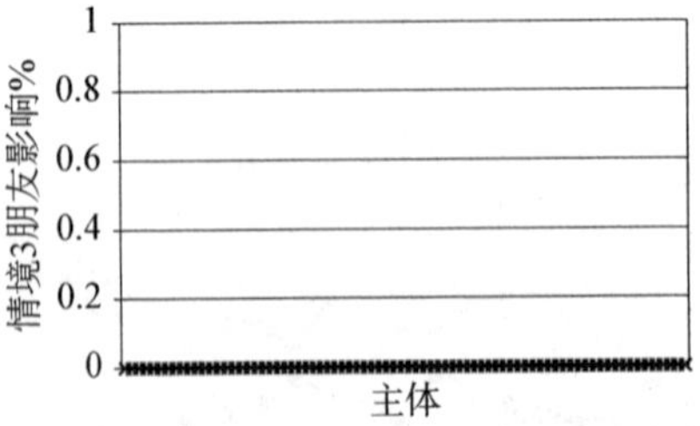

(c)

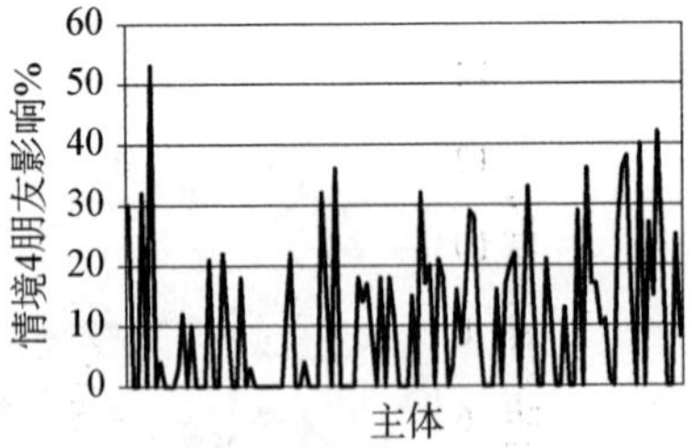

(d)

图 4.5　分情境绿色购买消费者朋友影响情况

由图 4.5 可以看出，图 4.5(d)的相应情况下，朋友的行为显著影响消费者的绿色购买决策，平均约为 15%，许多购买者的受影响程度大于 30%；而图 4.5(c)显示没有信息交换，在这种情况下，朋友的行为完全不会影响消费者的决定，因此一直是 0；图 4.4(a)与图 4.4(b)相似，平均值都不大于 10%。

从以上分情境的消费者绿色购买行为演化规律及消费者微观个体的朋友影响情况来看，和实际情况一样，绿色商品市场份额般较低。消费者之间的信息交互方式可能会不同程度地影响绿色购买行为，当绿色购买者更多地宣传绿色商品时，可以更多地影响身边的朋友，使更多人加入绿色购买行列。因此，应加大绿色商品信息传播，这对于绿色商品市场发展具有重要意义。

消费者个体绿色购买行为影响机理分析。以周期 $t=24$，绿色商品信息占优(场景 4)的信息交互模式的数据为例，分析了各个因素在每个绿色购买者的购买决策中的作用，如图 4.6(a)—(e)所示。图中横坐标为购买商品 A 的消费者主体序号。

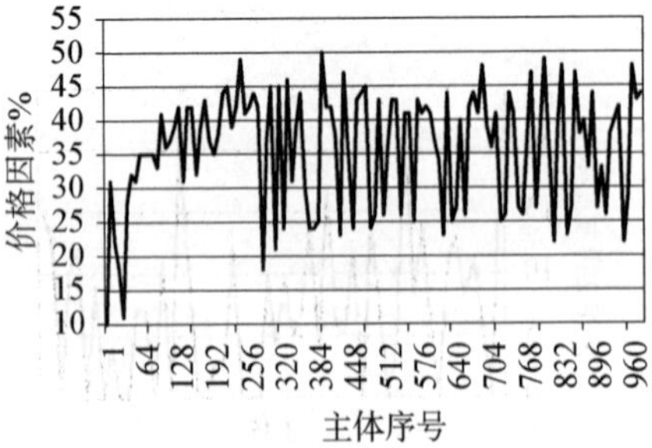

(a)

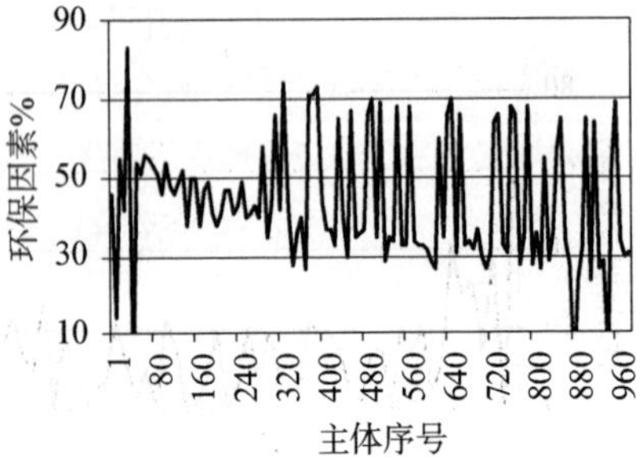

(b)

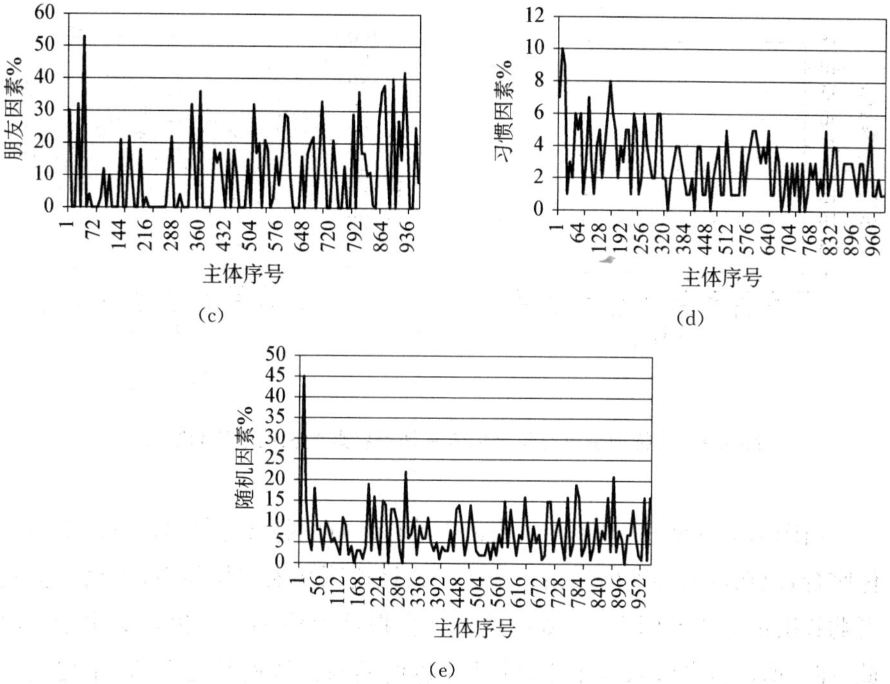

图 4.6 绿色购买行为影响因素分析

从图 4.6 可以看出，总体而言，在消费者绿色购买决策中所占比重最大的是价格和环境保护因素，约占 35%—40%，然后是朋友对其购买决策的影响，平均约为 10%，而习惯因素占 3%左右，随机因素占 7%左右。从微观个体角度看，对价格因素敏感度较低的个体只有少数几位，这体现了财富集中理论，即大多数消费者是普通收入消费者；环境保护因素类似于价格因素，这表明绿色购买中的大多数消费者是具有较高环保意识的个人。朋友的影响力在消费者决策中的比例因个体差异而有很大的不同，这表明有些人在朋友的影响下做出绿色购买决定，而一些深绿色的消费者则不然，仍定期购买绿色商品；习惯因素在消费者绿色购买中所占的比例最小，因为绿色商品进入市场的时间很短，市场份额较低。随机因素对消费者的整体绿色购买决策影响不大，体现了消费者购买决策的有限理性，时而会受到情绪、环境等不确定因素的影响。

进一步将 1 000 名消费者主体的价格敏感参数按大小排序，并依序统计价格因素在其购买决策中的影响作用，结果如图 4.7 所示。

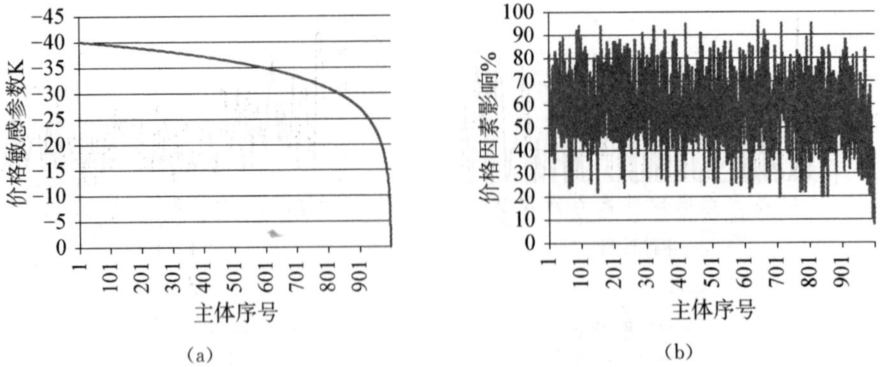

图 4.7　价格敏感度与价格因素在消费者购买决策中的影响分析

由图 4.7 可见，消费者购买决策受价格影响的趋势与价格敏感度曲线整体吻合，但在较大幅度内波动。整体一致性说明从宏观层面看，价格是消费者购买决策的关键因素，大多数消费者会根据价格感知做出购买决策。因此，在目前消费者收入水平下，降低绿色商品与传统商品的差价，是提高绿色商品市场份额的最直接有效的办法（如实行绿色商品政府补贴，绿色消费积分制度等）。同时，大范围的曲线波动又体现了其他因素的作用，由于绿色商品的环保附加价值，环保等其他因素对于消费者会有影响。

从图 4.8 可以看出，环保深绿类别的主体全部选择绿色商品，绿色类别

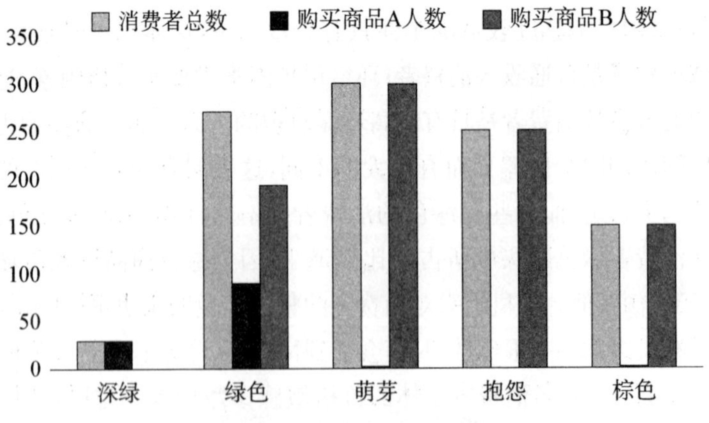

图 4.8　按环保类别的消费者绿色购买情况

选择绿色商品的人数约为 1/3，而其他类别选择绿色商品的人数则非常少。由于本实验讨论的绿色商品是环保类易耗品，因此，更多的绿色购买者来自关心环境、愿意为其支付溢价的环保主义者。可见，提高消费者的环保意识可以提高绿色商品所占的的市场份额。

4.3 消费者异质需求与企业环境创新行为演化模拟分析

Frenken & Faber(2009)认为现阶段如何缓解经济增长与高能耗及环境恶化之间的矛盾已成为巨大的挑战。Yang & Chen(2011)提出可持续发展的关键是清洁生产以及环境创新。基于此种情况,很多国家制定相应的法律法规来避免这种对环境的影响。张炳等(2007)、张倩和曲世友(2013)都认为,这种基于政府法规的污染控制方法在促进企业控制污染排放、保护环境方面有着非常重要的作用。但是,由于创新偏好等因素的差异,环境政策对企业环境创新水平和经济绩效的影响不同。徐建中等(2017)研究发现,尽管企业管理者的环境保护意识对企业环境创新具有积极的监管作用,但却不是显著影响企业环境创新行为。然而,Axsen et al.(2017)认为,企业成功地从传统技术转变到环境创新技术的一个重要条件就是消费者需求,但 Torani et al.(2016)则提出如果消费者缺乏环境偏好,创新补贴和环境税等政策将无法有效地促进环境创新技术的采用。马媛等(2016)和杨风(2016)认为,企业管理者采取积极的方式来处理环境问题的条件是当他们认为外部环境充满机会时。于是,从利益相关者理论与竞争优势期望视角出发，众多学者如潘楚林和田虹(2016)、廖中举和程华(2014)、Yu et al.(2017)将环境问题视为机遇而非挑战，使企业获得竞争优势，探索通过环境产品创新实现环境与经济绩效"双赢"的条件。

Monroe(1990)认为，消费者对商品的不同感知价值导致需求的异质性，而人们对环境保护的偏好导致绿色需求。绿色消费者越来越注重生态环境保护，如果制造商不注意其产品的环境保护方面的作用，他们的产品将受到消费者的拒绝。同时，温肇东和陈泰明(1998)认为，企业管理者更加关注产品对市场需求的满足度。因此，消费者的需求异质性已经成功推动企业进行环境创新。Shrivastava(1995)提出，消费者消费绿色产品的行为会强烈影响企业和供应链上游成员的环境保护意识和行为，企业可以通过环境产品创新来改变原有的架构，然后创造属于自己的优势。Bekiroglu et al.(2011)用实证的方法，研究了企业管理者的环境管理决策，并确认企业通过产品创新，在价格和产品环境可持续性方面争夺市场份额。Paul et al.(2009)通过研究美国汽车发展史，表明消费者的需求异质性在企业新技术模式发展中扮演的角色。George & Anastasios(2007)研究了企业环境政策和环境管理的措施对股票价值的影响，发现可以通过提高企业环境管理水平，从而降低企业风险。

但是，以往的观点如Horvathova(2010)认为，注重改善企业的环境状况将会对企业的经济绩效产生危害。Peattie(2001)认为环境创新具有双重外部性，市场状况是不可预测的，这会为企业带来一定程度上的风险；另外，市场上绿色产品的成本与价格一般情况下会比传统产品的高。一些行为不当的制造商就会将劣等的产品代替好的产品，将普通产品包装为绿色产品，这也破坏了企业绿色创新的热情。此外，Prakash(2002)发现，客户的实际购买行为通常与他们的绿色需求偏离。因此，对于企业而言，如何精准地捕捉市场需求是亟需解决的问题。Lin et al.(2013)的研究发现，在消费者环境保护意识的提高的基础上，绿色创新企业最终可以达到环保与经济的"双赢"。Eva(2012)分析了1 176家企业2004年至2008年的环境绩效与经济绩效数据，发现企业的经济绩效会被提高环境绩效所投入的短期成本影响，但从长远情况看，环境创新可以同时实现环境绩效与经济绩效双赢。

国内外学者认为，绿色需求对企业的环境管理具有深刻影响，并从理论和实践上对其进行了大量研究(许士春等，2012)。但是，目前大多数研究结果是基于实证研究的，很少从微观的角度分析不同情景下企业环境创新的微观动因以及内外部环境不同时，企业特征对环境创新经济绩效的影响。Ilker(2012)指出，绿色产品市场仍然非常年轻且具有活力，显现出正在增长的趋势，政府宏观调控及制造商尽最大能力改善环境，客户则倾向于购买绿色商品，这将对绿色市场的发展有十分重要的意义。因此，从微观角度入手，研究不同企业在需求异质性环境下的技术创新路线。因此，基于实证分析，构造企业环境创新行为的动态模型，利用社会科学计算实验方法，模拟企业绿色产品创新过程和消费者选择产品过程，并通过消费者的需求异质性反映市场需求的动态演化及其对企业环境创新行为的影响，并且探索绿色需求对影响企业环境行为的内在机理及演化规律，为环境保护政策制定者提供理论支持，并使企业的环境创新水平有所进步，同时实现企业的环境绩效与经济绩效的提高。

4.3.1 模型构建

(1) 情景抽象与假设

根据马媛等(2016)的研究，本书对实际情况进行了抽象和简化，并假设系统中存在市场消费者主体和生产企业主体，这两种类型的主体。同时，企业根据制造技术对消费者的吸引、根据技艺的需求选择自身的生产路径。为了更好地遵循消费者需求的动态变化和同业竞争的情况下，企业选择技术创新路径的规律，该模型在考虑实际系统的多样性和复杂性的基础上，尽可能地在一定范围内缩减了规则，并提出以下假设：

① 在该系统中，有 n 个生产企业和 m 个消费者，所有企业都制造类似的产品。产品属性包括三个维度：分别是环境，质量和产品价格，而企业的性质与对象之间关系包括三个维度：创新态度(积极、稳定和保守)，可支配资本(与损失阈值相关)以及创新偏好(环境保护、经济和需求三个类型)。

当损失阈值大于阈值时，企业退出市场。

② 消费者分为三类，根据对产品价值、质量和环境属性的敏感性进行分类，分别占总数 a_1、a_2 和 $(1-a_1-a_2)$。第一类是对产品质量要求高、期望价格适中，对产品环境属性要求不高的实际消费者。第二类是对价格非常敏锐、对质量和环境属性的要求相对较低的经济消费者；第三类是率先考虑产品的环境属性，并且对价格和质量相对不敏锐的绿色消费者。产品的三个维度中各种消费者的总体需求水平是不同的，并且同一种类产品的各种属性的具体需求水平也不一样。消费者可以根据自己的喜好，选择制造企业的产品来满足他们的需求。

③ 产品为固定回报型，即单位时间内完成的产品量随着生产规模的扩大而增加。只有通过对单位时间内完成的产品量进行技术改造，才能降低生产成本，提高经济绩效。因此，假定产品定价基于生产成本，即 $p=c(1+\mu)$，p 是产品价格，μ 表示生产者的满意利润水平（考虑生产者的有限理性），c 表示生产成本。假设所有制造企业都具有相同的满意利润水平，则产品价格水平可以由制造企业的单位时间完成的产品量水平反映出来。

④ 企业通过扩大市场占有率获得更多的经济利益。为了在同业竞争中满足更多消费者的要求且获得能压倒对方的有利形势，企业根据自身特点和市场信息反馈选择技术创新的机会和类型。其中，旨在提高单位时间内完成的产品量和产品质量的生产技术的创新均属于传统创新，而旨在开发环境创新产品和改善产品环境属性的生产技术的创新属于环境创新。两种生产技术的创新在提高产品的功能和质量的同时都会产生一定的创新成本。产品环境创新可以改善产品的环境属性，但由于使用环保的基本原料等原因，会在一定程度上提高产品价格，降低产品质量。

⑤ 根据赵爱武等（2015）的研究，假定产品是易于消耗的必备品，消费者必须在每个周期中根据自己的喜好选择企业的产品。当所有产品都不能满足消费者对同类产品和服务中对某些品牌的嗜好时，消费者将根据路径依赖原理选择上一时期的产品。

(2) 主体行为规则

主体行为规则。根据 Maïder（2008）的研究，系统假设用于定义和调整客户和企业的所遵循的具体的、基本的原则和规范。

消费者行为规则。消费者主体由于规模经济、学习效应、协调效应以及适应性预期以及既得利益约束等因素的存在，会导致该体制沿着既定的方向不断得以自我强化和以自身偏好选择不同企业的产品，而消费者主体的偏好同时受市场整体需求水平的影响。假定系统总的演化周期数为 T，则各周期分别以 $t=1, 2, \cdots, T$ 表示，$t=0$ 代表初始状态。以 $x^h_{i,t}(i=1, \cdots, m, h=1, 2, 3)$ 表示消费者主体 i 在 t 周期产品价格、质量、环境属性维度的偏好，则有：

$$\begin{cases} x^h_{i,t} = x^h_{i,t-1} - \inf_i \times \max\{(x^h_{i,t-1} - x^h_{a,t-1}), 0\} & h=1 \\ x^h_{i,t} = x^h_{i,t-1} + \inf_i \times \max\{(x^h_{a,t-1} - x^h_{i,t-1}), 0\} & h=2, 3 \end{cases} \tag{4.6}$$

其中 $\inf_i$ 是主体 i 的敏感度受整体市场需求水平的影响，存在个体差异，$x^h_{a,t-1}$ 表示价格、质量和环境方面上一周期产品的整体市场水平，$x^h_{a,t-1} = \sum_m x^h_{i,t-1}/m$。

根据假设(5)，每周期每个消费者必定选择一个生产企业产品，选择规则是：首先检查原始生产者的现有产品级别，如果三个维度均符合其偏好定义的阈值（即产品价格不能超过 $x^1_{i,t}$，产品质量不能低于 $x^2_{i,t}$，产品环境性能不能低于 $x^3_{i,t}$），则本期仍选择原始生产者；否则，消费者主体将依次遍历市场生产者，并且如果存在三个满足其偏好阈值的维度，则消费者主体将选择制造企业作为其新的交易对象。如果市场上没有满足其偏好的产品，则消费者主体仍将选择原始的贸易制造企业产品，并按以下方式调整偏好阈值：

$$\begin{cases} x^h_{i,t} = x^h_{i,t-1} + \varepsilon^h & h=1 \\ x^h_{i,t} = x^h_{i,t-1} - \varepsilon^h & h=2, 3 \end{cases} \tag{4.7}$$

其中 $\varepsilon^h(h=1, 2, 3)$，偏好调整的范围与产品价格，消费者的质量和环境属性的三个维度相对应。$\varepsilon^h > 0$。

生产企业主体行为规则。为了在竞争中获得更多的市场份额，企业通过技术创新来提高其产品性能。在技术创新伴随着投资和风险的同时，是否实施技术创新取决于消费者需求水平的反馈 $RD_{j,t}$，制造企业对市场需求

变化的警告极限 $SENS_j$ 以及制造企业创新行为的可能性 $PROB_j$（制造企业的属性，制造企业的创新态度决定），技术创新投入 inv 等消费者需求的水平反馈 $RD_{j,t}$ 是根据制造企业主体 j 的原始和潜在消费者对产品的选择来确定的历史交易：

$$RD_{j,t}=RD_{j,t-1}+sens1_j\times N_{j,t-1}/(N_{j,t-1}+P_{j,t-1})+sens2_j\times O_{j,t-1}/(N_{j,t-1}+P_{j,t-1}) \tag{4.8}$$

$N_{j,t-1}$、$P_{j,t-1}$、$O_{j,t-1}$ 分别表示上期未满足消费者需求的企业 j 的主要产品数量，达到需求水平的数量以及由于不满足消费者需求而损失的消费者委托人数量。$sens1_j$ 和 $sens2_j$ 分别相应主体对消费者不满和顾客流失的敏感性。技术创新需要创新投入，假设这部分投入被平均分配给随后的 w 个周期，即技术的 t 周期实施，则技术创新需要创新投入。$t+1$，…$t+w$ 周期成本增加 inv/w，并且在此周期内不会发生任何新技术创新。

制造企业主体首先计算消费者需求水平反馈值 $RD_{j,t}$，若 $RD_{j,t}$ 大于制造企业主体市场需求预警线 $SENS_j$，且该周期内无前期技术创新成本分摊，则根据其创新行为概率 $PROB_j$ 决定是否实施技术创新，即：$ACT_{j,t}=(If(PROB_j>Random(0,1)),true,false)$。当 $ACT_{j,t}$ 为真时，企业的主体决定实施技术创新，比较产品三个维度的性能不能满足消费者需求的程度：

$$RDindex_{j,t}^h=(1-\alpha)RDindex_{j,t-1}^h+\alpha\times(Ne_{j,t-1}^h/N_{j,t-1}) \tag{4.9}$$

$RDindex_{j,t}^h$ 是当期主要生产主体 j 的产品在 h 维度上不能满足消费者需求的程度是指主体 j 产品在 h 维度上未达到需求偏好阈值的主要消费者数量 $Ne_{j,t-1}^h$（对应 $h=1,2,3$ 三个维度），α 是信息增量因子。

当企业的创新偏好为环境友好型或 $RDindex_{j,t}^3$ 最大型且企业以需求为导向时，主要生产主体将实施环境技术创新。此时，由于环境的基本原料价格高昂，改善产品的环境属性也会提高产品价格，降低产品质量，即：

$$\begin{cases} y_{j,t}^1=y_{j,t-1}^1+m\_back^1\times random(0,1) \\ y_{j,t}^2=y_{j,t-1}^2-m\_back^2\times random(0,1) \\ y_{j,t}^3=y_{j,t-1}^3+m\_step^3\times random(0,1) \end{cases} \tag{4.10}$$

$y_{j,t}^{h}$ 与企业的主要产品相对应的绩效有三个维度，m_back^{h} 分别是实施环境创新可以实现的绩效改善的预期步长和 m_step^{3} 创新后产品环境绩效改善的预期步长。企业内部和外部存在许多不确定性，技术创新是不确定的，因此绩效的实际提高程度由随机函数 $random(0, 1)$反映出来。

否则，生产企业的主体选择传统技术创新，价格与质量变化之比为：

$$\delta_{j,t}^{h} = RDindex_{j,t}^{h} / \sum_{h} RDindex_{j,t}^{h} \quad h = 1, 2 \tag{4.11}$$

即创新后产品价格和质量属性调整为：

$$\begin{cases} y_{j,t}^{1} = y_{j,t-1}^{1} - \delta_{j,}^{1} t \times m\_step^{1} \times random(0, 1) \\ y_{j,t}^{2} = y_{j,t-1}^{2} + \delta_{j,}^{2} t \times m\_step^{2} \times random(0, 1) \end{cases} \tag{4.12}$$

在一定时期内，如果制造企业主体的累计销售量小于累积成本且超过企业亏损门槛，则企业主体退出市场。

(3) 模型设计

根据系统假设和主要行为规则，将真实系统中的复杂制造企业和个人消费者映射到多个 Agent，每个 Agent 具有唯一的标识号，并将制造企业和消费者的个性特征和行为映射到属性。Agent 会记住自己的经验，在互动中不断学习和适应，这是一个动态的进化过程。建立一个多周期模型来模拟实际制造企业与消费者之间的互动。周期为 T，每个周期为 t＝1，2，… T，观察并记录每个代理在每个周期中 Agent 的行为和决策规则，可以观察消费品选择过程和技术创新路径在微观需求下的不同消费需求下的制造业企业绩效，并分析制造业企业环境创新行为宏观水平上的演化规律。模型工作流程如图 4.9 所示。

如图 4.9 所示，在每个交易周期中，都要遍历消费者主体，并按照规定的规则完成产品的选择，并更新消费者主体的属性信息和历史交易信息。然后，遍历制造企业主体，并根据消费者的选择做出生产技术创新的决定，从每周开始直到达到周期极限，研究异构消费者需求下企业环境创新行为的演化路径。通过计算实验，调整参数来模拟不同的场景及其动态演变，或引入随机变量来模拟现实世界中的不确定性，并且可以更全面地了解系统的可能进化方向。

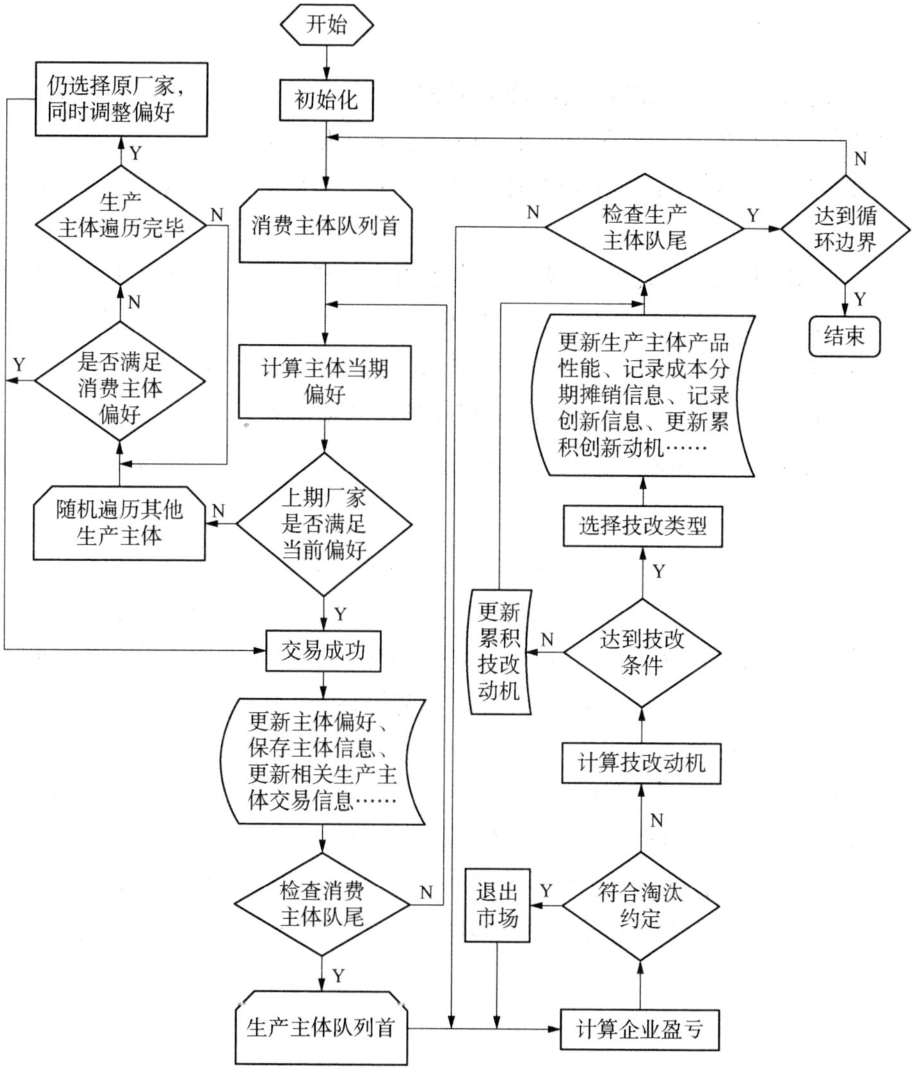
开始
初始化
消费主体队列首
计算主体当期偏好
上期厂家是否满足当前偏好
随机遍历其他生产主体
是否满足消费主体偏好
生产主体遍历完毕
仍选择原厂家，同时调整偏好
交易成功
更新主体偏好、保存主体信息、更新相关生产主体交易信息……
检查消费主体队尾
生产主体队列首
计算企业盈亏
符合淘汰约定
退出市场
计算技改动机
达到技改条件
更新累积技改动机
选择技改类型
更新生产主体产品性能、记录成本分期摊销信息、记录创新信息、更新累积创新动机……
检查生产主体队尾
达到循环边界
结束
Y
N

图 4.9 模型工作流程图

4.3.2 实验结果与分析

为了更好地观察在这些不同的属性组合(企业主体创新态度、创新偏好和可支配资金等)下生产制造企业的环境创新行为演化规律，令 m= 27，分别对应 27 种属性组合的生产制造企业；令 n= 2700，分别对应 2700 名消费者。

根据以上假设，绿色消费者在所有消费者中的比例可以反映出市场绿色需求的变化。该实验假设绿色消费者的比例分别为 10%、30%和 60%，实用消费者和经济消费者的比例相似。在其他参数不变的情况下，模拟了三种情况下企业环境创新行为的演化路径。其他主要参数设置如下：$p=20$，$\mu=30\%$，$T=100$，$\overline{\mathrm{inf}}=0.05$(个体随机)，$x^1_{a_1,0}=15$，$x^1_{a_2,0}=18$，$x^1_{a_3,0}=25$，$x^2_{a_1,0}=18$，$x^2_{a_2,0}=25$，$x^2_{a_3,0}=15$，$x^3_{a_1,0}=15$，$x^3_{a_2,0}=15$，$x^3_{a_3,0}=25$，$\varepsilon^h=0.1$，$\overline{sens1}=0.2$(个体随机)，$\overline{sens2}=1$(个体随机)，$inv=100$，$w=10$，$m\_step=5$，$m\_back^1=1$，$m\_back^2=1$。由于对象的微观异质性和自我适应性导致实际情况十分复杂，在相同情况下的多次仿真实验的演化结果表现出了多样性。为了避免由于实验结果的偶然性而得出单方面的结论，对每种情况进行了超过 30 次的实验，并取平均值。

基于微观层面的企业环境创新行为分析。企业在不同的绿色需求场景下，每个周期的传统创新与环境创新的轨迹如图 4.10 所示。

从图 4.10 可以看出，不同水平的绿色需求会影响企业的技术创新路线和产品环境属性。在绿色需求不断提高的前提下，很多企业采用环境创新

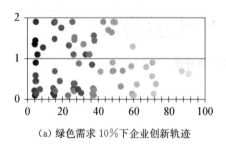

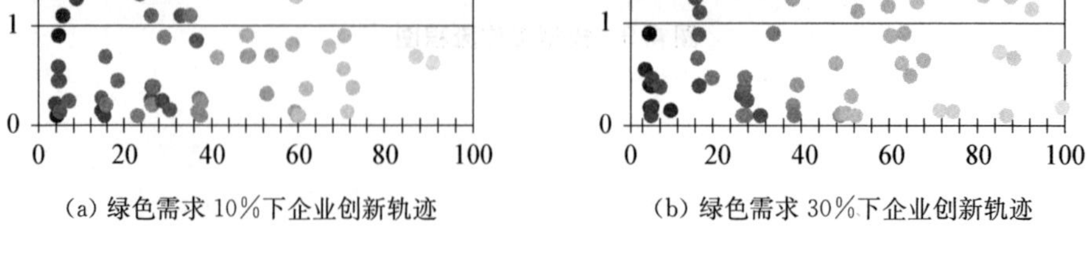

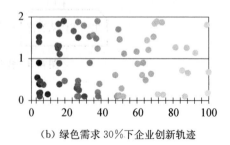

(a) 绿色需求 10%下企业创新轨迹　　(b) 绿色需求 30%下企业创新轨迹

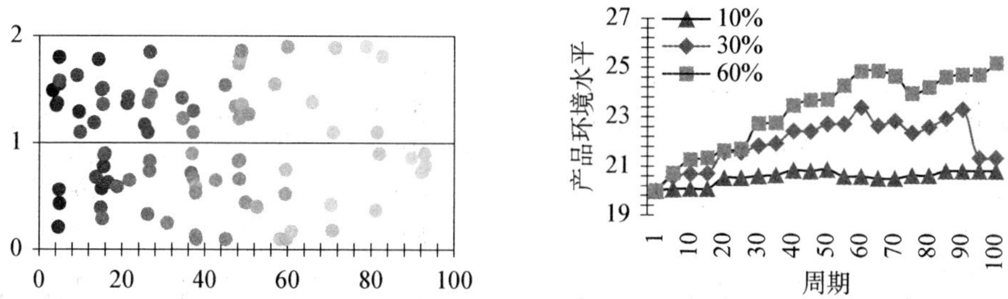

(c) 绿色需求 60%下企业创新轨迹　　(d) 不同绿色需求下产品环境属性演化

图 4.10　不同情境下企业创新轨迹

路线,产品的环境属性也相应提高。但是,从图 4.10(d)所示的产品环境属性的长期变化来看,当绿色需求水平为中等时,产品环境属性的改善具有随机不确定性。为了进一步分析随机不确定的原因,进一步分析了不同绿色需求下具有不同创新偏好的企业的生存条件。基于模拟期间企业的不同情况,将企业分为绿色企业与传统企业,其中,绿色企业被定义为累计实施环境创新一次以上(含一次)的企业。否则,它们是传统企业。两种类型的企业在 100 周期内的生存及市场份额情况如图 4.11 所示。

从图 4.11 可以看出,当绿色需求程度相对低时,传统企业的生存数量和市场份额高于绿色企业,经过 30 个周期,市场淘汰了大量绿色企业;而在中等的绿色需求程度下,尽管经过 10 个周期的绿色企业的市场份额比传统企业高,但在发展后期阶段,大批绿色企业被市场淘汰,与传统产品数量相比,市场上环境创新产品数量明显不足,这就是图 4.10(d)中市场整体产品环境属性大幅下降的原因。但长期来看,绿色企业最终将在市场中占据很大优势。

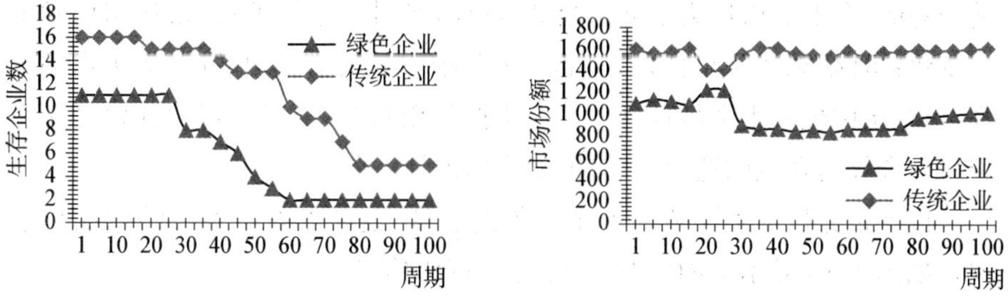

(a) 10%下企业生存数量演化　　(b) 10%下企业平均市场份额演化

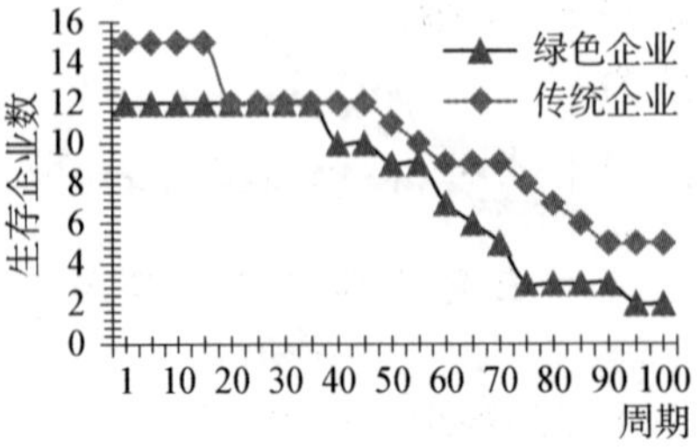

(c) 30%下企业生存数量演化

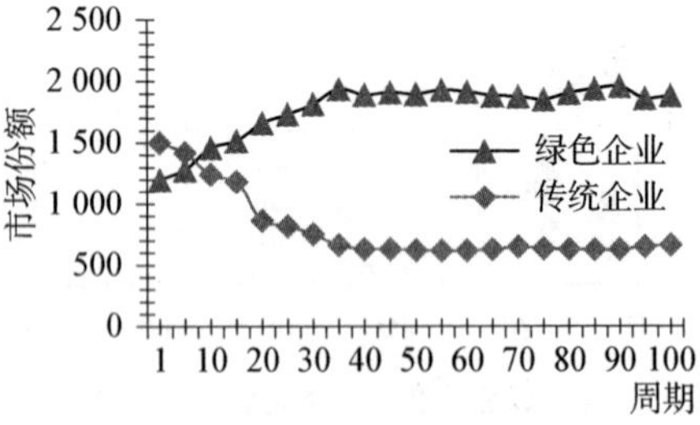

(d) 30%下企业平均市场份额演化

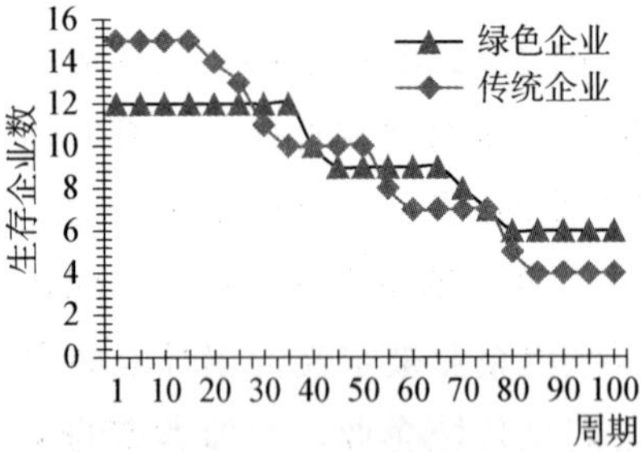

(e) 60%下企业生存数量演化

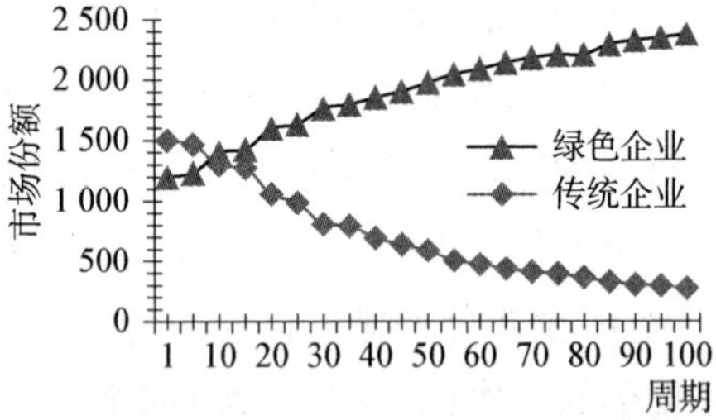

(f) 60%下企业市场份额演化

图 4.11 不同绿色需求下企业环境行为与生存状况演化

基于宏观层面的市场结构演化分析。当市场初始阶段绿色消费人群所占比分别为 10%、30%、60%时，运行 100 周期，市场集中度通过赫芬达尔指数 HHI 的倒数显示出来，如图 4.13 显示了不同情境下各周期市场集中度的演化规律。

从图 4.12 可以看出，在市场初始阶段，各企业占据的市场份额是相等的，不同情况下的市场集中度均很低；然而，经过几个周期后，市场结构发生了变化：消费者绿色需求水平越高，市场集中度越高；同时，绿色需求水平越高，市场集中现象出现得越早。这说明抓住创新时机、对市场的变化迅速作出反应会提高企业的竞争力，有助于成功占领市场。

接下来分析了不同情况下企业创新态度、创新偏好与经济绩效实现情况。如图 4.13 显示了创新态度与经济绩效的情况。

从 4.13 可以看出，当绿色需求水平较低时，“稳健”的创新策略可以实现

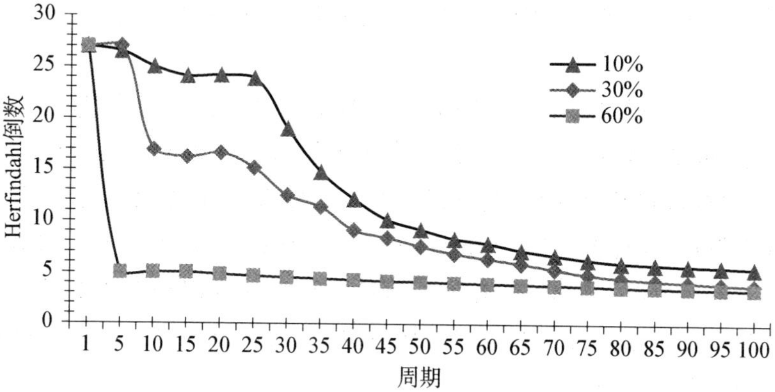

图 4.12 不同绿色需求水平下市场集中度演化规律

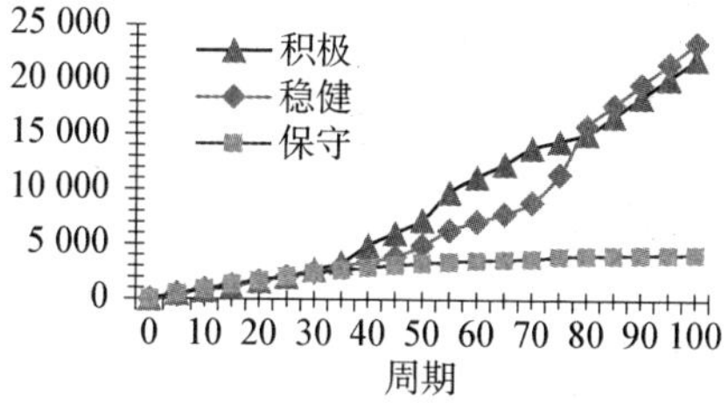

(a) 绿色需求 10%下企业平均累计收益

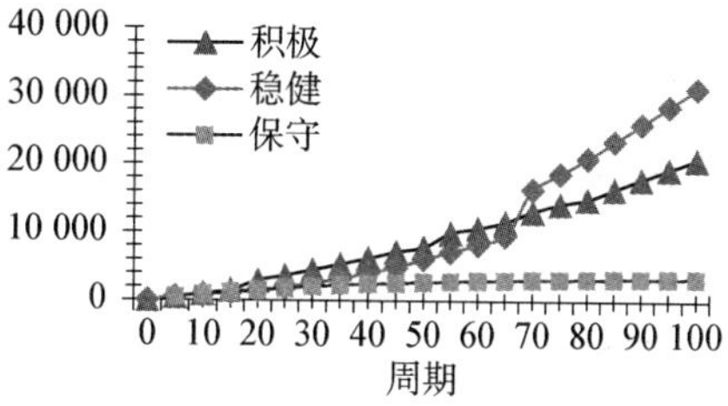

(b) 绿色需求 30%下企业平均累计收益

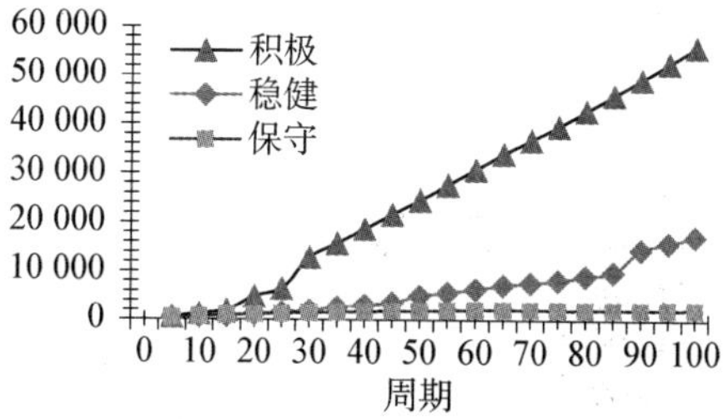

(c) 绿色需求 60%下企业平均累计收益

图 4.13 不同情境下企业创新态度与经济绩效

更高的经济绩效;而绿色需求水平较高时,“积极”创新型企业经济绩效远高于“稳健”和“保守”型企业。这是由于传统产品不能满足大部分市场需求,“积极”创新型企业能够优先设计出满足消费者需求的产品,从而获取大量市场份额。

图 4.14 显示了不同创新偏好在不同绿色需求水平下的经济绩效实现情况。

从图 4.14 可以看出，具有不同创新偏好的企业在不同的绿色需求下可以实现不同的经济绩效。当绿色需求水平较低时，“传统”的企业获得的经济绩效最高，而“环保”的企业获得的经济绩效最低；绿色需求水平中等时，“需求”偏好企业逐渐超过“传统”的企业；而当绿色需求水平较高的情况下，虽然三种类型的创新偏好企业的经济绩效在短期内都基本持平，但从长远来看，“环保”创新偏好企业赢得市场，占据较大的市场份额，这从市场需求的角度解释了“波特”假说。

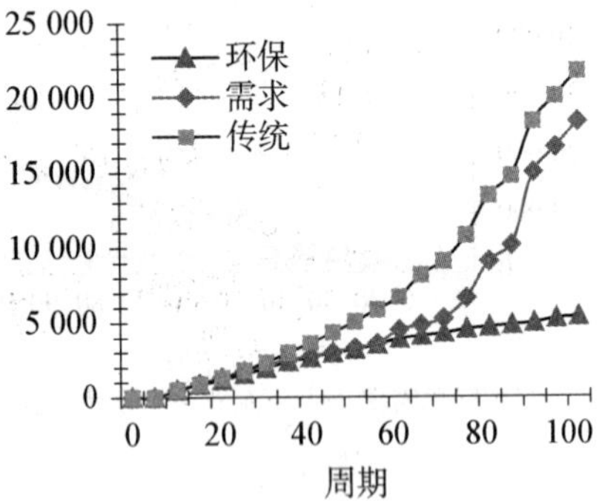

(a) 绿色需求 10%

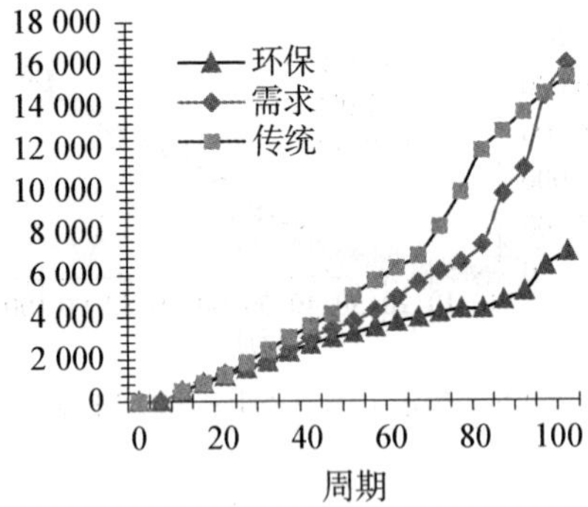

(b) 绿色需求 30%

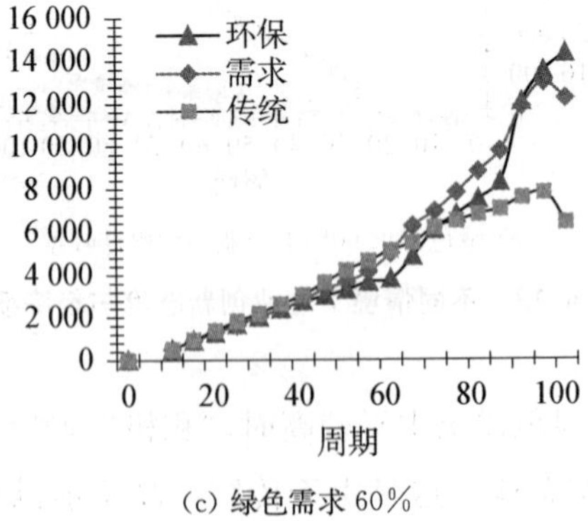

(c) 绿色需求 60%

图 4.14　企业创新偏好与经济绩效演化

第5章

推进产业绿色发展的路径选择

作为产业体系的载体，产业链是我国产业体系绿色转型升级的重要抓手。产业链是一个要素协同共生的动态系统，绿色全产业链的转型升级不能依靠单个企业的“碎片化”改善，供应链上下游企业之间的因果关系、各种要素之间的非线性作用、信息的流动与反馈等引起并推进着产业链的形成、发展和演化。为此，本章将从正、反双向研究供应链非绿色发展行为的影响因素与绿色发展的路径选择问题。首先，以名牌产品企业为核心，基于实证调研方法探析供应链非绿色发展行为的影响因素及作用机理；再将产业链整体绿色转型升级视为一个复杂适应系统，在剖析产业链主体构成及协同共生机制的基础上，将产业链视为综合型环境管理模式的一个载体，通过计算实验方法研究制造商与消费者两类群体的交互机制对产业绿色发展的路径与水平的影响作用。期望通过本部分研究，从整个产业链结构出发，把握产业链上各主体的绿色发展行为及其影响机理，促进产业链各个环节的绿色发展。

5.1 供应链非绿色发展行为的影响因素及作用机理研究

近些年来，伴随着工业化的发展，异常气候现象、大气与水污染等生态灾害频繁出现，给人类生存环境带来严峻的挑战(Chekima et al., 2016; Biswas & Roy, 2015)，推进产业的绿色发展已经成为全球各国的共识。产业的绿色发展就是要着力转变产业发展模式、调整优化产业结构、转换产业发展动力，构建符合生态文明发展要求的绿色产业体系，推动产业向质量效率型转变。

名牌产品因其卓越的质量、性能、服务以及高知名度和高美誉度而受到消费者的青睐，从而享有较高的市场份额。名牌产品制造过程中可能存在的环境污染和破坏，但由于信息不对称等原因，消费者并不知晓。直到环保问题曝光后，消费者才发现这些名牌绿色产品其实并不绿色。频繁发生的名牌产品供应链环境事故，使消费者意识到在生产过程环保的产品才是真正的绿色产品。从供应链的环境管理角度去思考名牌产品企业的绿色发展就显得非常重要。一方面，由于信息的不对称性，供应链上的企业如果发生非绿色发展行为(本书指环境违规或受到环境处罚等)，则经常被消费者认为是名牌产品企业的责任，从而对其声誉造成负面影响。另一方面，由于在供应链中名牌产品企业往往处于核心地位，对绿色发展的态度不可避免地影响到其上下游企业。

本书将以企业为单位的非绿色发展行为的研究拓展到以名牌产品供应链为基础的整个环境治理的关系网中，采用实证调研方法，通过数据分析厘清名牌产品供应链非绿色发展行为的影响因素，探究这些影响因素的作用机理，得出了实质性的研究成果。

5.1.1 供应链非绿色发展行为的影响因素识别

本书在环境经济学理论基础上构建了链内环境管理、链内企业利益、链内企业特征、链外环境法规、政府规制、公众监督六大因素对名牌产品供应链非绿色发展行为的影响理论模型。

5.1.1.1 非绿色发展行为的链内影响因素

(1) 链内环境管理。链内环境管理，即供应链内部环境管理，是指供应链运作过程中，名牌产品企业对供应链内企业环境行为进行监督、管理等的活动。Lippman(1999)在对包括 GM、Nike 等具体企业的调查分析的基础上提出有效实施绿色供应链的关键性因素，包括：最高领导层的参与、多功能团队的集成、合作创新等，尤其指出核心企业的能力和态度对环境意识管理的效率至关重要。蒋洪伟等(2000)认为：把环保意识融入供应链管理的理论中，将“无废弃物”、“无污染”、“无不良成分”、“无副作用”等目标，加入到供应链管理的全过程，这样就成为了绿色供应链管理。绿色供应链的实施是解决当前我国制造业与环境之间冲突的有效方式，并从可持续发展的思想出发建立了绿色供应链的概念模型和运营目标；并在此基础上提出共生原理、循环原理、替代转换原理与系统开放原理是实施绿色供应链管理应该遵循的四个基本原理(汪应洛等，2003)。

(2) 链内企业利益。链内利益分配，即供应链上合作企业间的利益分配，是指供应链上合作企业对供应链在生产、销售等环节所获利益的分配。Vachon & Klassen(2006)基于对北美一些制造业调查的结果，指出供应链上的核心企业在绿色供应链实施过程中起主导作用，核心企业肩负着协调其他成员企业合作关系的责任。胡珑瑛(2008)通过建立数学模型，用博弈论等方法，分析探讨了契约协调机制，认为合理的分配可以激励供应链成员，促进整体利润的增长，保持成员之间持久的协调合作关系。钟昌宝等(2010)的研究表明，合理的利益分配机制，不仅有利于提高供应链的效率，而且有益于供应链的稳定性。供应链管理试图通过构建有效的激励机制协调利益分配，规范企业行为，激发企业的投入和努力；可见，利益分配是绿色供应链运营中的一个重要问题，如何合理地分配供应链中的既得利益，关系到绿色供应链的长足发展(Li et al.，2012)。

(3) 链内企业特征。链内企业特征主要包括企业管理者的环保态度、企业环保技术水平、企业环保资金投入等因素。基于环境成本内部化的思想，为减少环境污染治理和资源质量下降等环境耗费成本，企业必须进行环保投资，开发清洁生产技术，从根源上预防、减少乃至杜绝环境污染(薛求知和伊晟，2012)。Cordano & Frieze(2000)从企业管理者视角分析了企业环境行为的抉择过程，强调了高层管理者对企业积极环境管理行为的重要影响。政府环境规制下的企业环境行为选择是企业动态能力的体现，企业既要遵守环境规制，也要实现自身经济利益的最大化，这就需要依靠先进的技术(张倩和曲世友，2013)。Henngues & Sadorsky(1996)通过研究表明，企业的收入资产比对企业环境管理计划和决策产生重要影响。

5.1.1.2 不良环境行为的链外影响因素

(1) 环境法规。环境法规是指为预防和治理非绿色发展行为颁布的相关法律法规。早在 20 世纪 30 年代，“庇古税”的提出对企业非绿色发展行为防止起到了重要作用，即由政府制定一个合理的环境资源的使用价格，通过强迫污染企业承担外部费用，将企业造成的外部不经济性内部化。1979 年，我国颁布了《中华人民共和国环境保护法(试行)》，标志着我国环境法律体系开始建立，如今我国环境法律法规已基本完善。在惩罚制度方面，政府颁布了“三同时制度”、“环境影响制度评价”等，规定了企业从事生产必备的条件。在激励制度方面，主要有财政补贴、税收优惠、融资优势等，对于主动采取积极环境行为的企业给予财政补贴、税收优惠和环保技术支持，以吸引更多的企业采取积极的环境行为。当前，政策激励方面，发达国家做得较好，发展中国家相对欠缺。

(2) 政府规制。政府规制指政府对链内企业的环境行为的监督、惩罚、激励等措施及措施的及时性与实施力度。已有学者运用实证方法，验证了政府环境规制可以促使企业改善环境行为，也有学者运用博弈理论方法，考虑了外部性理论和产权理论，研究得出政府环境规制可以改善企业的环境行为，从而达到保护环境的目的。企业实施环境行为是政府环境规制的结果，即政府通过制定环境规制政策，采用监察、处罚等行政手段，使企业获得威慑信息，由此感受到环境污染的经济风险高于环境污染收益，从而接受政府管制(朱庆华和杨启航，2013)。政府是绿色增长战略实施过程的核心参与者，政府有效组合运用多种规制工具，并通过合法化能力、监管职能及财政手段对企业进行浸透、引导和监督(张旭和杜瑶，2014)。

(3) 公众监督。环境污染事故频发，已严重影响到人们的正常生产、生活，陈雯等(2007)指出社会公众的抱怨与投诉、媒体监督、行业协会和政府组织的压力是企业实践环境行为的关键因素，也是其压力的主要来源之一。而环境信息公开是公众了解、监督企业环境行为的重要途径。企业环境信息公开是指企业按照法律法规的要求，将企业的生产经营活动中所产生的环境信息向社会进行公示与说明的行为，社会民众可以随时参考查阅这些信息。作为污染防治与公众监督的实践形式，环境信息公开已经成为经济社会“绿色化”发展的必然趋势，也是生态文明建设新常态下的必然要求(何云等，2015)。企业环境信息的公开不仅有利于政府和公众的监督，也促使企业更加自律，不断改善企业环境状况、形成良好的环境行为。

5.1.1.3 名牌产品企业特征因素

本书所指的名牌产品企业特征因素，是指链上的名牌产品企业所属行业、成立时间、企业规模等特征因素。不同供应链上的名牌产品企业特征因素存在一定差异，可能会对链上非绿色发展行为产生一定影响。链上名牌产品企业所属行业直接决定着该供应链的性质，即轻污染企业或重污染企业。李鑫(2013)通过对我国上市公司环境污染行为的影响因素进行实证检验，得出重工业由于行业特性，更有可能产生环境污染行为。名牌产品企业的规模越大，可以在很大程度上说明其盈利较多、影响较大、对环境更加的重视、对供应链的管制力更强等。王宜虎等(2007)通过无锡市太湖地区工业企业的调查统计分析得出企业规模越大,环境行为表现越好。Alvarez et al.(2001)指出企业年限是企业环境管理的重要影响因素之一。事实上,链上名牌产品企业成立的时间越久,其在社会上的影响力越大,受到社会各界的关注可能越多,且在绿色环境行为上积累了一些经验,为了维护企业的名声和利益,会更加重视环境行为。

5.1.2　研究假设和概念模型

5.1.2.1　链内影响因素与非绿色发展行为的关系假设

(1) 链内环境管理与非绿色发展行为的关系假设

供应链中的核心企业会通过各种方式影响到链内企业的绿色发展行为。如侯方淼(2007)认为采购者由于其专业技术的局限性,可以采用雇佣第三方人员,来监督和评估供应商的行为是否符合环境绩效要求和绿色发展要求。Huang & Shih(2009)认为正确的环保理论是评估企业绿色发展行为的可靠方法,它可以保护环境,改善绿色供应链体系。

供应链上的核心企业可能会监督其他企业的绿色发展行为。Vachon & Klassen(2006)对北美包装印刷行业进行分析,发现印刷核心制造企业和上游供应商、下游销售商的协作程度与供应链链条中的污染防护有效性呈现出相关性。

基于以上分析,提出假设:

H1a:名牌产品企业实施链内企业环境管理对链内企业环境违规有显著负向影响;

H1b:名牌产品企业实施链内企业环境管理对链内企业环境处罚有显著负向影响。

(2) 链内企业利益与非绿色发展行为的关系假设

供应链内企业之间的利益分配差异很大。唐登莉和罗超亮(2011)研究了供应链中资源分配的差异,指出如果希望链内企业采取绿色发展行为,一种有效的方法是采取利润共享。在供应链内企业之间利益分配过程中，将环境绩效和获得利益挂钩。这种以环保作为激励的方式，可以让企业坚持绿色发展行为(冉芳芳，2016)。

基于以上分析，提出假设：

H2a：利益分配倾向于链内环保企业对链内企业环境违规有显著负向影响；

H2b：利益分配倾向于链内环保企业对链内企业环境处罚有显著负向影响。

(3) 链内企业特征与非绿色发展行为的关系假设

管理者对于环境问题所持的态度直接影响到企业的环境战略选择，Bowen et al. (2001)的实证研究表明这两者是存在着正相关的。Zsoka (2008)认为管理者的环保态度、意识是企业环境战略决策的关键抉择因素。梁大鹏等(2015)指出由于企业面临复杂的组织环境，管理者可以通过采取不同的环境政策。Kemfert(2005)的研究则发现从本质上降低污染治理成本需要企业增加研究与开发技术进步的经费支出。杜雯翠(2013)利用中介效应模型研究环保投资产生的两种效应——需求效应和技术效用，发现主要是需求效应促进了环保产业发展。

基于以上分析，提出假设：

H3a：企业特征对链内企业环境违规有显著正向影响；

H3b：企业特征对链内企业环境处罚有显著正向影响。

5.1.2.2 链外影响因素与非绿色发展行为的关系假设

(1) 环境法规与非绿色发展行为的关系假设

环境法规包括惩罚和激励两种措施，是由国家制定并强制执行。一般而言，惩罚措施以征收税费、行政处罚为主；激励措施以绿色补贴、技术支持为主。政府采取环境法规能促进企业改善自己的行为，使其更加绿色。有学者根据外部性和产权理论，采用博弈方法得出了同样的结论。在绿色增长战略实施中，政府是核心的参与者。政府可以通过灵活有效运用多种法律工具，如一定的监督和税收减免等方式，对企业进行绿色发展行为引导(张旭和杜瑶，2014)。

企业进行绿色发展的原始动力是政府制定的强制性法律法规（Bansal & Roth，2000）。排污税、行政处罚等措施能让企业不进行过度的资源开发。政府制定的激励政策，如财政补贴、税收优惠等也对企业绿色发展起到积极作用（Valentin，2012）。其它绿色供应链上的政府激励行为还包括绿色采购、产业政府引导（辜秋琴，2008）等。

基于以上分析，提出假设：

H4a：环境法规对链内企业环境违规有显著负向影响；

H4b：环境法规对链内企业环境处罚有显著负向影响。

（2）政府规制与非绿色发展行为的关系假设

一般来说，企业对于实施绿色发展行为的积极性较低，此时需要政府采取一些措施来引导（曹海英，2014）。从环境负外部性而言，政府的强规制可以迫使企业将绿色发展行为的外部成本转为为内部生产成本（Biglan，2009）。而政府通过向企业反馈环境信息或者期望和要求，一样也会对企业的绿色发展行为施加影响（潘霖，2011）。

基于以上分析，提出假设：

H5a：政府规制对链内企业环境违规有显著负向影响；

H5b：政府规制对链内企业环境处罚有显著负向影响。

（3）公众监督与非绿色发展行为的关系假设

近几年随着环保意识提升，公众参与环保的热情也在提升。对于环境破坏事件，尤其是涉及切身利益，公众会积极参与污染监督，往往比政府执法人员更有热情（刘万啸，2013）。研究发现，企业周边居民的环保意识、维权手段等会对企业的绿色发展行为有影响，企业可能会减少污染排放、加强对排放污染物的处理。不少地方采取有奖举报的方式，只要公众举报属实，就会获得一笔奖金。新闻媒体也成为了一种“非正式”的环境监管力量，且媒体对政府、企业的环境污染披露会给他们以巨大压力，尤其是对上市公司的污染报道，会影响到公司形象，进而影响产品销售乃至整个公司的业绩。沈洪涛等（2012）通过实证的方式，研究了重污染企业在媒体负面报道下的信息披露情况，发现是正向影响关系。

随着环境保护意识的提升，非政府组织、行业协会和社区会以社会利益相关者的方式结合起来加强监督（Etzion，2007）。社会利益相关者会去监督企业,要求企业以绿色的方式可持续发展。在这种压力下,受监督的企业会看重绿色发展行为所带来的效益而自愿采纳绿色发展行为。企业自愿采纳绿色发展的可能性和程度,不但和社会团体压力有关,还和政府未来的监管水平及环保组织的强度有关(张小静等,2011)。

基于以上分析,提出假设:

H6a:公众监督缺失对链内企业环境违规有显著正向影响;

H6b:公众监督缺失对链内企业环境处罚有显著正向影响。

5.1.2.3 名牌产品企业特征因素与非绿色发展行为的关系假设

名牌产品企业特征也会对其链内企业非绿色发展行为带来一定的影响。不同行业、不同成立时间和规模的名牌产品企业,环境治理会有差异,在生产环节中会带来不同程度的环境污染。本书将名牌产品行业分为 12 个大类,将企业成立时间按照长短分为 4 个阶段,将企业规模按照人数范围分为 4 类。

一般而言,企业行业属性不同,开展绿色发展管理的可能性也不同。重污染行业可能性较大,其它污染行业可能性较小。对近年来我国环境污染事件的分析表明,我国环境污染事件呈上升趋势,化学工业和交通运输业的污染事件比其他行业更为频繁(赵淑莉等,2012)。高污染工业行业的隐性环境负外部性受开放程度的负向影响(刘焰,2018)。企业的成立时间不同,开展绿色发展的状况也会有所不同。对于那些成立时间较长的名牌产品企业,由于有一定知名度、经济实力也较为雄厚,因此可能会受到更多的公众监督,从而会更有可能开展绿色发展行为。企业规模不同,绿色发展行为也会不同。规模较大的名牌产品企业,行业影响力也较大,企业的环境投资水平也会较高,也更加注重在当地的认可度。此外,规模大的名牌产品企业,在盈利能力上也较好,企业的环境投资水平也相对较高。

基于以上分析,提出假设:

H7a:名牌产品企业特征因素(所属行业、成立时间、企业规模)会对链内企业环境违规产生一定的影响作用;

H7b:名牌产品企业特征因素(所属行业、成立时间、企业规模)会对链内企业环境处罚产生一定的影响作用。

综上,提出的概念模型,如图 5.1 所示。

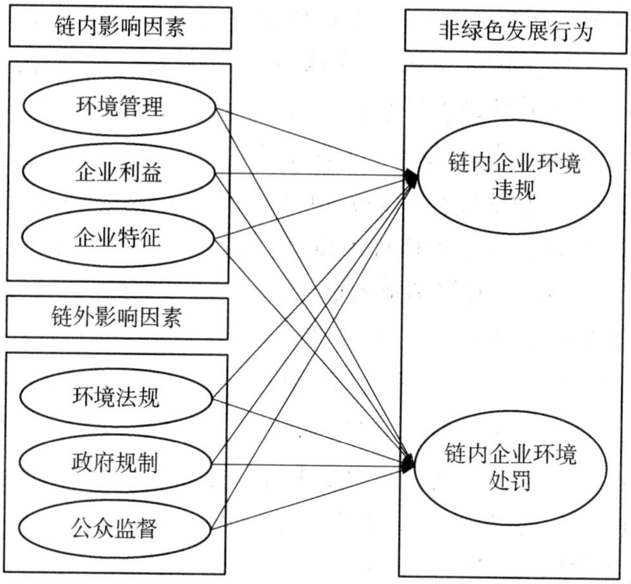

图 5.1　概念模型图

5.1.3　问卷设计与调查方法

5.1.3.1　问卷与量表

调查问卷由两部分组成,第一部分是对姓名、年龄等被调查者个人信息以及所在名牌产品企业和供应链情况的调查;第二部分是对各个因素变量的测量。分为名牌产品企业供应链非绿色发展行为影响因素、非绿色发展行为两个量表。按照李克特五级量表,请调查者根据名牌产品企业所在供应链实际情况的程度打分。

为了保证问卷的信度和效度,所设计的测量量表均借鉴国内外已有成熟量表,在参考了大量文献及理论分析后结合相关学者专家的意见修订而成。

链内影响因素包括有三个维度。链内环境管理量表借鉴了刘耀(2012)、黄伟和陈钊(2015)、Grimm et al.(2014)、冉芳芳(2016)的研究成果,包括 5

个测量项(EM1—EM5)。链内企业利益量表借鉴了 Satyaveer(2005)、Sarah & Stafford(2006)、Zhu & Sarkis(2004)研究成果,包括 5 个测量项(BI1—BI5)。企业特征量表借鉴了 Cordano & Frieze(2000)、张嫚(2005)、杜雯翠(2013)研究成果,包括了 5 个测量项(CPE1—CPE5)。

链外影响因素包括有三个维度。环境法规量表借鉴 Potoski & Prakash(2005)、朱庆华和杨启航(2013)、Valentine(2012)的研究成果,包括 3 个测量项(ER1—ER3)。政府规制量表借鉴朱庆华和杨启航(2013)、Valentine(2012)、张旭和杜瑶(2014)的研究成果,包括 3 个测量项(GR1—GR3)。公众监督借鉴李建强等(2013)、林立国和楼国强(2014)、Gabriel et al. (2000)的研究成果,包括 3 个测量项(PSV1—PSV3)。

供应链非绿色发展行为包括两个维度。链内企业环境违规量表和链内企业环境处罚量表都借鉴了《企业环境行为评价技术指南》(2005),各有 4 个测量项(EV1—EV4、EP1—EP4)。

5.1.3.2 正式问卷的形成

预调查自 2017 年 2 月 27 开始,5 月 10 日结束。在 MBA 学生的帮助下,将"问卷星"问卷向各名牌产品企业及其链内各企业发放,共收回有效问卷 65 份。根据预调查的结果及专家意见进一步完善问卷,形成正式量表 5.1。

正式调研采用线上和线下问卷调研相结合的方式:线上调研时事先在"问卷星"调查平台上编辑修改好的问卷,然后通过微信、QQ 等社交软件分享问卷链接,由学院老师、同学、朋友转发问卷链接到各企业。为了防止重复作答问卷,"问卷星"发放的问卷设置了 IP 地址权限。实地发放问卷采取邮寄的方式。将问卷寄给名牌产品企业领导,请领导组织企业员工进行填写,填完问卷后再寄回。

正式调研共收回 440 份问卷,其中线上收回问卷 224 份,线下收回 116 份。由于非名牌产品企业、非生产型企业(如房地产、金融、电子、通讯、IT 等企业)不在本次研究中,认定为无效问卷。通过判别,本次调研共有有效问卷 208 份。受访人中,女性为 78 人,占样本总量的 37.5%; 30—39 岁为 79 人,占样本总量的 37.89%;本科学历 90 人,占样本总量的 43.27%,研究生及以上学历 62 人,占样本总量的 29.81%;工作性质为中层管理人员有 63

表 5.1 正式量表

维度		题号及测量题项描述	题项来源
链内影响因素	环境管理	EM1 名牌产品企业要求链内企业通过 ISO14001 认证 EM2 名牌产品企业要求链内企业严格遵守环境保护法规 EM3 名牌产品企业要求链内企业进行清洁生产 EM4 名牌产品企业要求链内企业污染物平均浓度达到排放标准 EM5 名牌产品企业对链内企业环境行为进行监督	刘耀(2012) 黄伟和陈钊(2015) Grimm et al. (2014) 冉芳芳(2016)
	企业利益	BI1 名牌产品企业对具有不良环境记录的链内企业减少订单或减少合作 BI2 名牌产品企业对积极采取绿色环境行为的链内企业增加订单或增加合作 BI3 名牌产品企业对积极采取绿色环境行为的链内企业给予绿色补贴 BI4 采取绿色环境行为的链内企业,更容易获得更多的市场份额 BI5 采取绿色环境行为的链内企业,更容易获得消费者的关注与青睐	Satyaveer(2005) Stafford(2006) Zhu & Sarkis(2004)
	企业特征	CPE1 链内企业的管理者对环保法律法规漠不关心 CPE2 链内企业的管理者对企业清洁生产技术不关心 CPE3 链内企业的环保设备比较简陋 CPE4 链内企业对环保技术开发不积极 CPE5 链内企业没有设置专项环保资金	Cordano & Frieze(2000) 张嫚(2005) 杜雯翠(2013)
链外影响因素	环境法规	ER1 政府对链内企业规定了明确的排污标准 ER2 政府对链内企业定期征收排污费、境税、押金等 ER3 政府对链内企业的环境污染有健全的处罚措施	Potoski & Prakash(2005) 朱庆华和杨启航(2013) Valentine(2012)
	政府规制	GR1 政府明确要求链内企业对周边环境负责任 GR2 政府定期对链内企业的环境行为进行监测 GR3 政府对积极采取绿色环境行为的链内企业给予财政补贴、税收优惠、技术指导	朱庆华和杨启航(2013) Valentine(2012) 张旭和杜瑶(2014)
	公众监督	PSV1 社会公众对链内企业的环境污染有舆论压力弱 PSV2 新闻媒体对链内企业的环境污染曝光率低 PSV3 环保组织对链内企业的环境污染信访或起诉少	李建强等(2013) 林立国和楼国强(2014) Gabriel et al. (2000)

（续　表）

维度		题号及测量题项描述	题项来源
供应链非绿色发展行为	链内企业环境违规	EV1 链内企业曾违规排放废弃物 EV2 链内企业曾有过环境污染，且防治设施未按期整改 EV3 链内企业曾有污染治理任务未按期完成 EV4 名牌产品企业对供应链环境污染不进行管理	《企业环境行为评价技术指南》(2005)
	链内企业环境处罚	EP1 链内企业曾因环境污染受到公众舆论谴责 EP2 名牌产品企业曾因链内企业的环境污染受到舆论压力 EP3 链内企业曾受到群众有效投诉 EP4 链内企业曾因环境违法行为受到行政处罚	

占30.29%,高层管理人员24人,占11.54%。名牌产品企业所属行业中,纺织行业占10.58%、机械行业占14.9%、化工行业占15.87%。名牌产品企业成立的时间,20年以上的有102家,占样本总量的49.04%。名牌产品企业规模中1000人以上的有101家,占48.56%。可见,受访人所在的企业多为规模较大、成立时间较长的企业。

5.1.4 数据检验和模型拟合

5.1.4.1 数据的信度与效度检验

借助SPSS22.0、AMOS统计软件进行验证性因子分析,结果如表5.2所示。各变量的α系数大于0.6, CR值在0.771—0.9258之间,大于0.7,说明问卷具有很高的信度。此外,各变量下测量维度标准化因子载荷在0.58—0.97之间,接近或大于0.6,各变量的AVE值在0.5295—0.8343之间,均大于0.5,进一步说明测度量表有较高的收敛效度。

表5.2 信度检验与验证性因子分析(N=208)

维度	题项编号	因子载荷	α系数	组合信度(CR)	平均方差提取(AVE)
环境管理	EM1	0.63	0.869	0.8791	0.5967
	EM2	0.84			
	EM3	0.90			
	EM4	0.78			
	EM5	0.68			
企业利益	BI1	0.82	0.861	0.8516	0.5384
	BI2	0.85			
	BI3	0.69			
	BI4	0.61			
	BI5	0.67			
企业特征	CPE1	0.58			

（续　表）

维度	题项编号	因子载荷	α系数	组合信度(CR)	平均方差提取(AVE)
	CPE2	0.60	0.867	0.857 1	0.553 3
	CPE3	0.82			
	CPE4	0.93			
	CPE5	0.73			
环境法规	ER1	0.69	0.767	0.771	0.529 5
	ER2	0.78			
	ER3	0.71			
政府管制	GR1	0.66	0.856	0.865 9	0.687 6
	GR2	0.96			
	GR3	0.84			
公众监督	PSV1	0.72	0.820	0.833 3	0.631 6
	PSV2	0.97			
	PSV3	0.66			
链内企业环境违规	EV1	0.79	0.926	0.925 8	0.758 6
	EV2	0.79			
	EV3	0.95			
	EV4	0.94			
链内企业环境处罚	EP1	0.93	0.951	0.952 6	0.834 3

相关系数和区分效度分析如表5.3所示，各维度的AVE平方根（表中对角线上粗体数字）均大于其他维度的相关系数值，表明测量量表具有较好的区分效度。综上，调查的数据具有良好的信度和效度，适合做进一步地分析检验。

表5.3　相关系数和区别效度分析

	EM	BI	CPE	ER	GR	PSV	EV	EP
EM	**0.774**							
BI	0.622**	**0.734**						
CPE	−0.300**	−0.279**	**0.744**					

（续 表）

	EM	BI	CPE	ER	GR	PSV	EV	EP
ER	0.314**	0.267**	−0.328**	**0.728**				
GR	0.430**	0.545**	−0.409**	0.523**	**0.829**			
PSV	0.352**	0.467**	−0.325**	0.488**	0.644**	**0.795**		
EV	−0.180**	−0.122	0.505**	−0.312**	−0.233**	−0.127	**0.871**	
EP	−0.189**	−0.051	0.392**	−0.255**	−0.170*	−0.029	0.867**	**0.913**

注：** 相关性在 0.05 水平上显著(双尾)，* 相关性在 0.1 水平上显著(双尾)

5.1.4.2 模型拟合和假设检验

拟合度检验是通过检验预测模型，比较模型的预测结果与实际情况的吻合程度。应用 AMOS 统计软件对模型进行拟合检验，其模型拟合度指标及结果详见表 5.4，模型运行结果见图 5.2。

表 5.4 拟合度分析(N=208)

拟合指标	CMIN/DF	RMR	GFI	AGFI	NFI	IFI	CFI	RMSEA
评价标准	<3	<0.05	>0.90	>0.90	>0.90	>0.90	>0.90	<0.08
全模型	1.956	0.152	0.791	0.752	0.839	0.914	0.913	0.068

从表 5.5 中可以看出，全模型的 CMIN/DF、RMR、GFI 值、AGFI 值、NFI 值、IFI 值、CFI 值、RMSEA 值均满足评价标准。因此，可以接受该模型整体拟合效果。全模型各路径的假设结果检测如表 5.5 所示。

表 5.5 全模型关系假设检测结果

	假设路径	关系	标准化路径系数	P 值	t 值(CR)	检验结果
H1	H1a：EM→EV	—	−0.032	0.677	−0.417	否
	H1b：EM→EP	—	−0.147	0.074	−1.794	是
H2	H2a：BI→EV	—	0.034	0.688	0.403	否
	H2b：BI→EP	—	0.128	0.148	1.452	否

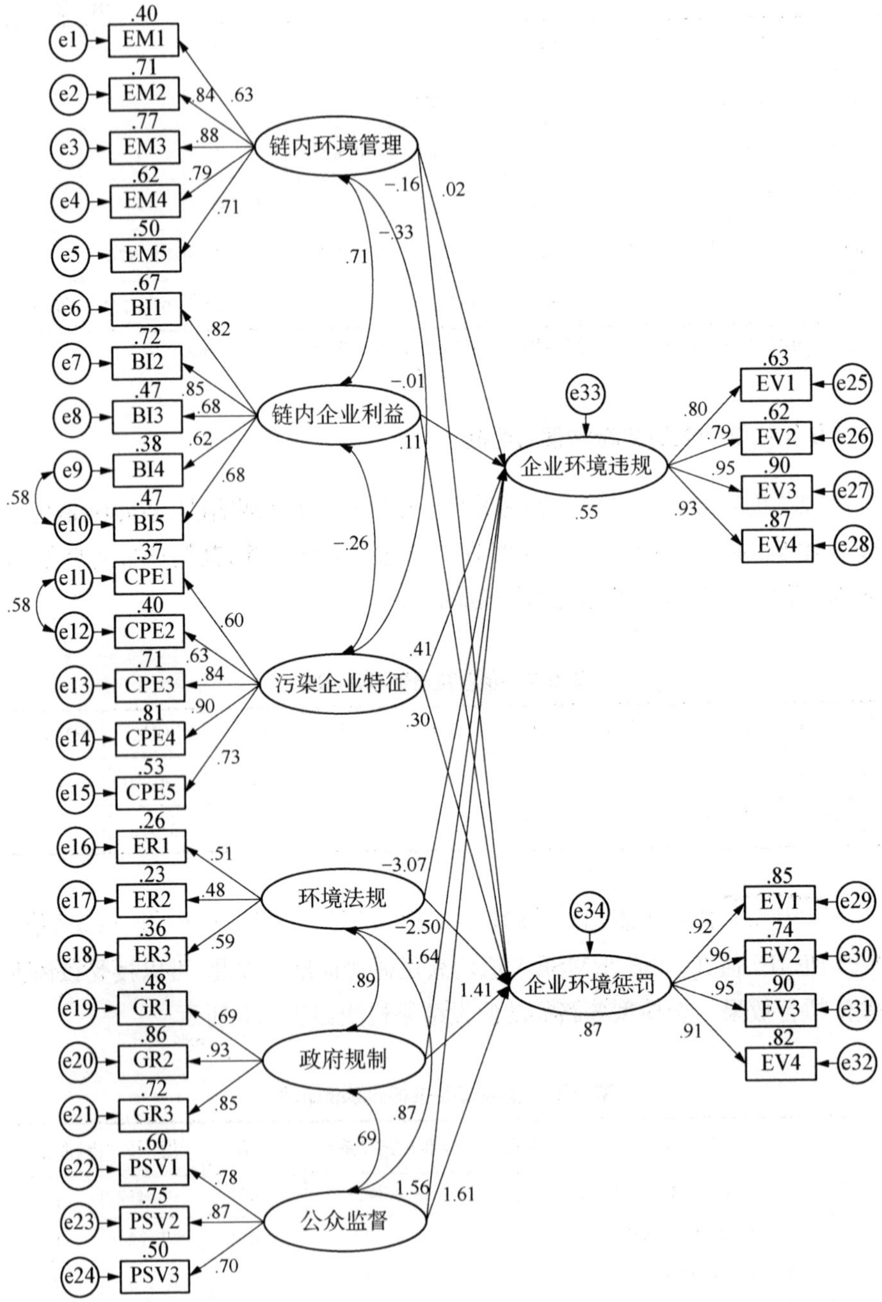
e1
EM1
.40
e2
EM2
.71
e3
EM3
.77
e4
EM4
.62
e5
EM5
.50
.84
.63
.88
.79
.71
链内环境管理
e6
BI1
.67
e7
BI2
.72
e8
BI3
.47
e9
BI4
.38
e10
BI5
.47
.58
.82
.85
.68
.62
.68
链内企业利益
e11
CPE1
.37
e12
CPE2
.40
e13
CPE3
.71
e14
CPE4
.81
e15
CPE5
.53
.58
.60
.63
.84
.90
.73
污染企业特征
e16
ER1
.26
e17
ER2
.23
e18
ER3
.36
.51
.48
.59
环境法规
e19
GR1
.48
e20
GR2
.86
e21
GR3
.72
.69
.93
.85
政府规制
e22
PSV1
.60
e23
PSV2
.75
e24
PSV3
.50
.78
.87
.70
公众监督
.71
−.26
.89
.69
−.16
.02
−.33
−.01
.11
.41
.30
−3.07
−2.50
1.64
1.41
.87
1.56
1.61
e33
企业环境违规
.55
.80
.79
.95
.93
EV1
.63
EV2
.62
EV3
.90
EV4
.87
e25
e26
e27
e28
e34
企业环境惩罚
.87
.92
.96
.95
.91
EV1
.85
EV2
.74
EV3
.90
EV4
.82
e29
e30
e31
e32

图 5.2　全模型运行结果

（续 表）

	假设路径	关系	标准化路径系数	P值	t值(CR)	检验结果
H3	H3a：CPE→EV	+	0.472	0.000	7.110	是
	H3b：CPE→EP	+	0.363	0.000	5.208	是
H4	H4a：ER→EV	—	−0.213	0.004	−2.922	是
	H4b：ER→EP	—	−0.197	0.011	−2.564	是
H5	H5a：GR→EV	—	−0.023	0.793	−0.262	否
	H5b：GR→EP	—	−0.068	0.472	−0.721	否
H6	H6a：PSV→EV	+	0.141	0.084	1.736	是
	H6b：PSV→EP	+	0.221	0.011	2.583	是

注：显著性水平为0.1

通过上述结果显示，假设H1b、H3a、H3b、H4a、H4b、H6a、H6b均得到支持，而假设H1a、H2a、H2b不成立。

5.1.4.3 名牌企业特征因素与供应链非绿色发展行为的关系

本书以单因素方差分析来揭示名牌产品企业所属行业、成立时间、企业规模等控制变量对名牌产品供应链非绿色发展行为的影响，具体情况分别见表5.6—5.7。

表5.6 名牌企业特征变量在链内企业环境违规上的差异性显著性检验结果

名牌企业特征	具体特征描述	N	均值	标准偏差	F	显著性
所属行业	电子	19	2.28983	1.070065	2.178	0.021
	纺织	22	1.94591	1.184173		
	化工	32	2.70457	1.146735		
	机械	32	2.82916	1.049109		
	建材	15	2.68413	1.384136		
	冶金	5	2.1108	1.249553		
	医药	18	2.35431	1.522292		
	轻工	11	1.48684	0.951324		
	食品、农产品	25	1.94374	0.902904		

（续 表）

名牌企业特征	具体特征描述	N	均值	标准偏差	F	显著性
	服务业	2	2.7265	0.033234		
	其他	27	2.45165	1.291767		
成立时间	5年以下	21	2.21322	1.095326	0.165	0.92
	6—10年	42	2.33994	1.303519		
	11—20年	43	2.41611	1.186177		
	20年以上	102	2.39743	1.201131		
企业规模	1—100人	21	2.41512	1.283458	2.479	0.062
	100—500人	46	2.10687	1.200064		
	500—1000人	40	2.11284	1.083065		
	1000人以上	101	2.58455	1.204862		

注：显著性水平为0.1

表5.7 名牌企业特征变量在链内企业环境处罚上的差异性显著性检验结果

名牌企业特征	具体特征描述	N	均值	标准偏差	F	显著性
所属行业	电子	19	2.40707	1.157897	1.687	0.086
	纺织	22	2.22727	1.340551		
	化工	32	2.75488	1.095379		
	机械	32	2.65445	1.199411		
	建材	15	2.88333	1.263734		
	冶金	5	2.05	1.462019		
	医药	18	2.15278	1.488038		
	轻工	11	1.39791	0.776626		
	食品、农产品	25	2.15107	1.098554		
	服务业	2	2.375	1.237437		
	其他	27	2.34259	1.225036		
成立时间	5年以下	21	2.5119	1.283248	0.109	0.955
	6—10年	42	2.35109	1.334328		
	11—20年	43	2.34052	1.105172		
	20年以上	102	2.40293	1.237503		

（续 表）

名牌企业特征	具体特征描述	N	均值	标准偏差	F	显著性
企业规模	1—100 人	21	2.5119	1.326358	1.431	0.235
	100—500 人	46	2.16571	1.308568		
	500—1000 人	40	2.2	1.111132		
	1000 人以上	101	2.54321	1.206528		

注：显著性水平为 0.1

根据上表差异性显著性检验结果，不同行业的名牌产品企业所在供应链的链内企业环境违规方差检验的显著性为 0.021，小于 0.1，说明不同行业的名牌产品企业所在供应链的非绿色发展行为在 0.1 水平上存在显著差异，比较均值可以发现机械、化工、建材的均值分别为 2.82916、2.70457、2.68413，明显大于其他行业的均值，即机械、化工、建材行业的链内企业环境违规明显高于其他行业；成立时间不同的名牌产品企业所在供应链的链内企业环境违规方差检验的显著性为 0.92，大于 0.1，说明不同成立时间的名牌产品企业所在供应链的非绿色发展行为在 0.1 水平上没有显著差异；企业规模不同的名牌产品企业所在供应链的链内企业环境违规方差检验的显著性为 0.062，小于 0.1，说明不同企业规模的名牌产品企业所在供应链的链内企业环境违规在 0.1 水平上存在显著差异。因此，假设 7a 链内企业环境违规会受链上名牌产品企业特征因素影响存在显著差异，在所属行业、企业规模上得到验证，在成立时间上未得到验证。

根据上表差异性显著性检验结果，不同行业的名牌产品企业所在供应链的链内企业环境处罚方差检验的显著性为 0.086，小于 0.1，说明不同行业的名牌产品企业所在供应链非绿色发展行为在 0.1 水平上存在显著差异；成立时间不同的名牌产品企业所在供应链的链内企业环境处罚方差检验的显著性为 0.955，大于 0.1，说明不同成立时间的名牌产品企业所在供应链非绿色发展行为在 0.1 水平上没有显著差异；企业规模不同的名牌产品企业所在供应链的链内企业环境处罚方差检验的显著性为 0.235，大于 0.1，说明不同企业规模的名牌产品企业所在供应链的链内企业环境处罚在 0.1 水平上没有显著差异。因此，假设 7b 链内企业环境违规会受链上名牌产品企业特征因素影响存在显著差异，在所属行业上得到验证，在成立时间、企业规模上均未得到验证。

5.1.4.4 初始模型假设检验结果与讨论

假设 H1b 成立，说明如果名牌产品企业对链内企业的绿色发展行为严格要求，那么链内企业受到的企业环境处罚就会越少。

假设 H3a、H3b 成立，说明了链内企业管理者对企业绿色发展行为的态度会决定其行为。对环境法规关注少的管理者，会较少在企业环保投资、企业清洁生产技术、环保技术开发上进行投资，由此带来企业非绿色发展行为的增多，受到的企业环境处罚也会相应增多。而对环境法规关注的管理者，在环保上投资投入更多，更可能在企业发展中采取绿色发展行为。这不但可以打造出真正的绿色品牌，还可以为企业赢得消费者好感，从而树立良好的社会形象。

假设 H1a、H2a、H2b 不成立，这也符合一定的现实情况。因为企业是以盈利为目的的经济利益主体，企业开展绿色发展行为，意味着更多的资金投入，对供应链内的企业的环境管理越严格，整个供应链内的污染控制成本就越多。当然，采取绿色发展行为会为企业树立良好的社会形象，会让企业生产的产品更能受到消费者的青睐，抢占更多的市场份额，从而为企业带来收益。企业会比较成本和收益，当污染控制成本小于治污收益时，企业的环境治理工作会相对积极。一旦污染控制成本大于治污收益，则可能缺乏积极性，采取应付态度。因此无论名牌产品企业是否采取严格的企业环境管理、是否在利益分配时倾向于链内环保企业，链内企业环境违规和环境处罚可能不会减少。

假设 H4a、H4b 成立，说明了完善环境法规的必要性。如果环境的相关法律法规不断完善，而且有较强的执行力，那么链内企业迫于压力，就会采取较少的非绿色发展行为。环境违规越少，收到的居民投诉等环境处罚也就越少。

假设 H6a、H6b 成立，说明了公众监督的重要性。公众、媒体和环保组织的监督、举报行为，会让链内企业更加注重绿色发展行为。而一旦缺失，则企业的环境违规行为就会增多。环境违规越多，受到的行政处罚也会越多。

假设 H5a、H5b 不成立，这说明政府规制严格与否，不会显著影响到链内企业的绿色发展行为。在考虑经济成本的情况下，政府规制越严格，链内企业环境违规行为并不一定会越少，链内企业所受到的环境处罚也不一定少。

假设 H7a、H7b 部分成立，即名牌产品企业的特征不一定会对链内企业的非绿色发展行为起到显著影响。名牌产品企业所属行业中大致可以分为重污染企业和轻污染企业。重污染企业的排污量较大，会严重影响到环境，因而受到更多的政府规制、公众监督。在这种压力下，重污染企业采取环境管理成为一种无可奈何的行为。而对于轻污染企业，处理污染物，进行环境管理可以抢占市场，为企业赢得更好的环保名声。轻污染企业在环境管理时付出的成本并不高，因此会更乐于采取绿色发展行为。对于规模较大的企业，一般来说发展状况较好，成立时间较久，资金积累也更雄厚。这一类企业会更愿意在环保上守法，对环境投资、环保技术创新上投入的资金也更多。同时，大规模企业一般已经具有一定的社会知名度，受到政府和公众监督的可能性也更大，因而更可能采取绿色发展行为，通过环境管理约束链内企业的行为。

假设 H7a、H7b 部分不成立，即名牌产品企业的成立时间和规模对供应链内企业的非绿色发展行为有影响，但影响并不显著。原因可能是企业在决定是否进行环保投资时，会将成本与环保惩罚进行比较。一旦治污的成本高于污染处罚，那么企业就没有意愿开展绿色发展行为。而从外部环境来说，规模大的企业，用工人数众多，可以缓解当地的就业压力。企业纳税多，对地方经济的 GDP 贡献也大，即使有排污等非绿色发展行为，地方政府为了保证地方经济发展，也会对其采取听之任之的态度。

5.1.5 研究结果与启示

在环境污染、资源承载力有限的当下，公众越来越关注环境问题。如何提高供应链内企业的绿色发展水平是一项艰巨的任务。从供应链角度要求企业协同开展环境治理，充分发挥名牌产品企业的价值，这比起单个企业环境治理，所费成本更少，收益也会更好。

5.1.5.1 加强链内企业的绿色发展行为管理

当今世界的竞争已经从单个企业的竞争转变为供应链竞争。绿色发展行为也已经从单个企业的行为转变为供应链企业的行为。生产或销售名牌产品的企业大都处于供应链的核心位置，即使自己会采取绿色发展行为，但如果链内有企业产生环境污染，也会影响到自己的企业声誉。链内企业的环境污染，还可能产生连锁效应，会让链内的其它企业也采取非绿色发展行为，从而影响到供应链的声誉，引发公众对供应链企业的抵制。因此，名牌产品企业需要将绿色发展的政策从公司内部转移到链内企业管理上，促进供应链绿色发展。在充分利用供应链特点的基础上，名牌产品企业可以通过制定供应链环境管理策略，规范链内企业的绿色发展行为，充分发挥供应链运作的自制力，制定相应的激励策略，引导供应链内的企业进行相互监督。

5.1.5.2 提高链内企业的环保配置要求

从假设 H3a、H3b 成立可以看到，改善供应链企业的非绿色发展行为，减少投诉，需要企业投入更多的环境资金。管理者的环境态度、在环保上投入的资金、技术、设施等可以称为企业的环保配置。如果名牌产品企业的环保配置高，所在供应链就会有更好的开展绿色发展行为的能力。但是企业具有经营理性，在环保配置上投入过高，并不一定符合企业的盈利目标。因此，要想提高供应链各企业环保配置还需进行以下方面的改善。

(1) 提高供应链内企业管理者的环保意识。名牌产品企业的高层管理者首先需要加强自己的环保意识，通过不断地跟进先进环保技术来不断完善自身企业的绿色发展战略。其次，名牌企业可以通过培训、制定管理规范的方式将绿色发展的理念向链内企业及员工传递。通过不断营造供应链绿色发展氛围，促进链内企业与环境之间的和谐共存。名牌产品企业的高层管理者可以通过不断地制定供应链环境管理规范，将促进绿色发展行为的关注点从企业内部转移到链内企业管理上，从经济长远利益出发，增强整体绿色发展意识。

(2) 提高链内企业环保技术、设施的要求。企业开展绿色发展行为，离不开与行业对应的环保技术、设施的投资。名牌产品企业需要对链内企业进行经常性的监督，向企业及时传递最新的技术，并在链内企业投资和使用环保设施时提供相应的支持，确保整个链内企业投资的环保设施都能满足使用要求，达到环保法规标准。作为环境政策制定方，政府也需要通过根据行业的不同特点，制定相关的政策，并在后期做好监督，对污染企业进行强制性要求，提供环保标准，确保企业在进行环保投资时能有的放矢。

5.1.5.3 提高环境规制的全面性与强制力

假设 H4a、H4b 成立表明想要提高链内企业的绿色发展行为，就需要完善相应的环境法律法规。政府制定的环境法律法规和名牌产品企业制定的环境管理规范，驱动了供应链生态经营、绿色发展行为的开展。然而，目前我国的环境法律法规还存在着范围不全面、执行力和强制力不足的问题，因此，仍需完善以下两方面的工作：

(1) 完善环境法律法规。这需要政府和名牌产品企业的共同努力。政府需要惩罚和激励并重，通过对污染的惩罚、加强排污征税，提高排污企业的排污成本；通过绿色补贴、技术支持等，吸引和引导更多的企业参与到绿色发展行为中去。名牌产品企业同样也需要采取惩罚和激励并重，通过“减少订单”和“增加订单”来对链内企业进行绿色发展管理。在利润分配方面还可以进行“排污费用分担”等契约设计。通过多样化的环境管理方式，逐步地提高供应链内的企业绿色发展参与度，进而提高产品的绿色度及行业的绿色发展水平。

(2) 完善环境披露制度。是否按照环境法律法规进行排污是企业的私有信息，政府很难完全掌握。加上供应链内企业均为利益相关者，存在着包庇的可能性，因此政府很难针对企业的真实非绿色发展行为进行处罚。长久下去，会产生柠檬市场，即真正实施绿色发展行为的企业成本会上升，生产的产品在市场上缺乏竞争力。改变这种现象，就需要政府出台相关规定要求企业将真实的环境信息透明化、公开化。一方面，进一步完善环境信息披露制度；另一方面，对环境包庇和推脱行为加大惩罚，坚决杜绝供应链内企业对环境污染行为的相互隐匿。

5.1.5.4 完善公众监督

假设 H6a、H6b 成立，表示社会公众的监督会对链内企业的环境违规产生负向影响。社会监督作为一种低成本的监督方式，若被有效利用，能在很大程度上约束企业非绿色发展行为。要更好地完善社会公众的监督，还要从以下方面进行改善：

(1) 提高公众的绿色意识。公众是最终产品的使用者，也是环境污染的最直接受害者。公众的环保意识提高，会对环境事业起到推进作用。政府、媒体都应大力宣传绿色消费、绿色生活，号召公众积极参与环保中，通过持续性的教育，不断提高公众的绿色意识。

(2) 搭建公众环境监督平台。公众分布在各个地方、各个岗位，可以对非绿色发展行为进行全面监督，但是公众在发现企业的非绿色发展问题时，监督反映的渠道有限。公众组织较多，但是组织发展却不完善；改善这些问题，需要搭建公众监督平台。通过监督平台，让公众有更通畅的渠道反映问题，对公众反映的污染问题确定真实性后给予奖励。鼓励非政府第三方环保组织的发展，鼓励公民积极参与、共同建设生活的绿色家园。

5.1.5.5 改善政绩考核体系

假设 H1a、H2、H5 不成立的原因在于当污染违法成本较小、存在地方保护时，链内企业会选择非绿色发展行为。因而，亟待从以下两方面入手，以解决当前困境：

(1) 提高环境违法成本。污染的违法成本较少，而治污成本较多时，会让链内企业选择放弃绿色发展行为，宁愿接受环境处罚。因为即使是受到环境处罚，企业也能获得更优的收益。因此，改变此种情况，需要加大非绿色发展行为企业的有形和无形的违法成本，如提高处罚额度，在信息化平台进行披露，进行公开批评等。

(2) 改善地方政府政绩考核体系。如果以 GDP 为考核标准会让地方政府对规模大、效益好的企业产生更多的依赖。这些企业不但能为当地创造更多的 GDP，还促进了当地的就业。当这些企业实施非绿色发展行为时，当地政府会选择忽视。如果地方政府政绩考核不再单纯看 GDP，如建立绿色

GDP,那么地方政府就会对污染企业从严执法,促进产业绿色发展。

5.1.5.6 改进政府监督技术水平

产品在生产制造中的每个环节都可能会产生非绿色的问题。由于问题的隐匿性和转移性,造成政府监督的难度大,监督所费成本也很大,因而需要改进政府监督技术水平。通过鼓励产业链技术创新、技术进步,降低政府监督的难度,降低企业的防污成本。一方面,可使链内企业的生产效率提高,环境压力减小,治污成本降低,链内企业参与绿色发展行为的主动性提高;另一方面,产业链绿色发展行为的提升又使得政府监管压力减少,且技术的进步也便于政府更好地监督产业链的绿色发展行为。

5.2 产业绿色发展路径选择的实验与分析

5.2.1 产业绿色发展路径选择的计算实验模型

5.2.1.1 系统结构与模型假设

产业在绿色发展过程中主要涉及企业和消费者两类主体，构建了由 M 个制造商(i)和 N 个消费者(j)组成的模型。主要以产品为纽带，连接制造商群体和消费者群体，从而进行主体之间的交互。在研究中，考虑制造商对产品绿色度水平进行决策，并在竞争中随着外界环境以及自身经验的影响不断改变其决策。同时，考虑市场中的消费者在购买产品时也会做出相应的决策，而且该决策受消费者对价格和绿色的期望及敏感度、消费者的购买能力等多个因素的影响，消费者之间的互动行为也会影响他们的购买策略，并可能产生一定的从众效应。因此，在研究中将详细阐述制造商与消费者两类群体之间的交互机制以及影响决策的各种因素，从而刻画出产业绿色发展的路径与水平。具体的假设如下：

(1) 制造商制造的所有产品都是同质的，但是产品绿色度水平和价格有一定的差异；

(2) 产业中制造商和消费者的数量不变；

(3) 假设该产品是具有一定使用周期的生活用品，消费者对每个周期的产品做出购买决策时，都会重新做出评价。

5.2.1.2 消费主体设计

(1) 消费者互动网络

利用小世界网络来描述消费者的互动网络，假设消费者 j 将会受到如邻居节点数量 k、重连概率 p_r 等的影响，k 描述了与消费者 j 进行互动的其他消费者的数量，p_r 描述了消费者 j 在决策时，邻居消费者发生变化的概率。

(2) 消费者效用与购买决策

借鉴 Zhang & Zhang(2007)建立的动机函数，考虑产品价格和绿色度的影响，可以得到消费者效用 U_i^j 的表达式如下：

$$U_i^j = \mu_i^j * p_i^j + \rho_i^j * g_i^j \tag{5.1}$$

$$\mu_i^j = \frac{1}{1 + \partial_j^{(P_i^j - P_{(e)i}{}^j)}} \tag{5.2}$$

$$\rho_i^j = \beta_j^{|g_i^j - g_{(e)i}{}^j|} \tag{5.3}$$

以上式子中，μ_i^j、ρ_i^j 分别为消费者 j 对产品 i 的价格及绿色度水平敏感度系数，(5.2)、(5.3)式分别为 μ_i^j、ρ_i^j 的表达式，$p_{(e)i}{}^j$、$g_{(e)i}{}^j$ 分别为消费者 j 对产品 i 的期望价格及期望绿色度水平，其中 $\partial_j > 1$，$0 < \beta_j < 1$。

同时，可以得到消费者从众效应 HE_j 的表达式如下：

$$HE_j = \theta_j * infl_{jl} \tag{5.4}$$

$$infl_{jl} = \sum_{l=1}^{h} U_{jl}^i / h \tag{5.5}$$

其中，θ_j 为从众强度且服从均匀分布，$infl_{jl}$ 为消费者 j 感知到其他消费者所带来的影响，(5.5)式为 $infl_{jl}$ 的表达式，U_{jl}^i 为产品 i 给邻居消费者 l 带来的效用，结合以上公式，可以进一步得到 U_i^j 为：

$$U_i^j = \frac{1}{1+\partial_j^{(p_i^j - p_{(e)i}^j)}} * p_i^j + \beta_j^{|g_i^j - g_{(e)i}{}^j|} * g_i^j + \theta_j * infl_{jl} \tag{5.6}$$

$$g_{(e)i}{}^j = m * income_j + a + \omega_j \tag{5.7}$$

其中，$g_{(e)i}{}^j$ 为消费者 j 对产品 i 的期望绿色度水平，(5.7)为 $g_{(e)i}{}^j$ 的表达式，m 是期望绿色度与收入水平的比例系数(m>0)，$income_j$ 是消费者 j 的收入水平，a 是一个常数，指 $income_j$ 为 0 时，消费者对产品绿色度水平的固定期望，ω_j 服从正态分布，为消费者 j 的产品绿色度期望的偏差值。

此外，以 Eppstein et al. (2011)的研究为依据，假设 μ_i^j 高于 $p_{(e)i}{}^j$ 一倍时，消费者会因高价而不进行购买，于是，得到 U_i^j 为：

$$U_i^j = \frac{1}{1+\partial_j^{(p_i^j - p_{(e)i}^j)}} * p_i^j + \beta_j^{|g_i^j - m * income_i - \omega_j|} * g_i^j + \theta_j * infl_{jl} \tag{5.8}$$

消费者 j 将根据 U_i^j 来选择购买产品 i。当 $U_1^j = \max\{U_1^j, U_2^j, \cdots U_M^j\}$ 时，选择产品 1，当 $U_2^j = \max\{U_1^j, U_2^j, \cdots U_M^j\}$ 时，选择产品 2，当 $U_M^j = \max\{U_1^j, U_2^j, \cdots U_M^j\}$ 时，选择产品 M，当 $U_1^j = U_2^j = \cdots = U_M^j$ 时，以相同的概率随机选择产品。

5.2.1.3 产业中的供应主体设计

(1) 产业供应主体收益

假设制造商 i 的单位制造成本为 $\underline{c}_i$，绿色产品额外边际成本为 c'_i，根据 Liu et al. (2012)的做法，得到 $c'_i = \frac{1}{2} r_i g_i^2$，其中，$r_i$ 为绿色产品的生产成本系数，$r_i > 0$。因此，得到产品 i 的单位制造成本为：

$$c_i = \underline{c_i} + \frac{1}{2} r_i g_i^2 \tag{5.9}$$

假设制造商根据成本加成定价法，得到 $p_i = (1 + o_i) c_i$，o_i 为产品利润

率($o_i>0$),且 o_i 均相同,因此,得到销售价格 p_i^j 如下:

$$p_i^j=(1+o_i)c_i=(1+o_i)\left(\underline{c_i}+\frac{1}{2}r_i g_i^2\right) \tag{5.10}$$

设 pc_i^j 为消费者 j 是否购买制造商 i 的产品。若购买,$pc_i^j=1$,否则 $pc_i^j=0$,得到产品 i 的销售量如下:

$$q_i=\sum_{j=1}^{N}pc_i^j \tag{5.11}$$

于是,得到制造商的利润为:

$$\pi_i=(p_i^j-c_i^j)q_i=(p_i^j-c_i^j)\sum_{j=1}^{N}pc_i^j \tag{5.12}$$

(2) 制造商产品绿色度水平决策

基于自身利润最大化目标,制造商 i 将根据 $g_i^j(t)$、$pbest_i^j$、$pbest_i^j$ 来进行下一期的绿色度水平决策,其中 $g_i^j(t)$为自身当期产品绿色度水平、$pbest_i^j$ 为自身历史最优利润下的产品绿色度水平、$gbest_i^j$ 为当期最优利润下的产品绿色度水平。主要如下:

① 步骤 1:初始化各项参数,设定 M 个制造商,并随机生成制造商 i 的初始 $g_i^j(t)$和 $v_i(t)$,其中 $v_i(t)$为速度参数。

② 步骤 2:求出制造商 i 在当期产品绿色度水平下的 $\pi_i(t)$及 $g_i^j(t)$。

③ 步骤 3:如果 $\pi_i(t)>\pi_{ip}$,得到 $\pi_{ip}=\pi_i(t)$,并将相应的绿色度水平设定为 $pbest_i^j=g_i^j(t)$,其中,π_{ip} 为历史最优利润。

④ 步骤 4:假定当期市场信息透明,此时,当最优利润为 π_{best},可知 $\pi_{best}=\max(\pi_i)$,并将 π_{best} 对应的 $g_i^j(t)$ 调整为 $gbest_i^j$。

⑤ 步骤 5:根据式(5.13)、(5.14)更新企业的速度及产品绿色度水平。

$$v_i(t+1)=c_0v_i(t)+c_1r_1(pbest_i^j-g_i^j(t))+c_2r_2(gbest_i^j-g_i^j(t)) \tag{5.13}$$

$$g_i^j(t+1)=g_i^j(t)+v_i(t+1) \tag{5.14}$$

以上式子中,c_0 为惯性权重,参考 Shi & Eberhart(1998)的做法,取 $c_0=$

1；c_1、c_2 分别为制造商的学习因子和群体认知系数，r_1，$r_2 \sim U[0,1]$。

⑥ 步骤 6：返回步骤 2，直至每个制造商都完成遍历。

5.2.1.4 主体交互流程设计

主体之间的交互流程如图 5.3 所示。

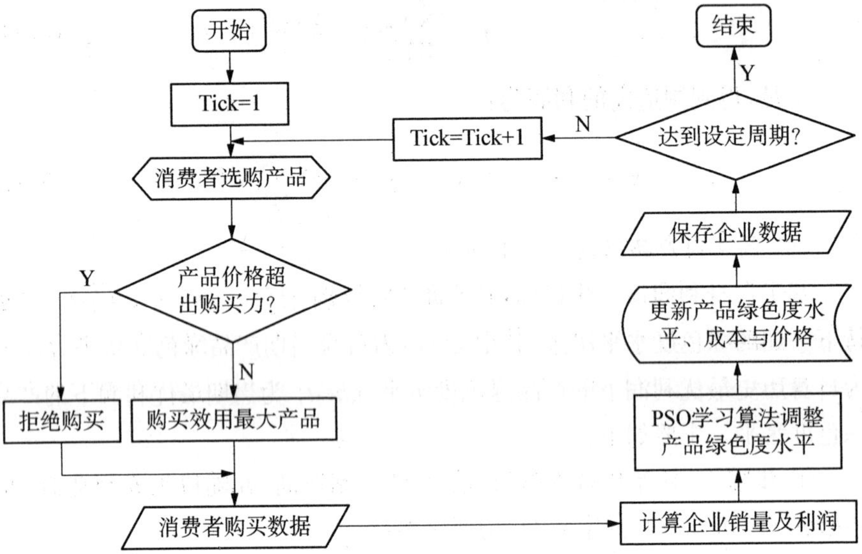

图 5.3 主体交互流程图

5.2.2 实验结果与分析

5.2.2.1 问题描述与实验情景设计

通过多主体建模的计算实验方法来研究消费者购买力水平影响下的产业绿色发展演化，具体的研究问题如下：

(1) 消费者购买力大小差异会如何影响制造商对产品绿色度水平的决策？

(2) 消费者的购买力大小差异会对产业绿色发展有什么影响？

(3) 消费者购买力大小差异会导致产业绿色发展演化路径的不同吗?

因此,为了解决以上问题,设定的实验情景如下:

每组实验均保持实验模型的基本参数不变。在购买力大小差异情况下,依次取购买力 $Income_j \sim N(500, 100)$, $Income_j \sim N(500, 200)$, $Income_j \sim N(500, 300)$;对每组试验均进行 10 次运行,并统计实验结果,表 5.6 列出了各参数的初始设置。

表 5.6 模型基本参数的初始设置

实验参数	取值范围	分布	数据来源/描述
N	10000	常量	参考淘宝与京东的信息
M	10	常量	参考淘宝与京东的信息
∂_j	U(1, 20)	均匀分布	Zhang and Zhang(2007)
β_j	U(0.4, 0.6)	均匀分布	Zhang and Zhang(2007)
a	−13.54	常量	Eppstein, et al.,(2011) Adepetu, et al.,(2016)
m	0.067	常量	Eppstein, et al.,(2011) Adepetu, et al.,(2016)
P_r	0.2	常量	McCoy & Lyons(2014)
K	4	常量	McCoy & Lyons(2014)
θ_j	U(0.0, 0.1)	均匀分布	Zhang & Zhang(2007)
$\underline{c_i}$	5	常量	参考与制造商访谈的结果
r_i	0.02	常量	Liu et al.,(2012)
o_i	0.1	常量	参考与制造商访谈的结果
c_0	1	常量	Shi and Eberhart(1998)
c_1	2	常量	Kennedy(1997)
c_2	2	常量	Kennedy(1997)
r_1	U(0.0, 0.1)	均匀分布	Kennedy(1997)
r_2	U(0.0, 0.1)	均匀分布	Kennedy(1997)

5.2.2.2 产业绿色度水平决策的演化分析

本书根据企业的初始绿色度水平将其分为高绿制造商、中绿制造商和低绿制造商三个类型，其产品绿色度初始水平在50以上的被称为高绿制造商(Manufacturers with High Initial Green Degree，简写为MHIGD)，产品绿色度初始水平在[30，50)之间的被称为中绿企业(MMIGD)，产品绿色度初始水平在[15，30)之间的被称为低绿制造商(MLIGD)。图5.4反映了消费者购买力大小差异情况下三类制造商产品绿色度水平的演化趋势。

由图5.4可知，产业中三类制造商的绿色度水平都随着消费者购买力方差的增大而提高，并且三类制造商的绿色度水平差异逐渐减小。当消费者购买力方差为100和200时，低绿制造商的产品绿色度水平不断提高，并最终趋于一个稳定水平，而高绿制造商的产品绿色度水平不断减小并逐渐趋于某一稳定水平，中绿制造商的产品绿色度水平变化的趋势不大，先是稍微下降，接着上升至稳定水平。当消费者购买力方差为300时，从图中我们可以看出，三类制造商的产品绿色度水平都不断提高，并最终趋于一个稳定水平。

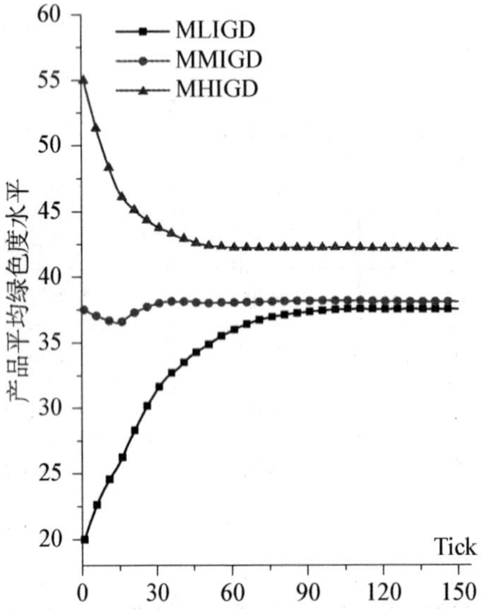

(a) 消费者购买力方差=100

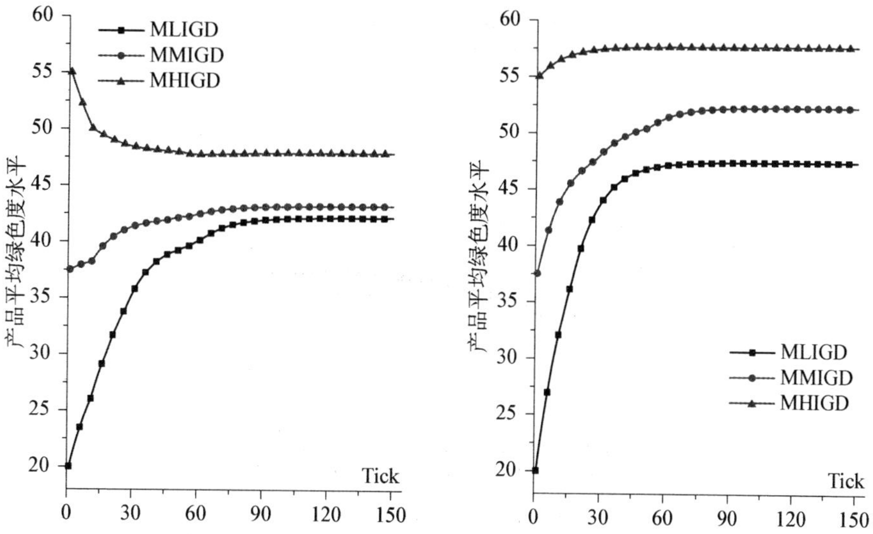

（b）消费者购买力方差＝200

（c）消费者购买力方差＝300

图 5.4　消费者购买力大小差异情况下三类制造商产品绿色度水平的演化趋势

随着消费者购买力方差的增大，购买力强的消费者和购买力弱的消费者都会增多，但是制造商为了自身利润最大化，而选择去满足购买力强的消费者，从而不断地提高产品的绿色度水平，因此，产品的绿色度水平随着购买力方差的增大而不断增大。此外，由于制造商之间的相互学习，从而使得产业中三类制造商之间的产品绿色度水平的差异性逐渐缩小。

图 5.5 反映了消费者购买力大小差异情况下制造商产品绿色度与消费者购买产品的绿色度平均水平的演化趋势。从图 5.5 可以看出，以上三个图中，制造商的绿色度水平均高于消费者购买产品的绿色度水平，且图 5.5(a)、(b)两图中的绿色度水平差异逐渐减小，图 5.5(c)图中的绿色度水平差异相对较大。当消费者购买力方差分别为 100 和 200 时，制造商的绿色度水平先降低，再逐步提高，并最终趋于稳定，消费者购买产品的绿色度水平先逐步升高，后在短期内趋于稳定，然后接着又逐渐升高并最终趋于稳定。当消费者购买力方差 300 时，制造商的绿色度水平和消费者购买产品的绿色度水平均逐步提高，并趋于稳定。

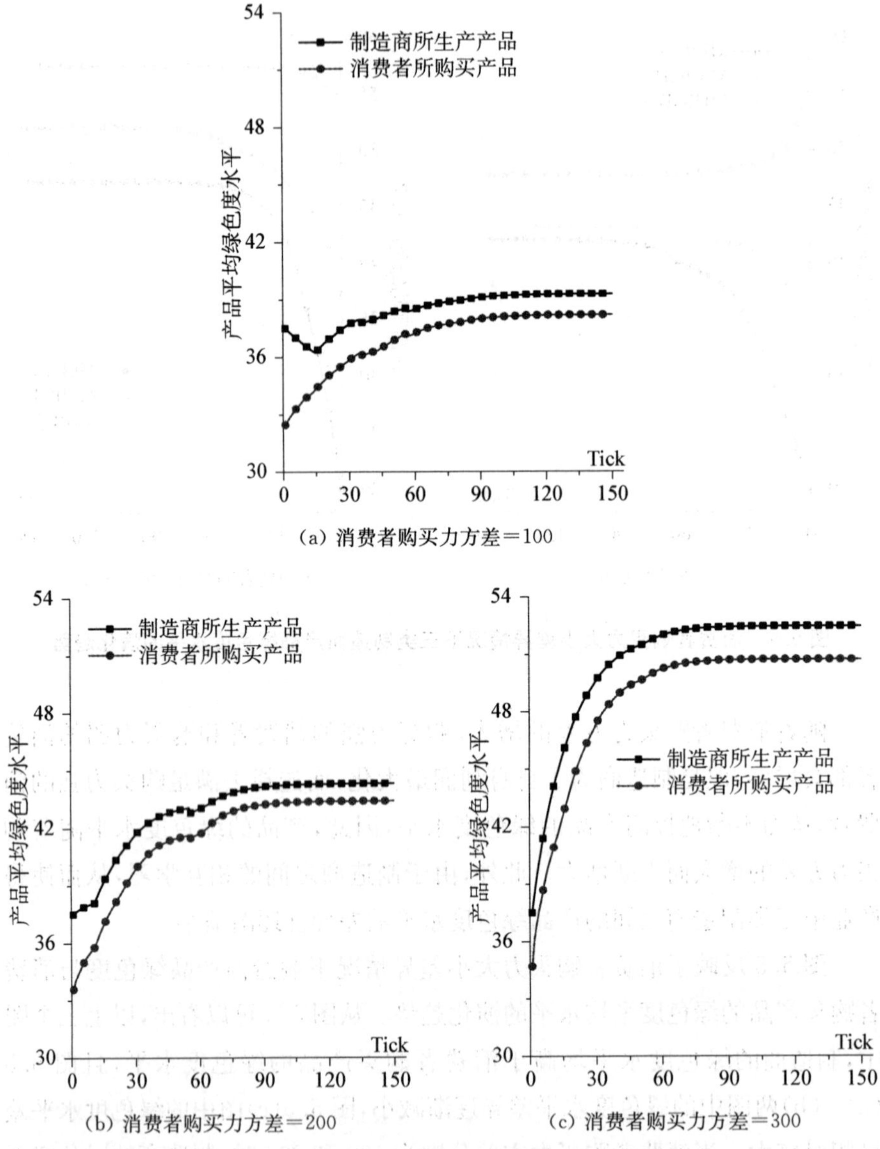

图 5.5　制造商生产的产品绿色度与消费者购买的产品绿色度平均水平演化分析

消费者购买产品的绿色度水平变化趋势受其他消费者及制造商绿色度变化的影响，而制造商在做决策时总是高估了消费者对产品绿色度水平的需求，因此，制造商在接下来的市场竞争中通过学习来不断调整，使得自身生产的产品绿色度水平与消费者购买的绿色度水平的差异不断减小，然而，在消费者购买力差异较高的情况下，制造商为了自身利益最大化，往往更注重购买力强的消费者的需求，从而导致了制造商的产品绿色度水平与消费者购买的绿色度水平的差异较大，进而揭示出产业绿色发展的路径演化机理。

5.2.2.3　产业发展的销量市场集中度演化分析

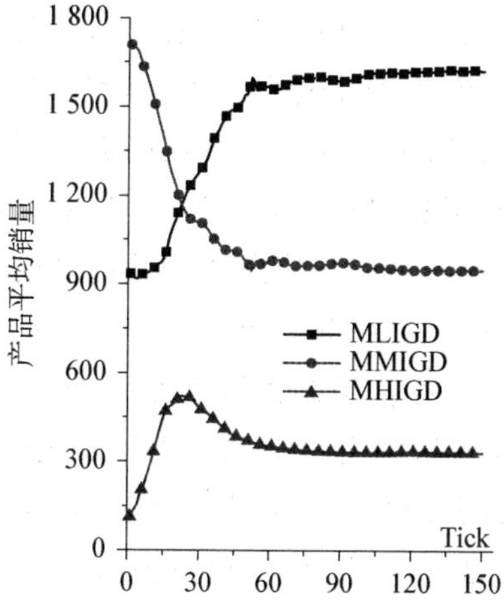

(a) 消费者购买力方差=100

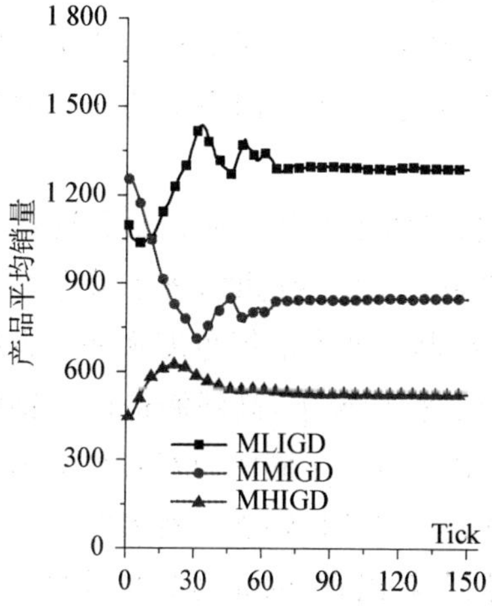

(b) 消费者购买力方差=200

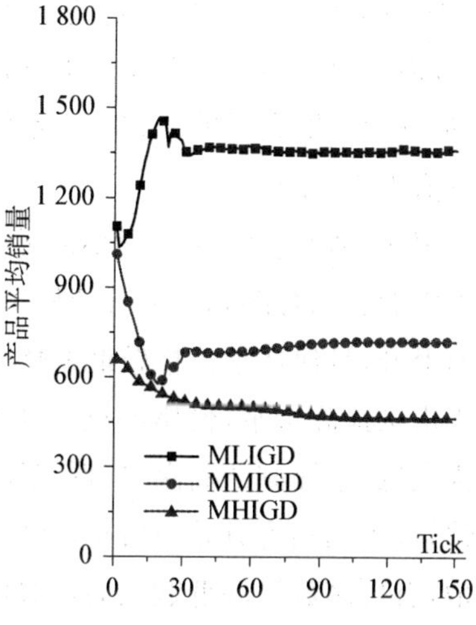

(c) 消费者购买力方差=300

图 5.6　消费者购买力差异情景下三类制造商平均销量演化趋势分析

图 5.6 描述了消费者购买力差异情景下产业中三类制造商平均销量的演化趋势，进而为分析产业绿色发展过程中的市场集中度演化趋势做铺垫。

从图 5.6 可以看出，当消费者购买力方差为 100 时，低绿制造商的产品销量均逐渐上升后趋于稳定趋势，高绿的产品销售量先上升后下降并最终趋于稳定，中绿制造商的产品销售量逐渐下降并趋于稳定。当消费者购买力方差为 200 时，低绿制造商的产品销量先逐渐上升，后出现上下波动，最后较于波动前有所下降趋于稳定趋势，高绿制造商的产品销量先逐渐上升，后稍微下降并趋于稳定趋势，中绿制造商的产品销售量逐渐下降，后出现上下波动，最后较于波动前有所上升并趋于稳定趋势。当消费者购买力方差为 300 时，低绿制造商的产品销量先逐渐上升，后出现上下波动，最后较于波动前有所下降趋于稳定趋势，高绿制造商的产品销量逐渐下降并趋于稳定趋势，中绿制造商的产品销售量逐渐下降，后出现上下波动，最后较于波动前有所上升趋于稳定趋势。在初始销售量方面，当消费者购买力方差分别为 100 和 200 时，中绿制造商的初始销量值均为最大，低绿制造商的次之，高绿制造商的最低。当消费者购买力方差为 300 时，低绿制造商的初始销量最大，中绿制造商次之，高绿制造商最低，在初始销售量方面，以上三种情况下低绿制造商的最终销量值均为最大，中绿制造商次之，高绿制造商最低。

随着消费者购买力方差的增大，高绿制造商产品销售量的初始值不断增大，最终值先增大后有少许下降；低绿制造商产品销售量的初始值不断增大，最终值先增大后减小，最后又增大；中绿制造商产品销售量的初始值和最终值均不断减小。

因此，消费者购买力大小的差异会对制造商生产的产品销量状况产生显著影响。结合图 5.4 进行分析，低绿制造商产品的绿色度水平在竞争初期快速上升，且保持了价格较低的优势，而高绿制造商产品绿色度水平一直都处于市场最高水平，价格亦处于劣势，因此三种情况下，高绿制造商的销售量为最低，中绿制造商次之，低绿制造商最高。对于不同的消费者购买力差异情景，当购买力方差由较小(100)增至中等(200)时，随着消费者购买力的分散，有更多数量的低购买力与高购买力消费者出现，因此高绿与低绿产品的平均销量都有所增加且挤占了中绿产品的市场份额，中绿产品的平均销量则随之降低。而当方差增至较大(300)时，消费者购买力更为分散，中绿制造商产品销量也更低，且由于其初始产品绿色度水平就较高，因此其销量自系统运行就一直低于低绿制造商；而高绿制造商则由于产品绿色度水平过高，导致其销量较方差为200时有所下滑，而低绿产品销量则反而有所增加。

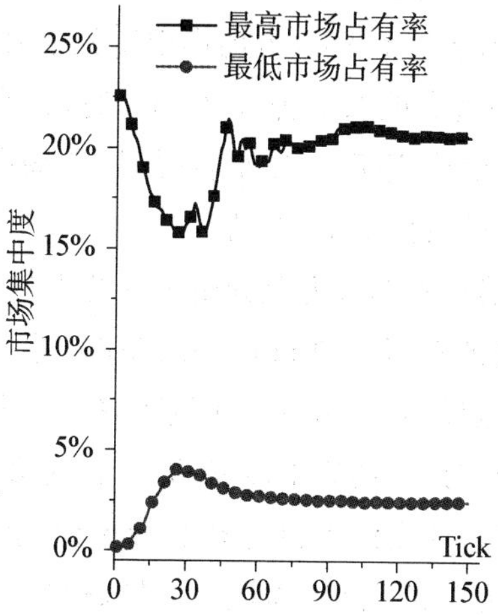

(a) 消费者购买力方差＝100

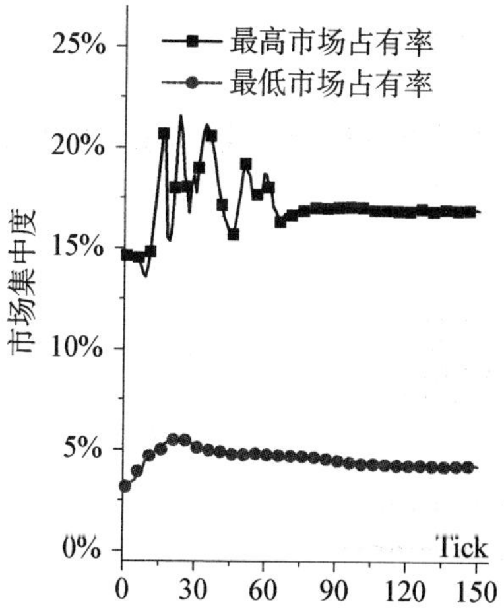

(b) 消费者购买力方差＝200

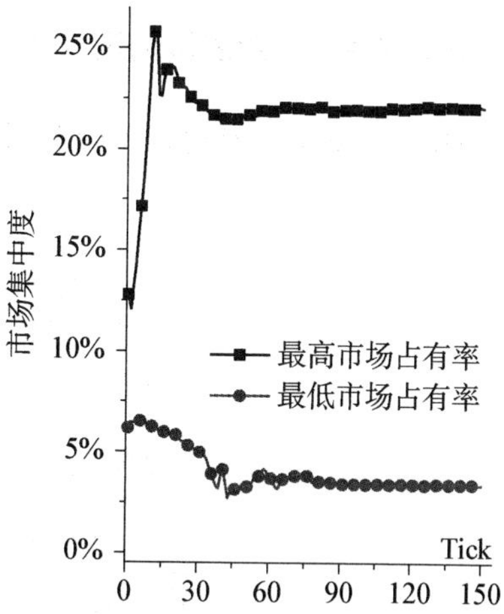

(c) 消费者购买力方差＝300

图 5.7 消费者不同购买力差异情景下市场集中程度的演化趋势

图 5.7 描述了消费者购买力差异情景下产业发展过程中的市场集中程

度的演化趋势。从图 5.7 可看出，当消费者购买力方差为 100 时，最高市场占有率下，市场集中度先下降，后出现波动，并最后稳定于 20%左右，最低市场占有率下，市场集中度先上升，后稍有下降，并最后稳定于 3%左右。当消费者购买力方差为 200 时，最高市场占有率下，市场集中度先出现波动，最后稳定于 16%左右，最低市场占有率下，市场集中度先上升，后稍有下降，并最后稳定于 5%左右。当消费者购买力方差为 300 时，最高市场占有率下，市场集中度先出现波动，最后稳定于 23%左右，最低市场占有率下，市场集中度先大幅上升，后下降并最后稳定于 3%左右。

综上，可以得到，当消费者购买力差异由 100 变为 200 时，市场集中度有所下降，主要是因为此时消费者在进行购买决策时，选择更加多样化，从而导致制造商间的销售量差异不大，市场集中度下降。由图 5.7(c)可知，当消费者购买力差异增至 300 时，市场集中度有所上升，主要是因为尽管消费者的选择更加多样化，但制造商更注重自身利润最大化，会选择制造绿色度水平高的产品来满足购买力强的消费者需求，这样就导致了大量消费者去购买低绿色度水平的产品，从而市场集中度提高。

5.2.2.4 产业发展的利润水平演化分析

图 5.8 描述了消费者不同购买力方差情景下制造商平均利润演化趋势。

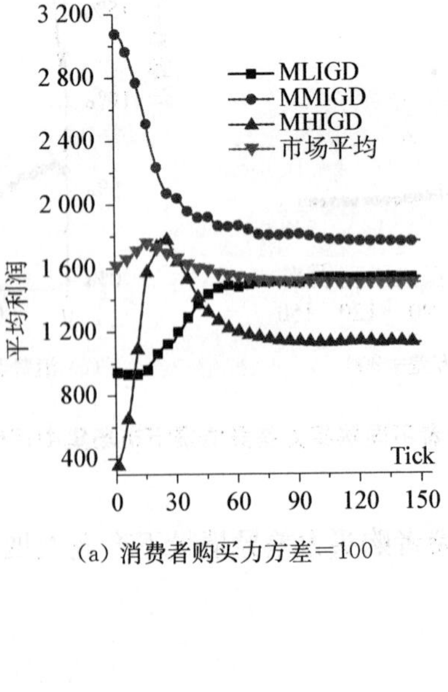

(a) 消费者购买力方差=100

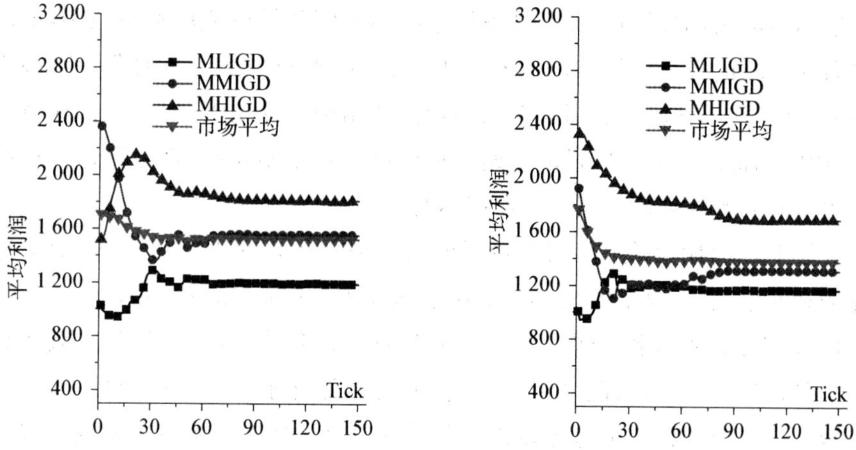

(b) 消费者购买力方差=200　　(c) 消费者购买力方差=300

图 5.8　消费者不同购买力方差情景下制造商平均利润演化分析

由图 5.8 可知，当消费者购买力方差为 100 时，市场平均利润先增加后降低并趋于稳定，高绿制造商的利润先快速增加后又降低，并逐渐趋于稳定，中绿制造商的利润开始的时候快速降低，后逐渐趋于稳定，低绿制造商的利润先增加，再降低，最后趋于稳定。当消费者购买力方差为 200 时，市场平均利润不断降低并趋于稳定，高绿制造商的利润先快速增加后又降低，并逐渐趋于稳定，中绿制造商的利润开始的时候快速降低，后又出现波动，最后较于波动前有所增加并趋于稳定趋势，低绿制造商的利润先增加，后又稍有波动，最后较于波动前有所降低并趋于稳定趋势。当消费者购买力方差为 300 时，市场平均利润不断降低并趋于稳定，高绿制造商的利润逐渐降低并最终趋于稳定，中绿制造商的利润开始的时候快速降低，后又增加并趋于稳定趋势，低绿制造商的利润逐渐增加并趋于稳定趋势。当消费者购买力方差为 100 和 200 时，中绿制造商的初始利润最高并高于市场平均利润，低绿制造商次之，高绿制造商最低，且这两者的利润都低于市场平均利润。当消费者购买力方差为 300 时，高绿制造商的初始利润最高，中绿制造商次之，且这两者的利润都高于市场平均利润，低绿制造商最低且低于市场平均利润。

当消费者购买力方差由较小变为中等，高绿制造商的利润初始值和最终值不断增大，中绿制造商产品销售量的初始值和最终值均不断减小，低绿制造商产品销售量的初始值不断增大，最终值不断减小。当消费者购买力方差由中等变为较大，高绿制造商的利润初始值不断增大，但最终值保持不变；中绿制造商产品销售量的初始值和最终值均不断减小，低绿制造商产品销售量的初始值和最终值几乎保持不变。

综上，我们可以得出，当消费者购买力方差由较小变为中等，高绿制造商的利润增大，主要是因为其产品绿色度提高，单位产品利润增加，销售量也增大，因此，利润水平增大。中绿制造商的利润减小，主要是由于其销售量下降，尽管其产品绿色度水平提高，但还是弥补不了销量的降低，因此利润减少。当消费者购买力方差由中等变为较大，由于高绿制造商的高绿色度水平和高销量，其利润依旧保持高水平状态。中绿制造商的利润由于销售量的快速下降，其利润仍然减小。

进一步可知，当消费者购买力差异不大时，销售量与企业需求量越接近的企业的利润越大。当消费者购买力差异较大时，消费者进行购买决策时的选择更加分散，因此会导致与需求量相接近的企业销售量逐渐下降，从而利润减小，而高绿制造商由于较高的销售量和绿色度水平，使得其利润增大。

第6章

推进区域绿色发展的路径选择

各个区域的绿色发展水平决定了我国整体的绿色发展水平，若想进一步改善我国的绿色发展现状并且找到符合中国实际情况的绿色发展途径，首先需要对各区域的绿色发展水平有一定的了解。本章采用绿色全要素生产率的测算方法对不同区域的绿色发展水平进行了科学地测度；其次，以绿色发展较为成功的长三角地区为研究对象，构建了区域创新驱动绿色发展计算实验模型，在不同情景下利用计算实验演化模拟分析，探索推动区域绿色发展的可行路径；最后根据实验结果，对推动区域绿色发展需要重视的相关因素进行了总结，为推进区域绿色发展的路径选择提供理论依据。

6.1 我国区域绿色全要素生产率特征及差异研究

自改革开放以来，中国经济进入高速发展时期，取得了一系列令世界瞩目的成就。一方面，我国经济水平的高速增长彰显了中国实力，提高了中国在国际社会的地位和影响力；另一方面，我国在创造巨大的经济红利的同时，国民的生活质量水平也上升到了一个新的高度。然而，我国经济的快速增长也让生态环境进入了超负荷运转状态，生产要素的大规模投入和政府主导型投资是中国经济增长的主要动力，环境污染和资源不足是粗放型的增长模式的必然结果，这与可持续发展的主旨是不符合的。“先污染、后治理”的发展道路已有前车之鉴，这种方法是行不通的。为了找到符合中国国情的可持续发展道路，改变过去粗放型发展模式，走资源节约型道路，一系列政策颁布的目的是为我国经济发展遵循“创新发展、协调发展、绿色发展、开放发展和共享发展”这个新发展理念提供坚实的保障。绿色发展与可持续发展在本质上有着高度的一致性，都是要求在经济发展的同时，坚持生态友好，让经济和生态环境能够兼容并进。为了发展经济牺牲生态环境或因保护生态环境而放弃发展都是不符合绿色发展的根本思想，同样也不符合我国发展的实际情况。绿色发展是在可持续发展的基础上提出了更高更好的要求，是对可持续发展本质要求的进一步阐释。目前，如何恰当地把握资源、环境与经济发展之间的关系，使得经济发展为环境保护提供基础，同时良好的环境能够为经济发展提供动力是我国推进绿色发展最迫切需要解决的问题。为了对我国目前的绿色发展水平有一个准确、直观的认识，选取一种科学且准确的测量方法是进行中国绿色发展现状评价分析的第一步。

全要素生产率(Total Factor Productivity, TFP)，作为测量经济发展水平和动力的关键指标，国内外学者都对其测量方法进行了大量的探索和应用，主要原因在于全要素生产率分析方法稳定性高，测量结果可信度高。新增长理论认为从总量生产函数角度来看，要素积累与全要素生产率的提高是经济增长的主要源泉。同时"技术进步"是增长的核心，而这种"技术进步"就是关于如何提高全要素生产率(郑宝华和谢忠秋，2011)。关于全要素生产率的使用，国内外学者有着丰富的研究成果。罗植(2019)把全要素生产率作为衡量标准，利用索洛余值法对京津冀地区发展水平进行了测算。刘志彪和凌永辉(2020)利用全球多国经济增长的面板数据，对全要素生产率与结构转换之间的关系进行了研究。叶锋等(2020)通过中国多个省份数据资料实证研究了农村产业融合发展对农业的全要素生产率的影响及其作用机制。Bournakis & Mallick(2017)对英国上千家制造企业建立全要素生产率的追赶模型，研究其中公司税收的影响作用，为英国生产力难题中尚未探索的财政方面提供了新的见解。Wei et al.(2019)考虑工业企业数据库的非期望输出和熵权法，利用全要素生产率对集聚效应进行了估算，并分析了集聚与全要素生产率之间的关系。通过国内外学者的研究不难发现，全要素生产率用来作为衡量研究对象发展水平的测量工具是非常适合的，进一步地，还可以对其中某些具体影响因素的作用机制进行研究。

在全要素生产率分析与测算中，有学者认为需要将资源和环境要素同时考虑到，提出了绿色全要素生产率(Green Total Factor Productivity, GTFP)，即考虑了能源消耗和污染物排放的投入产出效率。它是在原有生产率的基础上综合资源利用和环境损失之后获取的"绿色"生产率，能够全面系统反映地区绿色经济的综合竞争力。因而，绿色全要素生产率是绿色发展的关键因素，提高绿色全要素生产率是绿色发展的核心。因为绿色全要素生产率更加体现了环境方面的影响因素，所以很多学者也将其视为研究重点。如兰梓睿和孙振清(2020)基于数据包络分析模型与方向性距离函数，把轻工业碳排放量作为非期望产出纳入全要素生产率模型，对绿色全要素及其分解进行了研究。Cheng et al.（2020）使用全球 Malmquist-Luenberger 指数来衡量绿色全要素生产率并实证分析了自然资源丰度和资源行业依赖对绿色全要素生产率的影响及其传播机制。Peng et al.（2020）采用 Malmquist 指数、空间自相关分析和收敛分析对中国多个地级市及以上城市的绿色全要素生产率进行了分析。本书拟采用 2003 至 2017 年中国省际面板数据，将全国 30 个省份分为两大区域、三大区域和四大区域，运用基于方向性距离函数的 Malmquist-Luenberger 生产率指数对考虑能源消耗和环境污染的省级绿色全要素生产率及其来源进行了估算，据此比较分析不同区域绿色经济增长的异质性特征。

6.1.1　研究方法及数据变量

Malmquist-Luenberger(简称为 ML)生产率指数是一种动态分析生产率的有效工具，可以分析每个决策与生产边界的相对位置和向生产边界移动的情况。Chung et al. (1997)通过构建基于方向性距离函数的 ML 生产率指数，将其延伸为可以测度包含环境因素的 ML 生产率指数。ML 生产率指数可以定义为式(6.1)：

$$ML_t^{t+1}=\left[\frac{1+\vec{D}_0^t(x^t,\ y^t,\ z^t;\ y^t,\ -z^t)}{1+\vec{D}_0^t(x^{t+1},\ y^{t+1},\ z^{t+1};\ y^{t+1},\ -z^{t+1})}\times\frac{1+\vec{D}_0^{t+1}(x^t,\ y^t,\ z^t;\ y^t,\ -z^t)}{1+\vec{D}_0^{t+1}(x^{t+1},\ y^{t+1},\ z^{t+1};\ y^{t+1},\ -z^{t+1})}\right]^{\frac{1}{2}} \tag{6.1}$$

ML 指数可以进一步分解为技术进步指数 $MLTECH_t^{t+1}$ 和效率改进指

数 $MLEFFCH_t^{t+1}$ 两部分，见式(6.2)、(6.3)和(6.4)：

$$ML_t^{t+1} = MLTECH_t^{t+1} \times MLEFFCH_t^{t+1} \tag{6.2}$$

$$MLTECH_t^{t+1} = \left[\frac{1+\vec{D}_0^{t+1}(x^t, y^t, z^t; y^t, -z^t)}{1+\vec{D}_0^t(x^t, y^t, z^t; y^t, -z^t)} \times \frac{1+\vec{D}_0^{t+1}(x^{t+1}, y^{t+1}, z^{t+1}; y^{t+1}, -z^{t+1})}{1+\vec{D}_0^t(x^{t+1}, y^{t+1}, z^{t+1}; y^{t+1}, -z^{t+1})}\right]^{\frac{1}{2}} \tag{6.3}$$

$$MLEFFCH_t^{t+1} = \left[\frac{1+\vec{D}_0^{t+1}(x^t, y^t, z^t; y^t, -z^t)}{1+\vec{D}_0^{t+1}(x^{t+1}, y^{t+1}, z^{t+1}; y^{t+1}, -z^{t+1})}\right] \tag{6.4}$$

6.1.2 数据来源与变量选取

考虑到数据的可得性与时效性，选取了 2003 年为起始年份，选择 2017 年为截止年份，选择了 15 年的样本数据，即以 2003—2017 年为考察区间。参考尹传斌与蒋奇杰(2017)的测算方法，将研究对象分为中国 30 个省际经济单元，以人力资本存量、物质资本存量、能源消耗量为投入指标；以地区生产总值为期望产出指标；以工业二氧化硫排放量、工业废水排放量、工业固体产生量为非期望产出指标。基础数据来源于《中国统计年鉴》、《中国能源统计年鉴》和《中国环境统计年鉴》以及各省的统计公报，个别省份少数年份缺失数据采用滑动平均或指数平滑进行补全。

此外，由于区域经济差异在不同的空间层次上表现出的特征不同，不同空间尺度选择标准下的 GTFP 测度结果往往存在一定差异性，故相关测算结果参照杨骞和刘华军(2014)的做法将 30 个省份划分为两大区域、三大区域和四大区域。两大区域，分为东部沿海和内陆地区，沿海地区包括北京、天津、河北、辽宁、山东、江苏、浙江、上海、福建、广东、海南，其他省份为内陆地区。三大区域，东部地区包括北京、天津、河北、辽宁、山东、江苏、上海、福建、广东、海南、广西，中部地区包括山西、内蒙古、吉林、黑龙江、安徽、江西、河南、湖北、湖南，西部地区包括重庆、四川、贵州、云南、陕西、甘肃、青海、宁夏、新疆。四大区域，东北地区包括吉林、黑龙江和辽宁，东部地区包括北京、天津、河北、上海、江苏、浙江、福建、山东、广东、海南，中部地区包括山西、安徽、江西、河南、湖北、湖南，西部地区包括内蒙古、广西、重庆、四川、贵州、云南、陕西、甘肃、青海、宁夏、新疆。多种空间尺度的选择有助于从多个层面更加全面地探究资源环境双重约束下中国 GTFP 增长的区域异质性。

首先，在投入方面，综合考虑资本、劳动、能源三种要素投入。其中资本存量可用固定资产投资进行表示，因为数据包络分析法只考虑各决策单元的效率值，不需要对固定资产投资进行额外的处理。劳动投入采用年末就业人数表示。能源投入，则选取各省份能源消费总量作为能源投入指标。

其次，在产出方面，由期望产出和非期望产出两类组成。其中期望产出选择各省、市、自治区的生产总值表示，统一以 2003 年不变价格为基准价格进行换算得到各地区实际生产总值。关于非期望产出，为更全面地考虑环境污染因素，选择二氧化硫排放量、工业废水排放总量、工业固体废物产生量为非期望产出指标。

最后运用 MaxDEA 7 软件计算了 2003—2017 年间中国考虑资源环境因素的绿色全要素生产率、绿色技术效率(Geffch)、绿色技术进步(Gtechch)，同时，为了与不包含环境污染的传统全要素生产率进行比较，计算了传统全要素生产率及其分解。

6.1.3 测算结果及分析

6.1.3.1 全国绿色全要素生产率总体特征分析

根据以上投入产出数据，利用 ML 生产率指数测算中国 2003 年至 2017 年历年 Malmquist-Luenberger 指数及其分解指标数据，具体结果如表 6.1 所示。

表 6.1　2003—2017 年中国历年 Malmquist-Luenberger 指数及其分解

年　份	绿色全要素生产率			传统全要素生产率		
	Geffch	Gtechch	GTFP	effch	techch	tfp
2003—2004	0.938	1.025	0.961	0.977	0.987	0.964
2004—2005	0.946	1.029	0.933	0.971	1.012	0.946
2005—2006	0.954	1.075	0.956	0.966	1.041	0.951
2006—2007	0.952	1.078	0.98	0.951	1.069	0.966
2007—2008	0.944	1.122	1.016	0.977	1.030	0.971
2008—2009	0.958	1.100	1.056	0.932	1.080	0.976
2009—2010	0.955	1.224	1.235	0.954	1.076	1.002
2010—2011	0.929	1.184	1.317	0.951	1.092	1.040
2011—2012	0.993	1.127	1.459	0.966	1.092	1.098
2012—2013	0.988	1.151	1.638	1.001	1.149	1.261
2013—2014	0.991	1.084	1.721	1.004	1.068	1.343
2014—2015	1.045	1.067	1.874	1.021	1.062	1.448
2015—2016	1.081	1.251	2.430	1.034	1.017	1.504
2016—2017	0.995	1.048	2.521	1.014	1.038	1.580
均　值	0.976	1.112	1.436	0.980	1.058	1.146

第一，中国绿色全要素生产率的变化趋势不是简单上升或者下降，而是处于复杂的变化状态。从表 6.1 可以看到，2003—2017 年中国 GTFP 的平均值是 1.436，表明 GTFP 是处于一个向好方向发展的状态的，全国的 GTFP 年平均增长率为 8%。从纵向时间序列来看，在 2003 年至 2007 年时，GTFP 增长缓慢，分析其原因可能在于本世纪初中国加大了工业的发展力度，同时加快了城市化的进程，工业化程度加大，政府主导投资的大规模基础设施建设极大地带动了高排放、高污染行业等资源环境密集型行业快速发展，给环境保护带来了极大的压力，给 GTFP 的提高带来了消极作用；2008 年至 2010 年，由于受到全球金融危机的影响，为了保护我国的经济不受到较大的冲击，稳定经济增长受到更大程度上的重视，但此期间对生态环

境确实造成不小的负面影响，所以这期间的 GTFP 虽然是增长的，但增长速率是下降的，2007 年以后实现 GTFP 大于 1，并保持稳定增长的趋势，分析其原因在于我国“十一五”规划明确了具体的能源消耗要求，限定了对环境有污染排放物的排放标准，通过行政手段进行了强制约束以及《中国应对气候变化国家方案》、《中华人民共和国环境保护法》等一系列环境保护法为生态环境保驾护航，为 GTFP 实现较快的增长提供了有力的保障。张娟等(2019)的研究也证明了政府会根据经济发展和环境目标选择环境规制系数。

第二，绿色全要素生产率高于传统全要素生产率。在考察的时间区间内，GTFP 整体上是高于 TFP 值。这样的结果说明，国家的节能减排政策得到了较好的执行，同时兼顾了经济发展环境污染治理。另外，由表 6.1 可以看出，绿色技术进步指数一直比传统的技术进步指数高，而传统技术效率指数在整体上却高于绿色技术效率指数，这说明 GTFP 高于 TFP 的重要影响因素是绿色技术进步指数。

关于绿色全要素生产率(GTFP)、绿色技术效率(Geffch)、绿色技术进步(Gtechch)的变化趋势如图 6.1。

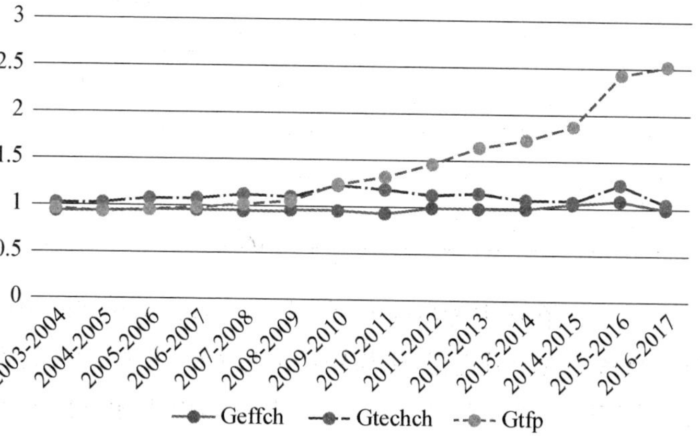

图 6.1 绿色全要素生产率及其指数分解

6.1.3.2 绿色全要素生产率的省际差异分析

为了更好地看出各省绿色全要素生产率的差异，根据前期收集的投入产出数据，利用ML生产率指数测算中国30个省份的绿色全要素生产率，并对指数进行分解以便进一步考察效率来源。计算结果如表6.2所示。

表6.2 2003—2017年中国30个省份绿色全要素生产率指数及其分解

地区	ML effch	ML techch	ML	地区	ML effch	ML techch	ML
北京	0.999	1.010	1.009	湖北	0.967	1.11	1.068
天津	1.026	1.034	1.041	湖南	0.966	1.118	1.083
河北	0.959	1.122	1.078	广东	0.955	1.085	1.016
山西	0.98	1.178	1.148	广西	0.960	1.148	1.107
内蒙古	0.989	1.139	1.121	海南	0.944	1.171	1.004
辽宁	1.107	1.056	1.071	重庆	0.992	1.101	1.095
吉林	0.978	1.099	1.072	四川	0.975	1.122	1.095
黑龙江	0.958	1.092	1.011	贵州	0.965	1.214	1.181
上海	1.003	1.011	1.014	云南	0.954	1.156	1.106
江苏	0.950	1.076	1.020	陕西	0.965	1.142	1.105
浙江	0.984	1.102	1.043	甘肃	0.966	1.177	1.143
安徽	0.958	1.135	1.088	青海	0.947	1.082	1.024
福建	1.047	1.067	1.014	宁夏	0.965	1.075	1.038
江西	0.967	1.129	1.091	新疆	0.936	1.173	1.108
山东	0.970	1.098	1.064	几何均值	0.976	1.111	1.070
河南	0.958	1.130	1.083				

由表6.2可知，在样本考察期内，全国30个省份考虑能源消耗与环境污染的GTFP指数出现上升趋势，平均增长率为7%，其中，绿色技术效率与绿色技术进步年均增长率分别为－2.4%、11.1%，由于绿色技术进步的上升幅度大于绿色技术效率下降幅度故导致GTFP的正向增长。这可能是由于本世纪初，中国与国际合作程度加深，吸引了大量外国投资进入中国市场，而FDI有助于先进的技术水平在中国传播，通过引进吸收国外先进技术，降低技术因素对GTFP影响，通过学习国外先进技术，中国的技术进步率实现稳步增长，代表创新能力的技术进步将绿色生产水平提升而推动GTFP稳

定增长。从各个省份看 GTFP 指数增长率指数，可见大部分省份的 GTFP 的增长主要来源于绿色技术进步，但是绿色技术进步比较缓慢。另外，全国 30 个省份在考察期内的平均 GTFP 指数都超过了 1，表明过去以牺牲环境为代价的粗放式发展方式得到了有效的改善。

6.1.3.3 绿色全要素生产率的区域差异分析

我国不同省份之间经济发展水平、经济结构和资源禀赋存在各自的特点，GTFP 增长也可能显示出较大的差异性，GTFP 测度结果在选择不同的空间尺度标准下往往也存在一定的差异性，因此分析中国 GTFP 增长的地区异质性有利于考察不同区域划分尺度下的 GTFP 动态变化趋势。表 6.3 给出了不同区域划分尺度下的 ML 生产率指数测算结果。

表 6.3 GTFP 指数在不同空间尺度下的测度结果

年份	全国	两大区域		三大区域			四大区域			
		东部沿海	内陆地区	东部	中部	西部	东北部	东部	中部	西部
2003—2004	0.961	0.971	0.955	0.97	0.937	0.973	0.925	0.986	0.917	0.972
2004—2005	0.97	0.986	0.961	0.98	0.963	0.965	0.922	0.994	0.963	0.966
2005—2006	1.025	1.063	1.003	1.056	0.991	1.017	1.017	1.065	0.973	1.019
2006—2007	1.026	1.047	1.013	1.040	1.028	1.004	1.033	1.047	1.009	1.013
2007—2008	1.037	1.027	1.043	1.025	1.050	1.040	1.086	1.015	1.046	1.039
2008—2009	1.039	1.037	1.040	1.036	1.068	1.015	1.073	1.028	1.071	1.022
2009—2010	1.170	1.124	1.196	1.115	1.386	1.026	1.294	1.059	1.367	1.129
2010—2011	1.066	1.010	1.099	1.023	1.125	1.065	1.039	1.010	1.167	1.070
2011—2012	1.108	1.018	1.160	1.022	1.176	1.155	1.188	1.018	1.169	1.135
2012—2013	1.123	1.024	1.179	1.124	1.119	1.125	1.029	1.025	1.166	1.213
2013—2014	1.051	1.016	1.071	1.016	1.015	1.133	1.009	1.017	1.017	1.111
2014—2015	1.088	1.073	1.097	1.069	1.023	1.181	1.021	1.079	1.023	1.151
2015—2016	1.297	1.050	1.440	1.056	1.270	1.644	1.061	1.052	1.373	1.542
2016—2017	1.037	1.029	1.042	1.029	1.037	1.049	1.023	1.028	1.048	1.045

从区域层面出发，在两大区域中，东部沿海地区GTFP指数在起点上是高于内陆地区的，主要原因在于东部沿海地区大多数为经济发达省份，不仅内部的研发经费投入、环境技术进步和高技术产业增长等方面，而且外部具有技术进步外溢效应的国家贸易、FDI和无形技术等方面都能比内陆地区占到先机。而内陆地区在最初阶段的发展方式是以资源密集和劳动密集型产业为主，这就造成了内陆省份的经济水平虽然得到了发展，但是绿色经济却发展得较慢。

在三大区域中，从整体的数据趋势分析，在2010年之前，GTFP增长率呈现出东中西依次减小，即东部地区的GTFP增长率高于中部与西部，中部地区比西部地区高，也说明了西部地区的发展特征是粗放型发展，经济增长质量不高，资源环境问题明显。在2010年后，一方面中国政府关于环境管控出台了严格的政策文件，另一方面，西部地区引入绿色技术作为绿色发展提供支持，西部地区的GTFP开始有了良好的增长表现。

在四大区域中，从前期阶段的整体上看，东部地区的GTFP比其它三个区域要高，并且从前后整个考察期的数据可以看出，东部地区的GTFP是稳定增长的，经济发展与环境保护处于平衡状态，东部地区的经济发展已经是绿色发展为主的发展方式。东北部地区由于是老工业基地，其长久以来的发展方式限制了绿色经济的发展，GTFP增长相对缓慢。另一方面，中西部地区虽然起步较晚，但是绿色发展技术的引入却为GTFP的快速发展注入了新的动力，同时，政府的环境保护文件对西部地区的粗放式发展起了有效的规制作用。

对上述结论进行综合分析可以看出，无论是从各个省份的层面还是从不同区域层面来分析绿色全要素生产率的增长情况，东部经济发达省份都是优于中西部欠发达省份的，不同区域绿色发展水平表现出显著的异质性特征。

6.2 创新驱动长三角区域绿色发展的实现路径

区域经济社会发展以资源环境承载力为约束，以政府绿色支撑力为保障，以产业绿色发展力为绩效，是一个涵盖生态、自然资源、环境、人类生活、社会经济等多维度的复杂系统。本部分在实证比较各省份绿色全要素生产率时空差异的基础上，以具有制度厚度的长三角一体化发展示范区为背景，基于多智能体建模技术，构建长三角地区（上海市、江苏省、浙江省、安徽省）创新驱动绿色发展计算实验模型，通过多情景下的演化模拟分析，探索推动区域绿色发展的可行路径。

6.2.1 模型背景

长三角地区是中国经济最发达、最活跃的地区，具有成熟的产业体系，规模效益明显，为我国经济总量做出了不小的贡献，约占到中国GDP的五分之一，且年增长率在我国也处于领先地位，创新示范区带动效果明显，为中国在国际竞争中取得优势提供了支持，同时为经济、科技、社会发展提供了强劲的动力。在科技创新实力方面，长三角地区科教与创新资源丰富，拥有普通高等院校300多所，R&D人才资源丰富，占全国总数的近15%，年研发经费支出和有效发明专利数均占全国的30%左右(许斌丰，2018)。长三角区域把高端人才的吸收与先进科技及标准的消化等创新要素放在发展的首位，结合自身地区较为发达的加工能力，更加注重产品科技价值的附加，促进高技术绿色产业发展。

同时，由于长三角地区三省一市的区域创新发展模式各有特点，且值得注意的是，区域之间并不是孤立发展，在经济发展方面有着相互促进的客观事实，体现了异质、互补的属性，所以该地区的协同创新建设进程遵循的是水到渠成的客观规律，长三角区域创新体系建设联席会议制度也为进一步推进区域融合发展提供了有力支持，也有利于厘清长三角地区各区域主体进行协作时各自的责任，为区域创新发展提供了更好的条件。设计完备的区域协同机制有助于各区域主体开展更深层次的科技合作以及自主创新能力的培养，打造国际一流的区域创新系统使其在国际上更具竞争力。在政策方面也有诸多的支持，涉及知识产权、人才、科研、金融等多方面，有一系列明确的政府文件提供支撑。提供更完备的地区创新环境，加大完善创新协同相关制度的力度，进一步改善长三角地区协同创新的形势，提高其协同创新水平是长三角地区向前发展的重要战略。2006—2018年长三角地区三省一市创新政策制定情况如图6.2所示。

由图6.2可见，2006年后，长三角地区三省一市出台了更多与创新相关的政策，尤其是在2012年我国确定走创新驱动的发展道路后，越来越多的创新政策开始发挥作用，其涉及的范围也从单一的创新政策，发展为以创新政策为中心，多维度辅助政策进行补充，打造全面区域创新政策体系。2019年国家发展改革委员会对外发布《长三角生态绿色一体化发展示范区总体方案》，绿色创新日益成为培育长三角发展新动能的战略支点。然而，现有政策中区域绿色发展与创新发展一体化协同的政策体系尚不完善，主要表现为区域经济发展中的各种现实行政分割，包括地区之间绿色发展的标准不统一，环境污染的责任界定不清，无法明确界定环境保护的利益等，这样的结果就造成了各地区在环境保护和绿色发展的执行上陷入闭门造车的不良

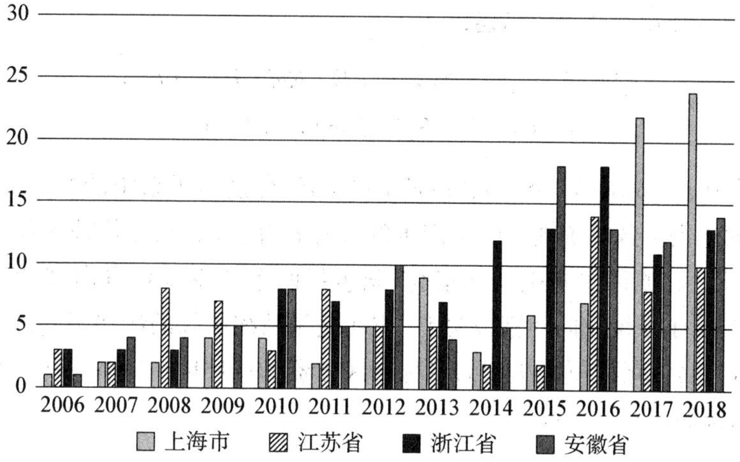

图 6.2　2006—2018 年长三角地区三省一市创新发展政策制定情况

（资料来源：许斌丰. 技术创新链视角下长三角三省一市区域创新系统协同研究[D]. 中国科学技术大学 2018.）

循环，延缓了区域绿色发展的进程。

基于此，本部分运用社会科学计算实验方法，在实证研究的基础上，基于历史数据归纳不同政策情景下的区域经济发展响应机制与规律，构建区域绿色发展计算实验模型，从长三角区域一体化绿色发展的政策协同视角出发，模拟不同政策协同情景下区域绿色发展的演化过程，探索推进区域绿色发展的可行路径。

6.2.2　区域绿色发展子系统解析

区域绿色发展系统是区域资源子系统、环境子系统、经济子系统、社会子系统等构成的综合系统。该区域资源—环境—经济—社会系统耦合是由三个层次的系统耦合发展形成的：(1)单个子系统内部耦合协调发展；(2)两个子系统之间的耦合协调发展；(3)各个系统之间的耦合协调发展。三个层次的系统之间存在相互影响、相互依赖和相互作用等多种形式的影响机制，多个主体在互相作用下就形成了一个具有自身特色、组成和功能的综合系统，其可以使用下述等式描述：

$$MCS \in \{S_1, S_2, S_3, S_4, Rel, Rst, Ob\}, \quad S_i \in \{E_i, C_i, F_i\}, i=1, 2, 3, 4 \tag{6.5}$$

其中，S_i 表示第 i 个子系统；E_i，C_i，F_i 分别指子系统的特点、结构和功能；Rel 表示各系统耦合中所产生的各种相互影响、相互依赖和相互作用的耦合联系，被称作系统耦合集合，既包括四个子系统各自内部的耦合关系；也包括子系统之间的耦合关系。Rst 是子系统面临的诸多限制形成的集合，Ob 指各子系统所要达到的目标。区域资源—环境—经济—社会系统的耦合结构如图 6.3 所示。

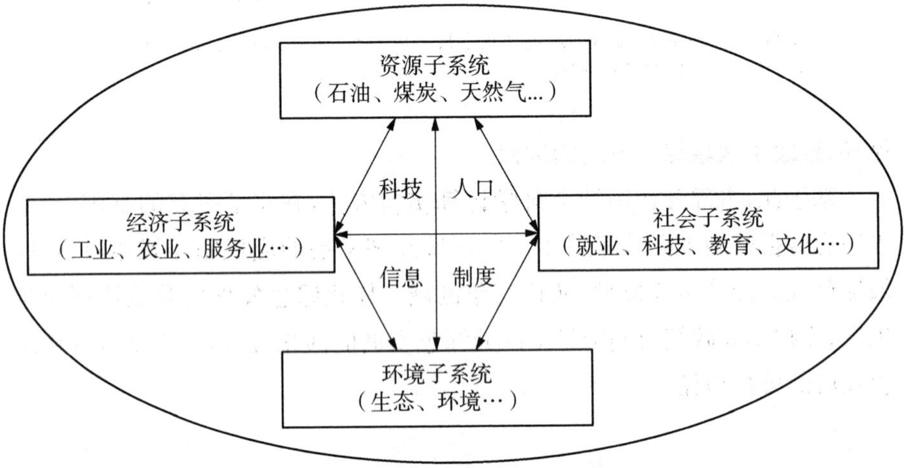

图 6.3　区域资源—环境—经济—社会系统的耦合结构

（资料来源：杨玉珍. 中西部地区生态—环境—经济—社会耦合系统协同发展研究[M]. 中国社会科学出版社，2014.）

区域资源—环境—经济—社会系统不仅是由各种资源、环境、经济、社会系统构成，还有技术（水平）部分、各种形态的自然资源组成部分、各种技能劳动力组成部分、各种金融资本和社会资本相互影响、相互作用和相互依赖构成，是其实际上发挥作用的最基本的子系统。其中，劳动力（人口）子系统是区域系统耦合的主体，（自然）资源子系统是区域资源经济系统耦合的基础,信息和技术(水平)子系统则是区域资源系统耦合的重要桥梁,各种金融资本和社会资本形成的系统是区域系统耦合中间影响物(陈燕,2018)。子系统内部协调发展,各子系统之间也要协调发展才能满足区域绿色发展的基本要求,体现了各子系统内部和子系统之间发展的系统性、协调性、收益性和持续性。以资源与经济两个子系统的耦合关系为例,两者之间协调发展的有效函数在区域绿色发展的系统中可表示为:

$$\begin{cases} \theta_e^0(A/B) = \min(\theta_e(A/B)) \\ s.t. \sum_{j=1}^{n} x_{Aj}\gamma_{A/Bj} + s^- = x_{A0}\sigma_e(A/B) \\ \sum_{j=1}^{n} y_{Bj}\gamma_{A/Bj} - s^+ = y_{B0} \\ \forall \gamma_{A/Bj} \geqslant 0,\ j=1,\ 2,\ \cdots,\ n;\ s^+ \geqslant 0;\ s^- \geqslant 0 \end{cases} \tag{6.6}$$

式中 $\theta_e^0(A/B)$ 表示资源子系统 A 对经济子系统 B 的协调发展效度。资源、环境、经济、社会四个子系统的协调效度、发展效度和协调发展效度计算公式表示为式(6.7)、(6.8)和(6.9):

$$X_e(1,\ 2,\ \cdots,\ k) = \frac{\sum_{i=1}^{4} X_e(i/\bar{\imath}_{k-1}) \times X_{ek-1}(i/\bar{\imath}_{k-1})}{\sum_{i=1}^{4} X_{ek-1}(\bar{\imath}_{k-1})} \tag{6.7}$$

$$Z_e(1,\ 2,\ \cdots,\ k) = \frac{\sum_{i=1}^{4} Z_e(i/\bar{\imath}_{k-1}) \times Z_{ek-1}(i/\bar{\imath}_{k-1})}{\sum_{i=1}^{4} Z_{ek-1}(\bar{\imath}_{k-1})} \tag{6.8}$$

$$F_e(1,\ 2,\ \cdots,\ k) = Z_e(1,\ 2,\ \cdots,\ k)/X_e(1,\ 2,\ \cdots,\ k) \tag{6.9}$$

其中 X_e、Z_e、F_e 分别指四个子系统的协调效度、协调发展效度和发展效度,$k=4$,$\bar{\imath}_{k-1}$ 指单个子系统 i 以外其他任何 $k-1$ 个子系统不同形式的集合,公式 $Z_{ek-1}(\bar{\imath}_{k-1})$ 指 $k-1$ 个子系统相互之间的协调发展效度,公式 $Z_{ek-1}(i/\bar{\imath}_{k-1})$ 指子系统 i 与其他任何 $k-1$ 个子系统的协调发展效度。

6.2.3 区域绿色发展系统模型

在实证研究的基础上,将影响绿色全要素生产率的因素归纳为区域资源环境承载能力、绿色发展保障能力、地区绿色发展能力、地区创新发展能力四个维度，以 2010—2017 年的实证数据为依据，各维度的要素构成及计算关系定义如下：

(1) 区域资源环境承载能力：包括自然资源变量(水资源、土地资源、森林覆盖率、生态适应性等)、人口承载力、环境资源变量(包括工业废气中污染物的相对排放量、废水排放量等)，资源环境承载力是区域绿色发展的关键约束因素。由于演化模拟主要是对未来的环境承载力进行估计，传统计算区域资源环境承载力方法并不适用，本部分采用资源环境容量来衡量区域资源环境承载力大小。函数关系为式(6.10)：

$$B_t = f_b(Sou_t^i,\ Pep_t, Env_t^j) \tag{6.10}$$

其中，B_t 为 t 年度该区域的资源承载能力，Sou_t^i 为 t 年度 i 类自然资源的存量，Pep_t 为 t 年度的人口总量，Env_t^j 为 t 年度 j 类环境资源的存量，上述变量的取值均为以 2010 年为基期的相对值。

(2) 地区绿色发展能力：对区域经济绿色发展能力的表征，包括地区生产总值、单位产值能耗、单位产值污染物排放量等，函数关系为式(6.11)：

$$G_t = f_g(Gdp_t^i,\ Eng_t^i,\ Pol_t^i) \tag{6.11}$$

其中，G_t 为 t 年度该区域的绿色发展能力，Gdp_t^i，Eng_t^i，Pol_t^i 分别为 t 年度 i 类产业的地区生产总值、单位产值能耗、单位产值污染物排放量，取值均为以 2010 年为基期的相对值。

(3) 地区创新能力：对区域经济绿色发展潜力的表征，包括科技水平(科技人才、研发机构、专利数量等)、劳动力、可投入研发资金等，函数关系为式(6.12)：

$$N_t = f_n(Tec_t,\ Lab_t,\ Fin_t) \tag{6.12}$$

其中，N_t 为 t 年度该区域的创新发展能力，Tec_t，Lab_t，Fin_t 分别为 t 年度该区域的科技水平、劳动力、可投入研发资金，取值均为以 2010 年为基期的相对值。可投入研发资金与地区 GDP 总量及研发投入力度有关，如式(6.13)：

$$Fin_t = \sum Gdp_t^i \times \propto_t \tag{6.13}$$

其中，$\propto_t$ 为 t 年度研发投入占 GDP 的比重。由于科研开发与创新活动具有不确定性，研发投入推动科技水平进步需要满足下述条件，如式(6.14)：

$$1-e^{-\theta_w \times Fin_t} \geqslant u(0,\ 1) \tag{6.14}$$

θ_w 是科技进步的速度控制参数，u 随机分布在(0, 1)之间，反映了创新活动的不确定性。如果上述条件满足，表明研发投入的创新活动取得一定成果，科技水平得到提升，即有式(6.15)—(6.18)：

$$Tec_t = Tec_{t-1} + \theta_{e1} \times u(0,\ 1) \times (Tec_{max} - Tec_{t-1}) \tag{6.15}$$

$$Gdp_t^i = Gdp_{t-1}^i + \theta_{e2} \times u(0,\ 1) \times (1-\rho_t) \times (Gdp_{max} - Gdp_{t-1}) \tag{6.16}$$

$$Eng_t^i = Eng_{t-1}^i - \theta_{e3} \times u(0,\ 1) \times \rho_t \times (Eng_{t-1} - Eng_{min}) \tag{6.17}$$

$$Pol_t^i = Pol_{t-1}^i - \theta_{e4} \times u(0,\ 1) \times \rho_t \times (Pol_{t-1} - Pol_{min}) \tag{6.18}$$

θ_{e1}、θ_{e2}、θ_{e3}、θ_{e4} 分别为科技水平、地区生产总值、单位产值能耗、单位产值污染物排放的变化速度控制参数，Tec_{max}、Gdp_{max} 分别为科技水平和地区生产总值的最大极限值(预测年份的地区生产总值近考虑科技进步的贡献部分)，Eng_{min}、Pol_{min} 分别为单位产值能耗和单位产值污染物排放的极限值。ρ_t 分别表示研发活动对环境绩效的重视程度，与区域产业政策相关。

单位产值能耗和单位产值污染物排放改变环境资源变量，函数关系表示为式(6.19)：

$$Env_t^j = f_e\left(\sum (Gdp_t^i \times Eng_t^i),\ \sum (Gdp_t^i \times Pol_t^i)\right) \tag{6.19}$$

劳动力变量与区域经济发展水平和宜居水平相关(资源环境承载能力的函数)，并引起区域人口变化，人口变量、环境资源变量的变化改变地区资源环境承载能力，假定当区域资源环境承载能力达到能够承受的阈值时，区域环境恶化，劳动力流失，科技进步速度 θ_w 下降。

(4) 绿色发展保障能力：用以考量政府、社会、公众等对该地区绿色发展的支持程度，包括基础设施建设、服务保障、信息共享、环境保护与治理等，与提高环境绩效的参数 ρ_t 具有函数关系，如式(6.20)：

$$\rho_t = f_v(V_g, V_s, V_p, V_c) \tag{6.20}$$

其中,V_g、V_s、V_p、V_c 分别代表政府、社会、公众对绿色发展的参与支持程度及相关政策完善程度。

(5) 基于实证数据的规则提取方法

在实证数据分析的基础上,采用概率语言集表达历史数据集的经验规则。具体来说,采用语言集 $S=\{s_0:低, s_1:较低, s_2:一般, s_3:较高, s_4:高\}$ 对 2010—2017 年各年度影响绿色全要素生产率的各项指标数据、区域政策信息数据等进行描述,并归类为区域资源环境承载能力、绿色发展保障能力、地区绿色发展能力、地区创新发展能力四个维度,各维度的综合评价结果采用概率语言集表示为式(6.21):

$$X_{t,i} = \{s_\alpha(p^{(\alpha)}) \mid s_\alpha \in S, 0 \leqslant p^{(\alpha)} \leqslant 1, \alpha = 0, 1, 2\cdots, \tau, \sum\nolimits_{\alpha=0}^{\tau} p^{(\alpha)} = 1\} \tag{6.21}$$

其中 $X_{t,i}$ 为 t 年度各维度指标的综合评价结果,$s_\alpha(p^{(\alpha)})$ 为概率语言变量,是与语言项 s_α 相关的概率 $p^{(\alpha)}$。

历史数据中各年度之间的演化规则表示为:$X_{t-1,i} \rightarrow X_{t,i}$,即在历史数据综合评价结果的基础上,预测年度四个维度发展之间的均衡关系(如绿色发展保障能力现状基础上的预期发展水平)以上期各因素评价结果为依据,从历史数据集中寻找与上期评价结果最接近的可能性。比较规则采用距离测度方法:

假定 $\mathrm{h_s(p)} = \{\mathrm{s_\alpha(p^{(\alpha)})} \mid \alpha = 0, 1, 2\cdots, \tau\}$ 和 $\mathrm{h'_s(p)} = \{\mathrm{s'_\beta(p^{(\beta)})} \mid \beta = 0, 1, 2\cdots, \tau'\}$ 是两个概率语言集,则两者的距离定义为式(6.22):

$$d(h_s(p), h'_s(p)) = \left\{\frac{1}{2}\left(\frac{1}{\tau}\sum_{(\mathrm{s_\alpha(p^{(\alpha)})})} \min_{(\mathrm{s_\alpha(p^{(\alpha)})}) \in \mathrm{h_s(p)}} (\mid \mathrm{f^*(s_\alpha)p^{(\alpha)} - f^*(s'_\beta)p^{(\beta)}} \mid)^{\mathrm{r}} + \frac{1}{\tau'}\sum_{(\mathrm{s'_\beta(p^{(\beta)})})} \min_{(\mathrm{s'_\beta(p^{(\beta)})}) \in \mathrm{h'_s(p)}} (\mid \mathrm{f^*(s'_\beta)p^{(\beta)} - f^*(s_\alpha)p^{(\alpha)}} \mid)^{\mathrm{r}}\right)\right\}^{\frac{1}{\mathrm{r}}} \tag{6.22}$$

其中 f^* 是语义尺度函数,可定义为式(6.23):

$$f(s_\alpha) = \frac{\alpha}{\tau}(\alpha = 0, 1, \cdots, \tau) \tag{6.23}$$

显然，当 $r=1$ 时，式(6.22)简化为海明-豪斯多夫距离。

6.2.4 不同情景下长三角区域绿色发展演化模拟

本部分利用计算实验方法，基于多主体系统（Multi-Agent System，MAS)描述长三角区域社会经济生态系统模型的各子系统和要素及其相互关系。参照刘小峰等(2010)的研究方法，本部分计算实验中所涉及的主体主要有 2 类，一类为反映政府特征和行为的政府主体，一类是反映行业特征和行为的行业主体。此外，系统模型追踪一些变量，主要有经济总量与结构、行业技术水平、环境污染情况等。这些变量是通过相关主体的相互作用关系来体现，子系统及其要素之间的非线性、延迟、反馈循环等导致的主体之间的交互使得系统产生了错综复杂的动态演化。为比较不同情景下区域经济绿色发展的演化路径，设计如下情景进行对比实验：

O：无政策工具干预的市场竞争模式

C：无绿色创新激励的产业集群发展模式

E：绿色创新相关经济政策发展模式，即通过经济激励等手段推动绿色创新

R：区域一体化绿色创新发展模式

基于长三角三省一市的历年统计年鉴和相关调查资料，给出区域绿色发展演化模拟的初始值（以 2018 年的经济、社会、资源、环境情况为基准)，经过计算实验得到不同情景下区域经济、社会、资源、环境的统计演化结果，演化周期设定为 50 年。

(1) 基于市场竞争的区域绿色发展演化模拟

无政策工具干预的市场竞争情景下，各产业根据利润最大化原则开展经济活动，研发投入专注于提高生产效率，降低生产成本。以年度为模拟演化周期，则 50 个周期长三角三省一市的 GDP 年均增加值演化情况如图 6.4 所示。

由图 6.4 可见，无政策工具干预的市场竞争情景下，长三角地区经济发展呈倒“U”型演化，在经历了 GDP 的高速增长后，不同省市均出现增速下降，并最终收敛于较低的增速状态。进一步分析各省市的经济增长阻滞因素如图 6.5 所示。

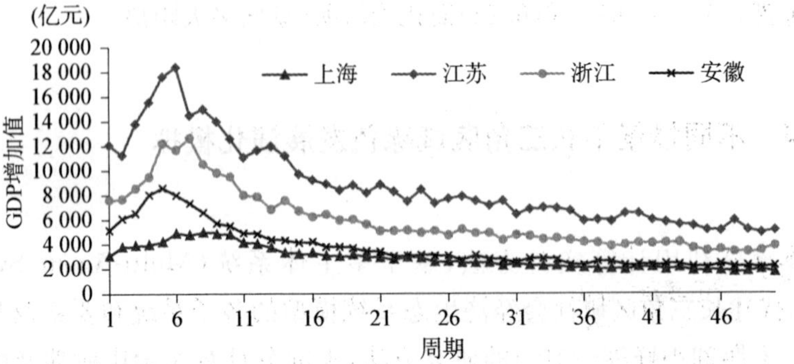

图 6.4 无政策干预情景下长三角地区经济发展演化趋势

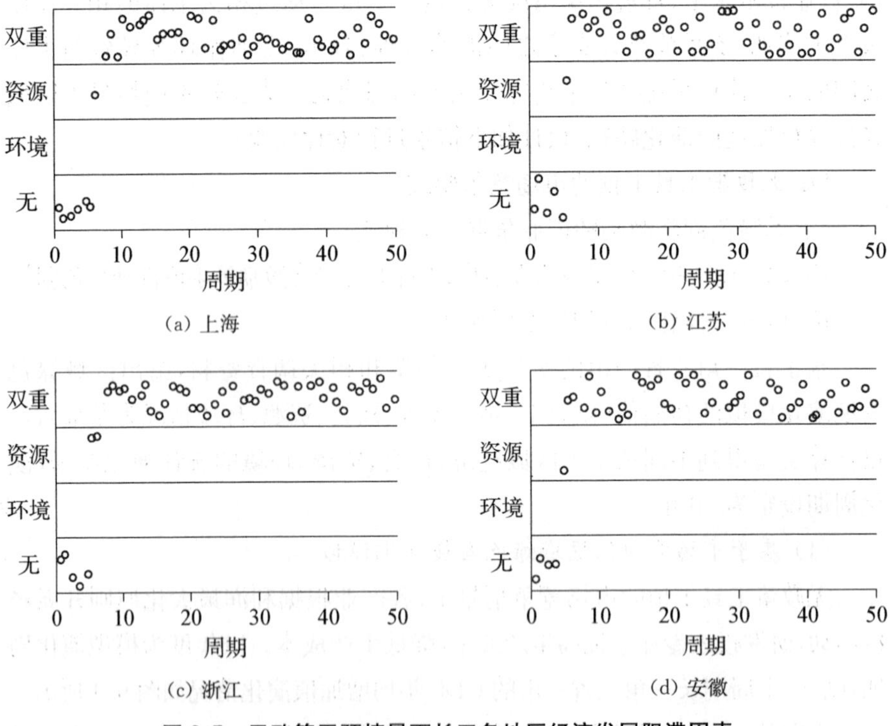

图 6.5 无政策干预情景下长三角地区经济发展阻滞因素

由图 6.5 可见,无政策工具干预的市场竞争情景下,开始阶段三省一市的经济发展未达到资源与环境约束上限,因此 GDP 增长均呈上升趋势;然而，在片面追求经济增长的情景下，从第7周期左右开始，三省一市的经济发展首先受到环境承载力约束，此后又受到资源与环境的双重约束，经济发展速度放缓，直至在双重约束下，经济发展速度与双重约束水平达到平衡。图6.6和图6.7分别描述了长三角地区不同省市资源消耗总量与排污总量的演化过程。

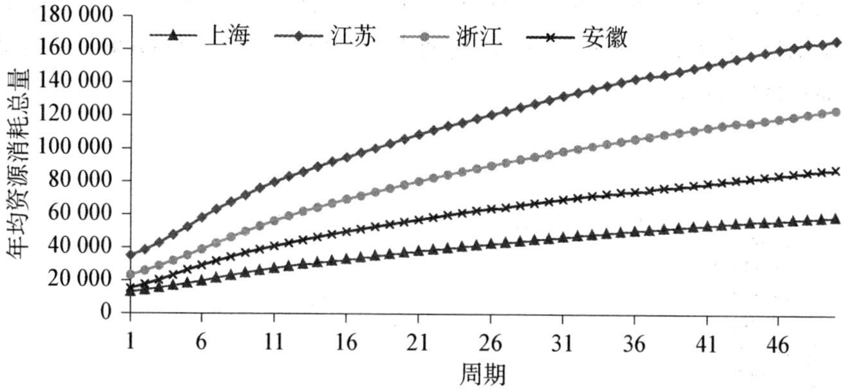

图6.6 无政策干预情景下长三角地区资源消耗情况

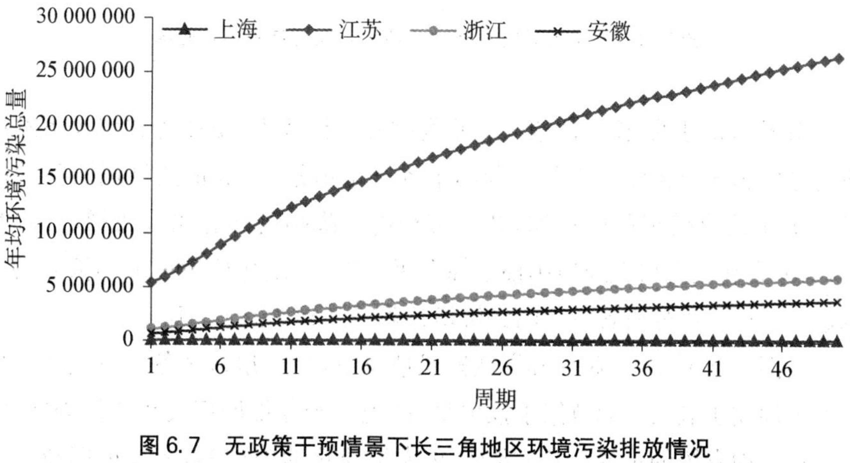

图6.7 无政策干预情景下长三角地区环境污染排放情况

由图 6.6 及图 6.7 可见，无政策干预情景下，江苏省资源消耗和环境污染总量上升幅度最大，上海市上升幅度最小，这与不同省市的产业结构相关；总体来讲，长三角各地区资源消耗和环境污染总量均呈上升态势，经济发展将受到越来越严重的资源和环境制约。

(2) 无绿色创新激励的产业集群发展模式演化模拟

随着经济市场化、国际化的发展，产业集群日益成为推动区域经济发展的重要模式。在产业集群发展模式下，由于企业间、产业间密切分工合作、共享知识，推动了技术进步，则 50 周期内长三角三省一市的 GDP 年均增加值演化情况如图 6.8 所示。

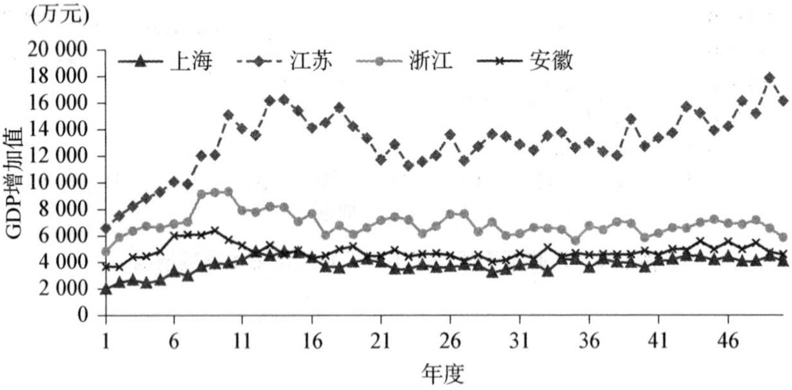

图 6.8　产业集群情景下长三角地区经济发展演化趋势

由图 6.8 可见，长三角地区产业集群发展模式下，虽然各省市经济发展演化总体态势与无政策工具干预的市场竞争情景相似，依然呈现明显的倒“U”型，但演化模拟的中后期，各省市经济下降幅度均有明显放缓趋势，其中，江苏省和上海市在经历小幅下降和平台期后，演化后期呈现小幅波动上升态势。进一步分析各省市的经济增长阻滞因素如图 6.9 所示。

由图 6.9 可见，产业集群发展模式情景下，长三角地区各省市经济可持续发展周期明显长于无政策干预情景，体现了产业集群模式在合作创新、集约生产方面发挥的重要作用；然而，在模拟演化的中后期，无绿色创新政策激励的产业集群发展模式下，长三角三省一市的经济发展仍然受到资源与

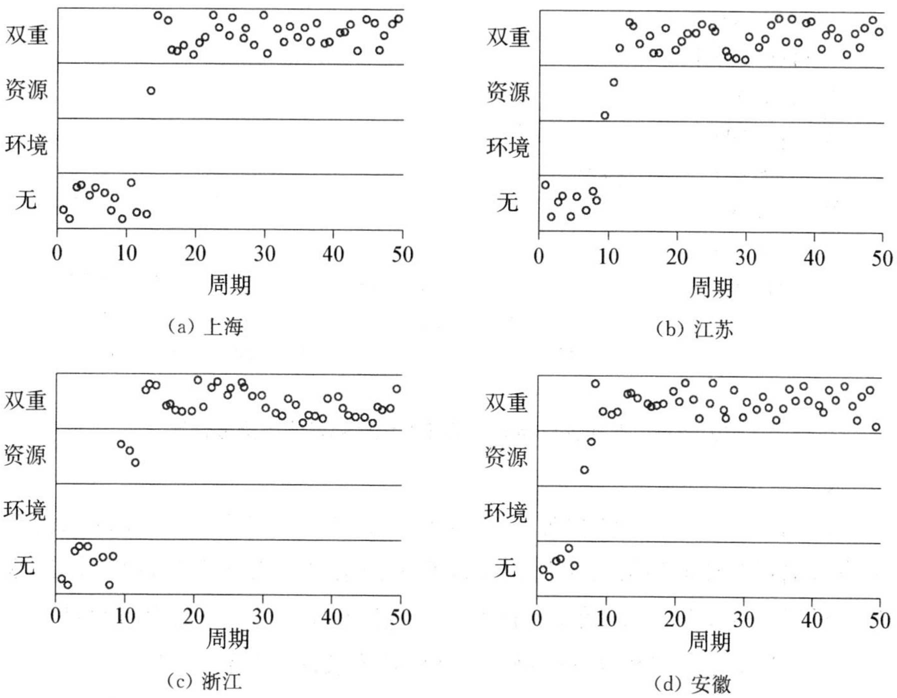

图 6.9 产业集群情景下长三角地区经济发展阻滞因素

环境的双重约束。图 6.10 和图 6.11 分别描述了长三角地区不同省市资源消耗总量与排污总量的演化过程。

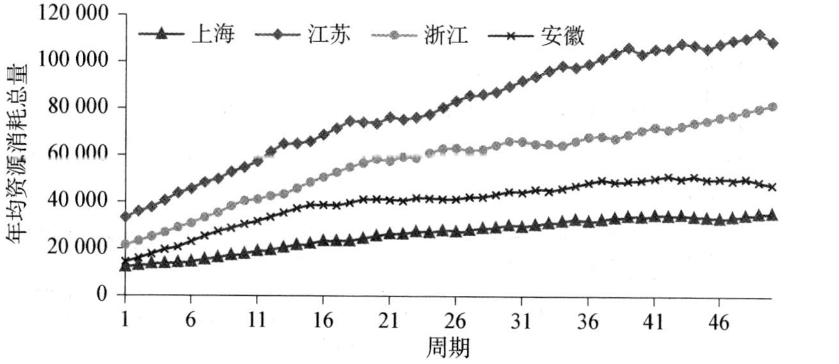

图 6.10 产业集群情景下长三角地区资源消耗情况

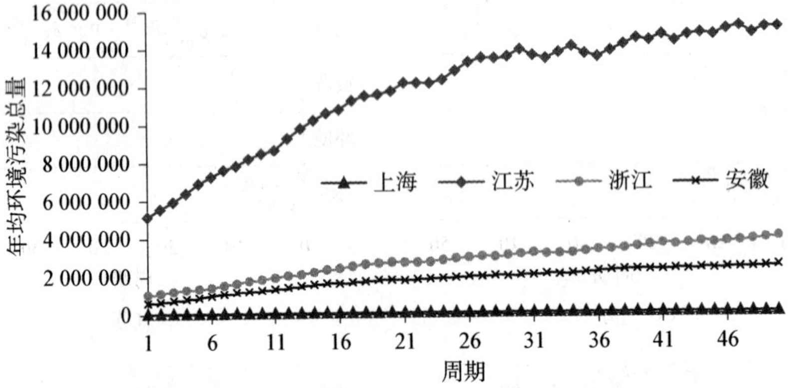

图 6.11　产业集群情景下长三角地区环境污染排放情况

由图 6.10 及图 6.11 可见，产业集群发展模式情景下，长三角地区各省市资源消耗及环境污染总量均较无政策干预情景有大幅下降，但总体仍然呈现缓慢上升态势，亟需政策层面对于绿色创新发展的导向性制度设计。

(3) 基于绿色创新经济激励的区域绿色发展演化模拟

产业集群发展模式情景下的区域经济发展虽明显优于无政策干预情景，但模拟演化的中后期，经济发展依然受到资源与环境约束。由于绿色创新具有双重外部性，在无政策干预的发展模式下，难以推进自发的绿色创新。本部分以现有绿色创新经济激励政策为背景，模拟长三角地区各省市在绿色创新经济激励政策情景下的经济发展趋势，则 50 周期内长三角三省

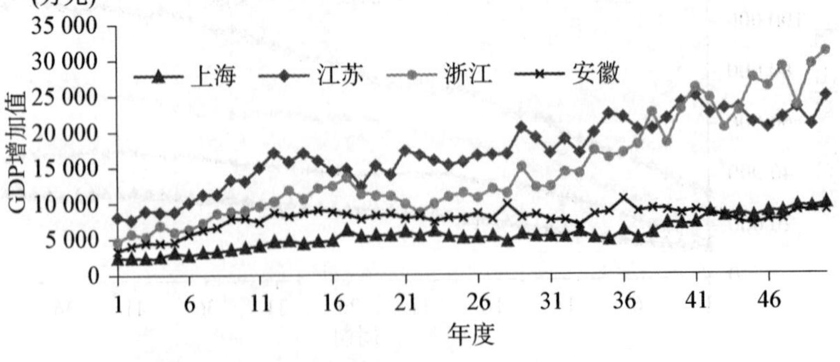

图 6.12　绿色创新经济激励政策情景下长三角地区经济发展演化趋势

一市的 GDP 年均增加值演化情况如图 6.12 所示。

由图 6.12 可见，绿色创新经济激励政策情景下，长三角地区各省市经济发展演化趋势略有差异，其中江苏省和浙江省上升幅度较为明显，而安徽省和上海市上升幅度较为平缓，且演化后期浙江省 GDP 增速有超过江苏省的趋势。进一步分析各省市的经济增长阻滞因素如图 6.13 所示。

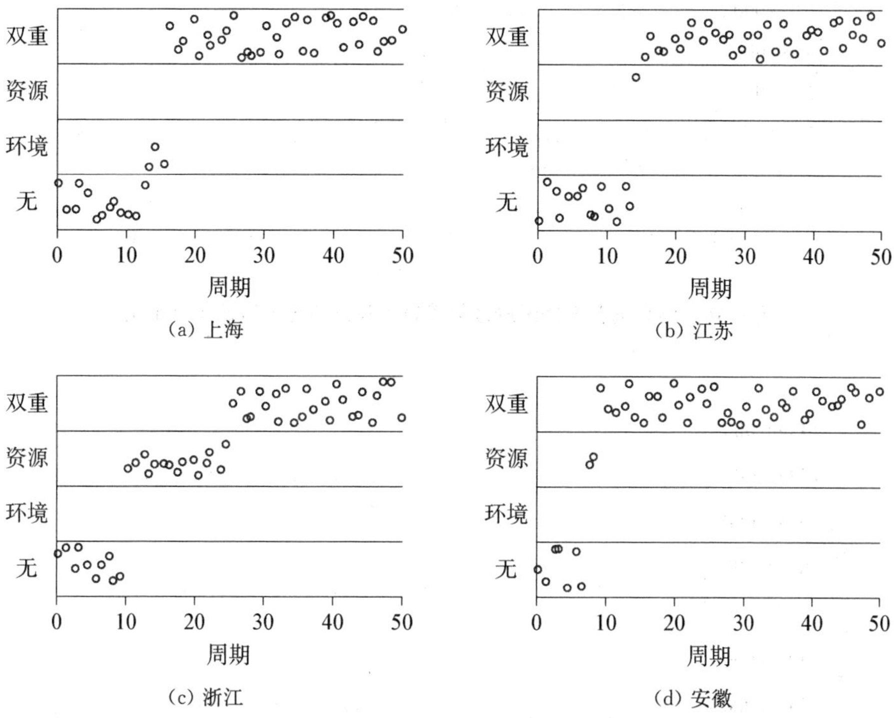

图 6.13 绿色创新经济激励政策情景下长三角地区经济发展阻滞因素

由图 6.13 可见，绿色创新经济激励政策情景下长三角地区各省市在模拟演化的初期均能够突破资源与环境约束，且经济持续发展周期明显长于无政策干预情景；具体来说，上海市经济发展，其他三省最初均受限于资源约束，且以浙江省受单方面资源约束的时期最长；不过，在模拟演化的中后期，绿色创新经济激励政策情景下，长三角三省一市的经济发展仍然受到资源与环境的双重约束。可见，现有的绿色创新激励政策虽能推动产业主动通过绿色创新突破资源与环境约束，但仍需从提高信息共享、包容创新风险、提供技术服务等角度出发，进一步提高创新效率，以满足长期可持续发展的需求。图 6.14 和图 6.15 分别描述了长三角地区不同省市资源消耗总量与排污总量的演化过程。

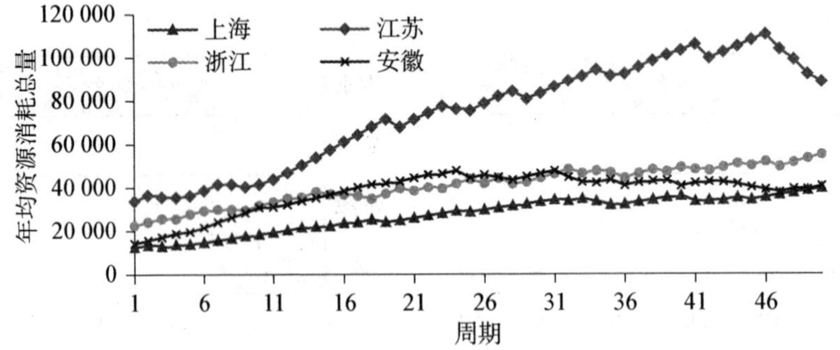

图 6.14　绿色创新经济激励政策情景下长三角地区资源消耗情况

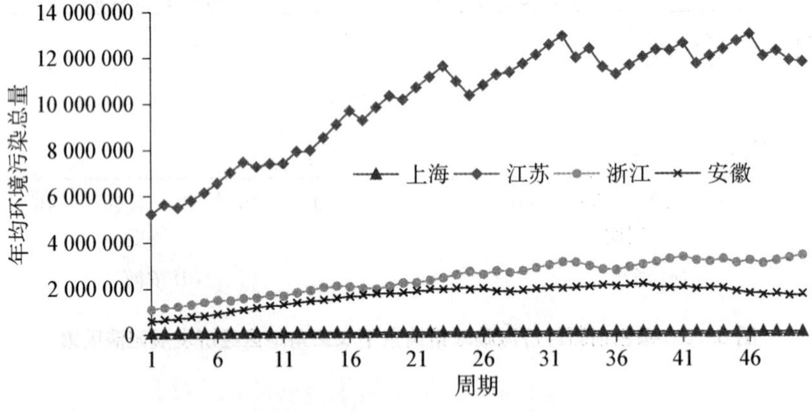

图 6.15　绿色创新经济激励政策情景下长三角地区环境污染排放情况

由图 6.14 及图 6.15 可见，绿色创新经济激励政策情景下，长三角地区各省市资源消耗及环境污染总量均较无政策干预情景有大幅下降，江苏省依然是资源消耗和环境污染总量最高的省份，但长期来看，江苏省和安徽省能源消耗与环境污染总量呈倒"U"型发展趋势，随着绿色创新的持续开展，长期来看，其对环境的整体影响有逐步下降的态势。

(4) 区域一体化绿色创新发展模式演化模拟

本部分以区域一体化视角下的绿色创新发展为背景，模拟长三角地区各省市经济发展趋势，则 50 周期内长三角三省一市的 GDP 年均增加值演化情况如图 6.16 所示。

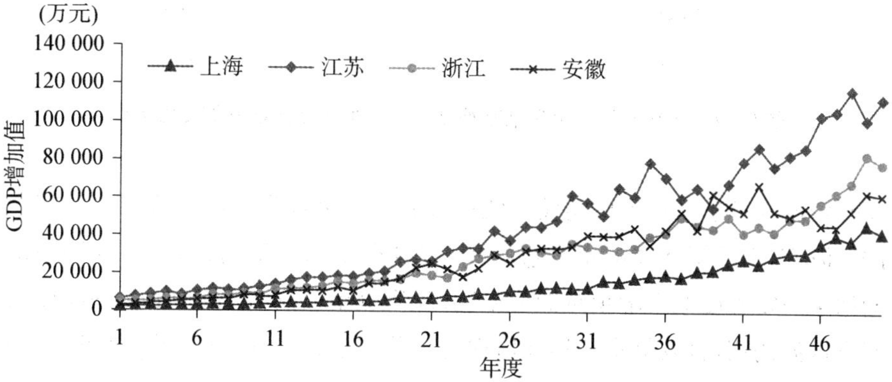

图 6.16 区域一体化绿色创新情景下长三角地区经济发展演化趋势

由图 6.16 可见，区域一体化创新发展模式下，长三角地区各省市经济发展演化趋势均呈现逐步上升的可持续发展态势；具体来说，在模拟演化的后期，上海市 GDP 年均增长幅度略高于其他省份，而安徽省上升幅度略有下降。进一步分析各省市的经济增长阻滞因素如图 6.17 所示。

由图 6.17 可见，区域一体化绿色创新发展模式下，长三角地区各省市在

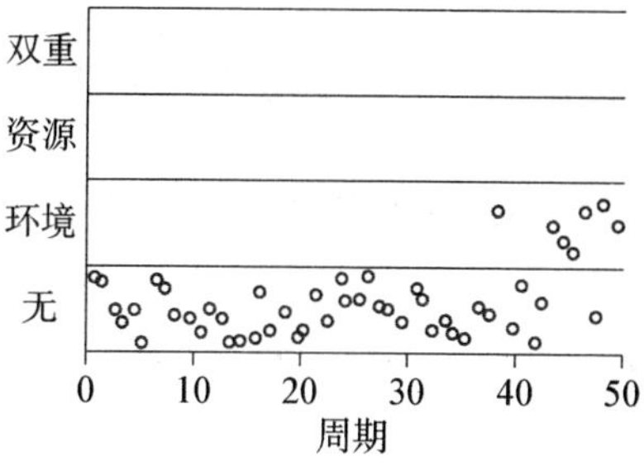

(a) 上海

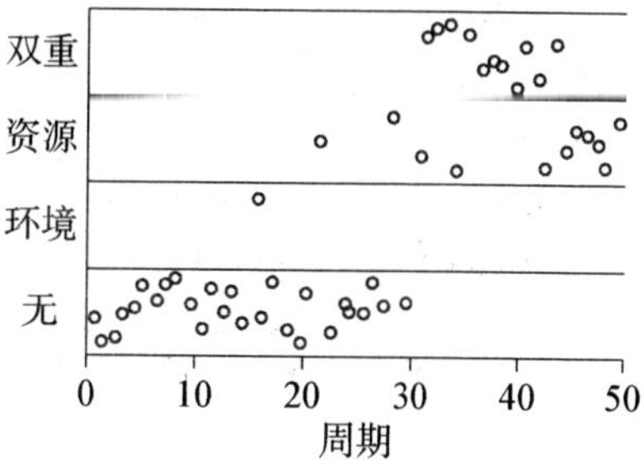

(b) 江苏

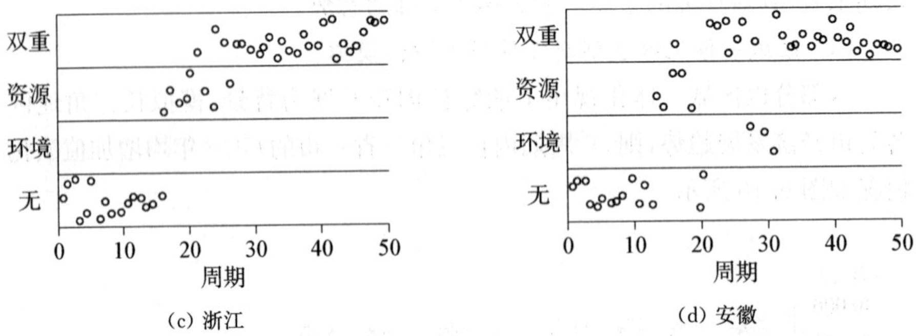

图 6.17　区域一体化绿色创新情景下长三角地区经济发展阻滞因素

突破资源与环境约束方面均较其他模式有了显著提升；其中，表现尤为突出的上海市，在模拟演化的整个过程中，均没有受到资源约束，仅在发展后期遭遇了一定程度的环境承载能力限制；反观其他省份，均遭遇了不同程度的双重资源约束，且安徽省最早开始遭遇资源约束瓶颈，这也解释了图 6.16 中安徽省 GDP 增长最为缓慢的原因。可见，在区域一体化绿色创新发展模式下，不仅要统筹发挥创新资源要素的高效协同，还要兼顾各地的先天条件和资源禀赋，采取差异化的产业优化调整，通过优势互补、合理分工，实现区域整体发展效能的最大化。图 6.18 和图 6.19 分别描述了长三角地区不同省市资源消耗总量与排污总量的演化过程。

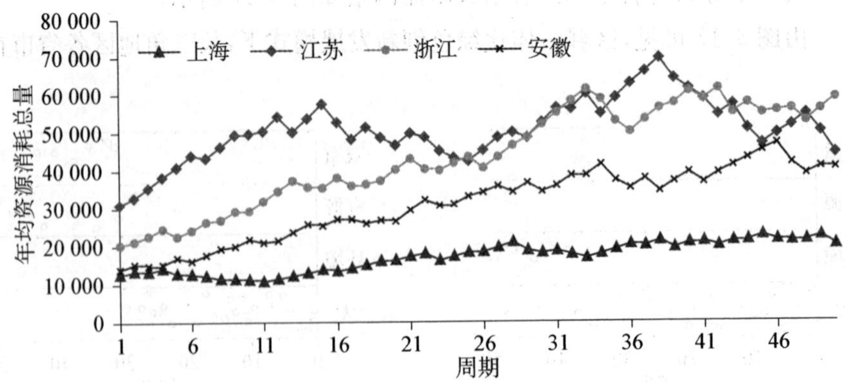

图 6.18　区域一体化绿色创新情景下长三角地区资源消耗情况

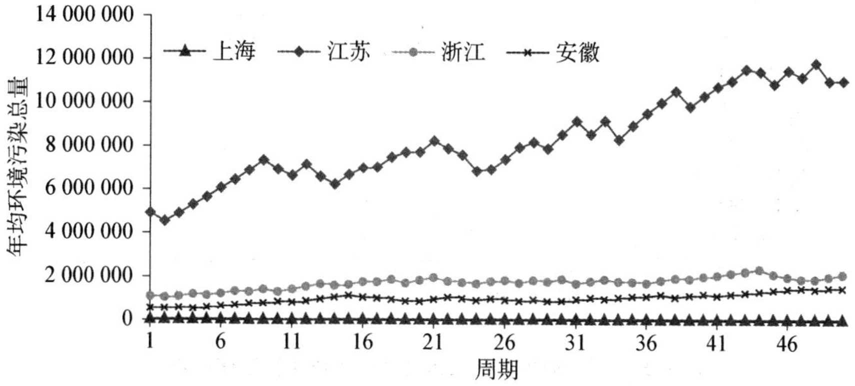

图 6.19 区域一体化绿色创新情景下长三角地区环境污染排放情况

由图 6.18 及图 6.19 可见，区域一体化绿色创新发展模式下，长三角地区各省市资源消耗及环境污染总量均较其他情景有大幅下降；各省市资源与环境污染总量虽仍有小幅上升，但上升趋势明显放缓；以资源消耗与环境污染最为严重的江苏省为例，其资源消耗已呈现阶段性的倒“U”型，尤其在模拟演化的后期，已呈现资源消耗总量低于浙江省的发展态势。但从各省市环境污染总量的发展态势来看，区域一体化绿色创新发展未来仍需在环境保护方面加大治理力度，通过更加严厉的环境保护约束机制和更加高效的绿色创新发展保障机制，推动区域环境质量的全面优化。

6.2.5 不同情景下长三角区域绿色发展情况对比分析

随着以中心城市和城市群为承载发展要素主要空间结构的形成，长三角地区不同省市之间的联系日益密切，长三角一体化发展已上升为国家战略，并成为带动整个长江经济带和华东地区发展的绿色发展与创新发展战略高地。本部分以不同情景下长三角地区各省市经济发展的演化模拟结果为依据，进一步对比分析不同情景下长三角区域整体绿色发展的演化趋势，以探究推动区域整体绿色发展的可行路径。图 6.20 展示了不同情景下长三角区域经济发展的整体演化趋势。

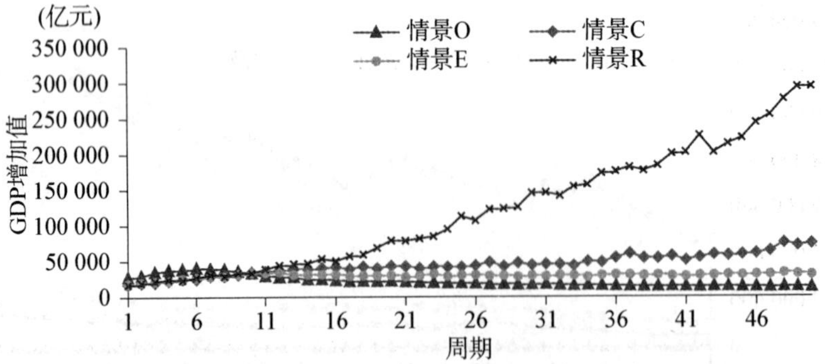

图 6.20　不同情景下长三角区域经济整体发展演化趋势

由图 6.20 可见，在模拟演化的初期阶段，无政策干预的情景 O 经济发展增速明显超过了其他情景，但此发展模式并不可持续；从长远发展态势来看，一体化绿色创新模式具有绝对的优越性，在可持续发展方面远远优于其他模式。进一步分析不同情景下区域经济增长的阻滞因素如图 6.21 所示。

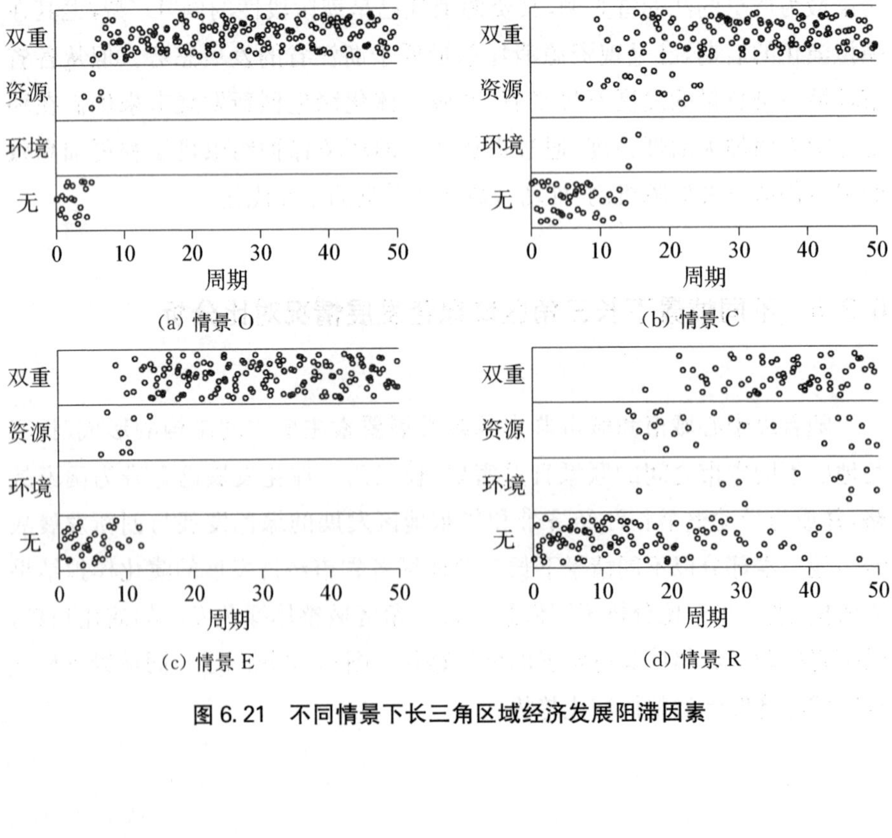

图 6.21　不同情景下长三角区域经济发展阻滞因素

由图 6.21 可见，在模拟演化的初期，不同情景的经济发展均未遭遇资源与环境约束，但随着经济活动的进一步开展，资源与环境约束问题日益严峻；从不同情景下的对比来看，无政策干预的情景 O 最早开始受到资源与环境的双重约束，且这种约束贯穿了该情景下的剩余全部演化过程；产业集群发展和绿色创新经济政策激励的情景 C 和情景 E 下，虽然模拟演化的中后期，双重约束依然贯穿了剩余的演化过程，但整体来看，遭遇发展约束的周期明显延后，且前期有些时期仅遭受资源或环境的单方面约束；区域一体化绿色创新发展的情景 R 在资源与环境约束方面较其他情景有较大改观，但仍有提升空间。图 6.22 和图 6.23 分别描述了不同情景下长三角区域资源消耗总量与排污总量的演化过程。

由图 6.22 及图 6.23 可见，不同情景下长三角区域资源消耗与环境污染总量的上升幅度和发展态势具有显著差异；从不同情景下的比较分析来看，无政策干预的情景 O 下，区域资源消耗与环境污染总量均远远高于其他情景，而其他三种情景均不同程度地实现了减排降耗效果，且以绿色创新经济激励政策导向的情景 E 和区域一体化绿色创新政策的情景 R 表现较为突出；结合图 6.20 来看，区域一体化创新发展的情景 R 在经济发展和减排降耗方面均表现最优，而产业集群发展的情景 C 在经济发展方面优于绿色创新经济激励政策的情景 E，但在减排降耗方面略逊于后者。总体来看，虽然有关绿色创新的各项措施均取得了一定的减排降耗效果，但各情景下的资

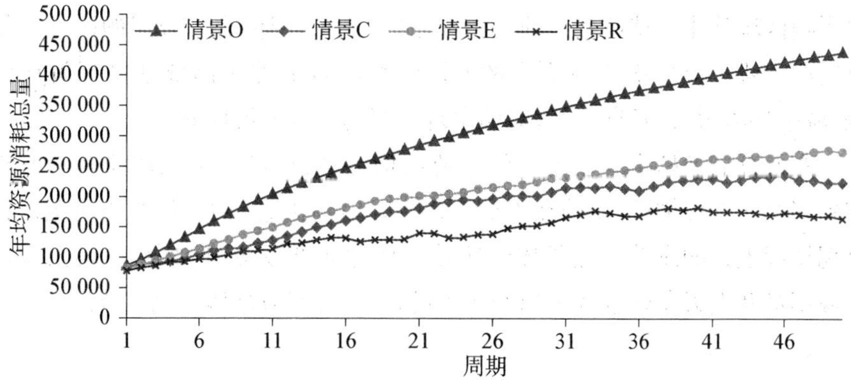

图 6.22　不同情景下长三角区域资源消耗情况

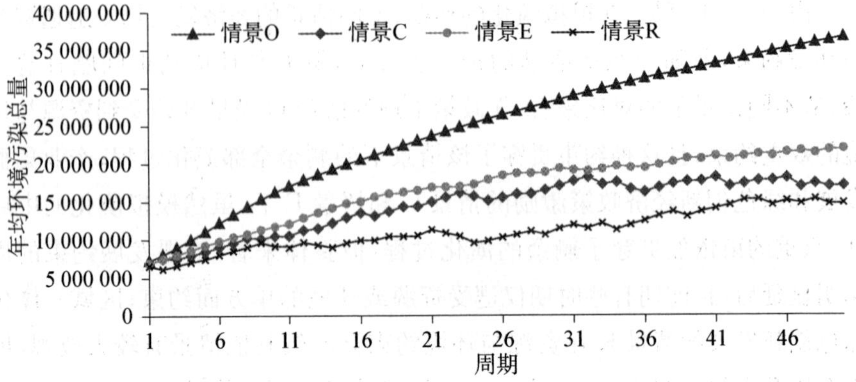

图 6.23　不同情景下长三角区域环境污染排放情况

源消耗与环境污染排放总量均呈现出了上升态势。可见，在现有的产业结构下，仅仅依靠政策激励或约束，难以实现长三角地区长期可持续发展，必须不断优化调整产业结构，并通过系统性的体制机制创新与产业转型升级，从根本上改变资源与环境双重约束下的经济发展被动困境。

6.2.6　研究结果与分析

本部分采用计算实验方法模拟了不同情景下长三角地区三省一市经济发展、资源消耗、环境污染的演化情况。实验结果表明，不同的发展模式显著影响区域整体可持续发展的趋势和方向，优势互补、合理分工的区域一体化发展模式不仅能够实现更高的 GDP 增长，且能够更高效地降低资源消耗、减少环境污染，长期来看，能够实现较好的绿色发展成效。

本部分的模拟实验以现有的产业结构为背景，没有考虑产业转型升级与新兴产业发展情况，反映在资源消耗与环境污染总量方面，整个演化过程呈现持续上升的态势。在具体的区域一体化协调发展过程中，应根据区域资源禀赋及先天条件合理规划产业布局，以实现区域整体绿色可持续发展。

第7章

推进绿色发展的保障机制

在后《巴黎协定》时代，为应对全球气候变化，我国积极倡导“人类命运共同体”意识，正在从“参与者、跟随者”向“主导者、引领者”的角色转变。然而，城市的迅速扩张、巨大的产业能耗、生态环境恶化问题已成为当下制约我国社会经济发展和生态文明建设的重要瓶颈。要突破这个瓶颈，必须在寻找新资源、拓展新空间的众多举措中，积极探索出一系列前瞻性、系统性、适应性的制度来保障绿色发展战略目标的实现。基于此，本章从前文分析的“企业—产业—区域”三大层面绿色发展问题出发，基于习近平新时代绿色发展理念和公共物品治理理论等相关理论，探究以“理念—技术—制度”三大要素解锁目前的发展困境；并通过构建“共享—监管考核—服务”三大机制，以政治经济文化为手段，为实践绿色发展提供制度保障，为推进绿色发展的保障体系研究提供全新的制度创新视角和研究思路。

7.1 推进企业绿色发展的保障机制

企业是绿色技术创新的主体、是绿色消费推动者、是绿色文化的引领者,推进企业绿色发展,对中国的生态文明建设有重大引领和推动作用,有利于推动中国经济快速实现绿色转型。根据“创新、协调、绿色、开放、共享”的五大发展理念,从共享机制、监管考核机制以及服务机制三个方面来保障企业的绿色发展。

7.1.1 推进企业绿色发展的共享机制

随着中国经济发展的转型升级,共享已成为企业发展的新方向和新模式,企业可以通过推动资源共享、信息共享和知识共享来承担社会责任,提升企业的核心竞争力,因此共享必将成为企业绿色发展路径的重要环节。本部分主要从以下三个方面对推动企业绿色发展的保障机制进行阐释,包括建立完善的企业绿色信息与资源共享制度,构建绿色信息与资源共享服务平台,构建完善的企业绿色信息与资源共享保障机制,如图 7.1 所示。

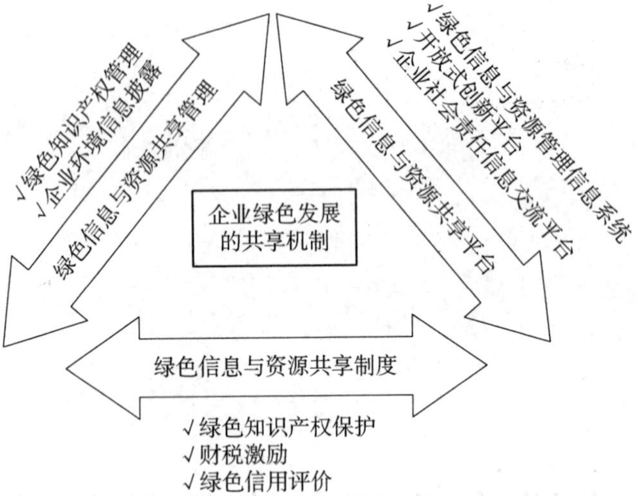

图 7.1　企业绿色发展共享机制

7.1.1.1　建立完善的企业绿色知识与信息共享制度

企业的绿色信息与资源主要包括企业拥有的绿色知识产权以及企业环境行为信息。绿色知识产权促进企业开展绿色技术创新和绿色产品开发，企业环境行为信息与企业的绿色信用和绿色金融息息相关，因此企业的绿色发展离不开对绿色信息与资源的共享与管理。

一是企业要建立绿色知识产权管理机制。绿色知识产权管理全过程包含获得、转移、共享和应用。随着互联网技术的快速发展，企业可以多渠道地获取环境友好型的技术，与此同时知识的转移和共享也会变得更加方便和安全。企业要建立完善的知识管理系统，建立绿色技术与创意搜索队，快速从公司内部和市场中搜寻出促进公司绿色发展的技术和产品。经常性地开展员工创新技能培训，营造良好的学习与创新氛围并提高员工的知识吸收与转化的能力。建立员工之间沟通与交流的信息平台，使公司内部的技术和资源能够快速、方便、有效地进行共享。建立合理的绿色创新激励制度，促进企业内部创新活动的进行，从而促进绿色技术创新和绿色产品的开发。二是建立完善的企业环境行为披露制度。企业主动、全面地披露其环境行为，不仅提高政府对企业的监管能力，也方便社会公众和媒体对企业环境信息的获取，提升了企业形象和绿色信用，有利于政府和金融机构为企业绿色发展过程提供政策和金融保障。

7.1.1.2　构建企业绿色信息与知识共享的服务平台

随着全球经济迎来了迅猛发展的浪潮、商业环境的改变和知识创新扩散方式的转变，传统的发展模式已经不适应新时代的商业环境，面对日新月异的市场变化，企业必须要采取更加开放的发展方式和理念。企业运用大数据和“互联网＋”等先进的计算机技术，开展绿色发展、创新发展成为企业发展的关键方向，首先要构建绿色信息与资源共享服务平台。一是要加强绿色信息与资源管理信息系统的构建，利用计算机技术完善好企业内部绿色信息与技术的目录门类、资源体系以及共享交换体系，实现企业内部各部门各系统互联互通，保障企业内部知识流通的高效、安全，借此提升企业员工对绿色信息与资源的利用率和创新效率，从而保证企业在行业内始终取得领先优势。二是要构建开放式的绿色创新平台。开放式创新的目的在于企业吸收外部的绿色思想和创意并将其商业化，企业通过互联网收集全球用户对产品的实际需求和有关绿色产品设计、功能开发、流程服务等方面的创新，以此提高企业自身的绿色创新创造能力，推动企业绿色发展。开放式的创新平台有三种模式，一种是如宝洁公司推出了C&D(connect and develop，联合开发)模式，宝洁公司组建了专门的技术搜索队来搜索企业内部具有发展前景的产品和技术，并通过互联网在各创意平台发布自己的需求来获取外部的创新资源；另一种是定向合作开发，如IBM与苹果公司在2014年达成合作，计划扩展移动企业市场，面向医疗、能源、零售等多个领域进行合作开发；还有一种是孵化运营平台，如海尔的“小微”模式，海尔实施“企业平台化、员工创客化、用户个性化”的战略，将海尔集团改造成一个创新平台，为员工提供创业的资金、资源和技术支持。三是建立企业社会责任信息交流平台。企业要善于利用大数据、云计算等信息技术进行信息的互联、互通和互享。建立企业社会责任管理团队，积极公开企业的环境行为信息，编制并及时公开企业社会责任报表，搜集政府、行业伙伴、员工和消费者等不同群体对公司以及产品在经济层面、环境层面和社会层面的企业社会责任行为的意见，优化企业社会责任管理制度和披露制度。

7.1.1.3 构建企业绿色信息与知识共享的保障机制

一是要加大对绿色知识产权保护力度，降低知识共享的风险，政府要健全严格的产权占有、使用、收益、处分等完整保护制度来保障绿色知识产权不被侵害，降低由于核心技术外泄而产生的风险成本，构建完善的保护体系，为企业的绿色发展创造良好的外部环境。二是要发挥政府在多主体中的引导作用。加强对银行的督促和引导，使银行拓展绿色信贷业务，加强金融政策与发展策略的协调，针对“高污染，高能耗”的企业，严格限制其贷款，引导银行加大对绿色产业、环境友好产品的资金支持力度，支持企业积极开展绿色创新研发以提高资源的利用率和产品功能与质量。三是强化财税正向激励。对于主动加入绿色资源共享平台、积极主动共享其拥有绿色知识产权、加速平台间绿色信息与资源流通的企业实施递阶式的政策优惠。对于联合开发新技术的企业，采用新材料、新技术、新工艺、新设备实施技术改造或进行清洁生产的中小企业进行专项资金和技术扶持。四是完善企业绿色信用评价保障制度。企业之间信息系统的有机融合与协同是彼此共享信息的坚实基础，与此同时也会产生诸如商业机密和专利外泄、个别企业“搭便车”等不利影响。因此企业之间想要进行有效的资源共享需要彼此之间建立良好的信任合作关系。因此政府建立完善的企业绿色信用评价体系，可以帮助企业在平台中寻找绿色信用高的合作伙伴，对信用差、合作风险等级高的企业进行处罚，降低绿色信息与资源共享风险。

7.1.2 推进企业绿色发展的监管机制

7.1.2.1 建立企业大数据绿色发展监测平台

随着互联网技术的快速发展，企业主体面临着更加复杂多变的社会环境，信息和数据更加复杂，大数据能够整合不同企业主体之间的数据，打造一个多主体信息共享、行为协同、监督互促的平台。一是大数据有助于政府更好地对企业环境行为进行监管。大数据使得政府能够精确地监管企业生产活动的全过程，获得企业环境行为活动信息，不仅促使政府监管由“事后”向“事前”转变，也改变了以往获取信息渠道少、数据模糊的困境，提高了政府的监管效率，降低了环境监管成本。基于此，政府可针对不同环境情况、不同发展模式和不同的经济水平制定差异化的企业环境行为管理政策，并且精准监管政策落实，以此推动企业绿色发展。二是大数据有助于企业环境信息资源的互联互享、互监互管。企业可以通过大数据平台及时、透明地将生产和污染信息上传，便于政府环境管理部门获得企业微观环境大数据，也便于行业管理部门获得行业绿色发展数据、实现行业环境信息共享与学习。由此，政府可因地制宜地制定企业环境行为管理措施，做到行业差异化管理，实现企业与行业的绿色发展。此外，企业内部多部门之间也可以通过互联互享的数据进行有针对性的监管和改进，提高了绿色技术创新的针对性。三是大数据有助于促进政府对企业环境行为的监管更加民主化。大数据不仅扩大了政府的监管范围，提高了政府的监管能力，也方便了公众对信息的获取，从而提高了公众对政府监管的参与程度，促进政府对企业环境行为的监管更加民主化，这也倒逼政府的监管过程和监管措施要更公开、透明和规范，从而联合监管社会绿色发展情况。同时政府也可以通过大数据收集信息了解到公众对生态环境的感受和实际需求，能够有的放矢地制定企业环境行为管理政策。

7.1.2.2 完善企业绿色发展考核评价体系

企业绿色发展考核评价体系，主要包括企业绿色发展评价指标体系和企业环境信用评价体系两方面。

要完善企业绿色发展考核评价体系，一是要健全企业绿色发展评价指标体系，就绿色发展评价体系来说，针对企业微观层面的绿色发展评价体系相较于宏观区域层面和城市层面少得多，目前主要有《中国企业绿色发展报告 2015》中列出的中国企业绿色发展评价指标体系。该体系主要从绿色经营管理、绿色产品和技术以及节能环保绩效三个维度对企业的绿色发展进行评价。但是该体系依旧有待进一步完善，如企业绿色发展的社会绩效评价，包括消费者、上下游合作主体、社会公众和社区等企业相关主体对企业进行的评价，要将企业的绿色开放合作和社会共享纳入评价体系。

二是要健全企业环境信用评价体系。健全企业环境信用评价体系是促进企业绿色转型，自觉履行社会责任、环境保护义务、引导公众参与环境监督和推进环境绿色信用体系建设的重要措施。针对企业环境信用评价制度实行分级管理，要做到及时、公开、透明，针对企业环境信用评价结果对企业执行有效的奖励或惩罚措施。企业自身要积极参与环境信用评价，积极配合政府工作，建立企业社会责任会计体系，充分、具体、全面地进行社会责任披露，履行社会责任。公众、社会组织和媒体也应该积极履行自身的监管权力，促成多方监管的监管体系。要建立科学的企业环境信用评价体系，部分省市的评价体系依旧停留在浅层的污染控制程度和环保法律法规的执行情况层面，如《山东省企业环境信用评价办法》、《吉林省企业环境信用评价办法（试行）》。同时对拥有不同性质和不同发展战略的企业，应该对其评价体系进行差异化设置，以此保证环境信用评价体系和企业的发展目标相匹配。

三是建设各类绿色技术标准和绿色产品认证体系。绿色发展的关键在于绿色技术和低碳技术创新，因此要积极建设各类绿色技术标准，引进世界范围内先进的绿色技术并进行吸收再创新，从而快速推进国内绿色技术的发展。我国自上世纪90年代开始，已经推出了“中国十环环境标志”、“CQC质量环保标志”、“中国绿色材料标志”等，涉及范围广泛，但是依旧存在着绿色产品认证政策不完善，绿色认证与监督行为脱节，企业和消费者对绿色产品的重视度和认识度有限等情况。因此要加强对绿色产品认证体系的保障制度，对绿色产品的认证和监管等环节进行科学管理，积极引导绿色消费的理念，提高消费者对绿色产品的敏感程度，改变企业和消费者的传统观念。

7.1.2.3　促进企业绿色发展的多主体联合监管体系

一是建立健全相关法律法规和配套制度。习近平总书记在2018年的全球生态大会上指出，要用最严格制度，最严密法治来保护生态环境，严格用制度管权治吏，护蓝增绿，有权必有责、有责必担当、失责必追究来保证生态文明建设相关政策生根见效。因此，政府要发挥在企业的绿色转型发展过程中的引导地位，建立完善的法律法规和配套制度，完善推动企业开展绿色经济活动的法律法规支撑与保障。近年来，我国围绕经济发展方式转变，出台了一系列围绕企业污染防治、环境监管和信息公开相关的政策措施相关法律法规和措施如表7.1所示。

表 7.1　近年来支持企业绿色发展的法律法规

时间	名称	措施
2013 年 9 月 10 日	《国务院关于印发大气污染防治行动的通知》	加强重点行业脱硫、除尘改造建设。
2013 年 10 月 2 日	《城镇排水与污水处理条例》	向城镇排放污水的企事业单位、个体工商户应申请污水排入排水管网许可证。
2013 年 12 月 18 日	《企业环境信用评价办法（试行）》	指出环境信用评价的重点对象是“三高”企业，构建企业环境信用评价指标和等级，针对不落实环保政策的企业采取“一票否决制”。
2014 年 4 月	《中华人民共和国环境保护法（2014 年修订）》	指出企业应该承担保护环境的责任，要建立环境保护责任制度。
2014 年 11 月 12 日	《国务院办公厅关于加强环境监管执法的通知》	要求制定环境信用评价制度，向社会公开失信企业黑名单，限制失信企业的社会经济活动。
2014 年 12 月 19 日	《企业事业单位环境信息公开办法》	规定企事业单位要完善自身环境信息公开制度，重点排污单位应及时、准确公开企业的环境信息。
2014 年 12 月 27 日	《国务院办公厅关于推行环境污染第三方治理的意见》	鼓励企业培育多样化的污染治理方式，鼓励高能耗企业与第三方签订环境绩效合同服务，在工业集聚区引入第三方环境服务公司进行专业化治理。
2018 年 6 月 16 日	《中共中央国务院关于全面加强生态环境保护坚决打好污染防治攻坚战的意见》	在生态环境保护方面，要坚持和巩固党的领导地位，要用最严格的法治保护生态环境，积极完善环境治理体系，推动绿色发展和生活方式。
2018 年 10 月 30 号	《大气污染防治资金管理办法》	设立专门用于支持地方开展大气污染防治工作的专项资金。

总体而言，我国在多方面出台了多种政策和意见，为企业的绿色发展和转型升级创造了良好的外部环境，引导和推动企业绿色发展，但仍有需要改进的地方。

二是建立和完善企业环境信息披露制度，加强信息资源的获取与整合能力。通过建立信息监测平台，运用互联网技术加强对环境信息的收集和统计，拓展新闻媒体、社会公众等组织对企业环境行为监督的渠道方式。要加强部门间的协同和配合，充分发挥行业协会、新闻媒体、网络平台在评价、监督等方面的作用，促进广泛形成企业绿色发展的多主体联合监管模式。

三是完善各类公众参与机制。增强人民群众的环境监督力度，完善包括信息公开制度、信访举报制度以及上访制度等制度，继续为公民参与监督提供更加方便快捷的渠道。积极鼓励并支持环境保护相关的非政府组织和外部媒体的发展，给予合适的采访权、评议权和监督权，形成政府、企业、社会多主体联合监管企业绿色发展行为、共促生态文明建设的新机制。

7.1.3 推进企业绿色发展的服务机制

7.1.3.1 构建绿色信息服务体系

一是要建立绿色信息共享平台。信息来源具有复杂性的特点，为此信息的不对称在多主体的互动过程中增加了执行难度和成本。因此要构建有效、开放的生态环境治理体系，必须要保证各个主体都能够快速、简单、有效地获取最真实的环境管理信息。政府各个相关部门和企业可以通过大数据和“互联网＋”等现代化信息手段将环境影响评价等信息全面、及时、主动公开，为公众、媒体和行业协会的参与和监督提供信息支撑，提高政府公信力和企业竞争优势。二是提升企业的知识技术共享意愿。共享意愿是共享活动发生的前提，因此需要有一定的强制措施或激励手段促进企业的知识共享活动。政府可以通过给予积极进行知识共享的企业财政补贴，制定绿色税收政策鼓励企业进行绿色知识与技术创新活动，减免绿色产品的税收等方式提升企业知识技术共享意愿。发挥社会力量推动企业进行共享，知识共享活动本身就是一种社会各主体或组织之间的交互活动，政府要发挥引领作用，推动社会组织之间交互活动的进行，畅通企业与企业联盟、客户、高校和政府等进行合作的渠道，激发知识交流、共享市场，推动产学研合作。

7.1.3.2 提升绿色知识与技术服务

一是企业要积极践行企业社会责任的理念。积极提升企业的政策实施能力，完善企业社会责任的制度和环境。通过员工和管理者共创责任文化，建立与责任绩效相结合的绩效管理等措施发挥企业的教育效用，激发员工对企业社会责任理念的思考，并积极探索企业社会责任和绿色发展的新思路。二是要推进企业内控、敬业体系建设。要树立积极，正面的管理理念和原则，建立完善的制度体系，体系要涵盖入职、人才管理、绩效评价、员工履职和退出的全过程，包含基本伦理、员工职责、自我完善等多方面的员工行为准则。针对不同岗位和职务开展有针对性的绿色教育培训工作，并设立完善的检查监督体系，强化各个部门责任人的履职能力，确保体系的公正性。三是企业要加强对合作伙伴的绿色知识与技术培训。企业要保证合作伙伴遵循法律和商业准则，遵循绿色发展的理念，以此来创造公正廉洁、绿色积极的企业文化。在筛选供应商的过程中，要不断向供应商传递先进的责任理念，引导供应商履行社会责任。通过体系化管理、专业化培训和经验分享等方式，帮助供应链伙伴提升绿色管理水平和可持续发展水平。积极对供应商进行绩效评价，根据评价结果对供应商给予激励、改善辅导或取消供应资格等措施。

7.1.3.3 完善基础性制度建设服务

一是要破除体制性障碍。现今的生态文明建设过程中仍有着尚未克服的体制性障碍，如生态管理体制权威性和有效性不足，导致政出多门，权责脱节、力量分散的情况，削弱了环境监管的合力。因此要加快“放管服”改革，进一步深化简政放权，通过企业的绿色信用评级来进行区分管理，对于高绿色信用企业进行精简审批环节，提高审批效率，加大财政支持的方式促进绿色企业发展。二是制定符合发展走势的绿色发展政策。在未来的制度和政策制定过程中，要更加注重发挥市场的决定作用，运用市场经济的手段，在节能减排、科技创新等方面引导企业绿色发展。要更加注重绿色知识与技术创新推动企业绿色发展，通过引导企业加大技术创新投入，引导技术创新向绿色环保、节能减排方面发展，从而实现企业绿色发展的目标。要注重社会监督以及公众认可对企业的督促作用，发展制定相关法律法规，公布企业绿色环境信用行为，从而影响企业在社会的口碑和信誉，以此倒逼企业绿色发展。

7.1.4 推进企业绿色发展的保障机制应用案例

7.1.4.1 建立共享平台

U+智慧生活平台，是海尔旗下智慧家庭领域全开放、全兼容、全交互的智慧生活平台，以U+物联、U+交互、U+大数据、U+生态等平台为基础，提供物联网智慧家庭领域行业解决方案，吸引全球众多优秀合作伙伴一起建设U+智慧生活大生态，其中有硬件制造商、生态服务商、技术合作伙伴、开发者社群等，通过各类绿色资源与信息共享为行业提供物联网时代智慧家庭全场景生态解决方案，实现智能全场景。

海尔建立COSMOPlat共享平台，是海尔自主研发的全球首家引入用户全流程参与体验的工业互联网平台。截至2018年平台拥有11个互联工厂，赋能15大行业，链接工业设备2 600万台，构建了上千个工业模型，拥有12类开发语言和上万名平台开发者。通过绿色信息和资源的共享，企业之间的有效协作，新产品研发周期缩短、效率提高，不入库率达到71%。海尔COSMOPlat共享平台的示意图如图7.2所示。

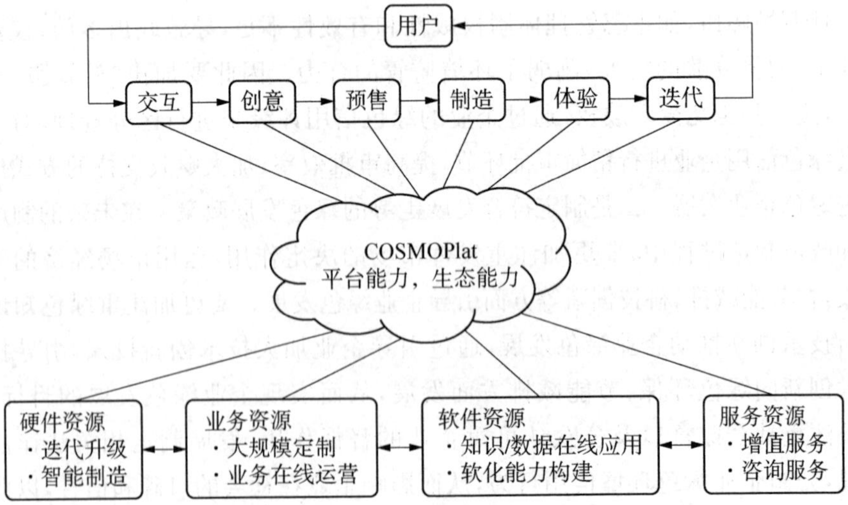

图7.2 海尔COSMOPlat共享平台示意图

海尔坚持"世界就是我的研发部"的理念，建立了 HOPE 开放式创新平台，让用户、上下游企业和资源纳入同一个交互平台内，汇聚超过一万名跨领域专家、创新者和合伙人社群，通过彼此之间的信息与资源共享、有效协作，持续产出创新成果。平台可触及的全球一流资源节点达 380 万家，每年产生超过 6000 个创意，年孵化项目 200 余项，每年解决超过 500 项各类创新课题，支持上线产品 60 余种。

7.1.4.2 多渠道环境监管机制

针对企业内部生产过程，京东方同华为展开技术合作，将供应商、ODM、和市场端数据全面连接，实现了 IT 化、自动化全制程监控，双向数据追踪，通过进行 AI 数据分析，透过数据分析质量问题，针对质量不良现象提前预警，提升了制程管控能力。加强环境成本与信息公开，通过多种渠道及时向有关部门及广大公众公布环境数据，接受社会各方的监督和建议，如官方网站"京东方环保案例"每日/月/季披露在京重点污染单位环境监测数据，各子公司依照当地环保部门的要求，以每 5 分钟、每 2 小时、每天等频率向环保部门上报废水、废气在线监测数据。

针对供应链运营过程，京东方以"深度合作、协同开发、价值共创"为理念，将企业社会责任融入供应链管理的各个环节，不断向供应商传递先进的责任理念，引导供应商履行社会责任。京东方通过体系化管理、专业化培训和经验分享等方式，帮助供应链伙伴提升 CRS 管理水平和可持续发展水平，为构筑共创、共赢、共发展的产业生态链奠定坚实的基础。京东方供应商管理流程如图 7.3 所示。

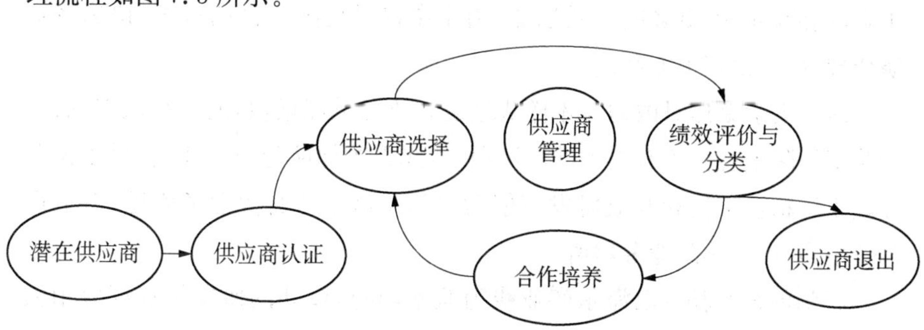

图 7.3 京东方供应商管理流程

本着公平采购与机会均等理念，京东方以技术、品质、服务、供应、成本、环境、社会责任、信息安全综合最优为原则选择供应商，以严格的管理确保所有交易均在诚信、规范、透明、负责的前提下进行。京东方供应商认证审核流程如图7.4所示。

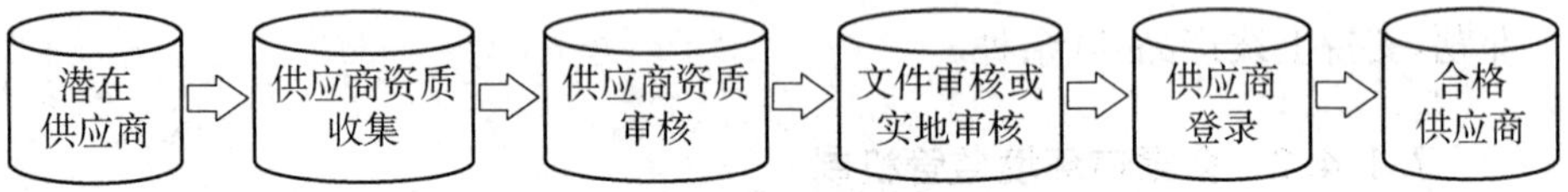

图7.4　京东方供应商认证审核流程

京东方供应链管理部门分季度和年度对供应商进行绩效评价，主要针对供应商成本、供应、技术、品质四方面。根据定期评定结果，京东方对供应商给予激励、改善辅导或取消供应资格等措施。

7.1.4.3　打造“小微”服务平台

海尔公司采用“小微”的模式，从管理转为服务平台，把公司从整体式的大企业转为4000多个小微企业，其中多半有10到15名员工，业务决策由小微团队做出，“小微”企业分为三类，第一类是约200个转型小微，面向市场，根植于原本的家电业务，根据发展需求进行调整。第二类是50多个孵化小微，等同于全新的创业公司。第三类是节点小微，约3800个。这些小微向其他面向市场的小微提供元件和设计、制造及人力资源支持等服务。海尔由平台和小微组成，平台开放式地吸收、聚集资源，不仅扩大了海尔公司的生态，还能够吸引更多的小微创业，为小微提供更加丰富的资源，快速将资源变现，最大化相关方利益。

海尔大学聚焦对内的人才梯队建设和业务赋能增值，通过小微训练营、大共享星际生态营等对人才进行培训，达成人才梯队建设。通过“量子说”、互联工厂精益工坊和开放研发赋能营等为小微企业解决业务难题，打造产品竞争力，产生实际业务增值。

海尔创客实验室以海尔产业线为蓝本，与高校共同研发了双创应用教育类课程，将海尔的案例、经验和资源融进高校双创教育，完全、完整地开放给大学生，提升青年创客的双创能力，发掘并培养高校创新人才，缩短了大学生与企业、社会之间的距离和适应环境的成本。

海尔构建智慧服务模式，通过智慧云服务从用户的需求出发，推动供应与需求的融合，打造全流程的服务生态，基于用户终身价值，打造出可视化、数字化、智慧化的诚信服务体验，推动用户和企业之间的交互，首创海尔保证期，提升服务水平。

7.2 推进产业绿色发展的保障机制

党的十八大以来，各地学习并响应习近平新时代绿色发展理念，坚定不移地走高质量发展道路，结合各地实际情况调整产业结构，加速传统产业转型升级，促进我国产业绿色发展水平进一步提升。但是从全国整体出发，包括能源、化工等重污染的传统产业依然是部分地区的财税重心，产业传统发展道路并未完全摒弃“经济发展重于环境保护”的旧观念。同时，绿色技术创新体系建设有待完善，我国绿色产业体系还在起步阶段，促进产业绿色发展的体制机制不能完全解决现存矛盾等问题依然存在。为持续推进产业绿色发展就必须以习近平新时代中国特色社会主义思想为指导，深入贯彻党的十九大精神以及习近平新时代绿色发展理念的新论述，以“绿水青山就是金山银山”为路径指引，坚持在发展中保护、在保护中发展，以市场为导向，重视不同领域行业差异化，统筹兼顾，不断深入改革(李干杰，2018)，并以此形成推进产业绿色发展的保障机制。

7.2.1 推进产业绿色发展的共享机制

实行数据共享机制是产业绿色发展的重要保障，产业间共享可分为数据与信息共享与利益共享。数据与信息共享可以对产业中企业绿色决策产生同步影响，从而改变企业的运作绩效，是产业绿色发展路径的重要环节。盈利是产业链中每个企业的最终目标，任何行业要想得到长足发展，企业间就必须摈弃自给自足和单纯的买卖关系，产业链上下游企业必须抱团取暖，构筑生态圈，重建重构价值链以实现价值链共享，用生态优势弥补并转化目前我国产业绿色发展中面临的诸多劣势。

数据与信息是每个企业的核心资源，而企业是产业链上的重要元素。大数据时代，数据分析与信息传导速度决定了任何一个行业的兴盛与衰败。共享则加速了这一速度，成为产业绿色发展的必经之路。共享机制作为产业绿色发展的保障机制主要分为三部分：实现企业间数据与信息共享；建立和完善共享机制管理；促进产业绿色发展利益共享。

7.2.1.1 实现企业间绿色数据与信息共享

一是由政府牵引。政府是联接企业间最有公信力的桥梁，而企业要想实现绿色发展不仅需要依赖政府的政策及资金支持，充分保护中小企业在其中的利益，同时需要政府出面组织并整合资源，分享企业在绿色发展方面做出的贡献及经验。二是加强对企业与个人知识产权与专利、商业机密保护力度。在知识产权领域，绿色专利制度被认为是实现"绿色技术创新保护生态环境"这一目标的重要路径之一。大力推进专利法的生态化以及绿色技术的创新性，一方面有利于加大我国绿色技术的布局，另一方面有利于绿色技术的创造、推广和应用。三是完善企业绿色信用评级保障制度。绿色信用评级是不同于传统的信用评级方法，针对企业的信用风险、环境保护、绿色低碳等诸多方面评定其绿色低碳、环境保护的能力及水平。强化绿色信用评级机制以满足我国防治污染、保护生态、推动资源可持续利用的需求，有利于调整我国产业结构、转变发展方式。四是建立绿色发展激励机制。如今，我国的空气质量、水质大幅提升，耕地重金属污染得到有效治理，在绿色发展方面取得了一定的成效，但由于缺乏有力的激励机制，效果尚不令人满意。绿色激励机制的重点是构建促进绿色消费、生产和发展的系统性激励机制，其包含产权激励制度、价格调节机制、税收激励制度、绿色金融服务、权益交易机制、绿色诚信机制以及绿色公益激励等七大方面。而绿色生产和消费的战略、规划、政策和目标的实施都需要系统性的激励机制去配合，因此，构建促进绿色发展的系统性激励机制至关重要。

7.2.1.2 建立和完善共享机制的管理制度

数据与信息共享包含单一企业的数据与信息库的管理，数据与信息转移、分类与整合、共享与实时更新，决策形成与应用。要实现安全流畅数据与信息共享就要保证过程的可靠。一是建立数据中心，由政府牵头成立，由参与企业构成。明确职责范围，做好数据与信息的采集，校准核实、分类、互通、更新与维护和安全管理工作。数据中心的业务开展应遵循需求原则，并向需求方普及使用规范，同时尊重提供方并征询其数据与信息的共享范围和是否授权等问题，做好协调工作。当涉及隐私与商业机密时，需求方与提供方应当签订共享安全保密协议。数据中心有责任监管需求方的使用用途，并要求信息与数据不得泄露，不得用于其他目的。二是保障监督。建立健全数据共享开放安全管理制度和安全检查机制，加强内部的网络信息安全管理、数据保密审查和风险防范工作，定期组织人员开展安全培训、风险测评和应急演练，确保数据与信息的安全。建立数据共享开放工作评价常态化机制，督促检查数据目录维护、数据安全使用和数据共享开放工作落实情况。

7.2.1.3 促进产业绿色发展的利益共享机制

绿色产业区别于传统产业，其通过构建共赢共生的和谐生态环境，上游带动、下游服务，实现社会责任与企业发展的高度统一。产业利益共享是实现数据与信息共享的重要保障，企业间的合作实现创收的同时又导致了分配矛盾。数据与信息共享可以缓解产业中的顽疾，提高产业的整体业绩，进一步提高企业生产效率，又因为企业有自己的盈利预期目标，一旦产业整体利润的提升不能合理分配到各成员企业，必然导致部分企业不再愿意参与共享过程，最终破坏产业的合作关系。

利益共享主要是基于利益共享契约与利益共享机制，其中利益共享契约是促使供应链协作的一种重要手段。参与企业签约利益共享契约可以推动供应链间企业的协作与沟通，并使每个参与者的利益得到一定提升。良好的利益共享体系和单纯的价格限制对投资的影响大体相同；但如果考虑到监管风险，良好的利益共享体系有助于降低监管风险。除此之外，在运用不完全契约模型研究利益共享契约给产业内企业所带来的潜在优势时，发现利益共享提高了上游企业的投资倾向，在某些情况下还会提高参与企业的期望收益。利益共享机制保证了产业链间利益共享的健康运行。现如今，市场竞争日益激烈，企业为实现利益最大化就需要注重与合作方之间的利益共享，互利互赢。供应链每个环节的企业利益都是相互关联，紧密联系的，利益一体化是企业现代化、全球化的标志（党梓毓和付洪垒 2019），为实现供应链整体效益的增值，供应链每个环节的企业都应创新生产方式，实现价值增长。

7.2.2 推进产业绿色发展的监管机制

7.2.2.1 着力转变工作方式，以更实举措强化事中事后监管

产业绿色发展要稳步推进就要提高监管效率，避免多头执法、重复检查，减轻企业负担；产业绿色发展也需要加快推进国家治理体系和治理能力现代化，转变监管理念，进一步提升生态环境监管水平。一方面多措并举，创新监管方式，强化信用监管；另一方面更要让企业有不受干扰的获得感，以此营造公平竞争的市场环境和法治化的营商环境（李干杰，2018）。

一是全面推进生态环境保护综合执法。为打赢污染防治攻坚战，改善生态环境质量，《党和国家机构改革方案》明确要求，各省、自治区、直辖市应整合环境保护和国土、农业、水利、海洋等部门相关污染防治和生态保护执法职责、整合国土、农业、水利、海洋等部门相关污染和生态保护执法队伍，

统一实行生态环境保护执法，并根据当地的实际情况，探索形成适可量化的综合行政执法履职评估办法，不断提高生态环境保护综合行政执法效能和依法行政水平。加强“人防”，健全环境监管网络化体系，积极推行“互联网＋统一指挥＋综合执法”，加强部门联动和协调配合，逐步实现行政执法行为、环节、结果等全过程网上留痕，为各部门开展部门内部和部门联合“双随机，一公开”监管提供管用、实用、好用的操作平台。成立环节督察组，通过多维度、立体式的专项治理和监管执法相结合，对大气污染、河流湖泊治理情况等相关问题进行考核问责，同时监督落实生态环境保护“党政同责、一岗双责”，并将污染防治上升到法律层面，对主动污染或者放任污染企业与个人追求其法律责任。

二是完善“双随机、一公开”监管制度。“双随机一公开”，即监管过程中随机抽取检查对象，随机选派执法检查人员，抽查情况和查处结果及时向社会公开，是规范监管行为的重要保障，有利于提高监管效能(李干杰，2018)。市场监管部门、跨行业、跨层级联合监管，各省统一制定该省部门联合抽查事项清单，将同一时间段针对同类市场主体的多部门监管职责全部纳入联合双随机抽查，做到“无清单不检查”。部门联合“双随机”，破解过去“运动式”执法带来的诸多弊端，实现“进一次门、查多项事”，进一步减轻企业负担，有效避免政府部门之间多头执法、标准冲突、责任扯皮，真正形成监管执法合力；建立完善线上监管平台、建立部门共享交换和互认互用机制、打造智慧化监管模式，以此实现监管效能最大、监管成本最优、对市场主体干扰最小的目的。

7.2.2.2 加大监管力度，突出监管重点，坚持分类整改

产业绿色发展要加大监管力度，更要结合实际不同产业、行业的绿色标准落实监管，并制定相关事项的监管责任书，采取科学、合理、系统的监管措施，明晰各方监管职责和边界，更要及时处理赋权过程中遇到的困难和问题，确保放得下、接得住、用得好。

一要突出监管重点。对高污染以及“污染黑名单”中的产业与企业，各地生态部门要结合地方机构改革和环保垂政，把做好“六稳”工作摆在突出位置，以解决突出生态问题、改善生态环境质量，探索生态环境监督新模式，

整合安排城市黑臭水体治理、水源地保护、打击“洋垃圾”进口，“清废”行动等多项专项任务，聚焦污染物偷排偷放，严把环境关，助推新旧动能转换，给高质量发展添加新引擎。

二要对不同发展阶段的产业要实行分类监管，扶持积极转型中的企业，对转型成本高、体量大、社会贡献度高的企业予以一定时间放宽与资金帮助。对中小企业要做好监管引导，避免暴力监管。

三要杜绝环保“一刀切”，加强分类整改举措。开展重点行业绩效评级工作，坚持“多排多限、少排少限、不排不限”的原则，给予企业环保整治时间，杜绝出现“一刀切”的现象，避免出现供应链中断。政府在出台政策时应区分情况制定相应的政策，或者将权限下放给地方，由地方自行根据本地情况选择和制定方案，因地制宜，实行差别化错峰生产，分类施策，严格督察执法，禁止对企业实行“一刀切”。

7.2.3 推进产业绿色发展的服务机制

7.2.3.1 打造嵌入式绿色知识与技术服务模式

不同产业在绿色发展过程中都有一定的知识与技术障碍，收集不同用户的知识、技术服务需求，设计不同领域创新型与应用型的知识、技术服务产品、寻找以用户需求为导向的知识、技术服务实用性方法，开发出具有相关领域特色的知识与技术服务模式，为产业绿色发展过程中的人员知识与技术补齐短板。

知识与技术壁垒是产业绿色发展过程中必须打破的，知识与技术服务将存在于互联网中可查询到的知识与技术、专业人员所掌握的知识与技术以及从业经验传授给特定的需求者。其团队是由情报人员、技术人员、领域专家组成，而服务是以团队集体智慧带动服务以及需求用户主动或被引导的形式参与流程为重点，是与单个用户随时有效交流、向专家随时咨询的过程。

手机微信小程序以及其他自媒体形式是便捷式知识与技术服务模式。各行业、产业相关领域权威机构或技术人才、高校研究所等都可以成为分享、教授技能与知识的平台。相关需求用户只需要关注或者查询即可在其中得到服务。这种便捷式服务模式已经成为当今最流行的获取知识与技能的方式。

人才是产业绿色发展的主要需求，为绿色产业培养人才、塑造人才，打造专业人才是知识与技术服务的首要任务。目前企业与高校的“产、学、研”交流、校企订单式培养输送相关人才以及咨询公司是普遍的知识与技术服务模式。但随着大数据与“互联网＋”等技术的发展，用户对绿色产品个性化的需求日益显著，以用户需求为中心，积极响应用户需求全过程，进行主动交互等嵌入式服务成为知识与技术服务的新趋势。

协会定期举办座谈会以及技能知识培训等是重要的知识与技术服务模式。各行业、产业、各地区都会自发组织形成相关领域的行业、产业协会以及其他民间组织。协会是当地政府与相关企业沟通的重要桥梁，是企业间沟通的重要纽带。同行业的问题往往具有相关性与普遍性，协会定期的座谈会、技术交流会以及形式各异的培训是解决现有问题的直接途径。协会同样是聚集相关领域专家与技术人才的重要组织，也是培养相关人才解决知识与技术障碍的重要途径。

7.2.3.2　构建产业绿色供应链服务平台

资源整合是产业绿色发展过程中的必经之路，是产业中企业追求低成本、高收益、高效率的不二之选。

产业供应链服务平台是具有典型资源整合特征的经济组织，具体来说，第三方供应链服务公司借助先进的信息通信与互联网技术通过供应链整合的方式将产业集群中所有分散的企业整合，产生运营协同化。供应链整合是指供应链上利益相关者在管理相互之间业务流程方面的战略合作程度，旨在获得有效率、有效益的产品、服务、信息、资金以及决策流为终端客户创造最大价值。通过开发高速通信的网络技术，集群中所有的中小企业都能够低成本地加入平台，与其他参与者协同探索供应链各个流程和环节，为终端客户创造价值。

平台中的供应链体系是模块化的网络结构，是通过一个个区块组合而成的，相互之间采用的是分布式协同运作（陈夫华和赵先德，2018）。既能实现物流、信息流、资金流和商流之间的高度结合，又能随时适应外部环境的变化，快速实现平台资源的动态匹配，具有很强的灵活性和弹性。产业供应链上所有的交易活动都在平台中发生，所以平台可以充分、实时地获取这些企业的信息。

7.2.3.3 搭建绿色信息收集检测披露服务平台

产业绿色发展不仅要注重保护企业信息与技术不被泄露，更要保证在发展的各个阶段做到必要信息的公开与透明，将发展的成果与不足披露能更好地服务之后的发展并承担社会责任。

企业可通过搭建绿色信息收集监测披露平台加强与供应商和客户之间的信息交流，及时共享和学习国家在环境保护方面制定的相关政策和法律法规，同时定期在平台上发布企业环保装备节能减排监测结果，披露企业在生产环节的污染物排放量及节能减排方面的举措等信息。同时建立与供应商和客户之间的信息交流机制，将平台上收集到的绿色供应链各个环节的相关数据信息共享给生产企业、供应商、回收商以及政府部门、消费者，如绿色设计、绿色采购、绿色生产、绿色回收等。此外，还需对重点供应商进行等级评级，并定期公布其环境信息和在绿色生产、绿色采购等方面的实施成效。

搭建绿色信息收集检测披露服务平台有助于相关企业找准位置，自我总结并进行行业对标。通过信息披露让企业找到现状与计划目标之间的差距以及达成情况，能够实现自我负责并承担相应的社会责任。

7.2.3.4 积极构建生态环境信息“互联网＋政务服务”平台

推进“互联网＋政务服务”是产业绿色发展过程中便民、益企、利政工程。通过推动部门与企业、群众之间的信息共享，让数据为老百姓节省体力时间，为企业提供更加便捷高效的服务。

一是强化政务公开。依托部门门户网站和企业服务中心，以滚动播放数据的形式公开空气、水环境质量的动态监测数据，每日更新的数据达数万条，确保公众能够及时了解最新的权威环境质量数据。整合两微一端等平台资源，对法规政策、规范性文件等进行全方位的解读。将内部 OA 办公系统与政府集约化平台对接，实现主动公开的文件自动推送到网站上进行公示，进一步提高了政务信息公开的效率，方便企业办事。二是强化政民互动。依托门户网站、服务热线、两微一端等，进一步加强政民互动交流能力。优化公众来信的内部流转过程，提升处理时效，保证公众的咨询建议等来信能在五个工作日内进行答复；在网站开辟专栏针对企业信访询问及时进行回应，安排专人进行在线咨询，实时回答企业疑问。三是强调信息安全保护工作。互联网便捷式办公一方面节省工作人员体力与时间提高了办事效率，另一方面也对数据信息安全有了更高的要求。

7.2.4 推进苏州工业园区绿色发展的保障机制应用案例

7.2.4.1 园区概况

苏州工业园区位于长江三角洲太平湖平原之东，地势平坦，自 1994 年 5 月签署《关于合作开发建设苏州工业园区的协议》以来，园区开启了迅速起飞、蓬勃发展的 24 年。从洼田密布、阡陌纵横到现代化产业新城，苏州工业园区构建起特色鲜明的产业体系和创新生态。目前，园区已布局商务、科教创新、旅游度假、高端制造与国际贸易四大功能板块，形成“产城融合、区域一体”的城市发展架构。此外，园区已形成生物医药、纳米技术应用和人工智能三大特色产业板块，逐步成为国际化、现代化和园林化的新城，且呈现出良好的发展态势(禹湘等，2018)。2017 年园区在全国经济技术开发区综合考评中位居第一，2019 年苏州工业园区实现地区生产总值 2 743 亿元，同比增长 6%；进出口总额 871 亿美元，实际利用外资 9.82 亿美元，固定资产投资 391 亿元，在国家级经开区综合考评中实现四连冠，在国家高新区考评中综合排名上升至第五位，体现出了苏州工业园区在我国产业园区发展中的引领地位。

7.2.4.2 园区绿色发展的保障机制

园区在能源利用领域，实施能源绿色转型战略，从供给侧和消费侧两方面协同推进工业园区的能源绿色转型。大力倡导区域内绿色能源科学应用、“互联网+”思维，推动多能协同等能源消费方式的创新；探索云计算和大数据等新技术在能源领域的应用。从实现政企数据共享、提升绿色发展服务以及加强监管机制等多方面全面推进园区的绿色发展。

(1) 园区绿色发展的共享机制

园区为实现数据与信息共享，提高政府办事与服务效率，推进“放管服”改革，优化政府服务，简政放权，同时为企业营造良好的经营环境，改善企业间“信息孤岛”现象，打破信息壁垒，建立了信息资源共享平台与政企服务数字空间平台。信息资源共享平台支持通过点对点的数据交换实现共享，同时支持以服务的方式实现点到面的数据共享，并且提供一个统一的监管平台，对整个网络内的共享交换业务进行监管，如图 7.5 所示。

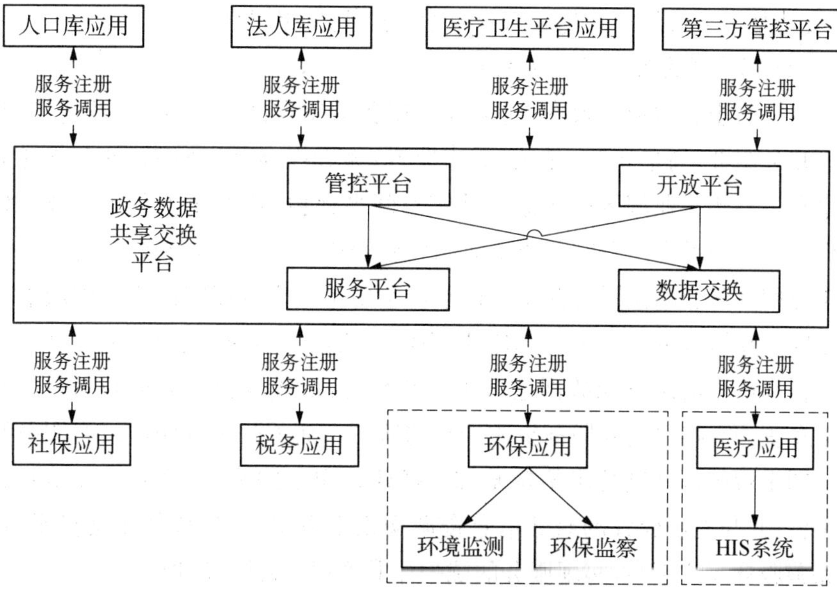

图 7.5 信息资源共享平台整体方案

信息资源共享平台由服务平台、数据交换、管控平台和开放平台四个部分组成。企业用户注册到服务平台，在服务平台的服务目录中进行展示，由服务平台进行服务请求路由、安全控制和相关的监控预警。需要使用其他系统数据的应用系统可以在服务目录中查找需要的服务，并申请相关服务的使用权限，在得到批准后即可通过服务调用使用其他系统共享的数据。数据交换提供点对点的数据交换支持，可用于专题业务数据共享。开放平台将服务平台和数据交换的相关管理监控功能以服务的形式对外提供，第三方系统可以通过开放平台根据自己的业务需求进行相关的功能扩展。管控平台则是整个交换平台集中管理和监控的门户。

政府部门、企业的信息通过数据交换平台可在不同角色的租户之间共享。例如，政府部门可利用企业汇聚在政企空间平台中的数据对企业进行监管和宏观统计分析；平台在处理企业办事请求的过程中，可以从政务信息资源交换平台中获取相应的信息，自动完成企业业务信息的审核；企业在办理不同政府业务时，可利用数据交换平台在不同服务和应用之间共享企业信息。另外，数据交换平台中还集成了如空间地理信息库等公共的信息资源，支持基于平台的智慧化应用获取更丰富的感知维度。

(2) 园区绿色发展的服务机制

为提高服务质量与效率，建成政企服务数字空间平台，有力推进“互联网＋政务服务”与平台“一站式”集中服务，大大提高办事效率，创新优化服务水平。苏州工业园区政企服务数字空间平台包括“苏州工业园区政企信息资源共享交换平台”和“苏州工业园区政企服务数字空间平台”。其中，苏州工业园区政企信息资源共享交换平台主要是负责构建园区内不同政府部门之间信息资源的共享平台，对园区内已形成的人口库、企业法人库和空间地理信息库中的服务和数据进行集成和整合，形成政企数据空间平台的政务信息资源交换平台和服务集成平台的雏形。而苏州工业园区政企服务数字空间平台则是在其技术架构基础上搭建政企空间平台，开发企业信息共享平台，并与之前建设的政务信息资源交换平台整合，形成数据交换平台，并完善服务集成平台，实现服务的统一注册管理、编排和治理。

平台集成了多个与企业办事相关的系统的服务。企业、政府和第三方软件厂商可以利用政企空间平台提供的服务接口开发专属于行业、企业或政府部门的智慧化应用。企业、政府部门作为政企空间平台的用户，可通过服务的编排和交互，实现企业应用的无缝接入和一站式、自动化的业务流程，并利用平台提供的多终端接入和推送接口，实现动态实时的流程通知、业务提醒和预警等。

(3) 园区绿色发展的监管机制

园区创立之初就建立一系列刚性约束机制,坚持"一张规划图,管了二十年"的初心。坚持以效益优先与聚集集约为核心,对入园企业进行合理的产业优化与调整。为了更好地对园区企业进行监管,园区将监管机制分为了环保监管以及企业运营监管。

环保监管主要是通过打造园区安全和环境一体化物联网综合平台,基于园区的特点和应急管理应用需求,考虑不同园区的具体特点,汇集前端信息到系统,结合园区环境风险预警、环境质量评估、污染溯源分析、事故应急决策等服务,打造"三位一体"体系构架,实现对于园区安全环保工作的全方位支撑。其中,"三位一体"体系构架包括园区精细化环境质量服务管理体系、园区污染在线立体防控体系、突发事件应急指挥调度体系以及园区综合监管及应急预警信息化系统。

园区精细化环境质量服务管理体系的核心是园区风险源排查和管理,从风险排查开始,对园区内企业的风险进行风险识别和分级分类,并针对识别出的风险环节提出相应的应对措施,再结合园区环保业务综合管理系统建立完整的园区精细化环境质量服务管理体系。园区污染在线立体防控系统主要包含环境质量监管体系和污染源在线监管体系两个部分。加强园区突发应急事件指挥调度体系建设,以园区安保、检测、消防以及公安为核心做好突发应急事件的监管与处理,保证在短时间内做到有效应对。

运营监管则是企业在使用政企空间平台时,将其内部的信息汇聚到平台中,如企业概况、人员信息、财务信息等。这些数据实时地反映园区内企业的运营情况,因而能够作为园区企业监管的依据和手段。例如,园区政府的相关部门可通过平台统计获取园区的宏观经济数据,并部署服务自动监视经济数据的变化,当数据偏离正常值超过一定程度时,将向用户的终端发出提醒,从而帮助政府用户改善宏观经济决策。同时,政府用户还可对企业在平台中的业务办理进行全面的监管,通过对全局操作的动态关联和分析,及时发现违规行为。

7.3 推进区域绿色发展的保障机制

保障绿色发展不仅要将着力点落在微观的企业层面和中观的产业层面上，更要从宏观区域角度入手，合理规划、统筹安排。党的十八届五中全会提出创新、协调、绿色、开放、共享的新发展理念。五大发展理念之间互联互通，其中，绿色发展作为构建高质量现代化经济体系的必然要求，将其融入区域经济发展之中是实现区域高质量发展的应有之义，共享、协调也为实现生态保护、绿色发展提供了新思路。下面主要从共享机制、监管机制以及服务机制这三个方面来保障区域绿色发展。

7.3.1 推进区域绿色发展的共享机制

共享是中国特色社会主义的题中之义，它的基本价值理念是在区域发展过程中保持合理、公平、持续、和谐，形成资源共享、责任共担、发展共赢的生态文明建设模式，这与绿色发展具有共通之处。实现区域的绿色发展，必须要形成域际之间的共建、共生、共享、共赢，构建出合理良性的物质变换循环系统。

如何实现域际之间的绿色发展共享，本部分主要从如图 7.6 所示的三个方面阐释推动区域绿色发展的共享机制，包括构建资源与环境信息共享平台、建立绿色技术专利共享机制以及构建完善产业转移利益共享机制。

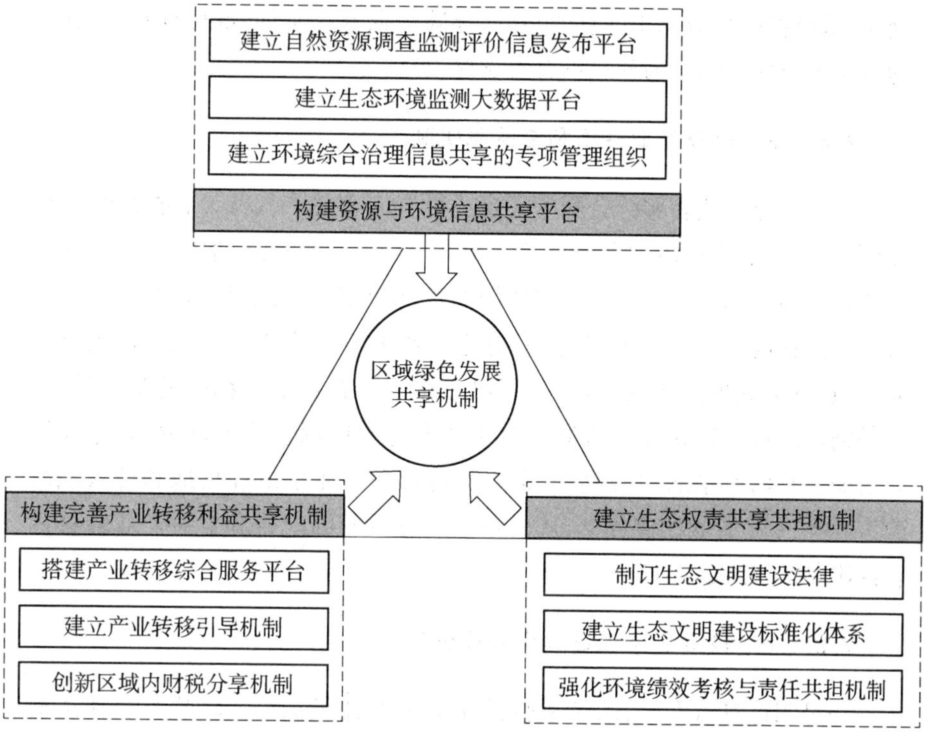

图 7.6　区域绿色发展共享机制

7.3.1.1　构建资源与环境信息共享平台

一是建立自然资源调查监测评价信息发布平台。建立健全自然资源资产产权体系和明确自然资源资产产权主体（韩英夫和佟彤，2019），并在此基础上制定统一的自然资源分类标准，如经过调查发布长三角区域内重要自然资源的数量、质量、分布、权属、保护和开发利用现状，并及时监测更新自然资源的变化情况。同时，建立自然资源资产核算评价制度。二是建立生态环境监测大数据平台。制定统一的污染物监测种类和相应排放标准，运用智能环境监测设备，结合移动互联、大数据等科技手段，完善污染物排放在线监测系统，实现区域污染物排放、空气环境质量、水环境质量等信息公开。三是建立环境综合治理信息共享的专项管理组织。充分运用云计算、人工智能等现代技术手段实现区域生态环境治理数据从收集、挖掘到共享交流，最终得以高效利用的有效整合，保障数据的真实性、准确性和及时性，为区域生态环境综合治理提供有力支撑。

7.3.1.2 完善产业转移利益共享机制

一是搭建产业转移综合服务平台。设置完善的产权交易、融资服务、法律顾问等功能，为区域内各地区产业转移提供专业便捷的服务。二是建立产业转移引导机制。坚持市场对资源配置起决定性作用，通过政策设计，在鼓励高能耗高污染企业退出地区，对愿意移出的企业给予一定的退出奖励政策；在支持绿色产业发展地区，对愿意移入的企业给予相应的激励政策。三是创新区域内财税分享机制。对于政府主导的绿色产业转移，在企业搬迁后的三年内所缴纳的增值税、企业所得税和营业税由迁出地和迁入地政府按50%∶50%的比例分享，从而打破地方政府因财税利益对产业转移进行的限制（牛桂敏，2017）。

7.3.1.3 建立生态权责共享共担机制

一是制订具有专门性、统领性的生态文明建设法律。将现行法律法规中与加快推进生态文明建设不相适应的内容进行清理，加强法律法规间的衔接，完善跨区域司法办案合作机制，用最严格的法律制度保障绿色发展。二是建立生态文明建设标准化体系。各地区按照空间布局、生态经济、生态环境及生态文化四个方面，结合当地特色进行标准研制，涵盖气候变化、海洋综合利用、自然资源调查监测与利用、污染物排放、绿色产品评价及生态环境修复等多领域，并将该项工作纳入区域发展规划，建立统一区域规划实施机制和定期联席会议制度，推动区域资源共享、优势互补。三是强化环境绩效考核与责任共担机制。面对环境治理难题和共建生态文明的责任，任何区域不能置身事外，要制定对各级政府环境绩效的考核办法，对环保年度工作目标任务完成情况、生态环境质量状况、立法执法情况、公众满意程度等相关方面开展考核，将考核结果与官员奖惩密切挂钩，对于环境保护不力的地区要严格执行环保约谈等措施，区域间做到生态责任共担，成果共享，密切协作，努力形成绿色发展合力。

7.3.2 推进区域绿色发展的监管机制

7.3.2.1 构建区域绿色发展的差异化考核指标体系

强化约束性指标管理，根据各地区产业能耗等级、经济发展水平和环境容量，对各地区进行差异化分类考核制度。对于高耗能产业聚集的地区，把重点放在降低单位 GDP 能耗上，构建控制单位能耗和能耗总量的绿色发展考核指标体系；对于人口密度大、服务业比例高的特大型城市，应降低服务业和居民消费能耗，因此，要构建能控制人均能耗和能耗总量的绿色发展考核指标体系；对于发展起步较晚、环境容量较大、能耗基数偏低的地区，构建以维持单位 GDP 能耗稳定为重点，实行允许能源消耗总量小幅增长的绿色发展考核指标体系。

7.3.2.2 形成多主体、多部门联合的区域绿色监管机制

完善绿色发展工作协调机制，形成各级各类政府部门、环境非政府组织、公众等多主体参与的监管合力。一是明确中央政府和地方政府在绿色发展中的分工定位。中央政府的政治理念对绿色发展工作的执行具有根本性影响，中央政府对于生态文明建设的重视正逐步重塑地方政府的行为规则。中央政府应持续重视绿色发展，对绿色发展好的地区，予以其政府额外经济奖励，并将考核结果与地方官员的晋升关联，以制度化的方式引导地方政府及官员重视绿色发展。二是充分发挥环境非政府组织在绿色发展中的作用。相比普通民众，环境非政府组织具有更强的专业性、联系的广泛性和灵活的组织性，在绿色发展中具有重要作用。环境非政府组织应积极利用现代媒体的优势，完善以信息公开为中心的舆论监督机制。此外，要完善相关立法，明确环境非政府组织在绿色发展方面的宣传教育、信息公开、参与

政府政策制定以及对绿色发展相关工作进行监督等权利与义务。三是建立健全的公众参与绿色发展的公共平台和渠道。普通民众对于参与绿色发展监管还持保守态度，原因之一是缺乏参与监管的平台或渠道，因此，应加快建设高效畅通的公众参与信息交流平台和沟通渠道，降低公众参与监管的成本，提高公众参与的积极性。

7.3.2.3 促进司法与道德联合的区域绿色监管制度

一是强化过程监管和产品绿色质量溯源制度。对于有意愿控制产品绿色质量并能够保证将实际情况真实记录下来的企业，可利用区块链技术构建产品绿色质量安全全过程监管体系，将参与监管的主体，包括企业、政府、媒体和消费者等全部纳入监管体系中，对产品的整个流通过程的相关数据进行全面记录。二是激励公众参与决策监管举报。实行有奖举报制度调动公众参与绿色发展监督的积极性，制定统一的举报奖励原则，充分利用新媒体，包括微博、支付宝、抖音等，以多样化的宣传方式促使每一位公众了解该项政策并积极行动。三是提高环境处罚标准。环境处罚给企业造成的损失必须大于企业的违规收益才能使处罚具有威慑效果，同时考虑到政府部门的监察和处罚力度以及企业的风险偏好，这一标准应适当提高。四是加强环境执法力度。为环境执法部门配备足够的人力、物力，认真做好日常环境监管工作。针对重点监管企业进行不定期检查，对发现违法行为的企业首先开具警告书，对不配合整改的企业采取多部门联合惩戒。

7.3.3 推进区域绿色发展的服务机制

7.3.3.1 建立和完善区域绿色信息的服务机制

政府部门、企业、行业协会和消费者作为区域绿色发展过程中的参与主体，存在着密切的互动关系。现实情况中存在的信息不对称问题加大了政府、行业协会和消费者对企业监督的难度，增加了监督成本。解决信息不对称的根本方法在于建立基于大数据与“互联网＋”等现代信息技术的多主体协同绿色发展信息共享机制。政府部门、行业协会、消费者等均可在“互联网+”信息平台上查看相关企业、执法机构及人员、监管事项、时间、方式等监管信息,以协调各监管主体进行联合监管。

7.3.3.2 建立区域绿色知识与技术的服务机制

绿色知识与技术有利于节约资源、保护环境,是提升区域绿色发展水平的关键推动力。只有大力发展绿色技术、传授绿色知识,提高资源利用率,减少污染物排放,才能卓有成效地实现绿色发展。绿色知识和技术的区域差异是各地区之间绿色发展存在差距的主要原因。加快绿色知识积累和技术创新,增强与绿色发展高水平地区的互动交流能力,对低水平地区激发潜能提高绿色发展水平具有重要的战略意义。

7.3.3.3 建立区域绿色教育的服务机制

以习近平新时代绿色发展理念为指导,将生态环境相关知识贯穿于学前教育、初等教育、中等教育和高等教育,对受教育者的环境行为施加有目的、有计划、有组织的影响,使“人与自然是生命共同体”这一理念深深植根于受教育者心中。在不同阶段开展适当层次的环境教育,从知识与技能、过程与方法、情感与态度三个方面制定适宜的教育计划。在知识与技能方面,不局限于最基础的知识与技能,要结合现实情境,通过对热点问题的分析解决实际问题;在过程与方法方面,采用多样化的教学形式,通过言教与身教双重引导受教育者养成良好环境行为习惯;在情感与态度方面,培养受教育者热爱自然、保护环境的情感,树立正确对待环境的价值观和态度,使其自觉将对环境的态度纳入道德行为规范。

7.3.3.4 建立区域基础性制度建设的服务机制

碳排放权交易制度在短期内会对区域经济产生负面影响,但从长远来看,碳排放权交易制度能够有效控制温室气体排放、保护环境,并且可以促进经济增长,是实现绿色发展的必然选择。目前我国碳排放权交易市场仍处于初级阶段,碳排放权的初始分配制度存在不足,交易体系的法律保障不健全,还未建立全国统一的碳排放市场,同时我国碳金融发展相对滞后。因此，应合理设置碳排放权初始分配方式，结合我国实际，借鉴国外相关成熟经验；建立碳排放权交易的市场监管机制，制定相应的法律法规对碳排放权交易进行规范；建立市场化的碳金融机制。绿色标准体系是提升经济发展效益、推动绿色发展、建设生态文明的重要手段。对农业、工业、建筑和能源等重点领域的绿色标准进行修订和完善是加强节能减排、化解产能过剩的有力支撑。绿色技术创新与研发激励机制对于破除创新阻力，化阻力为动力，进而推动绿色发展具有重要意义。绿色技术创新是一项经济活动，要通过保证绿色技术创新者获得应有的创新收益来提高其进行创新的积极性。政府可通过建立完善的产权激励机制保护创新者及其创新成果所有权；通过积极的绿色产品采购和充分的资金支持激励绿色技术创新。

7.3.4 推进区域绿色发展的保障机制应用案例

良好的生态环境可以使人民拥有更加健康、更高质量的生活品质，是人民幸福生活不可或缺的一部分；良好的生态环境可以为地区发展提供有利而丰富的资源，是经济持续健康发展的有力支撑，还可以吸引更多的企业投资、人才就业，带动资金、技术聚集，用绿水青山带来金山银山。因此，在习近平新时代中国特色社会主义思想的指导下，全国各地积极探索并推进生态优先、绿色发展的新路径及保障措施。

7.3.4.1 京津冀区域内产业转移的利益共享机制

2014 年，习近平总书记提出京津冀协同发展的重大国家战略，以疏解北京非首都核心功能为基本出发点，调整城市布局及空间结构，构建一体化交通网络系统，扩大生态环境空间容量，推动产业升级转移。其中，产业转移是三地协同发展的关键。而产业转移、结构调整中最核心的问题是利益分配。由于产业的重新布局涉及地区间的利益博弈，而税收利益是地方政府的核心利益，因此，需要对税收收入进行分成机制设计从而对企业迁出地政府给予相应的激励措施。2015 年 6 月 3 日，财政部、国家税务总局印发了《京津冀协同发展产业转移对接企业税收收入分享办法》（以下简称《办法》)，在京津冀城市群率先开展财税体制改革试点试验，解决产业转移中的利益分配问题。《办法》规定，分享的上限为企业迁移前三年在迁出地缴纳的增值税、企业所得税和营业税之和，达到分享上限后，迁出地区不再分享。迁出企业完成工商和税务登记变更并达产后三年内缴纳的增值税、企业所得税和营业税之和，由迁入地区和迁出地区按 50%：50%比例分享(赵莉，2020)。

五年来，随着不断深化的税制改革、不断优化的纳税服务，京津冀区域经济协同发展成效显著。协同发展，更是绿色发展，税收在保护环境方面发挥了杠杆作用。同时，三地全面落实京津冀区域大气污染防治协作机制，空气质量持续改善。

7.3.4.2　县域绿色发展考核机制

浙江大学环境与资源学院的研究团队在 2018 年 8 月发布了“两山”发展指数，这是针对新时代生态文明建设理论的重要研究成果，也是对绿色发展的具体实践，展现了“绿水青山”与“金山银山”之间的动态转化。该指标体系分为生态环境、特色经济、民生发展和保障体系四个部分。其构建原则是节约自然资源、合理空间格局、优化生产和生活方式，基本的指标要素包括环境质量底线、生态环境红线、资源利用上线。由于我国每个区域的资源禀赋情况存在巨大差异，而生态产业的发展会受地理、历史、生态等多方面的影响，同时，全国各地县域的经济发展水平也存在较大差距，生态环境承载力不尽相同，因此，各地的“两山”发展方向必须要因地制宜。实现量化评价区域性“两山”发展程度，不仅有利于建设美丽乡村，实现乡村振兴，同时为世界可持续绿色发展添上中国浓墨重彩的一笔，推动建立人类命运共同体。

7.3.4.3　基于环保信用体系的多主体联合监管机制

各地政府探索建设环保信用体系和“守信联合激励、失信联合惩戒”机制，将企业环境信用评价结果应用于日常管理。其中，江苏省南通市实行相关制度并取得较好成效。具体做法有：对于绿色信用等级较高的企业(守信企业)，相关管理部门给予充分信任，并在申报污染治理补助项目、排污许可证申请与年审、建设项目环保审批、绿色信贷、企业上市、企业发行绿色债券、产品评优、劳模评选等各方面予以政策倾斜。对于绿色信用等级低的企业(失信企业),各管理部门会根据本部门的相关规定对该类企业进行联合惩戒,如物价部门实行差别水价、电价政策;经信委采取限制电力供应的措施,切断红黑企业电力,优先保障绿色企业用电;工商和质监部门把信用评级作为名牌产品评比等荣誉的考核指标;银行停止对该类企业的贷款等。同时,失信企业的环境行为信息会计入其法定代表人和分管环保的主要负责人的个人信用记录,纳入社会公共信用信息共享平台,从而影响个人在银行的信贷行为等。自南通市进行环保信用体系建设试点工作以来,环保、物价、银行等部门、机构密切协作,对200家红黑企业加征污水处理费400余万元,由于高额污水处理费的倒逼,有30余家红黑企业陷入关停,60余家企业通过整改在评级中提升档次(通环,2018)。

7.3.4.4 长三角区域司法与道德联合的监管机制

2020年5月8日安徽省马鞍山市中级人民法院出台《服务和保障生态福地马鞍山建设的实施意见》,提出了加强环境资源审判工作、充分发挥环境资源审判职能作用、完善府院联动机制以及积极参与长三角区域环境司法协作这四个方面共17条意见,充分发挥皖江马鞍山段区位优势,保障水清岸绿、产业优的美丽长江经济带建设。对于加强环境资源审判工作,马鞍山市中院将继续加强底线意识,采用最严格的生态环境保护和最严密的法治思想为新时代马鞍山生态文明建设和绿色发展提供更加有力的司法保障。对于充分发挥环境资源审判职能作用,马鞍山市中院从刑事审判、行政审判等方面提出针对性的措施,加强推进环境公益诉讼。对于完善府院联动机制,马鞍山市中院将加强与环境资源保护职能部门之间的协调联动,形成齐抓共管的生态环境保护格局。对于积极参与长三角区域环境司法协作,马鞍山市中院将加入长三角区域环境资源审判日常交流平台,建设跨地区诉讼服务体系,落实环境资源案件跨域立案及移送审理机制。通过司法与道德的联合监管让生态优先、习近平新时代绿色发展理念在马鞍山市落地生根,不断开创新时代生态文明建设和环境保护工作的新局面。

第8章

推进绿色发展的实践与示范

过去我国粗放式的经济发展模式曾经为经济积累做出了贡献，但同时也造成了巨大的资源浪费、生态破坏、环境污染等问题，严重制约中国经济社会的可持续发展质量。新中国成立以来，我国在生态文明建设方面进行了艰苦的探索，环境压力在一定程度上得到了缓解，但环境承载力薄弱趋势尚未根本扭转，亟待探索经济发展新支点。习近平主席在博鳌亚洲论坛上首次创造性地提出“绿色发展”理念，并在诸多重要会议中反复强调这一理念，为探究环境与经济良性关系，促进我国生态和经济可持续发展提供了战略指导。“绿色发展”理念是我国经济发展由速度到质量转变的重要产物，是缓解雾霾、水污染、极端天气等环境问题的现实选择。在探索绿色发展的可持续发展实践中，我国按照小区域试点—大范围推广的思路，形成了“行业转型—产业合作—区域创新”的绿色发展示范实践模式，涌现出以生态促发展，以发展养生态的典型案例。本章运用案例分析法，通过剖析行业（以电器电子产品绿色供应链为例）、产业（以镇江市制造业高质量发展为例）、区域（以绿色园区建设为例）三个层面的绿色发展实践，探究推动绿色发展实践背后的驱动因素和保障机制，以及在实践中取得的成效和遇到的困难，总结绿色发展经验，提出改进建议，为进一步提高绿色发展水平、创新绿色发展模式提供参考和借鉴。

8.1 从末端治理到全生命周期管理——以电器电子产品绿色供应链为例

8.1.1 案例背景

绿色供应链是综合考虑环境影响和资源配置效率的现代供应链管理模式。与传统供应链的最大不同之处在于，绿色供应链对供应链的考量不仅包括传统经济成本约束下的供应链的优化与协调，还将经济活动对环境产生的负面影响作为重要的考察事项，将环保意识嵌入供应链管理，追求经济与环境相平衡的供应链管理方式（郭珉媛，2018）。这一概念最早由美国密歇根州立大学制造研究协会于 1996 年提出，主要是指：以绿色制造理论和供应链管理技术为基础，通过协调供应商、生产商、销售商和消费者等供应链主体，使产品从物料获取、加工、包装、运输、使用到报废处理过程中对环境影响最小、资源利用效率最高。

近年来,我国不断推进绿色供应链管理方面的实践与制度设计。2017年6月,国标委正式发布了国家标准《绿色制造—制造企业绿色供应链管理导则》,这是我国绿色供应链相关标准的首次制定与发布,该文件明确了制造企业绿色供应链管理范围和总体要求,规定了供应链上各企业有关产品、物料的绿色性管理要求,对产品设计、材料选用、生产、采购、回收利用、废弃物无害化处置等全生命周期过程都有明确规定。该文件对于推动制造企业加强绿色供应链管理实践,打造绿色产业链、实现绿色发展具有十分重要的意义,有利于构建以资源节约、环境友好为导向的绿色供应链体系(国家环境经济政策研究与试点项目技术组,2017)。为提升我国绿色供应链管理水平,发挥典型企业的示范引领作用,打造绿色产业链,构建绿色制造体系,工信部组织在电器电子、通信、机械等重点行业开展试点工作,并编制了部分企业绿色供应链管理典型案例,供相关企业相互学习借鉴,以期提升企业绿色供应链管理水平。

我国作为全球最大的电器电子产品生产国、消费国和出口国,2018年手机生产量达18亿部、计算机生产量达3亿部,占全球总产量的90%以上,大量的电器电子产品废弃后面临较大处理处置压力(田晖和亢远飞,2019)。为此,国家工信部先后选取了长虹(第一批)、华为(第三批)、联想(第四批)等企业作为示范企业以推进电器电子行业供应链绿色发展。目前,长虹、华为、联想等企业在贯彻落实绿色供应链管理的过程中,按照全生命周期理念,开展产品绿色设计,开发绿色产品,提升产品的绿色制造水平,对于从源头减少资源能源消耗,降低环境负荷,引导绿色生产和绿色消费,产生了良好的积极作用。因而,以长虹、华为、联想作为核心企业的电器电子产品绿色供应链管理作为案例研究对象,揭示其成功经验和不足,厘清其成功推进电器电子产品绿色供应链管理背后的驱动力及成效,分析其相应的保障体系,为其它企业和供应链绿色发展提供可推广的成功经验。

8.1.2 案例研究与发现

8.1.2.1 公司简介与关键举措

(1) 四川长虹电器股份有限公司

四川长虹电器股份有限公司创立于1958年,近年来,长虹以市场为导向,强化技术创新,积极构建消费类电子技术创新平台。长虹通过与核心供应商、物流商、终端用户、回收处理商等企业的共同努力,构建了家电行业绿色供应链体系和环境资源信息共享平台,从产品的绿色设计、绿色工艺、绿色回收与资源化、信息共享等方面,实现绿色供应链管理升级,探索基于全生命周期资源环境责任的管理新模式,具体措施如下:

① 绿色材料选择与开发技术。长虹在产品设计阶段使用绿色材料替代含有毒有害物质的材料,构建了家电常用材料数据库,同时提出绿色材料综合评价方法,在此基础上搭建绿色材料选择子系统和设计方案评价子系统,实现设计阶段的绿色材料选择。长虹以家电产品全生命周期的资源环境特性为主线,结合家电产品环境友好,节能降耗循环利用等绿色需求搭建模块,搭建模块性能匹配子系统和拆卸工艺设计子系统,推动绿色设计技术革新。

② 产品生产。长虹构建多阶段混联离散型生产系统模式,集生产线布局优化设计方法、智能装备开发技术、生产系统资源重构技术于一体,统筹协调生产过程中的资源环境,能源设备工艺等要素实施节能制造及生产废料再资源化制造等,实现生产系统的资源利用与节能降耗。

③ 产品回收与资源化利用。长虹旗下的控股子公司长虹格润建立并启动了互联网回收服务平台,推动互联网和生态文明建设与绿色发展深度融合,变革传统回收模式整合流通回收处理等上中下游打造低碳环保高价值的废弃电器电子产品回收处理新模式,实现线上线下联动,使回收处理全过程更加规范更加透明,同时促进资源利用效率朝更高方向发展。在产品的回收阶段,长虹通过对典型家电产品零件组成连接方式和材料的因素的分

析，总结了家电产品拆卸回收设计准则，同时整合生产商和回收处理商的业务，建立统一编码以及拆卸工艺信息数据库搭建拆卸工艺设计子系统，实现在产品全生命周期的任意阶段对设计信息的追溯，不仅完善了公司的管理，也为消费者和相关合作者查询相关信息提供了入口。

(2) 华为终端有限公司

华为是全球领先的信息与通信(ICT)基础设施和智能终端提供商，创立于1987年。在绿色供应链管理方面，华为可持续发展委员会和节能减排委员会等一些内设机构参与了相关工作。其中，可持续发展委员会(CSD)的委员来自研发、制造、采购、人力资源、交付等部门，主要负责战略实施、重要问题决策、跨部门问题解决以及设定前瞻性目标等工作，引导公司可持续发展方向。节能减排委员会是华为公司绿色环保相关工作部署和执行的专业机构。基于全生命周期管理思想，华为在绿色供应链管理方面主要做出了以下努力：

① 推行绿色采购。在原材料采购方面，华为将绿色理念融入采购业务之中。2006年，华为发布绿色采购宣言，承诺优先采购具有良好环保性能或使用再生材料的产品，不采购违反环保法律法规企业的产品或服务。华为同时建立了对采购的产品和服务进行绿色认证的绿色采购认证管理体系，采购份额、合作机会的决策中考虑供应商的可持续发展绩效，在同等条件下优先采购绩效表现好的供应商的产品或服务。2008年华为同深圳市环保局签署了《深圳市企业绿色采购合作协议》，推动原材料采购环节的绿色化。

② 开展绿色供应链管理试点。为了探索建立"政府指导、大企业采购牵引、中小企业改善环境"的政企合作环保治理新模式，凸显市场导向在绿色供应链模式中的重要推动作用，华为公司与深圳市人居环境委员会于2014年联合发起"深圳市绿色供应链"试点项目，强调通过节能、环保改造，提升企业市场竞争力(刘晶，2016)。项目开展期间，华为公司在对供应商进行分析、评估的基础上，针对性地组织了一系列研讨，交流行业中的先进环保技术，同时开展专家现场技术辅导活动，帮助供应商挖掘节能减排潜力。项目开展过程中，华为公司对主动实施污染防治设施升级改造的供应商，在资金扶持上给予倾斜。同时，该项目帮助华为公司完善了绿色采购基准，健全了

绿色供应链管理体系，实现从产品的开发、生产、分销、使用及回收等全过程实现节能环保，管理模式从原有的末端治理转变为全生命周期管理模式。在此基础上，华为与第三方技术机构合作，编写深圳绿色供应链指南，总结了试点经验，为以点带面推广成功实践经验提供决策依据。

③ 推行绿色供应商管理。华为的绿色供应商管理，主要包括供应商选择、供应商绩效评估、供应商合作三方面内容。在供应商绩效评估方面，华为建立了问题处理和退出机制，采用公众环境研究中心(IPE)全国企业环境表现数据库实现对供应商环境绩效的监督和追踪。在供应商选择方面，华为在供应商认证和审核流程之中纳入可持续发展要求，所有正式供应商都要通过认证，根据绩效评估对供应商进行选择。基于电子行业行为准则(EICC)，华为与正式供应商签署"供应商企业社会责任(CSR)协议"(协议内容包括劳工标准、商业道德、安全健康、环境保护及供应商管理等要素在内)，强化上下游企业的责任意识，约束供应商不良环境行为。华为对供应商的绩效评估包括以下内容：(1)采用IPE的蔚蓝地图数据库对重点供应商的环境表现进行定期考核，提升供应商自我管理能力；(2)对供应商进行风险评估，并将供应商分为高、中、低三级风险进行分类管理；(3)根据供应商现场审核及整改情况对供应商可持续发展绩效进行评估，并划分为四个等级，并由采购经理向供应商高层传达，推动供应商整改。对持续低绩效的供应商，华为将降低供应商采购份额直至将其从采购目录中剔除。

(3) 联想(北京)有限公司

联想(北京)有限公司是一家信息产业多元化发展的大型企业集团，秉承"让用户用得更好"的理念，为推动中国信息产业的发展，始终如一致力于为中国用户提供最新最好的科技产品。联想特别关注供应链的可持续发展，长期以来，坚持以合规为基础、生态设计为支点、全生命周期管理为方法论，以发展战略、行业特点和产品导向，探索并试行"摇篮到摇篮"的实践，实现资源的可持续利用。联想将全生命周期管理融入绿色供应链管理体系和公司环境管理体系中，通过"绿色生产＋供应商管理＋绿色物流＋绿色回收＋绿色包装"等五个维度和一个"绿色信息披露(展示)平台"，努力实现从末端治理向全生命周期管理的绿色供应链体系转变，具体做法如下：

① 供应商管理。在供应商管理方面，联想采购部门制定了全面的供应

商操守准则，拥有覆盖多个领域的标准化程序，从而实现对有害物质的合规与减排、环保消费后再生材料使用、温室气体排放透明度及减排等问题的管理。联想于2015年制定实施了《供应商行为操守准则》，覆盖了可持续发展的各个方面，详细记载对供应商的环境表现期望，并导入公司级采购流程，进行供应商绿色管理、评估和监督。联想也制定了与EICC在劳工、环保、健康安全、道德和管理方面要求一致的采购政策和流程，要求并协助供应商按EICC标准操作规范制定运作模式，定期总结、分享和推广经验和成果。同时，要求占联想采购支出超过95%的一级供应商遵守EICC准则，并通过正式合约和独立的第三方EICC审核来直接核实供应商尽职调查结果。在采购订单的条款、条件以及其他正式协议方面，联想要求供应商遵守法律、法规及多项其他可持续发展的规定。2016财年，联想采购支出的77%来自属于EICC成员的供应商，大多数供应商获得ISO9001&14001、OHSAS18001的正式认证。联想建立了碳报告体系，用于收集和分析全球供应链部门和环境事务部门确定的供应商碳足迹，并将供应商应对气候变化的表现和策略的评估作为联想选择供应商的重要标准。

② 绿色生产。除遵守《电子行业公民联盟(EICC)行为准则》及所有适用规则外，联想也关注生产过程中的能源消耗问题，通过降低经营活动中的碳排放、提升再生能源使用量和加强绿色工艺的开发、推广使用来降低排放。联想集团在生产环节，充分运用太阳能、无纸化办公、保障产品符合EPEAT(评价电子产品环境绩效的国际标准)银奖认证。通过对供应链的高效管控和持续推进绿色技术，联想在2008年开始逐步引入环保消费类再生塑胶(PCC)，成为业内第一家使用PCC的厂商，且使用量遥遥领先。联想有意识地扩大PCC在产品种类中的使用比例，逐渐扩展至包括PC、服务器、显示器等在内的PC+产品，并且所有材料均通过环保和性能认证。通过材料的再利用，减少电子废弃物污染、降低二氧化碳排放，避免了焚烧、填埋等处理方式带来的环境危害。据测算，十年来，联想共计使用了约9万吨的PCC，相当减排了约6万吨二氧化碳。

③ 物流运输。联想物流部门致力使用更环保的运输方式，减少运输设备的温室气体排放，并聘请外部监管机构落实改善措施。联想在2012年确定了产品运输的碳排放基准，用以协助监测联想的物流过程。通过与DHL

紧密合作，联想持续优化物流方案，以最环保的方式运输产品。联想持续收集并计算产品运输排放量数据，工作和计划包括：扩大排放数据收集范围到新增主要供货商，评估成本和排放量的关系，并仔细检查上游运输及配送的排放量。

④ 绿色回收。联想期望最大限度地控制产品生命周期的环境影响，加大可再利用产品、配件的回收，尽可能延长产品的使用寿命，同时对即将结束生命周期的产品提供低碳环保的回收服务，在全球范围内为消费者和客户提供包括资产回收服务（ARS）在内的多种回收渠道，并进一步进行无害化处理，以满足特定消费者或地域需求。

⑤ 绿色包装。通过增加包装中回收材料种类、可回收材料的比例、减少包装尺寸、推广工业（多合一）包装和可重复使用包装等多种举措来打造绿色包装。

⑥ 信息披露（共享）。联想的环保方针、政策、措施和成果，如产品的环保特性、对供应商的环保要求、体系维护情况等信息均在该绿色平台上进行展示和发布。通过联想私有云解决方案，使旗下联宝电子成为了同城异地双活数据中心，保证了现有硬件资源下关键业务的连续可用性，而且整体架构具备高扩展性，可随时满足新业务需求。同时，也解决了联宝电子以往多系统信息孤岛、重要数据无法共享的难题，大幅提升供应链运行效率。

8.1.2.2 全生命周期绿色供应链管理模式

产品生命周期理论最早由美国哈佛大学商学院教授雷蒙德·费农于1966年提出，并将其定义为一种产品从其产生、发展到成熟再到最后被替代的完整过程，整个生命周期由创新、成熟和标准化三个阶段构成（王鸿鹭，2020）。经过多年的发展，学者们从产业学和生态学等视角对该理论进行了拓展和补充，由于研究对象的差异性，具体定义内容各不相同，但是都保留了生命周期理论的核心内容，即强调产品从创造到最终被替代的全过程管理（张德政，2019）。

通过对长虹、华为和联想三家电器电子产品企业在绿色供应链管理方面的实践分析，总结出其共有的关键举措和特点，提出了基于全生命周期理论的电器电子产品绿色供应链管理新模式，如图8.1所示。

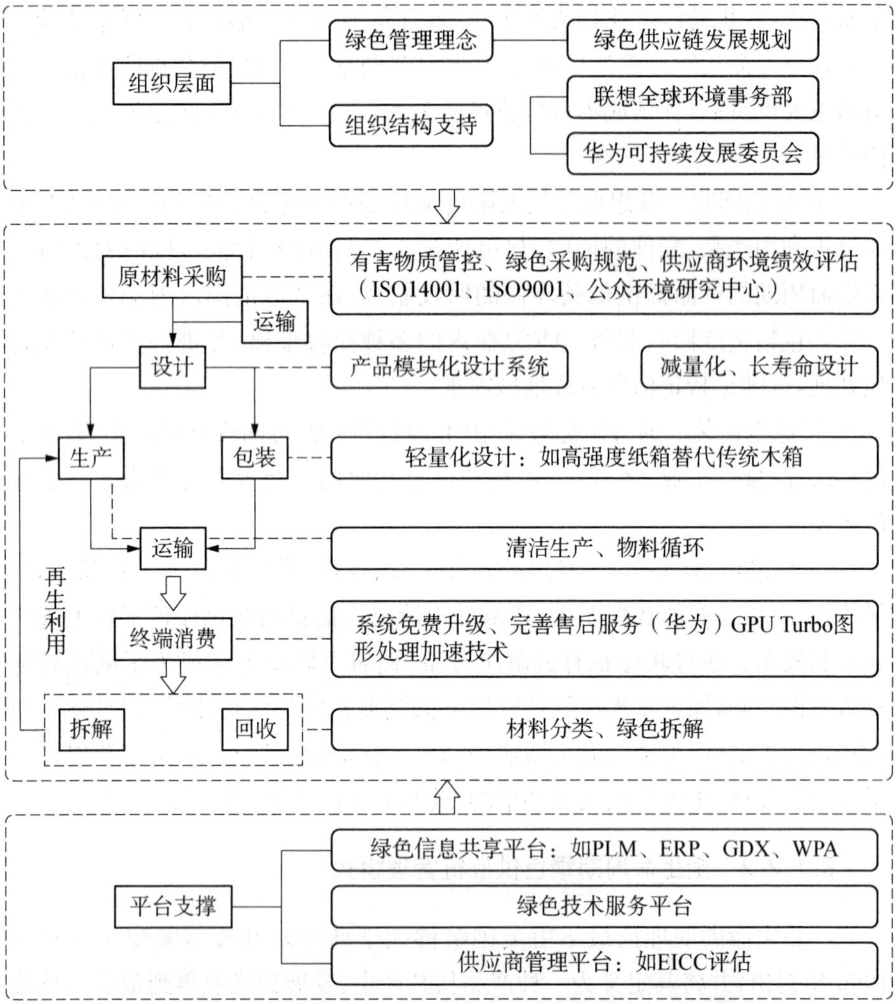

图 8.1　基于全生命周期理论的电器电子产品绿色供应链管理新模式

首先，组织支持为实施电器电子产品绿色供应链管理提供了上层支撑，改变了以往企业在环境高压下履行环保责任的被动态势，转而主动运用绿色发展理念指导生产、建设、分配和消费的全过程管理，真正实现“经济绿色化”。如联想设立了全球环境事务部，管理和执行环境相关事宜，引导公司向可持续方向转型。其次，平台建设为电器电子产品绿色供应链落地实施提供了经济基础和技术依托，通过完善覆盖主要生态要素的污染物监测及信息发布系统，形成资源环境承载能力动态监测网络。示范企业积极推动互联网与绿色供应链管理深度融合，实现生态环境数据的互联互通和开放共享，示范企业为提高再生资源交易利用的便捷化、互动化、透明化，充分发挥互联网在逆向物流回收体系中的平台作用，促进了生产生活方式绿色化，为绿色供应链实现全生命周期各环节的监督与信息共享构建技术支撑平台。如联想利 GDX 和 WPA 系统平台，大力实施信息披露制度，提高信息透明度，推动供应链整体开展全物质信息披露，提高环境合规验证效率。在全生命周期运作的过程阶段，示范企业从产品生命周期的源头——原材料选择，到中间产品的设计生产、包装运输，再到最终的产品回收处理，都制定了相关的标准，并通过现代科学技术提高资源的利用效率和绿色度，同时加强供应链上各节点企业的环境保护链责任意识，实现对产品全生命周期各个环节的绿色管控。

8.1.2.3 全生命周期绿色供应链管理的驱动机制

基于全生命周期管理的绿色供应链驱动机制是指各种要素驱使和推动供应链企业在其资源获取、使用、制造以及回收利用等过程中开展绿色供应链管理、促进供应链绿色化的内在规律。驱使供应链绿色化的动力不仅来源于供应链的内部，而且还来源于供应链的外部（叶飞和张婕，2010；曹景山和曹国志，2007；公彦德和陈梦泽，2021），如图 8.2 所示。

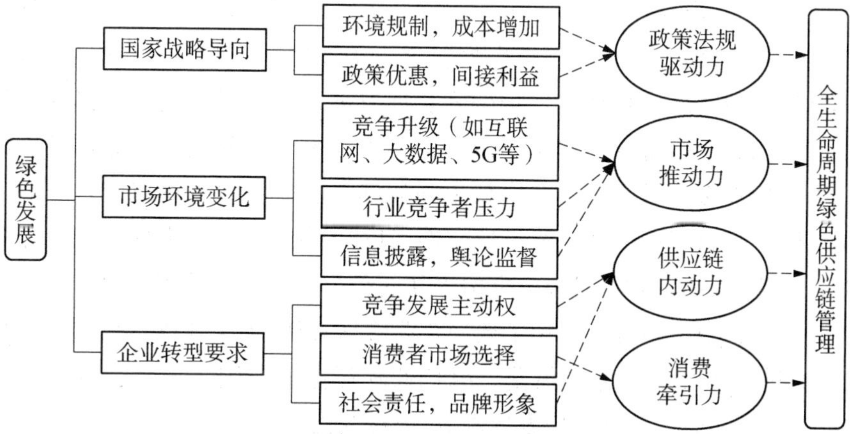

图 8.2 全生命周期绿色供应链管理驱动机制的理论分析

从供应链内源因素来说，包括产业链上各个企业利益分配，企业自身发展理念等，外源因素包括消费者、竞争者、社会公众和政府部门等。具体来说，在外部复杂的国际经济环境影响和国内资源生态约束不断强化背景下，我国积极推进经济转型升级、构建绿色制造体系，推动各行业绿色转型发展。中央政府出台了一系列推动绿色供应链发展的政策和文件，规划绿色供应链管理，同时加强信息披露制度，通过舆论加强企业环境绩效管理。一方面，环境规制使企业污染成本上升，另一方面政府补贴、优先审批等政策优惠为企业实现绿色转型提供了间接利益。链上核心企业在绿色环保方面的意识会直接影响到供应链绿色生产行为与绿色产品质量。考虑到绿色供应链管理的有效推进的复杂性，仅仅依靠单个企业是很难实现的，核心企业积极承担环保责任，占领供应链发展主动权，通过利益联结共同建设全生命周期绿色供应链管理，引导供应链上下游关联企业实现绿色转型升级，打造上下游联动协作的绿色供应链管理。从示范企业自身发展角度来说，市场是决定企业生存的舞台，必须从产品的受众考虑，市场竞争和消费者偏好转型情况下，也催生了全生命周期绿色供应链管理实施的牵引力和推动力。消费者的市场选择，竞争者的压力以及公信息披露等，都在不同程度上促使企业实施亲环境的生产方式，扩大社会效益和环境效益，积极探索绿色发展战略导向下的低碳环保新出路。

(1) 国家战略导向

中国经济由高速度发展转向高质量发展，更加注重经济与环保的双赢。在环境保护方面，2018 年全国两会将“建设美丽中国”和“生态文明”写入宪法，从国家战略高度将环境保护融入长期发展规划。绿色发展承接国家战略指导，为企业可持续发展指明了方向。为了更加有效地推行绿色供应链管理，国家在多个重要文件和会议上强调健全和完善绿色供应链管理制度和体系，并出台了一系列正式指导文件(具体参见表 8.1)，引导建立试点项目，激励企业、高效和科研金融机构等共同参与到供应链管理建设中来。联合各部门规范相关标准，整理了典型企业管理案例，为企业落实供应链转型管理提供了详细的参考和借鉴。绿色低碳环保是我国未来社会发展的趋势，只有顺势而上，才能适应发展潮流，应对变化。

表 8.1 绿色供应链管理相关文件

时间	政策/文件	出台部门	政策目标/目的
2006 年	《环境标志产品政府采购实施意见》、《环境标志产品政府采购清单》	财政部、国家环保总局	为打造绿色供应链管理奠定基础
2009 年	《废弃电器电子产品回收处理管理条例》	国务院	为保护环境,促进资源综合利用和循环经济发展,规范废弃电器电子产品的回收处理活动
2014 年	《企业绿色采购指南》	商务部、环保部、工信部	引导企业履行环保责任,引领打造绿色供应链管理
2015 年	《环保"领跑者"制度实施方案》	财政部、国家发改委、工信部、环境保护局	鼓励行业领跑者实施绿色供应链管理、全生命周期管理
	《中国制造 2025》	国务院	提出打造绿色供应链,加快建立以资源节约、环境友好为导向的采购、生产、营销、回收及物流体系
2016 年	《关于促进绿色消费的指导意见》	国家发改委	鼓励企业推行绿色供应链建设
	《关于开展绿色制造体系建设的通知》、《工业绿色发展规划(2016—2020 年)》	工信部	首次提出《绿色供应链管理评价要求》
	《国民经济和社会发展第十三个五年规划纲要》	全国人大会议	加快构建绿色供应链产业体系
	《关于积极发挥环境保护作用促进供给侧结构性改革的指导意见》	环保部	推进以绿色采购、绿色生产和绿色消费为重点的绿色供应链管理
	《绿色制造 2016 专项行动实施方案》	工信部	发布绿色供应链管理试点方案
	绿色制造系统集成项目建设	工信部、财政部	支持电子电器、通信等行业绿色供应链系统的构建,制定系列标准,推动行业的低碳、绿色、可持续发展
2017 年	《绿色制造制造企业绿色供应链管理导则》	国标委	发布相关标准,引导绿色供应链管理
	《关于开展供应链体系建设工作的通知》	商务部、财政部	打造供应链管理平台,开展供应链创新试点工作
	《国务院办公厅关于积极推进供应链创新与应用的指导意见》	国务院	打造大数据支撑、网络化共享、智能化协作的智慧供应链体系

（续　表）

时间	政策/文件	出台部门	政策目标/目的
2018 年	《中国废弃电器电子产品回收处理及综合利用行业白皮书 2017》、《电器电子产品 EPR 试点和绿色供应链政策推进》	第 11 届废电器电子回收会议	积极变革资源利用效率、扎实构建绿色制造体系、培育壮大绿色制造产业等
2019 年	《电子电器行业绿色供应链管理企业评价指标体系》	工信部	明确电子电器行业价绿色供应链管理评价指标体系

(2) 市场环境变化

从行业层面来说，一方面是竞争方式的转变，当今企业所面临的市场竞争已经不只是“人无我有，人有我优”的比拼，万物互联、大数据等变革背景下，企业的竞争逐渐向“速度、创新、共享、智能、绿色”等方向转变。以长虹的家电产品——彩电为例，当前的彩电市场持续下滑，高端家电市场顺势而起，在 5G 时代以及消费升级的刺激下，众多技术创新的持续叠加不断推动智能电视迈向新篇章，智能家电已是势在必行。从百度搜索指数来看，2019 年 1—11 月激光电视已成为最受用户关注的电视品类，领先 LCD 电视和 OLED 电视，激光显示将成为彩电市场中最为耀眼的竞技点。为抢占市场先机，国内外各大品牌竞相参与激光显示行业，包括索尼、LG、长虹、海信、爱普生、小米等上下游企业已过百家，不断推动产业快速成长。另一方面是竞争环境的变化，2018 年，欧盟推出新版家用电器节能、环保标准，其中冰箱新标准（分为 ABCDE 五个等级）的 A 级标准技术参数相当苛刻，远超当下技术水准，由此产生的压力向家电巨头传导。面对激烈的市场角逐，示范企业有必要遵循市场发展规律，主动推进产品转型升级，从产品生命周期的供应链各环节寻求突破，树立竞争优势，强化供应链利益分配的公平性和主动权，保持发展的可能性，同时降低节点企业和供应链的整体成本。

从宏观形势来看，近年来国家对绿色的标准不断提升，相关政策不断完善，环境规制对企业的污染行为造成了约束。2014 年颁布的《企业绿色采购指南（试行）》提出，建立“绿名单”和“黑名单”制度，建议企业不要采购“黑名单”中的产品，环境绩效表现较差的企业，其产品将被列入环境保护部的《环境保护综合名录》中的“高污染、高环境风险”类。因此，企业建立和维持市场竞争优势的第一步是满足相应法律法规的要求。为了减少由于信息不对称带来的各种隐患，同时为维护消费者合法权益，政府部门积极推动企业绿色信息公开透明，监督规范企业的生产运行，将主体的行为约束在法律的笼子内。智能互联、大数据等的持续发展为信息平台建设提供了技术基础，如绿色供应链网，该网站集各企业环境信息、环境处罚信息、企业绿色产品于一体，为政府部门、社会组织、公众等主体对企业绿色行为和标准的监督提供了的综合环境信息评估平台。面对用户多样化的需求、政府环境规制的约束以及市场竞争关系的变化等外部市场因素，企业必须投身于绿色供应链建设，做到资源优化配置，减少资源浪费，降低供应链成本。

(3) 企业转型要求

从微观发展层面来看，消费者对企业环境声誉的关注、产品绿色功能的偏好逐渐增强，下游厂商的环保压力会通过供应链逐级向上游企业传导，从而对产品生产的全生命周期过程管理提出了新的挑战。2018 年，中国社会调查所(SSIC)调查表明，有 37.9%的人表示已经购买绿色家电等在内的绿色产品；53.8%的人表示乐意消费绿色产品；71.3%的人认为发展环保产业、开发绿色产品对改善环境状况大有裨益。从产品的生产价值来说，没有市场的产品是失败的，而消费者是产品的最终检验官，消费者的绿色偏好和需求进一步强化需求侧对企业实现绿色转型的牵引力。一些跨国企业要求公众环境研究中心(IPE)帮助提供我国境内供应商的环境信息(韩万渠和原珂，2019)。为引导企业在自觉减废减污，早在 2006 年，深圳市人居环境委员会借鉴香港“明智减废计划”模式，启动了“鹏城减废行动”；随后又主持召开了企业绿色采购宣言大会，在会上，华为、富士康等 13 家大型生产企业共同承诺从源头减少废弃物的产生，推行绿色采购，并向社会公众发布了《绿色采购宣言》。示范企业作为行业的核心企业，有责任约束自身环境行为，树立良好的品牌形象，履行环保义务，以维持与合作企业之间的业务关系。从自身发展角度出发，只有提前布局，才能占领核心市场资源保持在行业中的核心竞争力与主导权，制定游戏规则。

无论是宏观还是微观层面的变化都对企业生产提出了新的时代要求，为了更好地满足市场的绿色低碳产品需求，企业必须走在绿色生产技术的前沿，引领消费趋势，满足消费偏好，才能够保证企业的长久可持续发展。因而，绿色供应链在绿色发展背景下应运而生，利用市场机制的优越性，为企业突破传统能源和产品制约提供了良好契机。

8.1.2.4 绿色供应链管理成效与困难

(1) 积极成效

① 绿色制造水平提升

通过绿色创新，示范企业的产品绿色制造水平和可靠性大大提高，通过推行产品绿色设计与绿色制造并行工程，优化了产品绿色化水平。基于全生命周期管理思想，部分电器电子产品企业建立了从产品开发、原材料采购、废物回收利用、生产制造整个生产环节的绿色管理体系，确保从原材料选择到终端产品制造一系列环节，落实高效节能措施，进一步保障了产品生产的绿色要求。

联想(北京)有限公司在行业内首次突破低温锡膏绿色制造工艺，与原有工艺相比碳排放量减少 35%。2014 年，20 家供应商积极参与华为绿色供应链节能减排计划，全年实现二氧化碳减排大约 5.4 万吨；2016 年华为终端完成手机 PAD 等终端产品生命周期环境评估(LCA)能力建设，包括物质信息、材料信息、碳足迹、水足迹等产品生命周期影响评估能力库建设，产品生命周期环境报告和产品环境信息报告发布平台建设完成上线并投入使用。

长虹不断健全环境管理机构，完善和优化其环境管理体系，将环保工作放在首位，融入公司发展战略规划。在争创绿色供应链管理示范企业期间，通过持续优化等方式履行节能责任；在“2017 绿色生产与消费国际交流会”上，长虹空调将空调行业的四项大奖全部收入囊中，其中 KFR－51LW/ZDKIZ(W1－H)＋A1 荣获 2017 年“绿色设计国际大奖”，该产品同时入选 2017 年“绿色环保产品领跑榜”名单，成为中国空调企业的领头羊。除了研发、生产绿色产品外，长虹十分重视废旧家电回收。四川长虹电器股份有限公司依托全生命周期理念的产品绿色设计体系，完成了 355 万台的废弃电器产品回收拆解，回收废旧塑料约 1.9 万吨、铜金属 0.35 万吨、玻璃 2.3 万吨，由此产生的经济效益近 4 亿元。长虹华意产销规模保持全球第一。2018 年，长虹格润回收废旧家电和电子产品近 200 万套/件，从中提取铜、铁、铝等金属近1 500吨，由此节约标准煤炭1万吨，节约用水280万立方米，减少碳排放820吨；废旧家电拆解塑料通过改性循环再生超6 000吨，相当于减少石油用量3.7万吨。

② 国际认可程度提高

加强全生命周期闭环绿色供应链管理，在提高产品质量、绿色功能的同时，为企业在国际市场中打开了一扇窗，增加了进入国际供应链的机会，开拓了更加广泛的发展空间。当产品在国际舞台上赢得一席之地时，我国的隐性能力也得到了提升，由产品质量提升带来的利益会更加丰厚，如国际贸易、代理、关税等一系列优惠。

2016年华为荣获中国质量奖，2017年华为在IPE绿色供应链CITI指数排名第六，国内企业排名第一。在Interbrand发布的“2017年全球最佳品牌榜单”中，华为名列第70位，连续三年进入BrandZ全球最具价值品牌100强榜单，且排名在前50位。华为不仅通过了国家绿色供应链认证，2018年成为泰尔不间断电源设备绿色产品认证首批获得者，还获得了美国UL110绿色产品认证。一系列荣誉的取得，不仅是国际市场对华为自身产品的认可，更是民族企业走出去的良好印证，进一步提升了国内品牌在国际供应链的综合竞争能力。

联想致力于产品环保属性的用户体验，管控和降低挥发性有机化合物VOC的释放，以满足ULGreenGuard认证。截至2017年底，联想手机和平板类产品实现100%全物质信息披露，笔记本类产品实现100%，台式机和服务器类产品实现92.7%。联想基于此全物质信息披露平台产生的大数据，分析和选择环境友好的物质，逐步降低产品中的物质种类。据联想全物质信息平台GDX/WPA数据分析，计算机类产品代比代降低物质种类使用约1%。2017年，联想凭借在技术硬件、存储与设备方面的可持续发展举措，在《企业爵士》(CorporateKnights)公布的“全球可持续发展企业100强”报告中，成为唯一上榜的中国企业，位列第98位；2018年，同样在“全球可持续发展最佳企业百强”榜单上，联想位列第72名，比2017年大幅跃升26位，是中国仅有的两家上榜企业之一。

在激光电视竞争中，面对市场大环境，长虹以“坚持技术立本，价值创新”理念指导规划业务发展。据资料显示，早在2008年，长虹便率先家电品牌开启激光显示技术的研究及储备。随后，2014 年，第一代激光影院率先问世，2016 年，长虹率先实现激光机自主设计与生产，同年 12 月领先行业打破镜头及菲涅尔膜片国际垄断，实现自主化，坚守激光产业第一梯队。压缩机被誉为冰箱的“心脏”，长期以来，长虹不断优化产品结构，推动冰箱产业加速“变频化”，全球市场占有率高达 25%，持续稳居全球第一。作为全球发展可再生能源最为积极的国家之一的德国，对产品有着严苛的考核标准，2018 年，欧盟推出新版家用电器节能、环保标准，依靠长期积累的环保和技术优势，长虹拿下第一大客户西门子的新合约，同时凭借更加绿色环保更加节能高效的优异品质，在国内市场称道的长虹电源赢得了德国用户的口碑和信赖。长虹电源产品不仅深受国内消费者信赖，在国外市场上依然享有盛誉，其产品广泛运用于国内磁悬、浮列车地铁，并在阿根廷、澳大利亚、苏丹、土库曼斯坦、新西兰等出口型机车项目中大规模使用。

③ 品牌溢出效应明显

国外“绿色贸易壁垒”越筑越高，对国产品牌走出去造成了一定的障碍。随着绿色供应链管理理论和实践的逐步深入，我国从注重结果转向结果与过程并重，针对过程管理对供应商展开一系列评估，确保在各个环节达到绿色环保要求。在绿色采购方面，华为积极与客户、行业协会、民间环保组织、政府环保部门等利益相关方进行沟通，持续提升绿色供应链透明度，华为积极参与和支持主流标准的制定，加入了 400 多个标准组织、开源社区和产业联盟，推动产业良性发展。同时，积极倡导绿色低碳和节能环保，培养本地 ICT 人才，推动数字经济发展。在生态设计方面，华为力争潮头，发布全球首款水足迹声明的手机荣耀 6plus，彰显华为在生态设计方面的领先地位，连续 3 年被公众环境研究中心（IPE）评为绿色供应链国内品牌第一名。从近三年华为的国内外市场占有率来看（如图 8.3），华为深得消费者青睐。2019 年全年，中国智能手机销量为 3.69 亿部，同比下滑了 7%。华为却实现了逆势增长，2019 年华为手机出货量跃升至 1.42 亿部，增幅为 35.5%。从顾客忠诚度来看，2019 年第三季度国内智能手机保有率（存量用户占比、直接反映用户忠诚度）占比接近 30%，即华为手机（不含荣耀）保有率为 17.8%，荣耀手机保有率为 10.9%。

以市场份额为主要参照维度，四川长虹电器有限公司主营业务市场份

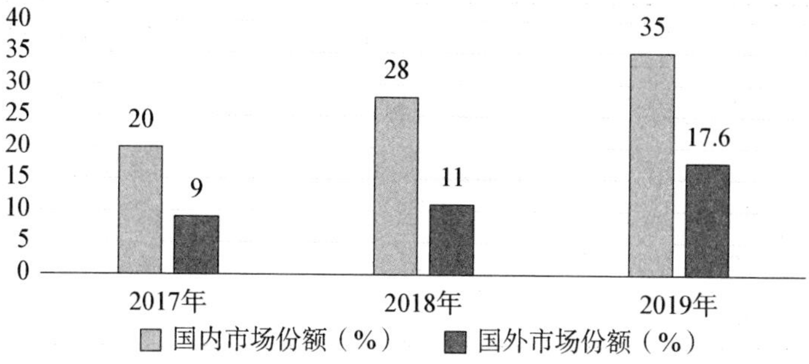

图 8.3　近年来华为的市场份额

额处于领先或较领先地位。2018 年冰箱压缩机业务在全球和国内市场的销售份额稳居第一，彩电、冰箱产品销售量额居国内前五，IT 综合服务业务规模位居行业前三，陆军近程防空雷达、军用航空电源、碱锰电池、LED 照明等业务在行业细分市场继续保持领先地位。示范企业的成功进一步从市场角度印证了绿色化才是消费者的选择导向和国际化的通行证。

此外，华为进一步推进绿色供应链建设，联合链内企业开展节能减排创新。如表 8.2 所示，20 多家供应商全年实现减排二氧化碳 53 000 多吨。华为定期开展供应商培训和辅导，引导供应商采用行业最佳实践，将可持续发展纳入业务战略，降低业务风险，提升运作效率；倡导供应商在对标中学习，在竞争中学习，在学习中竞争，提高自身能力。每家供应商都有其独到的经验和能力，供应商之间存在很大互补性；针对共同关注的议题，邀请专家分享，组织现场研讨，组建线上线下同行对标学习小组，以低成本、本地化的方式快速学习行业最佳实践。这一方法在联合国全球契约（UNGC）中国网络获得最佳实践奖。2018 年，华为先后选取了火灾预防、环保合规、电池行业规范及二级供应商管理等议题，邀请 156 家供应商 293 人次参加了对标学习模式的赋能培训。此外，华为还与专业机构合作实施了供应商环境保护、消防安全、职业健康专项提升项目，累计 96 家供应商受益。供应商通过这些项目，充分识别出潜在风险，完善内部的管理机制，培养了一支专业管理队伍，大幅提升了在环保、消防安全和职业健康领域的专业管理能力。

表 8.2　2014 年—2018 年华为供应商二氧化碳减排量

年度	供应商数量	CO_2 减排量(吨)
2014	20	53652
2015	35	77144
2016	20	55000
2017	25	63000
2018	20	51094

在国际合作方面,2018 年 10 月 18 日,华为联合 GlobeScan 在肯尼亚内罗毕举办了可持续发展沙龙。此次活动的合作伙伴包括肯尼亚政府机构信息通信技术部和 ICT Authority,以及联合国 SDG 伙伴关系平台。40 多位关键利益相关方参与了此次沙龙,讨论如何通过合作及利用 ICT 实现可持续发展目标和肯尼亚四大发展目标。

在全生命周期绿色供应链管理过程中,华为不仅关注自身可持续发展,还通过其成就影响利益相关者,共同推动绿色发展,形成独特的品牌溢出效应。这不仅是对国家发展战略的践行,更是构建人类命运共同体的现实表现。

(2) 困难障碍

① 消费端监督不足

消费者是企业构建绿色供应链最为重要的引力和最终归宿,因此产品是否成功,在于市场的接受程度,绿色供应链管理成功与否,同样在于消费端的认可与否。公众对绿色供应链的监督、关注,与企业市场竞争力、品牌影响密切相关。尽管人们的消费观念当前已开始向绿色化方向转变,但还停留在表面,整体上尚未形成系统的绿色消费观念(朱远程和刘燕,2007),居民对企业绿色供应链管理的了解及关注程度不高,难以形成有效的监督,消费终端对企业构建绿色供应链带动效应不明显。具体来说,消费者对绿色农产品有较为直观的感受,但对电器电子产品的"绿色"感受明显较低,消费者更加注重电器电子产品的质量和性能,对于生产过程中涉及的诸多环节关心较少,环保意识有待加强。中国生态环境部环境与经济政策研究中心2019年5月发布的一份调查报告显示，中国公众在能源资源节约、呵护自然生态、绿色低碳出行、减少污染产生和关注生态环境等方面的践行度较高，但在绿色消费、垃圾分类等方面，中国公众存在“高认知度、低实践度”的现象(生态环境部环境与经济政策研究中心课题组，2019)。如此，企业的大量投入得不到消费者的良性反馈，将影响企业参与绿色供应链建设的积极性和主动性，企业的生产和管理也会缺少了公众监督，一方面可能会阻碍信息披露的质量和效率，另一方面会影响企业社会责任的履行。

② 生产侧成本居高

基于全生命周期的绿色供应链涵盖采购、生产、营销、消费、回收、物流等环节，强调全过程闭环式管理。从实施主体看，绿色采购主体呈现多样化，供应链上任意节点的下游企业都可能是绿色采购主体，绿色采购的实施主体也可能是终端消费者，还有可能是政府机构及企事业单位。绿色供应链的打造主体则相对单一。从关注领域看，绿色采购重点关注结果，关注的是采购的产品是否具有绿色属性；绿色供应链管理不仅关注结果，更加注重过程管理，更注重绿色供应商管理等工作，使链内企业从环境违法转向合法、转向绿色发展行业标杆，环境保护工作从被动开展转向主动，延伸至对上游供应商的绿色供应链管理。从操作难度看，绿色采购主要关注产品的绿色属性，相对容易，公司在采购规则中融入绿色标准之后，由采购部门负责操作即可；而绿色供应链管理是一项系统工程，除了绿色采购之外，还涉及公司战略、管理制度、供应商管理以及信息平台建设等方面的内容，不仅操作难度较大，而且因为涉及生产、采购、环保及销售等多个部门，协调及组织难度也大。

企业主体构建绿色供应链的动力，主要来源于对“经营风险”的预防意识，生产成本压力是许多核心企业在实施全生命周期绿色供应链管理的一大难题，特别是在供应商责任审核、环保认证和年度再认证过程中。东莞市2016年印发了《东莞市绿色供应链环境管理试点工作方案》，先行在电子、机械、家具和制鞋等四大制造行业和零售服务业开展试点工作，从这些行业中每个行业选取5家推行绿色供应链的企业，实行财政奖励或补贴，2016—2018年试点示范期间，为推广绿色供应链管理，东莞市财政为该项工作每年拨付50万元财政资金作为专项补助经费。华为作为试点企业之一，行业首屈一指的领头羊，虽然财力比较雄厚，自身经济积累可以支撑绿色供应链的技术和研发等成本支出，但是开展绿色供应链管理，节能环保投入会向上游企业倾斜，对链上中小企业来说相对于实施绿色供应链管理的成本，政府的补贴力度远远不够。囿于自身经济基础和缺乏专业人才，实施绿色供应链闭环管理仅靠企业自身实现难度较大，国家的补贴机制、政府间沟通机制等尚不完善，对部分企业来说生产成本居高。对于末端问题，如环保认证发现的问题，往往不愿花财力物力整改；或者对于重复发现的环保问题，对其潜在的风险缺乏意识。这些矛盾造成全生命周期供应链管理的恶性循环，当业务好、订单量大时，供应商为了与核心企业保持持续合作，厂商会积极配合整改，甚至主动调整；但当订单量少，或核心企业的业务合作对供应商的生存无足轻重时，对现存或者潜在的环保问题态度就变得较为敷衍。华为对供应商开展定期评估，也是为了避免部分企业"阳奉阴违"，实现全生命周期闭环供应链的有效管理。打通上下游厂商的利益分配和成本分摊等敏感问题，才能有效实现企业间的协作、博弈和互动，形成链责任利益联结，提高企业财务绩效和环境绩效。

③ 企业间管理脱节

从供应链内部来看，绿色供应链管理还处于试点示范阶段，绿色供应链管理行业准则缺乏，绿色产品的评价体系、认证标准尚不完善，这使得企业开展绿色采购实践困难重重。单个企业与整个供应链存在不同的管理体系，供应链上的各个企业追求的成本、质量、效益、速度等目标不同，从而产生经济与环保之间的矛盾。2016 年中国—东盟环境保护合作中心副主任周国梅表示，因统一的规范和必要的标识认证机制缺乏，多数企业较难准确判断供应商的绿色化程度；供应商也缺乏了解如何满足绿色供应链的采购需求，这些困难阻碍了企业间形成联动的供应管理体系。如何将供应链的管理体系与各环节厂商的管理制度相结合，协调供应链上各主体间利益关系，发挥两种模式下的体系优势，尚未探索出有效的实践经验。品牌的供应商有自己的特点，很多污染环节发生在更上游的生产环节，品牌供应商尚未与更上游企业直接联系，仅通过品牌供应商去推动非常困难。但品牌的供应商是与上游企业有直接的业务关系，如果每一级供应商用绿色的标准去推动，就可以影响自己上游的生产企业，通过层层传递，基于市场导向的链式反应就能扩大绿色供应链管理的规模效益(刘晔等,2019)。

2018年,华为对1321家供应商进行可持续发展绩效评估,其中两家未通过评估,因而被禁止新的业务合作或降低份额,并对拟引入供应商进行可持续发展审核,93家中16家因审核不合格未被引入。这一矛盾的产生是企业内部绿色发展理念的碰撞,是企业间供应链管理的脱钩。

④ 政府配套管理体系欠缺

在法律法规政策方面,环境与资源保护基本法律制度框架已建立并逐步得到完善,但专门调整绿色供应链管理工作的法律或高端政策尚未出台。不少法律政策虽也涉及此方面,但其立法的主要目标并非是为了推动绿色供应链管理,现有政策间的关联度也不足。在立法方面,《中华人民共和国环境保护法》、《中华人民共和国清洁生产促进法》、《中华人民共和国大气污染防治法》等这些法律和制度为企业实现绿色供应链管理提供了有力的依据和保障;在政策方面,《企业绿色采购指南》、《中国制造2025》等文件中只是涉及绿色供应链;2019年出台的《电子电器行业绿色供应链管理企业评价指标体系》,从行业细分的角度制定了绿色供应链管理评价指标,但就如何实现全生命绿色供应链管理,并未形成统一的"共享—监督—考核"闭环管理政策体系,对绿色供应链的发展的引领、推动、评估和认证等作用有限。

在绿色供应链管理的政府保障体系方面,目前各地政府以财政补贴为主,税收、金融、教育和土地等手段尚不完善。践行绿色供应链管理,通常会增加上游企业的节能环保投入,绿色产品或者零部件的生产成本通常也会增加。企业环境的主体责任不够落实,相关政策落地不够,企业践行绿色供应链管理的动力不足。这方面的财税金融政策激励偏重示范核心企业,中小供应商较难享受到政策红利。如东莞市2016年印发的《东莞市绿色供应链环境管理试点工作方案》,为推广绿色供应链管理工作,市财政每年仅拨付50万元作专项补助经费,经费力度难以吸引企业实施绿色供应链管理。

深圳市人居环境委员会一直致力于推进绿色供应链项目,固废噪声处副处长赵胜军解释:"当前,深圳绿色供应链仅由环保部门主要推动,动力不足,计划申请的环保专项资金不能及时到位;环保部门在调动企业资源方面手段有限,亟需多个相关政府部门共同推进这项工作;作为基础支撑,技术难题需要花大功夫攻克(刘晶,2016)。"

8.1.2.5 全生命周期绿色供应链管理的保障体系

通过上述分析，明晰了现阶段取得的成效和面临的困难，进一步探索并构建了“顶层规划—共享监管考核—服务”三大保障机制（如图 8.4 所示），以企业顶层规划为推手，共享监管考核为手段，平台服务为支撑的全生命周期绿色供应链管理提供保障。

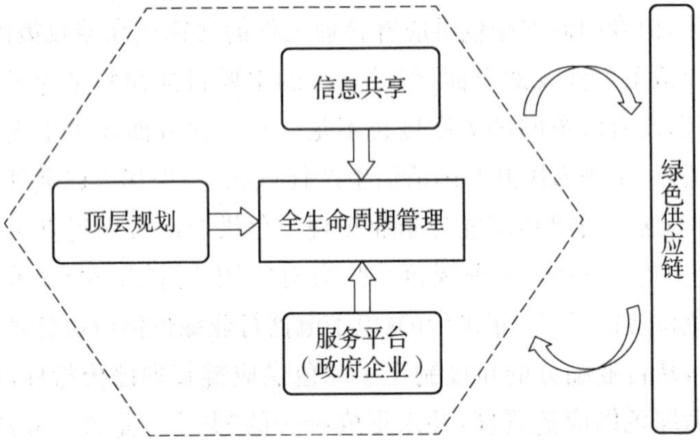

图 8.4 全生命周期绿色供应链管理的保障体系

顶层规划反映了企业对绿色发展的重视程度和理念导向，是企业绿色发展文化的具体体现，从组织层面为实施全生命周期管理提供了制度支持，明确了绿色发展导向、愿景，有利于企业在生产设计、原材料采购、运输及回收等环节遵循和践行绿色发展理念。全生命周期管理是涉及众多因素和多元利益相关主体参与的协作、博弈和互动过程，使得企业在推进全生命周期绿色供应链管理过程的主体网络关系变得更为复杂。不同利益主体即政府、企业、公众等具有不同的利益偏好和诉求，存在经济效益与社会效益、短期效益与长期效益、直接效益与间接效益等目标冲突。因此，各利益相关主体在企业绿色发展过程中的目标、行为及其交互关系会发生动态变化，打造“信息共享、行为监督、绩效考核”的多元共享机制，有利于协调各利益主体间关系，确保绿色供应链管理过程的公开化和透明化。通过构建相应的技术、信息、知识、教育等服务载体，完善培育保障绿色发展体系的运行环境，如金融、立法、土地等基础性服务支撑机制，从绿色发展的理念培养、技术服务、制度支持三方面解锁目前我国推进全生命周期管理绿色供应链的困境，更好地发挥市场经济的主体地位和多元主体的推拉作用，为企业持续探索绿色供应链管理提供内在引擎和外部拉力。

(1) 企业顶层规划设计

不谋全局者不能谋一域，不谋万世者不足谋一时。顶层设计是指从全局的角度，运用系统论的方法，从机制政策设计和战略规划设计两部分出发，集中有效资源，对某个项目或者某项任务的各个方面、各个层次、各个要素统筹规划，从而高效快捷地实现目标(刘光富等，2014；张胜雷等，2017；张梅和马中，2020)。示范企业有一个突出共性，就是在顶层设计方面强调企业社会责任，打造绿色发展企业文化，执行可持续发展理念。作为经济组织，公司在发展时不仅仅强调财务绩效，更要主动与利益相关者融为一体，从长远出发，实现环境保护与经济发展齐头并进，全生命周期绿色供应链管理实践就是企业主动延伸社会责任的管理创新。为保障落实全生命周期管理实践，示范企业从公司发展的战略全局出发，设计了基于全生命周期的绿色供应链发展制度支持和组织结构框架。正如长虹公司董事长赵勇所言："制造业转型需要持之以恒，久久为功，绝不是轻轻松松、敲锣打鼓就能完成的。"长虹坚持技术投入的发展方针，从未动摇，在长虹，技术研发部门是唯一一个人力财力物力没有预算的部门，需要多少，支持多少。对技术理念的坚持为实现全生命周期绿色供应链管理提供了充分的技术后盾，让长虹能够在绿色转型发展中保持领先，走在前沿。

华为设置了可持续发展委员会和节能减排委员会等一些内设机构，推动从末端治理向全生命周期的绿色供应链体系转变。2011年华为便制定了节能减排白皮书，旨在通过提升网络能效、降低排放、降低TCO，提高资源利用效率。通过组织多方专家研讨，华为在业务及价值链中融入环保元素，建立商业案例、同客户采取一致行动和同供应商互助学习三方面相结合，构建了"可持续的绿色供应链三脚凳模型"(刘晶，2016)。这一独特的创新模型受到业界专家的认可，具有很高的市场价值。

2010年联想发布了《联想气候变化应对策略》，2012年联想发布并执行《联想可持续发展政策》，致力于打造节能环保的绿色产品；致力于推进节能环保的绿色工艺；致力于推广使用清洁能源；致力于电子废弃物的回收利用；支持更多的行业和领域实现绿色发展。联想成立了公司级的管理和执行机构——全球环境事务部(GEA)，各事业部及全球职能部门(如供应链)均需向该机构报告相关计划，引导公司向可持续发展方向转型。该机构的成立为指导和处理公司在生产运营过程中的环境问题提供了组织保障和支撑(如图 8.5)。

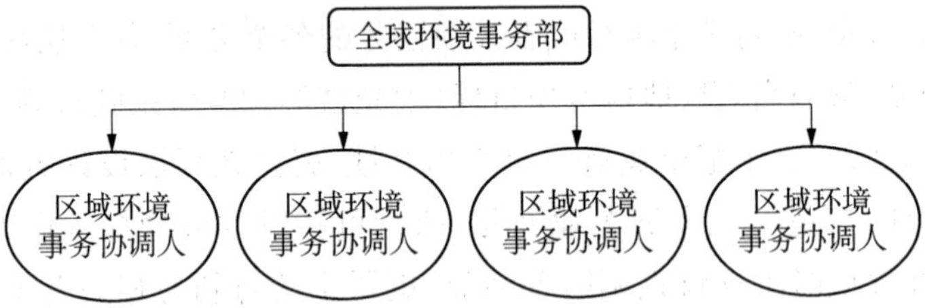

图 8.5　联想全球环境事务组织管理架构

(2) 共享监督考核机制

供应链是一个要素协同共生的动态系统，全生命周期闭环绿色供应链的转型升级不能依靠单个企业的“碎片化”改善，上下游企业之间的因果关系、各种要素之间的非线性作用、信息的流动与反馈等引起并推进着产业链的形成、发展和演化。供应链上的各节点主体，包括上下游企业、消费者及地方政府等主体，在互动过程中各主体为实现自身经济利益优化而形成合作、竞争、监督等复杂交互关系，且在多主体相互影响与多重目标制衡作用下，主体之间可能因为共容利益而选择绿色发展。任何生产行为离不开监督和约束，为了目标和行为的可观测性，信息公开减少了因信息不对称带来的各种隐患，企业等市场主体获得充分、有效、及时的信息，有利于做出合理的市场判断和决策，使其根据绿色供应链相关制度调整其市场行为，同时也为消费者维护自身合法权益提供了保障(张志奇，2019)。监管和考核是为了提升相关制度和规则的执行力，同时明确阶段化实施成效，为构建和完善绿色发展考核指标体系为目标，强化约束性指标管理，同时为后期的发展战略调整和优化提供决策依据和指导。通过“共享—监督—考核”，促进全生命周期管理多元参与主体协同演化，共同推进绿色供应链管理创新化、持续化发展。

为了有效管理供应商提供的产品，联想制定了严格的环境标准，对供应商制定了严格的评估和管理制度，并出台了联想工程规范41A7731，与供应商一起实现有害物质合规。联想是国内首家实施供应商导入“全物质声明”措施来管控有害物质使用的厂商，助推了整个产业链有害物质的替代与减排。联想自2013年10月起推动供应链开展全物质信息披露，不断优化业内领先的材料全物质声明解决方案，利用GDX和WPA系统平台，强化实施信息披露制度，提高了信息的透明度，推动供应链全物质信息披露，创新产品有害物质合规模式，环境合规验证效率得到提升。针对产品中的化学物质管理采用预防性方法，制订严格的化学物质管理政策，通过技术创新，确保所使用材料无害。对一些暂时无法替代的有害化学物质，联想收集其使用信息，通过产品随附的《信息产品生态声明》报告给客户及其他利益相关方。严格的环境标准不仅在国内行业树立典范，更为进一步开拓国际市场奠定了基础。联想制定的《联想产品、材料和部件的基本环境要求》符合ChinaRoHS《电器电子产品有害物质限制使用管理办法》，欧盟RoHS《关于限制在电子电气设备中使用某些有害物质的指令》，欧盟REACH《化学品的注册、评估、授权和限制法规》，以及PoPs《关于持久性有机污染物的斯德哥尔摩公约》等环境管理制度和条约，满足进入国际市场的硬性条件，为拓展国际化空间奠定了标准。

华为的绿色供应商管理，分为供应商选择、绩效评估、合作三方面内容。在绩效评估过程中，建立了问题处理和退出机制。在供应商选择过程中，华为将可持续发展要求纳入供应商认证和审核流程，所有正式供应商都要通过供应商认证。华为主要采用公众环境研究中心(IPE)全国企业环境表现数据库调查供应商，进行供应商认证及选择。华为基于电子行业行为准则(EICC)，与正式供应商签署包括劳工标准、安全健康、环境保护、商业道德、管理体系及供应商管理等要素在内的“供应商企业社会责任(CSR)协议”。华为每年开展供应商可持续发展绩效评估，作为供应商综合绩效的组成部分，对供应商过去一年的表现、现场审核结果及改善情况进行评估。2018年华为将二级供应商管理列入一级供应商可持续发展绩效考核，推动一级供应商参照IPC－1401标准，逐步建立社会责任管理体系，例行评估二级供应商可持续发展表现。2018 年，华为对 1 321 家供应商进行了可持续发展绩效评估。

随着环境保护立法的加强和执法的趋严，特别是环保督查工作的开展和信息披露力度的加强，逐步扭转了“劣币驱逐良币”的现象，为增强绿色市场导向、提升企业构建绿色供应链的积极性和主动性、拓宽公众和媒体等相应的监督渠道，创造了有利条件。

(3) 多元服务平台建设

为提高利益相关者和社会公众等多元主体参与环境决策过程的积极性，须建立和完善有利于其掌握和了解绿色生产、消费的过程信息服务机制。知识与技术服务机制是指依据专家知识与技术整合有效资源，通过知识共享转移等手段，应用于绿色发展实践过程的保障体系，主要包含绿色发展的知识技术需求、组织整合、咨询、培训与实践等为一体的政策制度(贾军和张伟，2014)。长虹建立了包括绿色技术服务、绿色管理咨询和绿色供应链评估三大平台的绿色信息共享服务平台，支持全生命周期闭环绿色供应链体系建设。长虹近年来投资了 3 000 余万元，分别建成了日处理能力 2 000 吨废水处理系统、专业的回用水处理系统、规范的废气处理系统及危险废物贮存场所。2010 年，长虹以电视机、电冰箱、洗衣机、电脑、空调五大类废旧家电处理为基础，启动再生资源项目，投资成立四川长虹格润再生资源有限责任公司，开展高价值深加工、危废处理和金属提取等业务，并同步开发废旧塑料、液晶屏、机板和废旧锂电池的处理项目。利用现代互联网的特点和优势，长虹格润打造了互联网回收服务平台，有效实现了线上线下互补、上中下游联动的再资源化回收处理模式。

中国国际消费电子产业博览会(简称为 CCEFB)是由工信部、民政部主管、中国电子质量管理协会、中国消费电子协会、韩国电子商会、中国台湾电脑公会、美国电子协会等数家知名机构联合主办的，是中国消费电子产业的旗帜性展会，是由国家批准的、全国唯一消费电子专业的国际性博览会。在十多年的专业化发展过程中，CCEFB 利用展览展示、高峰论坛、社会化传媒、网络互动等手段，为全球消费电子企业搭建行业交流平台，将消费电子企业终端消费需求进行紧密对接，已成为推动全球消费电子产业发展的重要力量，示范企业长虹给予了展会认可和支持。

从近十年绿色供应链相关的立法和指导文件出台的频率可以看出，国家对其重视程度越来越高，政策和法律体系也越来越完善。2016年，工信部、国务院等部门相继制定了绿色供应链评价标准和创新重点内容等文件，2018年4月，商务部、工业和信息化部、生态环境部等八部门联合印发《关于开展供应链创新与应用试点的通知》，将绿色供应链构建列为重点任务；2019年7月，银保监会发布《关于推动供应链金融服务实体经济的指导意见》，旨在加强金融机构对供应链金融创新与应用的扶持力度，提高服务实体经济质效。政府部门和企业通过立法、金融等基础性制度建设服务机制助推全生命周期闭环绿色供应管理，有效保障了供应链各环节的协调运作。

8.1.3 改进建议

8.1.3.1 加强政府引导

在实施绿色供应链初期，通常会带来企业成本的上升，实施企业较难立刻获得竞争优势，并实现盈利。因此应考虑企业天然的逐利性，加强政府引导是绿色供应链启动和发展的重要基础和保障。作为政策的制定者和社会发展的管理员，政府应深入了解社会发展现状和趋势，加强战略引导，做好支撑辅助引领工作，使政策措施衔接企业发展需求，激发企业主体意识责任。近年来，党中央、国务院高度重视市场机制的引领作用，研究出台政策文件推进企业构建绿色供应链，激发其参与积极性，提升生态环境保护能力。但各部门制定的政策措施相对分散，较难形成统一的目标导向和释放清晰的市场信号。不同政策措施之间缺乏互相呼应，企业、政府有关部门、社会组织和公众均应当在绿色供应链构建中承担一定的角色，相关部门采取试点等点状突破的方式，缺乏整体性、系统性的实施路径和时间表。现阶段政府有必要进一步统一和完善相关法制建设，将质量监督与环保审查结合起来，加大打击力度，提高对污染源的惩罚标准，从制度设计上降低传统制造模式的报酬率，为绿色制造模式营造好的竞争环境。同时，为强化绿色供应链管理，政府在严格执法的同时，应推动构建绿色资源数据库，以提供必备的信息和智力支持。另外，政府也应广泛深入地加强环保宣传，既向企业决策者宣传绿色市场营销价值理念，又向广大消费者宣传绿色消费的深远意义，一体化推动绿色供应链管理。许多企业的环保意识和主动性还有待提高，亟需加快行业合作平台建设，增强同行合作的力度。绿色供应链建设需要重视规模效应，企业订单较少时不足以对供应商造成影响，这就要同行一致行动加大绿色采购杠杆，共同提高产业链的环保表现。尽快成立绿色供应链协会，加快绿色供应链标准化进程。开展绿色供应链专题研究，加强顶层设计，建立通用标准、行业标准、技术标准、管理标准、产品标准、过程标准等全方位的标准体系。加强对绿色供应链的政策支持保障、资金支持保障和组织支持保障，着力发挥政府采购的示范效应，最大化绿色金融和绿色债券的杠杆效应。

8.1.3.2 强化企业链责任意识

企业之间不管规模大小，往往通过供销关系形成一个网链。供应链网链结构上的每一节点都是实施绿色供应链的有效参与者。当今企业所面临的市场竞争已不仅是单个企业之间的竞争，更多的是包括供应商、制造商、分销商以及回收商在内的供应链与供应链之间的竞争。上下游企业联动是打造绿色供应链的需要，采购绿色物料，开展生态设计、优化生产工艺、升级节能环保装备、提高回收利用水平或者进行再制造等工作。整个供应链的上游供应商对于环境污染的认知和绿色生产行为往往会沿着产业链逐级向下传递，并且存在放大趋势。供应商进行绿色生产和环保投入所增加的成本也会随着产业供应链逐级向下游传递，并表现在产品的销售价格上。大企业的供应商数量通常较多，行业影响力大，进行绿色生产在管理资金和经验等方面具有更多优势，其对绿色供应链建设的带动性更强一些，可以起到“以大带小”的作用。消费者绿色消费活动的拉力会对供应链核心环节的绿色创造活动产生影响，会通过环境信息、环境绩效信息等的披露对各环节的绿色活动产生压力，进而对各节点的相关技术创新和工艺绿色改造产生促进作用。核心企业主动与上下游合作商就绿色供应链建立长期战略性合作，开展绿色供应链管理，促进相关知识在成员间的扩散与传播，促使供应链系统整体的绿色化和价值提升，有利于降低绿色供应链的金融风险。中小企业有着更为广阔的节能减排空间，政府相关部门应加强激励制度设计，激发其开展绿色供应链管理工作，充分发挥“群体”效用。此外，行业组织发挥着巨大作用，通过建立公平的竞争环境，形成绿色采购的行业标准，在采购中一致行动形成环保底线，可以有效管控各节点企业的环境绩效，促使全生命周期绿色供应链管理形成良性互动。

短期看，率先打造绿色供应链的示范企业，绿色生产投入很可能会增加，很可能会影响其市场竞争力。但长远看，开展绿色供应链管理也提升企业的市场认可度，并形成绿色品牌效应，扩大市场份额。核心企业可强化成员的链责任意识，从培养上下游合作商的环保认知和环境管理能力出发，依托信息技术的支持，建立一个动态集成的内外部信息共享平台（侯玉梅和孙曼，2012），建立互信机制，构建基于心理契约的相互承诺机制，对于打造和谐的供应链管理意义重大。目前电器电子国际化基础相对较好，通过企业间通力合作，增强企业内生动力，形成环保底线，有利于提高行业绿色供应链管理水平，激发创新，更加充分利用国内外资源，拓展国际市场，树立民族品牌，同时建立公平的市场竞争环境，消除向下竞争、劣币驱逐良币的痼疾。

8.1.3.3 促进企业技术与管理创新

绿色供应链管理涉及诸多环节，从原材料的采购到产品生产加工再到最后的消费终端，不仅需要机器和先进生产工艺等强大后盾支撑，更需要专业高效的管理手段，才能保证整个“链条”运转有条不紊。绿色发展离不开技术支持和管理辅助，环保高压态势下，绿色供应链管理将颠覆传统，迈入崭新的发展阶段。企业应顺应外部环境的变化，对生产技术进行创新与升级，与大数据、云计算、人工智能、区块链等新一代信息技术融合，提高企业绿色生产水平，建立健全绿色知识产权保护制度，维护清洁生产研发成果。互联网、大数据和人工智能的发展将为绿色供应链管理提供必要的技术支持，可利用大数据来调整重点，减少不必要的成本投入解决网点分散、定价乱及信息断层等问题；利用互联网打通上下游产业链条的联系，推动回收体系建设，促进循环经济发展。由于技术创新产品具有领先和导向优势，企业通过绿色技术革新，成为市场的引领者和规则的制定者，创新溢出效应将抵消短期的高成本，可获得先发优势。目前国内部分企业走在绿色供应链管理的前沿，取得了一定的成效，但是由于行业特色不同，在全国范围内推广依然面临诸多压力，尚未形成完整系统的“绿色供应链管理”上层指导文件。政府和企业要通力合作，积极探索绿色发展有效途径，引进国外先进技术和管理经验，同时要探寻本土可持续发展路径，总结经典模范，重视各部门之间的协作，发展新时代绿色供应链管理体制机制，因地制宜地推动绿色高质量发展。

8.2 工业绿色转型发展之路——以镇江制造业高质量发展为例

8.2.1 案例背景

工业生产是创造物质财富的主要来源，但是快速的工业化进程也导致了诸如雾霾、极端天气等一系列负面环境问题，对环境的可持续性和生态系统的平衡性构成了威胁（李平，2011）。20世纪五六十年代，工业化国家的环境污染问题日益突出，第二次世界大战前后，发达国家片面追求经济增长的重工业模式引发了一些环境公害事件，不仅威胁了人类的生命健康，对生态系统的可持续性发展也造成了不可逆转的危害。应对工业污染问题，发达国家最初采取的措施主要是污染转移、产业替代等末端治理，但是长期效益甚微。可持续性发展要求发达国家变革污染治理模式，从源头和生产全过程视角实行预防治理。2008年国际金融危机爆发后，在全球范围内冲击了以资源消耗和需求拉动为推动力的经济增长模式，进一步催化了工业经济绿色转型变革道路。发达国家开始从真正意义上重新审视工业部门的可持续发展，相继提出了“再工业化”、“工业互联网”等战略思路。在世界经济增长动力重组的宏观背景下，联合国环境署更加注重经济增长与环境保护的协调性，2008年下半年，发起了开展“绿色经济”和“绿色新政”的全球性倡议。以美国、欧盟为首的发达国家积极响应倡议，从政策支持、资金投入等方面助推工业转型，探索工业经济绿色低碳增长新支点，在产业和行业层面鼓励企业主动投身绿色转型潮流，把握低碳发展的新方向，挖掘新的经济增长点，从而在全球环境治理中占据战略制高点。

根据《世界能源统计年鉴》(2018)的统计数据，中国能源消费总量从2006年的286 467万吨标准煤增长到2017年的448 529万吨标准煤，终端能源消费总量占全球20.60%，煤炭占能源消费总量比例虽然从72.4%下降了10%，但仍然高达60%以上，也成为工业污染的主要来源。我国将工业转型升级列为“十二五”期间工业改革的核心任务，以实现由高资源消耗、高环境污染的“黑色工业”向资源集约、环保持续的“绿色工业”转变(刘师嘉，2012；黄小康，2016)。这一决定是基于中国有限资源与粗放式经济增长模式的现实矛盾，也是实现经济可持续发展的题中之义。根据《中国城市低碳发展2011》绿皮书提供的资料，在未来的三十年中，中国的技术和产业如果没有突破性的革新，中国的能源消费和CO_2排放量将会在2045年左右达到峰值(陈金湘，2011)。全国政府和社会资本合作(PPP)综合信息平台项目管理库数据显示，截至2018年12月末，生态建设和环境保护的二级行业中，综合治理类投资额达3 135亿元，占生态建设和环境保护类总投资额的84.2%和90.0%。管理库中绿色低碳投资额达4.4万亿元，占同口径全国总比重36.0%。

改革开放以来，工业行业的快速发展为中国经济的崛起奠定了雄厚基础，但长期以来粗放式的经济发展模式造成的高耗能、高污染给环境可持续性发展带来了巨大挑战。面临自然资源和环境压力的双重预警，迫使我国工业从传统要素驱动式发展模式向绿色可持续发展模式转变，从技术创新、清洁能源利用等方面提高生产效率(岳鸿飞等，2017；陈诗一，2010)。技术创新是提高工业生产率、能源利用效率和工业污染治理效率的重要驱动力，推动着工业绿色转型(胡安军等，2018)。也有学者模拟预测了 2015—2050 年间技术进步和节能减排对中国工业绿色增长的贡献，明晰了两种方式在不同阶段对绿色发展的一致性促进作用(陈超凡，2018)。《中国经济生态生产总值核算发展报告 2018》数据显示，根据经济—生态生产总值(GEEP)综合核算框架体系，2015 年，我国 GEEP 为 122.78 万亿元，其中，由生态破坏和污染导致的损失成本分别为 0.63 万亿元和 2 万亿元。面对国内外形势的变化，作为中国经济的产业主体以及国际竞争力最强、对外开放程度最高的领域，加快实现工业绿色转型，塑造可持续发展竞争力具有重大战略意义(杨丹辉，2019)。

作为低碳试点城市，工业绿色转型“镇江模式”成为工业界的热门话题。镇江是一座新兴工业城市，工业是镇江市经济的主体支撑，工业生产总值比重高达 58.1%。在能源消耗方面，工业能耗占全市能源消费总量的七成以上，工业贡献了全市 40%的 PM2.5 排放。在绿色发展的生态文明背景下，镇江市工业顺应时代发展要求，从各方面推进工业转型升级，初步形成了齐抓共管、合力推进的良好局面。

工业绿色改造，首先要从污染源的控制出发，实现“先污染—后治理”末端治理模式的转变。在高耗能行业中，电力、化工、建材、造纸等是污染排放的关键，其能源消耗占全市总能耗 70%以上，成为镇江实现工业绿色转型的关键。本书仅从以下几个角度来观察镇江模式的工业改造举措，以期管中窥豹，探索镇江市实现低碳可循环工业建设、提升绿色竞争力的驱动因素和可能面临的主要障碍。

8.2.2 案例研究与发现

8.2.2.1 镇江市工业绿色转型发展的基础条件与现实状况

镇江市被工业和信息化部列为国家工业绿色转型发展试点城市以来，以工业绿色转型发展为突破口，在极力促进传统工业绿色转型同时，紧抓战略性新兴产业的崛起发展(王晨,2017)。经过三年的努力,目前已初步建立了具有镇江风格的制造产业绿色发展体系。镇江在基本完成试点目标任务的基础上,以试点城市建设为出发点,不辱工信部重托和使命,继续深化推进工业绿色转型发展。

(1) 工业经济发展总态势良好

2017年,全市规模以上工业总产值7392.64亿元,比上年增长10.5%,工业生产总值2031.10亿元,比上年增加6.0%;规模以上工业主营业务收入7265.27亿元,比上年增长9.7%;利税总额698.0亿元,增长7.3%;利润总额468.81亿元,增长9.7%。亏损企业数下降1.3%,亏损企业亏损面11.14%,比上年下降0.2个百分点;亏损企业亏损额增长3.8%,增幅回落5个百分点。工业应税销售百强企业销售增长16.3%,利润增长14%,部分行业和企业盈利持续下滑态势被遏制。从地区来看,规模以上工业总产值超1000亿元的有丹阳市(2193.3亿元)、镇江新区(1735.4亿元)、扬中市(1147.25亿元)三地,润州区工业产值仅25.97亿元,居全市末位(见图8.6)。

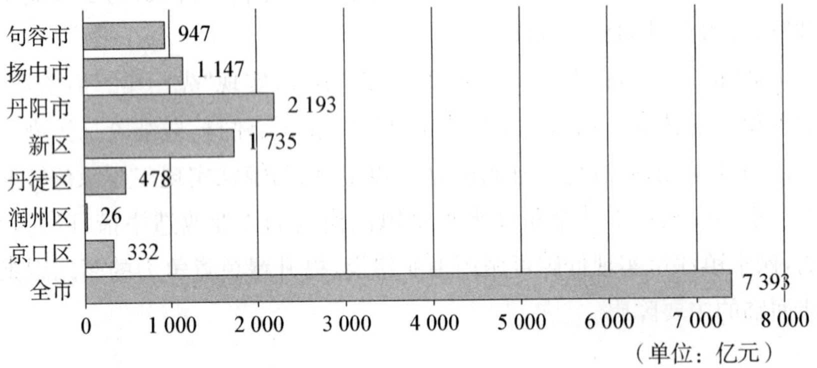

图8.6 2017年镇江市规上工业总产值

(2) 科技创新与产出充满活力

2017年,高新技术产业产值占规模以上工业产值比重49.3%,比上年提高0.2个百分点,连续三年保持在48%,继续居全省第一;研发经费支出占GDP比重2.65%,比上年增长0.06%;企业研发经费投入占主营业务收入比重1.34%,比上年提高0.3个百分点;万人发明专利拥有量30.33件,每万劳动力中高技能人才数 884 人，突破 800 人大关。从地区来看，扬中市和高新区在技术创新方面表现突出，两地区的高新技术产业产值占规模以上工业产值比重、研发经费支出占 GDP 比重分别为 75.2% 和 63.22%、2.96%和 3.51%(分别见图 8.7 和图 8.8)。

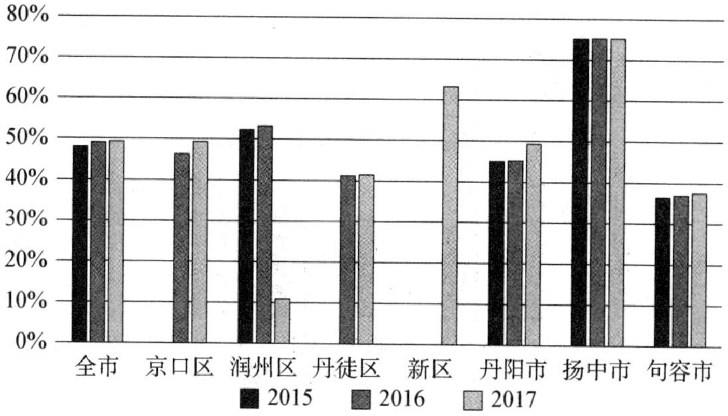

图 8.7　2015～2017 年镇江市高新技术产业产值占规上工业总产值比重

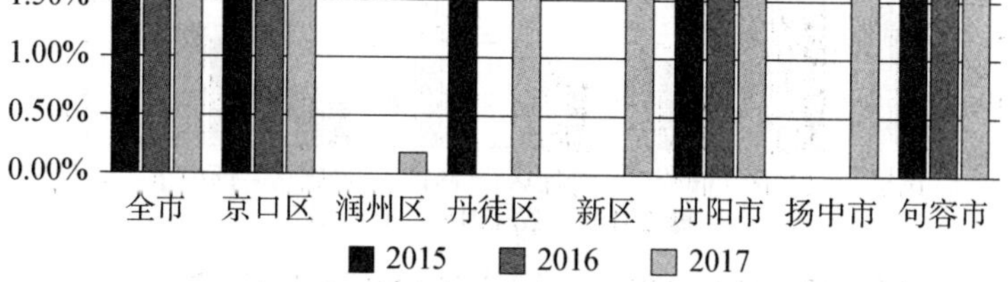

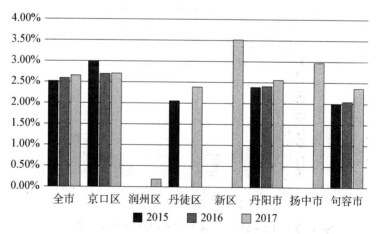

图 8.8　2015～2017 年镇江市研发经费支出占 GDP 比重

京口区企业研发经费投入占主营业务收入比重和万人发明专利拥有量分别为 2.34%和 83.32 件，以绝对优势位居全市第一(见图 8.9，图 8.10)。

润州区科技创新马力不足，在高新技术产业产值占规模以上工业产值比重、研发经费支出占 GDP 比重、企业研发经费投入占主营业务收入比重三个指标上均与其他地区相差较大。

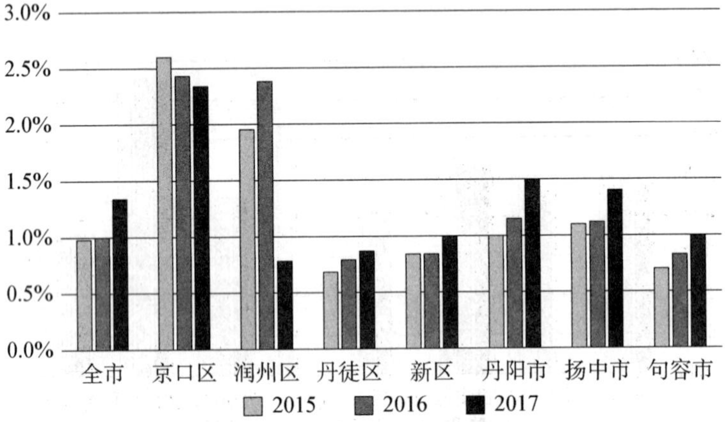

图 8.9　2015～2017 年镇江工业企业研发经费投入占主营业务收入比重

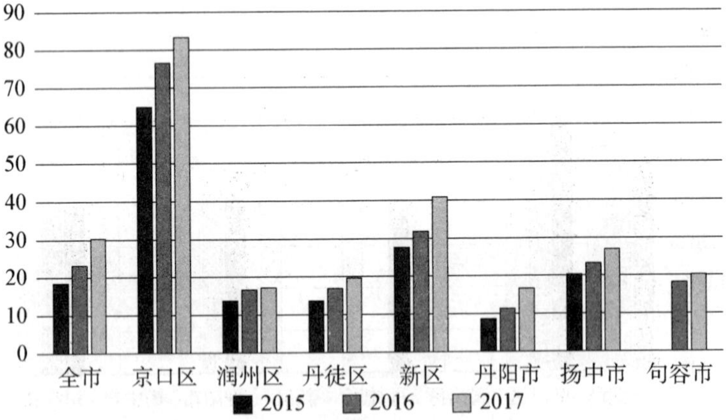

图 8.10　2015～2017 年镇江市万人发明专利拥有量(件)

(3) 企业资源集约利用有所提升

2017 年全市单位 GDP 能耗减少至 0.35 吨标准煤/万元、单位 GDP 水耗减少至 61.6 立方米/万元，单位工业用地产值提升至 841.9 万元/亩。从地区来看，2017 年镇江新区、丹阳市、扬中市单位 GDP 能耗分别为 0.15、0.11、0.02 吨标准煤/万元，其资源集约水平均远高于全市平均标准 0.35 吨标准煤/万元；丹阳市和扬中市单位工业用地产值均超 2 000 万元/亩，远高于全市平均标准 900 万元/亩。丹阳市和扬中市是全市主要的工业产值来源地，两地亩均工业用地工业产值均超 2 000 万元每亩，远高于四区的 444.1 万元/亩。

(4) 企业经济提质增效与节能减排双重压力大

目前，镇江市仍处于工业化、城市化发展的中后期，产业结构继续优化，2017 年三次产业增加值比例调整为 3.5∶49.4∶47.1。但是化工、造纸、电力、建材等高污染、高耗能产业仍占比较高，与苏南其他城市相比发展不够充分，产业层次偏低，产业结构仍不合理，经济发展与环境保护之间的矛盾较为突出。

综上可知，科技含量高、资源消耗低、环境污染少的产业结构是实现工业绿色化转型的基本要求。而在镇江这样的新兴工业城市中，电力、化工、建材、造纸等高污染、高耗能工业为城市的经济建设作出了极大的贡献，所以镇江能否实现绿色发展的关键在于工业能否成功地进行绿色转型。

对于这种高污染、高耗能，但同时又对经济有着决定性影响的重工业，镇江对其采取工业绿色改造、加强治理、能效提升、清洁替代等措施。在大力发展绿色低碳、新能源等新兴产业的同时，努力使重工业在绿色转型的过程中找到新的经济增长点，实现环境保护与经济发展并行。例如鹤林水泥通过引进新的设备和技术，加强余热、余压利用、提升电机能效，最终变废为宝在市场形势进入寒冬的情况下，绿色转型的红利得以显现。

在对重工业进行绿色改造的同时，镇江积极开展工业厂房分布式光伏发电项目，以达到进一步优化能源消费结构、推进节能减排的目的。其中恒顺醋业通过建设 4.5 兆瓦光伏电站，年均收获绿色电量约 212 万千瓦时，这不仅减少了二氧化碳的排放造成的环境污染，同时还减少了企业的电费支出，节约了成本。

此外，为促进工业绿色转型发展，镇江市实行六大举措，分别为：顶层设计—勾画青山绿水蓝图、布局高地—打造现代产业强市、腾笼换凤—打赢污染防治攻坚战、以点带面—培育建设绿色工厂、项目引领—注入绿色发展元素、创新举措—增添绿色发展动力，全方位促进工业绿色高质量发展（镇江市工业和信息化局，2019）。

8.2.2.2 镇江市工业绿色转型发展的困难与冲突

课题组于 2018 年 9 月 18 日—11 月 31 日期间共对镇江市及下属各区县的制造型重污染行业所属 44 家企业开展深度调研，形成录音文本 52 份，总时长 3 180 分钟，合计 501 562 个字；回收问卷 336 份，其中有效问卷 309 份。通过对访谈的录音文本进行仔细分析后发现，目前企业高质量发展与环境保护过程中主要存在以下五点困难：

(1) 企业环保投入压力大，小微企业融资难

在政府不断出台的环保政策压力下，企业环保投入（环保设备的购置与维护、“三废”处理、工艺改进）不断增加，对企业的盈利水平造成了较大影响。据所调研企业反映，现今政府环保标准更新快，环保设备投入大，设备维护费用高，且短时间内效益增收不明显，影响企业后续规划与进一步发展。

在提出环保投入压力大的企业中，大中型企业占比达 47%。据调研数据统计，大中型企业年平均环保投入费用均在 300 万元以上，其中年平均环保投入大于 1 000 万元的占比达 44.5%；小微型企业的年平均环保投入费用在 10 万元至 100 万元之间的占比为 28.6%，大于 100 万元的占比达 71.4%。从统计数据看，目前企业在工艺设备改进方面的投入较大。此外，在调研的 44 家企业中，有 10 家企业反映其存在融资困难的难题，其中小微型企业占比达 80%。

(2) 企业技术发展水平低，减排技术需求多

企业高质量发展要求企业经济高效率增长，经济发展的高效率又离不开技术的支持；同样，企业的环境保护行为也依赖于技术的改进与发展。随着技术的进步，许多环保问题也能迎刃而解。例如火力发电厂的粉煤灰排放量逐年增加，已成为我国当前排量较大的工业废渣之一，大量的粉煤灰如不加处理，就会产生扬尘，污染大气；若排入水系会造成河流淤塞，而其中的有毒化学物质还会对人体和生物造成危害。在调研过程中发现目前发电厂将粉煤灰经过技术加工处理后，用于制造砖或混凝土，变废为宝，供不应求，

不但解决了废渣排放问题，还带来了经济效益。

但在目前调研走访的44家企业中，有13家企业提出政府环保政策要求过于严格，目前还没有相应的技术可以达到政府的减排要求；且提出存在技术困难的企业主要集中在化工业、火电业等镇江市工业支柱产业。企业表示在政府的环保高标准下，自身存在技术难题，高端技术研发人才短缺，亟需政府举办多场相关技术培训与公益讲座。

(3) 技术研发人才招揽难，人才结构不合理

高质量发展以人才为支撑，需要充足的人才储备。目前，人才逐渐成为制约镇江工业企业高质量发展的一个重要因素。本次调研的44家企业中，27%的企业明确提出在推进高质量发展的过程中人才储备明显不足，这些企业全部都归属于传统行业(冶金业、化工业、酿造业、纺织业、火电业、建材业等)，企业人才储备困难主要集中在企业自身的人才结构、人才创造力及招揽人才三方面。

人才结构方面：企业的人才结构与企业高质量发展的要求仍有较大差距，特别是高端研发人才短缺成为创新驱动发展面临的最大掣肘，调研中的大产改企业研发人员在企业总人数中占比低于20%，部分企业甚至没有专门的研发人员。在人才学历方面，小微企业以及一些涉及传统工艺的大中型企业本科及以上学历人数占比相对较小。

人才创造力方面：人才的主动性、积极性和创造性不足，部分企业虽然有专门的研发人员，但企业的创新成果专利数较少。例如某制药企业有研发人员103人，但企业专利数仅有12件，研发人员人均研发专利产出率仅为11.6%。

人才招揽方面：企业人才发展的困难主要表现为招不到、引不来、留不住。一是招不到：随着互联网等行业的兴起，越来越多的年轻人不愿意学习和从事传统行业相关的技术和工作，导致传统行业缺乏年轻的劳动力、技能性工人以及专业性强的高学历人才。二是引不来：在不少领域，研发人才、技术人才不是没有，但很多企业都面临着引才难的困境。通过调研发现，人才引进困难的原因有二：一方面是镇江的区位因素，形成了南京与苏南其他城市对镇江人才的虹吸效应；另一方面是企业规模与人才成本因素，企业自身的规模小，对高技术人才的吸引力不足，且企业无法承担引进高技术人才

的高额成本。三是留不住：人才流失也是不少企业面临的共性问题。在本次调研中发现，75%的企业存在人才流失困境，尤其传统行业的企业多处于乡镇，公共基础设施与配套相对落后，难以留住年轻人。

(4) 政府环保激励政策供给不足，公共服务不完善

政府制度设计和公共服务是影响企业高质量发展的重要因素，在调研的44家企业中，有81.8%的企业反映政府在环保政策制定与执行中可能存在不妥之处，影响了企业的高质量发展。具体表现如下：

其一，企业的环保激励获得感不足。主要体现在三方面。一是激励政策供给不足。在本次调研中，来自化工业、火电业、水泥业、建材业、石化业、冶金业、酿造业、印刷业的12家企业反映，企业环保设备的投入和运维费用很高，但能享受的补贴和扶持政策太少，尤其是水泥行业没有相关的优惠政策，企业达到超低排放也没有环保奖励。二是奖惩措施精细化不足。企业环保投入高或低没有得到差别奖惩，导致环保投入高的企业在市场中缺乏竞争力。三是激励政策落实难。如减免税收等环保优惠政策，相关企业对于政策门槛、申报条件以及相关要求认识模糊，导致申请难、落实到位也难。

其二，企业承受的环保压力偏大。一是，政府出台的"长江大保护"、"禁止新改扩"等环保政策，在执行过程中往往存在政企认知分歧问题。在本次调研中，有32%的企业反映该问题。如：在长江沿岸一公里内，注重环保的企业与污染企业受到同样的遏制，这使得注重环保的企业难以生存；在执行"煤改"政策的过程中，政府不分煤种进行总量控制，但事实上企业采用最先进工艺的煤对环境的影响非常小。二是，环保压力下的企业停产会带来巨大的经济损失。如水泥企业推行的错峰生产，开半个月停半个月，这种生产方式不仅导致企业产品产量减少，而且频繁开停企业影响产品质量。三是，多部门的环保督察，频率过高，且每个部门均要求企业拿出整改材料，这大大影响了企业的正常运作。四是，环保高压态势下，企业为了达到环保标准频繁更新环保设备，致使其投入资金不断增大，短期内难以收回成本，影响财务报表，同时也造成资源损耗。

其三，政府对企业高质量发展的培训与咨询服务尚显不足。本次调研的企业中，有13家企业提出政府提供的环保培训较少，且多为第三方培训，环保培训市场不规范、培训质量不高、内容大而空且针对性不强。企业获取

高质量发展的资源渠道有限，而政府又不能给企业提供实质性的帮助与支持，如技术指导与公益培训等。此外，政府对政策的解释和服务不足，如小微企业对申请项目的政策不熟悉，政府较少提供有针对性的政策咨询和帮扶工作。

（5）公众不实举报成本低，企业蒙冤失效益

公众与政府站在同一战线可以有效规范企业环境行为，但公众若在监督举报过程中，不用好"放大镜"，不找准存在环境问题的根源企业，不调查就举报，则会使蒙冤企业遭受巨大损失，影响企业环境保护的积极性。

在所调查的44家企业中，有16%的企业认为其深受公众虚假举报、恶意举报或错误举报的困扰。其中，某制药企业对居民恶意举报行为最为头疼，该制药企业一年纳税额约七八千万，是当地的纳税大户，但因居民频繁的恶意举报最后被环保部门勒令关掉焚烧炉。而事实上经过焚烧炉产生的烟尘必须通过布袋除尘后排放，关停后该制药企业只能向第三方支付超高额的固废处理费用，大大增加了企业的生产成本。

8.2.2.3 镇江市工业绿色转型发展存在的问题与原因分析

（1）企业层面的问题与原因分析

现阶段的企业高质量发展，不是简单追求企业经济发展的高速度，而是要追求效率更高、供给更有效、结构更高端、更绿色可持续的增长，但目前企业高质量发展和环境保护过程中仍然存在以下几点问题：

① 企业经济增长低效率，绿色创新意识弱

高效率增长是指以较少的投入获得最大的收益，而低效率增长则是指以较大的投入获得较少的收益。决定企业是否为高效率增长的一个重要因素是技术创新。技术创新可以使各种要素投入最大程度地发挥作用，即以较少的投入实现收益最大化。

目前政府对环保采用高压态势，环保政策不断出台，规制企业以资源利用率高、污染排放量低的环保工业设备及工艺替代高污染高排放的传统工业设备及工艺，但企业自身对绿色技术创新的认识不足，尤其是对绿色研发投入少甚至不投入。调研数据显示，小微型企业的绿色专利数几乎是空白的，大中型企业中也仅有几家企业对绿色创新进行了投入。

调研发现，部分企业现阶段仍处于低效率增长，企业绿色创新意识弱，主要原因可以归结为三点。第一，企业缺乏绿色创新动力。现有政策相比于绿色创新更关注于企业减排结果，政府对于绿色创新的激励不足，但绿色创新研发投入大、产出慢、风险高，因此即使拥有研发创新能力的大中型企业也不愿意进行绿色研发投入。第二，企业缺乏绿色创新能力。尤其对小微企业，自身研发经费不足，研发水平较低且缺少高水平高层次研发人才是主要原因。第三，企业缺乏绿色创新经验。近年来，环保政策才逐渐收紧，企业对于绿色研发经验少，不敢贸然投入也是企业不进行绿色研发投入的原因之一。

② 企业环保制度供给主动性不足，认识不到位

推进企业高质量发展，实现经济与环境保护的同步发展，加强企业内部环境管理制度供给有效性是必经道路。在目前已调研的 44 家企业中，仅有 10 家企业成立了环保部门，且均为大中型企业。由此可见，目前小微企业及部分大中型企业环境管理制度仍然缺乏体系化，企业内部环保责任不明确，没有建立相应的环保组织或部门主动制定环保制度、采取环保措施，企业仍然作为被管理者被动地根据地方环保要求进行环保整改以此避免受到经济上的惩罚。

究其根源在于：企业认为环保行为对企业带来的更多是压力而非机遇，环保投入在短时间内效益增收不明显，并且降低企业利润，影响企业发展规划；且环境管理成本高，成立环保部门需要相应的专业管理人才与专项资金投入，对于小微企业来说经济效益低、成本压力大。

③ 企业经济增长绿色水平低，责任不强动力不足

企业的高质量发展强调节能环保，以低污染与低消耗资源为高质量发展的基础要求。但目前，少有企业能达到真正的低污染低能耗。据调研反馈，政府仍然能接到居民反映周边企业异味严重、噪音大、污水排放影响生活等治污不达标行为的举报电话。且小微企业废水废气排放管道缺少检测设备，政府无法进行精准监管，其废气废水排放数据多为企业自身填报，其中也不免出现瞒报、谎报行为。

分析企业经济增长绿色水平低的主要原因，可以归结为以下两点：一是，企业社会责任感不强，过于追求自身利益最大化，进行工艺改进与污染物末端治理均需要耗费大量人力物力，增加企业成本，降低企业利润，因此

企业进行环保改造多是迫于政府政策压力;二是,政府监督机制不完善,污染排放检测设备未全面覆盖导致小微企业存在偷排、乱排的机会。

(2) 政府层面的问题与原因分析

政府作为政策的制定者和执行者以及服务的提供者,在推进企业高质量发展和环境保护方面起着宏观指导和调整作用,因而"政府自身建设"在此过程中显得尤为重要。在新时代,要以高质量的政府建设来推动经济高质量发展。本次调研发现,政府在推进企业高质量发展和环境保护的过程中仍存在一些问题:

① 政策系统性设计不足

一是政策标准化与精细化不足。在推进高质量发展与环境保护的过程中,有些政策之所以在企业中得不到切实推行,一个根本的原因就是这些政策本身缺乏系统科学性。具体表现在:第一,环保标准提升严格,精细化不足。如 2015 年 7 月 1 日发布 2017 年 7 月 1 日正式实施的合成树脂工业污染物排放标准(GB 31572—2015)中丙烯腈的排放标准为 0.5 mg/m^3,而之前的标准是 22 mg/m^3。第二,环保标准安全性不足,未经工程技术检验。企业为了达到最新的标准往往采用一些新技术,这些新技术虽然环保上能达标,但安全方面并没有进行验证过,不能确定这些技术是否存在安全隐患。第三,政策的精细化程度不足。环保政策的制定只在大方向设置一个限制,并没有做到"一企一策"。比如在出台禁止新改扩的时候,政府并没有科学地界定不同企业之间的差别,而是全部都禁止新改扩。产生该问题的原因是政府在制定标准和引导政策时,并没有充分论证,且缺乏对不同行业、不同规模企业的真实情况把握,导致标准的制定往往并不客观,或者说是最好的状态但并不是最经济的状态。

二是政策稳定性不足。作为推进企业高质量发展与环境保护的指导性文件,如果政策频繁变动、朝令夕改,往往使政策执行对象(企业)感到无所适从,从而影响政策的执行效率。具体表现为:环保标准变化太快,企业环保改造的速度与环保标准的变化速度无法协调。例如某发电厂反映过去花了六年时间按照环保标准进行改造,但是临近验收却发现环保标准又提高了,即使改造了又不符合新标准了。产生该问题的原因主要是政府在做决策时并没有掌握充分的信息、经过充分的论证和充分听取企业想法。

三是政策整体性不足。在政策制定过程中，宏观和微观政策之间如果没有很好地衔接和配套，就无法形成科学合理的政策体系，这会给政策执行带来难度。政策缺乏整体性主要体现在一个环保要求出台过后没有一套相应比较完善的扶持帮助政策。例如某水泥公司反映政府在水泥行业没有什么优惠政策，达到超低排放也没奖励。造成这个问题的主要原因是政府在政策制定时忽视了整体性原则，没有考虑政策的经济性即这个政策出台会给企业的经济带来怎样的影响。

② 政策执行有偏差

一是仍然存在"一刀切"。"一刀切"主要表现在政策的执行过程中，不考虑具体情况，采用同一种方式处理多种问题。如空气质量较差时，不论企业污染排放达标与否，政府都采用限产或关停的方式；对于工艺改进后的砖瓦厂、窑厂等，政府在执行环保政策时没有将其与传统意义上的同行企业区分开来，而是采用同种方式处理问题；出现污染事件后，政府关停所有化工企业，导致产业链中断，影响上下游的其他企业。产生该问题的原因，主要为两方面：一是各级政府在执行政策的过程中，对政策的理解存在偏颇，认为工作的执行越快越好，反而走了极端；二是由于懒政和怠政，导致前松后紧，历史的"欠账"太多，已经造成了很大的影响，在不得已之下，才会不计后果地下"血本"，强制进行"一刀切"。

二是政策执行过于严格。环保政策执行过于严格体现在以下两点：一是政府的环保督查力度大，频率高，导致企业的正常生产运作经常被中断；二是政府在发现企业存在环保不达标等问题时，没有给企业足够的整改时间或提供相关帮助引导其进行整改，而是选择直接关停企业。产生该问题的原因，是政府自上而下的环保压力过大，导致执行政策时操之过急，没有考虑企业的实际情况。

三是中小企业环保监控不足。本次调研发现，对于大企业的污染排放数据，政府采用自动监控全覆盖技术，而对小企业则采用上报数据的方式。在此过程中，小企业瞒报数据的可能性偏大，这导致政府监控的数据并不完全准确。产生该问题的原因是政府部门人员配备和物资经费的不足，环保基础设施建设滞后。

四是多部门协调不力。政府各部门协作不力具体表现在以下几点：一是政府审批项目时间过长。一个新的项目通常涉及环保、土地、水利等各个方面,需要得到这些部门的一致认同才能通过审批,而各部门执行政策的侧重点不同,使得项目审批过程耗时太长。二是政府政策执行不统一。各部门政策存在相互矛盾的情况,企业不知如何应对。产生该问题的原因,是政府权力配置机制不合理和部门间信息沟通机制不健全,各部门简单地把配置理解为分割,独立行使其所享有的政策执行权,彼此间缺乏沟通和协作。

③ 服务意识有待提高

一是宣传引导不到位。在本次调研中发现,并不是所有企业都能较好地理解政府出台的与高质量发展相关的政策。企业不清楚政府的政策如何执行,从而无法落实政府政策,作出相应地改进。产生该问题的原因是政府过于关注末端治理结果,而没有从源头出发,加强政策宣讲,为企业高质量发展提供思路。

二是培训缺乏针对性。本次调研的44家企业中,有13家企业反映政府提供的环保公益培训过少,且内容较空洞,没有针对性,尤其是缺乏技术方面的指导,导致企业仅仅依靠自身努力,无法达到环保要求。产生该问题的原因是政府作为公共服务的提供者,缺乏主动性,没有转变思维及明确“服务型政府”的角色定位。

8.2.2.4 镇江市工业绿色转型发展的潜力分析

(1) 调研基本情况

本次调研共涉及镇江市属地工业企业44家,分布于化工业、火电业、纺织业、酿造业、冶金业、石化业、制药业、水泥业、造纸业、钢铁业、制革业以及其他行业。企业概况详见图8.11。

从图8.11可以看出:化工业(13.64%)和火电业(11.36%)是调研的企业中占比最高的两个行业。

44家企业共计309名企业员工接受了本次调研,分别位于镇江市下辖的丹阳市、句容市、丹徒区、京口区(见图8.12),企业及其受访人员基本信息如图8.13、8.14所示。

从图8.12可以看出:受访企业主要分布在丹阳市和丹徒区,其次是京口区和句容市。

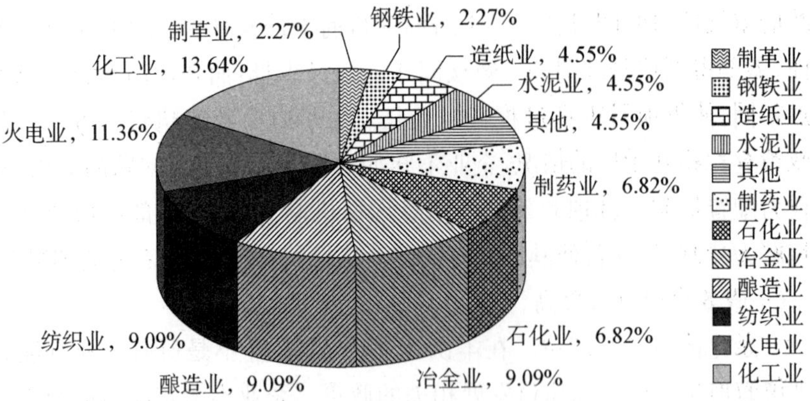

图 8.11　企业所属行业类型占比

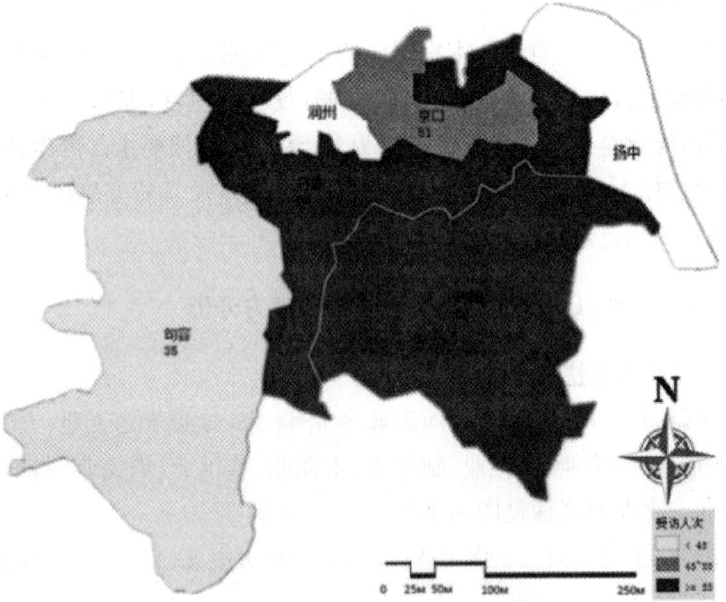

图 8.12　受访人员所在企业区域分布图

从图 8.13 可知，从受访企业资产规模来看，40 000 万元以上(56.31%)和 2 001～4 000 万元(15.53%)规模的企业占比多；从受访企业所有制来看，私营企业(39.48%)和股份制企业(27.83%)占比多；从受访企业累计经营

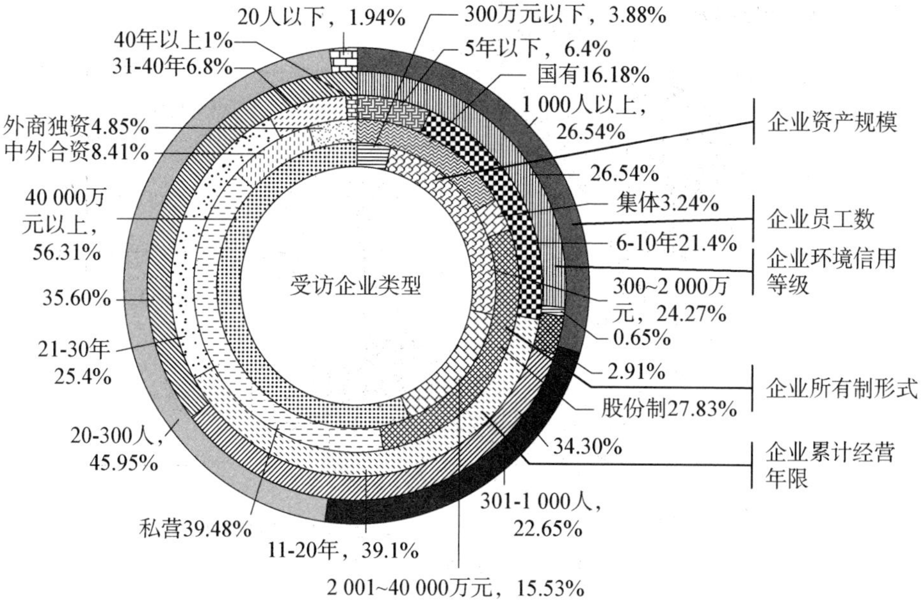

图 8.13　受访企业类型分布图

年限来看，11～20 年(39.1%)、21～30 年(25.4%)和 6～10 年(21.4%)的占比多。此外，将企业环境行为信用评价等级作为评价企业环境行为的衡量标准，可知受访企业中信用等级蓝、绿、黄的比例分别为 35.60%、34.30%、2.91%，另有 0.65%的受访企业没有企业环境行为信用评价等级，还有 26.54%的受访人员并不知道所在企业的企业环境行为信用评价等级。从企业员工数来看，受访企业人数在 20～300 人的占 45.95%，1000 人以上的企业占 29.45%，301～1 000 人的企业占 22.65%，20 人以下的仅占 1.94%。

如图 8.14 可知，受访人员的基本信息特征如下：性别结构合理，其中男性占 59.55%，女性占 40.45%；学历结构分布均匀且以研究生以下学历为主，其中本科学历占 37.86%，高中及以下学历占 28.48%，专科学历占 28.16%，研究生学历仅占 5.5%；从企业员工年龄结构来看，受访人员大多为 21～50 岁中青年，其中 31～40 岁的占 35.28%，41～50 岁占 30.74%，21～30 岁的占 23.95%，51～60 岁的占 8.74%，另外，20 岁以下和 61 岁以

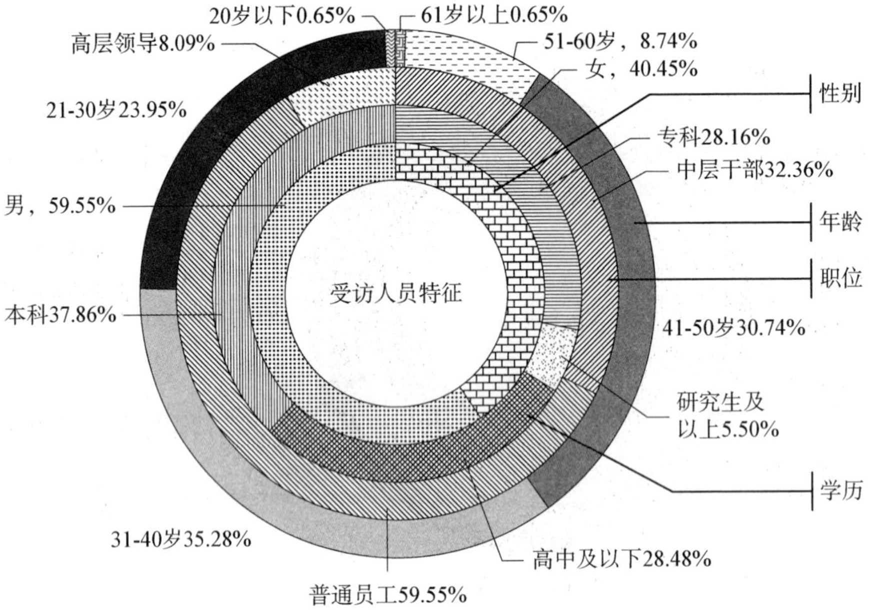

图 8.14 企业受访人员基本信息

上的各占 0.65%；从企业员工职位来看，基本符合企业组织人事结构，其中 59.55%的为普通职工，32.36%的为中层干部，8.09%的为高层领导。综上所述，本次调研的样本是均匀合理的，可用于评价分析。

(2) 评价指标体系

依据工业企业高质量发展的内涵与特征可知，工业企业高质量发展涉及工业企业经济、社会、环境等诸多方面，因此要评价环保新态势下镇江工业企业高质量发展绩效，必须充分考虑各方面的综合性因素，建立一个科学、合理和可行的绩效评价指标体系，这是系统评价准确可靠的基础和保证，也是正确引导环保新态势下镇江工业企业高质量发展方向的重要手段。

① 环保新态势下镇江工业企业高质量发展绩效评价体系构建

由于企业高质量发展涉及面广、内容多，所以要建立一个科学、合理和可行的企业高质量发展绩效指标体系，必须要有一个清晰、明确的构建原则。因此，根据当前强化环境保护新态势下镇江工业企业高质量发展的目标和特性，遵循以下原则构建其绩效评价指标体系：

一是，系统性与独立性原则。指标应具有整体性、联系性、层次性，不能杂乱无章。在环保新态势下影响镇江工业企业高质量发展的因素很多，在设计评价体系时应尽量保证企业高质量发展与环境保护有关的内容都能在指标体系中得到比较充分的体现，同时必须保证各层指标之间的独立性、互不重叠性和清晰性，减少信息的冗余度。

二是，简约科学性原则。在设计指标体系时，要科学地筛选和压缩评价指标及其数量，要删除一些重复性的或可有可无的指标，力求指标体系精简，便于实际应用和操作。指标的设计应该科学，指标的选取应该符合区域评价的需要，要能从不同角度客观反映环保新态势下镇江工业企业高质量发展程度的整体情况。

三是，可测性和可行性原则。指标应能通过实际观测或以一定的标准加以直接测量并进行定量化描述，保证量化数据的真实可靠性，从而能够获得明确的环保新态势下镇江工业企业高质量发展绩效。同时设计指标时应尽量从实际出发，指标所用的数据能从已有资料或数据中通过计算得到，指标容易理解和掌握，根据指标进行的评价必须是可行的。

四是，方向性与一致性原则。指标体系既要能够体现环境保护的要求和促进工业企业高质量发展的总体目标，又要能够保持各指标与总体目标的一致性，不能偏离方向，确定的评价指标体系要能够对区域发展起到积极的指导和督促作用。

五是，静态和动态相结合的原则。环保新态势下镇江工业企业高质量发展绩效是一个目标，同时又是一个动态的积累过程，因此在选择评价指标时，既要有静态测度指标，又要能够反映发展过程的动态指标，体现环保新态势下镇江工业企业高质量发展的现状和未来发展趋势。

遵循上述构建原则，课题组成员在咨询环境管理领域有关专家的基础上，主要从经济价值 X_1、社会贡献 X_2、资源集约利用 X_3、生态环境高质量 X_4 等四个方面构建环保新态势下镇江工业企业高质量发展绩效评价指标体系，见表 8.3 所示。其中，经济价值 X_1 下设 3 项、社会贡献 X_2 下设 4 项、资源集约利用 X_3 下设 2 项、生态环境高质量 X_4 下设 3 项，共 12 项三级指标，以此来测评环保新态势下镇江工业企业高质量发展程度并分析其演化趋势，为协同推进企业高质量发展与环境保护提供决策参考。具体如表 8.3 所示。

表 8.3　环保新态势下镇江工业企业高质量发展绩效评价指标体系

目标层	准则层	指标层				
		指标名称	单位	指标定义	属性	指标来源或参考文献
环保新态势下企业高质量发展绩效	经济价值 X_1	X_{11} 人均年营业收入	万元	企业年营业收入与企业人数的比值	正	中共江苏省办公厅文件*
		X_{12} 单位建设用地企业年利润	万元/m^2	企业的年利润总额与企业建设用地面积的比值	正	
		X_{13} 年研发经费投入比例	%	年研发资金投入金额与企业年营业收入的比值	正	
	社会贡献 X_2	X_{21} 单位建设用地年纳税额	万元/m^2	企业年纳税金额与企业建设用地面积的比值	正	
		X_{22} 人均年工资	万元	企业人员的人均年工资	正	
		X_{23} 人均年公积金	万元	企业人员的人均公积金年度缴纳额	正	
		X_{24} 人均年社保	万元	企业人员的人均社保年度缴纳额	正	
	资源集约利用 X_3	X_{31} 单位产值用水量	m^3/万元	企业每年用水量与企业年工业总产值的比值	负	
		X_{32} 单位产值用电量	万千瓦时/万元	企业每年用电量与企业年工业总产值的比值	负	
	生态环境高质量 X_4	X_{41} 单位产值 SO_2 年排放量	吨/万元	企业每年 SO_2 的排放量与企业年工业总产值的比值	负	（王燕等，2016）
		X_{42} 单位产值 NO_X 年排放量	吨/万元	企业每年 NO_X 的排放量与企业年工业总产值的比值	负	
		X_{43} 单位产值粉尘年排放量	吨/m^2	企业每年粉尘的排放量与企业年工业总产值的比值	负	

（2）环保新态势下镇江工业企业高质量发展绩效评价方法

① 层次分析法确定指标权重

层次分析法（analytic hierarchy process，AHP）是美国著名运筹学家、匹兹堡大学教授 Staay 于 1971 年提出的一种多准则决策方法，其基本思想是把一个复杂问题分解为有序的递阶层次结构，即目标层、准则层和方案层，然后构建两两比较矩阵，最后计算各指标的权重。

层次分析法模型构建一般分为以下四个步骤：第一步是建立层次结构；第二步是构造两两比较的判断矩阵；第三步是层次单排序；第四步是层次总排序。表 8.3 已经按照目标层、准则层和指标层确定了层次结构。

• 构造两两比较判断矩阵

层次分析法采用 1～9 标度，对单一准则下两个指标比较后，判断优劣，给出定量的标度。具体标度及含义如表 8.4 所示。

表 8.4 Saaty 提出的 1～9 标度及含义

标度	含　义
1	两指标比较，具有同等重要程度
3	两指标相比，一个指标比另一个指标稍微重要
5	两指标相比，一个指标比另一个指标明显重要
7	两指标相比，一个指标比另一个指标非常重要
9	两指标相比，一个指标比另一个指标极端重要
2，4，6，8	取上述两相邻判断的中值

邀请 10 名相关行业环境管理领域的专家，根据 1～9 标度及含义，对 12 个指标的重要性进行两两比较和排序，经综合权衡后构造出准则层及指标层的判断矩阵。现以表 8.5 所示的准则层判断矩阵 X 为例，进行指标权重的赋权及计算。

表 8.5　准则层判断矩阵 $X \sim X_i$

X	X_1	X_2	X_3	X_4
X_1	1	1/3	3	1/4
X_2	3	1	3	1/2
X_3	1/3	1/3	1	1/3
X_4	4	2	3	1

- 计算准则层的指标权重

第一步，计算判断矩阵 X 每一行元素的乘积 M_i，$M_i = \prod_{j=1}^{4} X_{ij}$，$i=1, 2, 3, 4$，$X_{ij}$ 为矩阵 X 中的元素。

第二步，计算 M_i 的 n 次方根，设方根为 $\bar{W}i = \sqrt[6]{Mi}$，$i=1, 2, 3, 4$。

第三步，将 $\bar{W}_i$ 归一化，$W_i = \dfrac{\bar{W}_i}{\sum_{i=1}^{4} \bar{W}_i}$，$Wi$ 即为各指标权重。

经计算，准则层判断矩阵 X 各指标权重为：$W_i =$（0.152 1，0.297 4，0.093 2，0.457 3）。

- 层次单排序

第一步，计算判断矩阵 X 的最大特征值 $\lambda_{\max}$，$\lambda_{\max} = \sum_{i=1}^{n} \dfrac{(XW)i}{nWi}$，$i=1, 2, 3, 4$。

第二步，将数值代入公式，计算后的为 $\lambda_{\max}$ 为 4.242 7。

第三步，一致性检验。首先，计算一致性指标 CI：

$$CI = \frac{\lambda_{\max} - n}{n-1} = 0.080\,9$$

其次，计算矩阵平均一致性指标 $R1$，如表 8.6 所示。

表 8.6 平均随机一致性指标

阶数 n	1	2	3	4	5	6	7	8	9
R1	0	0	0.58	0.90	1.12	1.24	1.32	1.41	1.45

然后，计算一致性比率 CR：

$$CR = CI/RI = 0.0809/0.90 = 0.0899 < 0.1$$

由上述结果可知，判断矩阵 X 具有满意一致性。所以（X_1，X_2，X_3，X_4）的权重为（0.1521，0.2974，0.0932，0.4573）。

指标层的各指标权重可以同理按照上述方法得出，见表 8.7～表 8.10。

表 8.7 $X_1 \sim X_{1i}$ 比较判断矩阵

X_1	X_{11}	X_{12}	X_{13}	W	一致性检验
X_{11}	1	3	5	0.6267	$\lambda_{max} = 3.0858$
X_{12}	1/3	1	4	0.2797	$CI = 0.0429$
X_{13}	1/5	1/4	1	0.0936	$CR = 0.0739 < 0.1$

表 8.8 $X_2 \sim X_{2i}$ 比较判断矩阵

X_2	X_{21}	X_{22}	X_{23}	X_{24}	W	一致性检验
X_{21}	1	1/3	1/2	1/4	0.1024	$\lambda_{max} = 4.1323$
X_{22}	3	1	1	2	0.3577	$CI = 0.0441$
X_{23}	2	1	1	1	0.2668	$CR = 0.0490$
X_{24}	4	1/2	1	1	0.2731	

表 8.9 $X_3 \sim X_{3i}$ 比较判断矩阵

X_3	X_{31}	X_{32}	W	一致性检验
X_{31}	1	1/2	0.3333	$\lambda_{max} = 2$
X_{32}	2	1	0.6667	$CI = 0$

表 8.10　$X_4 \sim X_{4i}$ 比较判断矩阵

X_4	X_{41}	X_{42}	X_{43}	W	一致性检验
X_{41}	1	3	1	0.4434	$\lambda_{max}=3.0183$
X_{42}	1/3	1	1/2	0.1692	$CI=0.0091$
X_{43}	1	2	1	0.3874	$CR=0.0158<0.1$

• 层次总排序

总排序一致性指标：$C_R=\dfrac{\sum_{j=1}^{n} X_i C_{Ij}}{\sum_{j=1}^{n} X_i R_{Ij}}$（n＝1，2，3，4）。

经计算，C_R 值为 0.0383<0.1，总排序具有满意一致性，见表 8.11。

表 8.11　层次总排序

	X_1	X_2	X_3	X_4	层次总排序
	0.1521	0.2974	0.0932	0.4573	
X_{11}	0.6267				0.0953
X_{12}	0.2797				0.0425
X_{13}	0.0936				0.0142
X_{21}		0.1024			0.0306
X_{22}		0.3577			0.1063
X_{23}		0.2668			0.0793
X_{24}		0.2731			0.0812
X_{31}			0.3333		0.0311
X_{32}			0.6667		0.0621
X_{41}				0.4434	0.2028
X_{42}				0.1692	0.0774
X_{43}				0.3874	0.1772

上述指标体系具有两个特点：一是考虑了不同行业的特点，挑选出了能均衡反映不同企业绩效的代表性指标。社会贡献和生态环境高质量两个准则的权重相对最高；相应地，人均年工资、人均年公积金、单位产值 SO_2 年排放量、单位产值粉尘年排放量也被赋予了较高的权重。二是跳出了狭义的环境高质量绩效范畴，将与环境保护相关的财政指标纳入指标体系中，将重污染行业的实际情况与当前经济绿色循环低碳发展的国情要求以及环境会计发展的趋势紧密结合。

从评价结果可以看出：一是在社会贡献方面，目前表现较优的企业所在行业包括制药业、火电业和化工业。二是坚持资源集约利用，在企业生产运行过程中，尽可能实现节约减排。从课题组的调研结果可以看出：在资源集约利用方面，目前表现较好的企业所在行业包括化工业、冶金业、水泥业和制药业。三是坚决维护镇江生态环境的可持续发展，高度意识到环境保护是企业高质量发展的前提和保障。在生态环境高质量方面，目前表现较优的企业所在行业包括制药业和冶金业。

然而，正确处理好工业企业高质量发展和环境保护的关系并不能仅仅关注某一个或者某两个方面的因素。客观公正地评价一个企业是否正确处理好了企业高质量发展和环境保护的关系，应该综合考虑各方面因素，例如：经济价值、社会贡献、资源集约利用和生态环境高质量。在考虑环境保护的前提下，课题组根据镇江工业企业的特点，综合企业经济价值、社会贡献、资源集约利用和生态环境高质量四方面因素提出了一个可以评价镇江工业企业高质量发展绩效的指标体系。该指标体系能够客观地反映出在考虑环境保护后，企业的高质量发展的效果。因此，该指标体系和评价结果对镇江工业企业未来的高质量发展提供了一套切实可行的参考依据，该指标体系和评价结果均具备较高的理论意义和实践价值。

(3) *潜力与机遇分析*

本书在参考《江苏高质量发展监测评价指标体系与实施办法》、《设区市高质量发展年度考核指标与实施办法》和部分学术类专业文献的基础上，结合调研的实际情况构建了环保新态势下镇江工业企业高质量发展绩效评价指标，并运用调研所得数据对企业高质量发展绩效进行了数据分析、评价和比较，除了对企业高质量发展现状和趋势进行了更深入地了解、更科学地评价之外，也有助于了解下一步镇江市推进企业高质量发展的重点和方向。下文将根据数据评价的结果，以重点行业为例分析镇江推进企业高质量发展的潜力与机遇。

① 潜力分析

通过上文的数据分析可以看出，镇江推进企业高质量发展，需要重点关注和推进的是制药业、化工业、火电业以及冶金业。

• 制药业与化工业

相比较火力发电企业的产品单一、生产流程相似度高、国有资本比例大的特点，私有企业占比高的化工企业的高质量发展情况就更为多样化，对环境的影响也更为复杂，化工企业从原料运输、物资储存、产品生产、废料处理等环节上都有可能对环境造成负面影响。

未来，镇江应当加快推动新医药等战略性新兴产业规模化、集聚化、高端化发展，促进产业链高端延伸。重点推进生物技术和新医药产业，大力发展生物医药产业、生物医学工程产业，加快突破重大关键技术，加快培育具有自主知识产权及自主品牌的生物技术和新医药产品。重点规划打造建设丹阳市生命科学产业园。

镇江化工企业主要布局在镇江新区国际化学工业园、丹徒开发区化工集中区和索普化工产业基地，俗称“两园一基地”。化学工业也长期是镇江市支柱产业之一。在绿色发展的大环境下，化工行业需要不断的技术创新，传统化工也应将逐步升级为“绿色化工”。传统化工难以摆脱高能耗、高污染的印象，“三废”排放量高居不下，一直都是传统化工的难题。在与其他发达国家的比较中可以发现，中国化工行业能耗水平明显偏高，而排放物处理效果相对较差。因此，在绿色环保的大环境下，化工行业亟待升级。未来，中国化工行业包括镇江化工行业的未来发展主要有三大方向：

一是在现有的化工技术上进一步改造，实现绿色化工的目的。通过发展低碳绿色化工工艺，实现原料从化工生产向产品全过程的绿色转化。

二是大力发展和推广微化工技术。微化工和技术是本世纪化学工程领域的共同基础和关键技术，将对传统化学工业产生重大影响，它将提高化学工艺的安全性，促进工艺的提高和小型化化学系统，提高能源利用效率，实现节能降耗。

三是加强学科交融，强化生物技术、材料科学、人工智能、大数据等新兴学科在化工方面的应用。化工生产应当与时俱进，紧跟时代步伐，在这个新兴技术不断产生的时代中，化工行业应当抓住机会吸收有利因素，从而达到高效率、低成本、高选择性、减少二次污染等目的。

镇江的化工行业已经具有了较为扎实的基础条件，也拥有了多家实力雄厚的化工领头企业，有了这些储备，在化工业的转型升级和“绿色化工”的发展和推进方面，镇江也更有潜力。

• 火电业

火电厂是我国主要的电力生产经营机构，而我国火电厂的能源主要是以煤炭为主，大量煤的燃烧不可避免地带来了比较严重的环境问题，比如SO_2、NO_X、粉尘等等。电力行业是整个经济发展的基石，而火力发电企业可能造成的环境污染要远远高于其他水力、风力发电企业，因此火力发电企业将一直都会是环境保护中的重点关注对象。

在江苏省镇江市沿江45公里范围内，有着多家发电企业，被誉为世界上最密集的火力发电区域，对保证我国苏浙沪地区的工业和生活用电起着重要作用。

调研中的火电厂都是国有企业或具有国有资本，使得这些企业更有实力在节能减排、污染处理、资源循环利用等一系列的环保设备、环保技术的投入，积极进行环境保护的认识也比一般企业更高，实际的环保措施以及现阶段呈现的环境指标数据也已全部符合国家或地方标准甚至大大优于国家标准。对于这些有扎实环保实力的火电企业，镇江在推进高质量发展过程中，要积极发挥其榜样和标兵的作用。火电企业作为万千企业生产经营的源头，在自身做到高质量发展、树立积极环保的社会形象、实现自身经济效益、社会效益和环境效益的有机结合的同时，也能够为其他企业提供先进的环保经验或有效、可借鉴的环保方案，从而带动更多企业进行环境保护、减少污染、节约能源，提高镇江的环境质量，并实现绿色低碳的可持续发展目标。

• 冶金业

冶金业的所属企业也在环保新态势下的镇江工业企业高质量发展绩效中表现突出。冶金行业是重工业之一，同时也是国民经济支柱产业，在一定程度上反映着国家工业化的标准和综合实力，被调研的冶金企业，在生产过程中会对周边生态环境产生着重大的影响。

冶金业与钢铁行业的发展密不可分，由于资源和能源的限制以及环境承载量的制约，我国钢铁行业正在经历低碳经济的钢铁工业发展道路，引导钢铁行业实现节能、清洁生产、绿色制造与可持续发展，实现钢铁产业循环经济发展，同时也为冶金行业的结构调整、加快产业集成、淘汰落后产能提供了新的机遇。"十三五"期间，我国钢铁工业将继续深层次调整优化产业结构，消化过剩产能，继续推动转型升级，走创新发展与结构性调整的道路，实现多元化发展，在生态文明建设及经济"新常态"背景下，在创新驱动发展的新形势下，冶金行业应该也跟随钢铁行业的发展脚步，提升自身节能减排、清洁生产等一系列环境保护的能力。

② 机遇分析

正如镇江市"十四五"规划中提到的，镇江发展正处在重要关口期，镇江目前正处于大有作为的重要战略机遇，而这些情况也为镇江推进企业高质量发展与环境保护带来机遇。

镇江市是长江三角洲北翼中心、南京都市圈核心层城市和国家级苏南现代化建设示范区重要组成部分，"十二五"及"十三五"期间，镇江成为全国工业绿色转型发展试点城市，国家低碳试点城市、国家生态文明先行示范区、国家生态市、全国生态文明建设试点城市、全省唯一的生态文明建设综合改革试点市等等，当前镇江市和全国、全省一样，都面临高质量发展的重大机遇。作为苏南城市，镇江市的高质量发展必须走在全国、全省前列。只有这样，才能将"镇江很有前途(习近平，2014)"的殷切寄语变为美好现实。为此，镇江市必须在这一轮的解放思想大讨论中切实用习近平新时代中国特色社会主义思想武装头脑指导实践，以苏南为标杆，高质量的谋划发展实现弯道超越。

城市经济的发达程度，往往取决于支柱产业和重点企业的高度与实力。对被调研的四个重点行业——制药业、化工业、火电业和冶金业来说，这一波高质量发展的热潮也是未来发展的重大机遇。

• 制药业

镇江制药企业面临着重大的发展机遇。现阶段，中国制药业的市场集中度不断提高，药品价格不断下降。随着现代生物技术的飞速发展，药品市场结构将发生重大变化。制药行业是一个集约化、国际化程度极高的产业。而随着经济全球化的发展，通过企业合并与重组的形式不断增强竞争力，维护生存空间，谋求持续发展，已成为当今世界医药经济的一个明显的发展趋势，镇江市医药企业可以借助资本市场做大做强，并在区域并购从而形成“抱团图强”的有效模式。

在现阶段自上而下的环保新态势背景下，“节能减排”将在很长一段时期成为制药企业生产经营的主题之一。因此，镇江制药企业要实现高质量发展，理应尽到环境保护的社会责任。对于镇江的制药企业来说，来自环保的压力将加剧行业整合，提高市场准入门槛。但是，这一压力也会优化镇江制药企业的竞争环境，同时增加企业间兼并机遇。因而，对于镇江制药企业来说，未来整体的市场前景看好。而来自环境保护的压力也会促进镇江制药企业调整产品结构、实现产业升级。未来，镇江在推进制药企业高质量发展的过程当中，有关制度政策的引导建议考虑以下四点：一是对于利润空间小环保成本高的产品采取停产或减少生产策略；二是对于利润空间大，环保成本低的产品采取加大产量的生产策略；三是对于利润空间大环保成本高的产品，企业应组织相关的技术专员进行重点技术攻关；四是对于利润空间小环保成本不高的产品采取适量生产的策略。

因此，制药企业除了关注生产质量、经济效益外，对企业周围生态环境的关注度也应该越来越高，在制药企业日常具体的决策行动之中，“绿色制药”的观念也将得到进一步落实。只有关注生态环境和社会发展的制药企业才能持续健康地高质量发展。

• 化工业

对于化工行业来说，高质量发展与环境保护的浪潮也是其发展的重大机遇。2018 年 8 月 23 日，江苏省委办公厅、省政府办公厅印发《关于加快全省化工钢铁煤电行业转型升级高质量发展的实施意见》。《实施意见》明确，全省化工行业要坚持习近平新时代绿色发展理念，正确处理产业与环境保护、资源集约的关系，严守生态红线；着力实现总量调减、污染控减，推动企业向园区、向大企业周边集中，构建循环经济产业链，从而促进长江经济带集约高效绿色发展。

化工行业一直是环境保护的重点监管对象。从 2016 年底开始实施“两减六治三提升”行动(简称“263 行动)以来,江苏着手关停限产一批污染、落后化工产能。本轮环保整治关停了一批污染、落后化工企业,但被关停的主要是小微企业,对地区化工产能影响有限,除了对落后、污染化工生产企业的关停,部分污染治理不达标的化工企业被限产,有研究估算出限产对全省化工产品产量的影响约减少 7%,当前全省化工产品产量下降主要是限产所致,随着企业环保整改达标,后期产能将继续释放,环保整治对全省产能的影响将逐渐消退,对于那些在环境保护方面大力投入而导致经营绩效有所下滑的企业来说,在完善了环境保护相关的工作之后,度过现阶段环保高压的阵痛期,未来企业的发展将更有后劲。

这些机遇同样也是镇江化工行业发展转折点。化工业一直以来在镇江的经济发展中扮演着重要的角色,对于大型化工企业来说,前期较为庞大的环保投入虽然无法短时内直接变成经济收益,但是通过这次高质量与环境保护工作的洗牌之后,能够继续生存的企业将在市场竞争中更有话语权。因而,镇江地区要重点把控化工行业的环境保护工作,提高企业环境保护的思想觉悟,推进化工企业节能减排,以行政或法律规制手段,推进化工行业落后产能、工艺、设备淘汰,强化对化工企业能源系统的动态监控和数字化管理,促进产业集聚发展,依托镇江多年的化工基础优势跟进环境保护大趋势,将更有利于镇江化工的持续健康发展。

• 火电业

对于火电行业来说,根据国家“能源十三五规划”及电力体制改革方案,“十三五”期间电力改革的重点是:在进一步完善政企分开、厂网分开、主辅分开的基础上,按照管住中间、放开两头的体制架构,有序放开输配以外的竞争性环节电价;有序向社会资本开放配售电业务,有序放开公益性和调节性以外的发用电计划;推进交易机构相对独立,规范运行;继续深化对区域电网建设和适合我国国情的输配体制研究;进一步强化政府监管,进一步强化电力统筹规划,进一步强化电力安全高效运行和可靠供应。电力体制改革在“十四五”将把销售端放开,价格方面继续做好煤电联动。现阶段国家对火电机组环保及能耗要求,是火电机组进入市场的基本门槛,镇江市的火力发电企业都已完成了燃煤发电机组的节能减排升级改造工程,环保设备已到位,发电能耗也较低,可使企业在市场竞争中处于优势地位。火电企业还需要主动研究分析如何完成光热发电模式的商业化、功能化发展步伐。利用自身煤电企业的长处，建设一种化石能源与多种清洁能源有机融合互补高效多维能源发展渠道。根据国家发改委颁发的电改文件精神，火电发电企业可以参与电力市场直接交易，其交易价格通过自愿协商、市场竞价等方式自主确定，企业也将在定价上更具有自主权。

随着电力改革的不断深入，火电企业已经不再是仅仅向电网输出的发电企业，其灵活性随着改革的推进不断加强，大用户直供电工作的推进、售电公司以及交易中心的成立、增量配电业务的放开、水火电发电权交易的开展，这一切都使得发电企业处在机遇和挑战中，能否在改革的浪潮中抓住机会，是目前火电企业生存的关键问题。国家电力体制改革和碳达标率行动势在必行，镇江属地的火电企业必须抓住机会，否则必将被淘汰。

• 冶金业

对冶金业而言，现阶段我国钢铁行业的产业优化升级，是冶金行业随之进行自身高质量发展的好机遇。随着发展低碳经济成为全世界的必然，也成为了我国经济社会又好又快发展的必然要求，冶金行业的企业应该积极抓住这轮低碳经济的发展空间，低碳经济发展对相应产品提出了更好的性能要求，这也就成为了促使冶金行业进行优化产品结构、发展高附加值产品、加快结构调整、加快产业集成度和淘汰落后的良好机遇。

8.2.2.5 镇江市工业绿色转型发展的发展路径与行动计划

自镇江市委七届四次全会以来，镇江大力实施“产业强市”主战略，全市经济社会发展成效明显。为进一步增强产业强市战略的精准化、明细化、具体化，聚焦发展重点，镇江市经信委会同相关部门，经过调研学习、意见征求、专家论证、提交市政府审议等程序，编制了 3 个行动计划(实施方案)，分别是《镇江市传统产业改造提升实施方案(2018—2020 年)》、《镇江市高端装备升级行动计划(2018—2020 年)》、《镇江市新材料升级行动计划(2018—2020 年)》，从这 3 个行动计划(实施方案)中可以看到，计划紧紧围绕着站位苏南、精准施策、操作性强、协同性高四个基本原则，力争三年时间里实现镇江制造业质量效益明显提高、创新能力显著增强、融合发展深入推进、集中集聚水平提升、绿色发展更有成效，推进镇江产业经济高质量发展。在促进镇江工业绿色转型的六项措施中,“布局高地—打造现代产业强市”将实施制造强市战略,以绿色智能高端高效为导向,建设镇江制造业的升级版,并落实高端装备、新材料和传统产业升级三项行动计划。

(1) 镇江市高端装备升级行动计划

高端装备制造业是镇江市重点发展的两大主导产业之一。为加快构建高精尖现代化装备制造业产业体系,推动全市制造业转型升级注入源动力,镇江市政府办公室发布了《镇江市高端装备升级行动计划(2018—2020年)》,为推动装备制造业实现环保化、可持续发展指明了前进的方向,擘画了清晰的路线图。未来高端装备制造的升级,挺起的是镇江工业经济的“脊梁”。

① 发展目标:锁定四大类12项指标

为了大力推动镇江市高端装备制造业高质量发展,把镇江打造成具有全国影响力的高端装备制造基地,《镇江市高端装备升级行动计划(2018—2020年)》中列出了主要目标,点出了主导作用、创新能力、企业培育、智能制造共4大类12项发展指标。

一是主导作用显著增强。到2020年,高端装备制造业销售收入占全市规模以上工业比重达到20%以上。

二是创新能力显著增强。到2020年,高端装备制造业规模以上企业研发经费支出占销售收入比重达4%;力争创成省级以上制造业创新中心2个以上;新增省级以上企业研发机构10个。

三是企业竞争力显著增强。到2020年,引进和培育销售收入超100亿元企业1家以上、50亿元—100亿元企业2家以上、10亿元—50亿元企业5家以上;新增省级以上制造业单项冠军企业、科技小巨人企业和专精特新产品企业15家以上。

四是智能制造能力显著增强。到2020年,创成智能车间(工厂)30家以上;两化融合管理体系贯标企业30家以上;重点行业工业机器人密度达150台/万人以上,规上工业劳动生产率年均增长5%以上。

② 升级路径:五大行动提质增效

在行动计划中还提出了实施智能制造提升、创新能力提升、企业培育提升、产业集群提升、开放合作提升等五大提升行动。这五大提升行动分别为:

其一，实施智能制造提升行动。主要从“互联网＋高端装备”深度融合，智能车间(工厂)建设，智能制造试点示范3个方面推进。

其二，实施创新能力提升行动。主要从打造制造业创新平台，打造企业创新平台，强化高端装备研制攻关3个方面推进。

其三，实施企业培育提升行动。主要从做强做大行业领军企业，培精培特单打冠军企业，培育服务型制造企业3个方面推进。

其四，实施产业集群提升行动。主要从培育高端装备产业集群，拓展产业基地承载功能，加强区域产业协同3个方面推进。

其五，实施开放合作提升行动。主要从支持企业走出去，加快军民深度融合发展，全方位开展项目招引3个方面推进。

③ 重在落实：用好考核评价指挥棒

第一，计划方案，贵在执行，重在落实。行动计划落地见效，关键是后续保障措施的跟进。参与计划制定的相关人士表示，由于牵涉行业门类较多，按职责分工，各地各部门将建立协同推进的机制：深化市领导挂钩推进重点产业链制度，健全市县联动和部门协同的推进机制。每年制定工作要点，分解目标责任，落实重点任务、实施计划和具体举措。

第二，保证行动计划的落地，柔性激励和刚性约束同样不可偏废。开展工业企业资源集约利用综合评价，支持企业高端高新高效发展。落实国家、省首台(套)重大技术装备等激励政策，探索设立镇江市高端装备制造业发展引导基金，放大财政资金引导作用和杠杆效应，吸引社会资本、金融机构共同参与，支持高端装备制造业发展。加强财政资金支持力度，支持企业研发创新、扩产扩能、智能发展。

第三，高端装备升级背后需要强劲的智力支持。镇江市将致力于深化“金山英才”计划，加大国内外高层次人才引进力度。建立校企人才合作订单式培养机制，加大专业技术人才教育和培训力度。大力弘扬优秀企业家精神，为企业家营造一个健康成长的环境，更好发挥企业家作用。

第四，伴随行动计划的实施，考核评价也将扮演指挥棒方向标的角色。相关人士表示，行动计划建立动态评估体系，健全督查督办机制和奖惩激励机制，把高端装备升级工作纳入各市、区和市级有关部门目标考核体系。此外，实行项目化管理，滚动推进重点项目、创新平台、项目招引、人才引培等重点任务。强化月度推进跟踪、季度督察通报、年终考核评比机制，加大监督检查，确保各项工作落到实处。

(2) 镇江市新材料升级行动计划

新材料产业是材料工业发展的先驱，是重要的战略基础产业。它对促进传统产业的转型升级和支持战略性新兴产业的加速发展具有重要的战略意义。为大力推进镇江市新材料产业发展，积极构建镇江市产业发展新优势，根据国家工信部《新材料产业发展指南》(2017)和《中国制造 2025 镇江行动纲要》，结合新材料产业发展实际，制定了《镇江市新材料升级行动计划(2018—2020 年)》。具体目标有：

第一，主导地位稳步提升。新材料产业销售年均增长 8%以上，到 2020 年力争总规模突破 1 300 亿元，占全市工业销售比重提升至 17%以上。

第二，产业实力持续壮大。到 2020 年，力争培育省级以上制造业单项冠军企业、科技小巨人企业和专精特新企业 3 家；力争培育形成中国驰名商标 3 件、省名牌产品 10 件；培育形成省级以上两化融合贯标示范试点企业 15 家。

第三，创新体系不断健全。到 2020 年，省级以上高新技术企业突破 70 家，规上企业研发经费支出占销售收入比重达 3%，力争创成省级以上制造业创新中心 2 个以上；新增行业关键共性技术创新平台 5 个、省级创新服务平台 10 个，引进高层次“双创”人才和团队 30 个。

第四，特色优势日益凸显。初步形成覆盖全域的新材料产业空间布局。建成国际领先的高速工模具钢产业基地、国际知名的喷射成形合金产业基地和国内领先的碳纤维及复合材料产业基地。在新材料共性核心技术、关键工艺、专用装备瓶颈等方面有重大突破，形成一批具有国际竞争优势的新材料品种。

(3) 镇江市传统产业改造提升计划

当前，镇江处于工业化中后期，传统产业仍是镇江工业的重要组成部分，占全部工业的“半壁江山”，是新阶段实现镇江工业经济高质量发展的重要阵地。但传统产业发展仍存在发展质效不高、产业链条偏短、集中集聚水平较低、企业创新能力不强、资源承载环境安全压力较大等诸多问题，亟需通过推进产业布局调整、化解产能矛盾、升级技术装备、推动研发创新、开展两化融合、打造标杆企业等手段推动传统产业向产业链、价值链中高端攀升。为进一步贯彻党的十九大、十九届一中二中三中全会和习近平总书记系列重要讲话精神，深度融入长江经济带高质量发展，细化落实《中国制造2025镇江行动纲要》、产业强市战略要求，对标国内外先进地区，找准转型升级方向，加快镇江传统产业转型升级步伐，进一步提升产业核心竞争力，平稳实现新旧动能接续转换，现制定本方案。

① 主要目标

一是质量效益明显提高。在传统产业全面开展工业企业资源集约利用综合评价，主要工业品质量标准达到国内领先水平，木材、眼镜等重点细分领域达到国际领先水平，品牌影响力进一步提升。

二是创新能力显著增强。重点传统产业研发投入和产出水平明显提高，企业自主创新能力不断增强，技术创新体系更加完善。

三是融合发展深入推进。建立并全面实施两化融合技术和管理标准体系，形成利用互联网广泛开展协同创新、智能制造相融合的发展体系，制造业与互联网融合新业态新模式发展水平走在全省前列。生产与服务深度融合，个性化定制、总集成总承包、全生命周期管理等服务型制造模式广泛开展。

四是集中集聚水平提升。培育一批国际一流标杆企业和国内领先的知名企业，主要行业龙头企业影响力显著提升，培育出竞争力强、技术领先、特色鲜明、附加值高、品牌影响力大的千亿级特色轻工产业集群。

五是绿色发展更有成效。关闭淘汰重组转移一批高能耗高污染企业，传统产业绿色制造水平明显提升，建成一批具有示范效应的绿色工厂。

② 主要行动任务

第一，打造一批优质发展载体。进一步优化产业空间布局，以先进制造业集群建设为抓手，进一步提升产业集聚集约发展水平。一是加快推进园区整合。以特色化、差异化为发展方向，推动重点园区整合与优化，提升各园区基础设施水平，进一步集聚高端资源，在全市形成各具特色、功能完备、层次分明的园区发展格局。二是打造一批特色先进制造业集群。

第二，实施一批技术改造项目。充分发挥技术改造优化供给结构的关键作用，以智能化、高端化、绿色化为方向引导企业开展高水平、大规模技术改造，推行更严更高的技术、能耗、环保、安全等标准。一是实施智能化改造。以智能化为方向，鼓励企业加大新技术、新装备投入，提高劳动生产率和产品质量稳定性。二是实施高端化改造。鼓励龙头骨干企业围绕产业链高端环节开展技术改造，加快具有自主知识产权创新成果在技术改造中的产业化应用，开发高附加值产品。三是实施绿色化改造。引导企业积极推广应用先进节能节水节材技术和工艺，加快源头减量、减毒、减排以及过程控制等绿色智能装备的改造升级。

第三，化解一批落后过剩产能。综合运用环保、能耗、安全、质量等行政许可和行政执法"组合拳"，进一步推动化解过剩产能、关停落后产能、取缔违法违规产能和出清"僵尸企业"。一是坚决淘汰低端落后产能；二是鼓励开展兼并重组；三是开展国际产能合作。

第四，推进一批研发创新活动。一是搭建院企、校企合作平台。鼓励传统企业与国内外大院大所开展交流合作。持续加强科技政策宣传，借助网站、移动客户端等载体，与企业建立定期联系长效机制。二是组建高水平创新载体。以产业链关键环节的龙头企业为牵引，联合产业链上下游优势企业和社会机构，组建制造业创新中心。三是开展关键核心技术攻关。集中攻克行业关键共性技术，拉动传统产业向价值链中高端攀升。四是加快新技术推广应用。支持新技术新产品首购首用，推进重大技术装备首台套保险补偿、重点新材料首批次应用保险补偿试点，提升企业技术装备水平。

第五，开展一批融合发展试点示范。推动工业与互联网、制造业与服务业深度融合，打造工业互联网平台，培育新业态新模式，在全市形成示范和带动。一是推动工业与互联网深度融合。二是推动制造业与服务业深度融合。

第六，树立一批标杆企业。分类制定出台企业培育政策措施，推动龙头企业利用资本市场做大做强，支持中小企业走专精特新发展之路，促进大中小企业融通发展。一是支持企业上市。二是实施"高峰企业"攀登计划。三是实施"小进规、小转精"双轮并进培育计划。四是推动企业间协作与交流。聚焦产业价值链高端，支持建立多种形式的产业联盟，推进形成跨地域跨行业大中小微企业专业化分工协作的产业生态体系。

第七，培育一批名品名牌。围绕特色产业、特色产品，进一步提升产品品质，扩大影响力，形成一批享誉国内外的名品、名牌。一是鼓励企业推动“标准化”；二是提升产品品质和品牌影响力；三是打造区域品牌。

第八，建一批公共研发设计平台、商贸平台、大型科学仪器设备共享平台等，有效支撑传统产业改造提升。一是着力建设公共研发设计平台；二是构建在全国有影响力的销售、物流集散市场；三是进一步推动大型科学仪器设备共享。

8.2.3 改进建议

推动镇江制造业高质量发展、实现工业绿色转型，建议从以下七个方面入手：

(1) 首先要解决观念问题。一是要充分认识到推动高质量发展对我国经济发展具有划时代的意义；二是要充分认识我国发展方式必须进行快速的现状；三是要充分认识到推动高质量发展既是一个重大判断，同时也蕴含着坚定不移的决心和信心。我们必须从政治高度提高实现这一转变的使命感、责任感和紧迫感，尽快让推动高质量发展成为全镇江市各级党委政府的共识、全社会的共识，由以 GDP 论英雄转变为以发展质量论英雄。四是打破观念窠臼，着力思想解放，形成“大镇江”的新理念，凝聚“镇江人”的精气神，为镇江高质量发展提供新动能。镇江在苏南五市中大多指标居于末位，处境尴尬。但没有绝望的处境，只有绝望的心态。思想先进是最关键的先进，思想落后是最致命的落后。镇江首先必须以“思想大解放”讨论为契机，再来一次思想大解放，激荡头脑风暴，坚决跳出固有的思维定式和眼界局限，坚决破除不合时宜的理念顽疾，打破观念窠臼，破除作祟的“小码头”思想，既站在镇江看镇江，看到自身的优势和特色；又跳出镇江看镇江，看到自身的不足和弱项。

(2) 必须树立“高质量”发展理念。高质量发展就是要调整发展思路，树立“高质量”发展理念。有关专家指出，基于产品、工程和服务的狭义质量是小质量，涵盖生产、生活、教育和环境等各个领域的发展质量才是高质量，高质量能反映一个国家或地区的综合实力和可持续发展能力。

(3) 必须把动能转换作为根本路径。镇江应继续推进供给侧结构性改革,力争完成"去产能,减库存,去杠杆,降成本,补短板"五项主要任务,坚持质量第一、效益优先,推动资源要素从低质低效领域流向优质高效领域,不断提高全要素生产率,实现投资有回报,企业有利润,员工有收入,政府有税收。

(4) 必须培育核心竞争力。加快推进苏南国家自主创新示范区建设,争创现代化创新型城市。擦亮"低碳镇江"和"军民融合"的城市名片,形成产业集群发展。以"低碳镇江"为抓手形成生态产业集群,精致塑造好宜居宜业宜游宜学宜养的现代化山水花园城市。加强建设军民融合发展的两大基地和产业联盟建设,积极申报国家级的军民融合产业示范区。

(5) 必须形成全面深化开放新格局。镇江要融入"一带一路"格局,抓住"宁镇扬一体化建设"的机遇,作为获得"江苏省唯一中国物流业最具创新力城市"奖项的城市,应以此为契机积极融入"一带一路"、"长江经济带"、"扬子江城市群",充分发挥自身优势,将物流业做大做强,重现物流枢纽重镇地位。积极把握中瑞(瑞士)自由贸易协定升级、"中国制造 2025"同瑞士"工业 4.0"对接的机遇,在扩大贸易、投资、金融、保险等的合作规模的同时加强在能源、环护等领域的合作,将"中瑞镇江生态产业园"建设为一个国际新型合作示范园区,开放与创新的示范区。在"宁镇扬一体化建设"中,镇江要苏锡常为标准,充分发挥政府的作用,在增强宁镇扬协同创新发展意识的同时,加强与南京的对接,集中精力加快基础设施、产业布局、公共服务、旅游开发、生态环境等的综合建设,还要与宁扬形成位错发展和优势互补的发展格局,在错位差异化发展中,利用好南京的"溢出"资源。

(6) 必须打造加快高质量发展的良好环境。高质量发展要有良好的创新环境、开放的环境和市场环境,这才有利于新技术、新业态和新模式的产生,并为高质量的发展提供有力的支持。镇江应继续深化落实"放、管、服"改革,完善对实体经济体系的投融资服务。尽快建立市级和辖市、区的行政审批局,用"店小二"精神和更多"合一"进一步增强市场主体的体验感,使镇江成为审批事项最少、办事效率最高、创新创业活力最强、创新创业生态最好的区域。

(7) 必须着力聚焦富民。聚焦富民、以富民为本,争取人民更多获得感、幸福感和满意感是推动镇江高质量发展的目的。"两聚一高",最直接、最根本的是提高广大老百姓的富裕程度和生活质量，让居民收入、企业利润、财政收入“三个口袋”鼓起来实起来，让百姓获得更多实惠。要补“N”个短板软板：在“四化同步”中补农业现代化的短板软板，“让农业强起来”；在“城乡一体化”中补农村社会发展的短板软板，“让农村美起来”；在“城乡居民人均收入比 2010 年翻一番”中补农民收入增长的短板软板，“让农民富起来”；在新型城镇化中补“数万来镇农民工”的短板软板，“让农民工成为市民”；在“五位一体”总体布局中补“政治建设”、“文化建设”等的短板软板，“让市民的腰杆子硬起来、脑瓜子灵起来”。

8.3 绿色园区的协同发展
——以多园区绿色发展的比较分析为例

8.3.1 案例背景

8.3.1.1 绿色园区的由来

习近平总书记指出构建高质量现代化经济体系是实现可持续发展的题中之义和必然选择，是贯彻可持续发展观和绿色发展理念的不二选择，唯有如此，才能釜底抽薪，解决污染问题（毛涛，2020）。党的十九届四中全会从更全面的角度对完善生态文明体系、促进人与自然共荣共生进行了系统阐述和统筹安排，为社会化生产过程中如何把握钱袋子与绿水青山之间的关系指明了方向（刘乃刚，2020）。会议着重研究了坚持和完善中国特色社会主义制度、推进国家治理体系和治理能力现代化的若干重大问题，明确提出：为绿色生产和消费建立更加健全的法律环境和依据，大力促进绿色金融体系建设，充分发挥市场牵引导向作用，增加绿色循环低碳发展自觉意识。

近年来，随着社会经济发展方式转变和产业结构转型升级，绿色发展逐渐成为区域经济发展的主题，然而由于工业园区环境污染风险集中、园区间绿色发展水平不均衡，一定程度上制约了工业园区在区域绿色发展中的作用。因此，适应新时代生态文明建设的要求，梳理总结现有工业园区绿色发展政策体系，客观评价政策实际效果，正视发展中的症结，以事实和数据为依据制定下一步发展规划，对于提升园区绿色发展水平、增强区域绿色发展动力的重要性不言而喻(赵若楠等，2020)。

2015 年 5 月，国务院印发《中国制造 2025》，首次提出绿色制造体系，强调"发展绿色园区，推进工业园区产业耦合，实现近零排放"，到 2020 年建成百家绿色示范园区。同年 7 月，工信部《工业绿色发展规划(2016—2020 年)》提出以企业集聚化发展、产业生态链接、服务平台建设为重点，推进绿色工业园区建设。同年 9 月，工信部、发改委、科技部、财政部联合发布《绿色制造工程实施指南(2016—2020 年)》，提出要充分发挥自身基础条件过硬、特色明显的工业园区示范工程作用，发挥溢出效应，以点带面为全国同行业提供战略性参考。绿色产业园区区别于传统的园区概念，它集绿色化、智能化、联动性等特点于一身，借助互联网等信息技术是实现智能化管理，摒弃单一的成本最小化目标，嵌入循环化生产、产业链耦合等要求，更加全面地体现了绿色发展理念在产业领域的生产特点(张麒和卜小芮，2016)。

绿色园区是以企业集聚化发展、产业生态链接、服务平台建设为重点推进建设的。初期选择"专且新"的工业园区创建典型示范，在实践中不断探索，力争到 2020 年打造百家可复制性强、综合水平高的绿色园区。截至 2020 年 4 月，工信部共公示 4 批绿色园区名单，全国共有 119 家园区入选，具体如表 8.15 所示。工业园区作为我国经济发展桥头堡和新引擎，必须肩负起绿色发展、提高发展质量的责任担当，在实现产业园区自身绿色发展的同时，带动其他区域经济可持续发展，通过科技创新和体制机制创新，推进绿色发展。

表 8.15　工信部公示的 4 批绿色园区名单

批次	第一批	第二批	第三批	第四批
年份	2017 年	2018 年	2018 年	2019 年
园区个数	24	22	34	39

8.3.1.2　案例园区的选取

本书选取的案例园区均入选中华人民共和国工业和信息化部已公布的绿色制造示范名单，该名单是为贯彻落实《中国制造 2025》绿色制造改革精神，加快构建全产业链绿色制造体系，贯彻先行先试指导方针。按照工业和信息化部相关通知的要求和工作程序，入选该名单的园区都具有绿色水平高、示范意义强的特点。在此基础上，本书充分考虑园区所在地区、园区的类型以及园区的绿色发展成效，具体选取了以高效的能源利用、多循环的资源利用、完善的基础设施、良好的生态环境等多项绿色指标的亮眼成绩成功跻身第三批国家级绿色制造示范名单，并成为北京市唯一获得国家级绿色园区称号的北京经济技术开发区；入选第三批国家级绿色制造示范名单，先后被国务院、环保部、科技部、商务部、国家知识产权局、国家质检总局和国家认监委等相关部委授予国家生态工业示范园区、国家低碳产业示范园等荣誉称号的南京经济技术开发区；入选第三批国家级绿色制造示范名单，2013 年获批省级“城市矿产”示范试点基地，并于 2017 年获批国家级循环经济标准化试点园区的扬州高新技术开发区环保科技产业园以及入选 2017 年第一批绿色制造示范名单，在绿色园区创建中取得了卓越的成绩和经验的苏州工业园区。通过介绍以上四个绿色园区基本情况以及各自在园区绿色发展和生态文明建设中的战略与举措和所取得的成效，分析这四个园区在园区绿色发展中所起的典型示范效应，进而总结推进园区绿色发展的驱动因素以及保障园区绿色发展的机制。

8.3.2 案例描述

8.3.2.1 北京经济技术开发区

(1) 园区概况

北京经济技术开发区(也称亦庄新城)是20世纪90年代国务院批准的北京市唯一一个国家级开发区,其中的一部分是中关村科技园区亦庄科技园。该区同时享有双重园区优惠政策,分别是沿海经济技术开发区优惠政策和国家高新技术产业园区优惠政策,是国际化是新型管理模式的启蒙园区(余醒,2003)。在推进中国制造2025示范区建设方面,北京经济技术开发区入区企业规模不断扩大,从最初的十几家到目前2万余家,不乏国内外名企,包括GE、拜耳、ABB、京东等,投资规模近千亿美元,对经济增长的驱动力逐年增强,目前已形成了电信交通、生物医药、装备制造为主导产业的特色示范园区,朝着建设具有全球影响力的科技成果转化区、技术创新示范区、深化改革先行区、高精尖产业承载区不断努力。

北京经济技术开发区(以下简称开发区)于1992年开始建设,从建设初始,就将绿色发展定为其战略,建设宜业宜居绿色新城市,一直是亦庄人的生态梦想,并坚持了近30年。因此,不管是顶层设计还是产业路径,绿色始终是底线。2019年9月承接无废城市试点任务,成为全国首家试点城市。通过工业固废全过程精细化管理、垃圾分类等环保举措,促进园区经济发展动能向绿色可持续化转变(李佳霖,2020)。

(2) 打造绿色制造的"亦庄路径"

亦庄新城始终坚持绿色低碳循环发展理念,科学制定绿色低碳循环发展行动计划,力争实现开发区经济发展质量和效益、资源投入产出、生态环境等主要指标力争达到国际同类园区先进水平。其之所以能够成为绿色园区,源自开发区已经探索并形成一套可复制、可推广的园区绿色高效的发展模式,以点带线,由线及面,着力打造生态产业链、产品链和废物链,发展循环经济产业链网,不仅推动环境容量与产业集中布局均衡发展,更通过产业集群效应为区域发展释放更多红利，让区域迈向绿色发展之路。

① 严守环保关，拒绝污染项目，推进产业结构升级

经过多年的发展，入园企业从最初的十几家到目前2万余家，其中包括世界500强企业83个。目前，开发区以制药、信息技术、新材料等为主导产业的联动协调产业格局已经日趋完善。

在"产业与环境的和谐、产业与产业的和谐、人与产业的和谐都要有承载空间"的生态理念下，开发区项目招商要求近乎苛刻，"高端、高效、高辐射、低能耗、低排放"是方向，高精尖项目是入园的重点优选。凡是到亦庄投资落户的企业，统一采取环保一票否决制，低能耗高产值是衡量入园企业的重要标准(郑立捷，2008)。同时，开发区在绿色发展过程中推动"腾笼换鸟"，适时腾退了一批不符合首都功能定位项目；其次，积极发展节能环保的战略性新兴产业。如今，已有20余家太阳能光伏产业企业聚集于亦庄。亦庄还大力推广生态工业示范工程。以京东方为例，在生产线的动力系统中采用节能设施，每年可节约用电3530万度；厂房屋顶的太阳能电池板，每年节电340万度；再生水的使用，每年可以节水1100万吨。

② 节约资源，打造绿色生态产业链

在能源结构上注重集约清洁。开发区在2014年建成全市首个无煤区的基础上，2017年又建成全市首个燃气锅炉低排放示范区，大力实施光伏发电、地源热泵、能源微网、风力发电等项目。同时，建立亿元环保专项资金，带动企业投资12.19亿元，提高企业节能减排水平。区内光伏总装机容量46兆瓦，年发电量近9000万kWh，可供开发区全区用6天。推动电、蒸汽热水、冷水多联供，实现了能源从高品质到低品质的阶梯利用。目前，开发区内万元GDP耗能为0.1323吨标煤，是全北京市的1/2。

在水资源利用方面，亦庄新城是全国首家"国家工业节水示范园区"，通过多元化项目建设提升水资源利用效率，包括再生水厂、雨洪拦蓄工程、冷凝水回用等项目。在完善基础设施建设的同时，积极建设信息共享平台，完善预警机制和过程监督体系建设。

③ 以生态环境建设为载体，践行绿色发展要求，建设绿色发展示范区

亦庄新城的绿色建筑也是走在全国前列，绿色建筑按照标准最大限度节约了资源，包括节能、节地、节水、节材等，保护环境和减少污染，为开发区

内群众提供健康、舒适和高效的空间。

为进一步推动大宗工业固体废物资源化利用，2013 年起至今，亦庄新城内新建及改扩建道路大规模铺筑了橡胶沥青路面，里程超过 100 公里，经测算，五年来消耗废旧轮胎约 26 万条，减少二氧化碳排放达 18.6 万吨，成为亚洲首例（马源，2019）。

根据 2018 年统计数据显示，亦庄新城工业固废的综合利用率约为 80%，危险废弃物综合利用率约为 65%。年均周转贮存量约为 2 300 吨，无历史堆存情况。

不仅如此，追求宜业宜居的亦庄新城，在生活垃圾精细化管理方面也不断探索。亦庄新城内的大族广场是餐饮行业的“紫禁城”，企业云集，日均垃圾生产量高达 10 吨。为了加快餐饮废弃物无害化清洁化处理效率，大族广场引进先进机器设备，将油水分离后分类处理，餐厨垃圾减量化处理率高达 90%。经过这套设备的处理，1 吨厨余垃圾可以被加工成 100 公斤左右的有机“土壤”，这种土壤经过土肥配比可用来种植花草和农作物。在再生资源循环利用方面，经开区通过建立垃圾中转站，推进餐厨垃圾、园林绿化垃圾就地解决，建筑垃圾多渠道循环利用。市民是城市生活的主体，通过消费端减少生活垃圾源头污染不可忽视。同时广泛开展“无废城市细胞”建设，营造全区努力建设“无废城市”的良好氛围。

（3）绿色发展成效

① 经济高质量发展

2018 年亦庄新城稳中求进、开拓进取，经济发展质量效益全市领先，产城融合成为全市标杆，被工业和信息化部授予北京市唯一国家级绿色园区称号，全国国家级开发区综合评价达到历史最高水平，圆满完成了各项目标任务。

地区生产总值同比增长 10.6%，增速全市第一，工业增加值、规模以上工业总产值总量和增速均居全市第一，对北京市工业总产值增长贡献率达 50.8%。

② 科技创新成果丰硕

全年完成新产品研制 106 项，新技术研发 100 项，其中国际领先、填补国内空白的新产品 65 项、新技术 67 项，参与国家级、行业级等标准制定 15 项。

新增国家高新技术企业 121 家，累计 802 家。

③ 资源能源效率持续提升

万元 GDP 能耗同比下降 2.11%；万元 GDP 水耗不到全市北京的 1/4。生态化建设指标人均工业增加值、单位工业增加值综合能耗、单位工业增加值废水排放量、单位工业增加值二氧化碳排放量、工业固体废物综合利用率等均显著提升，污染物排放强度持续下降，环境质量改善明显。

8.3.2.2 南京经济技术开发区

(1) 园区概况

南京经济技术开发区(以下简称南京经开区)成立于 1992 年 6 月(成立时名为南京新港工业区)，1995 年 5 月更名为南京经济技术开发区，2002 年 3 月被国务院批准为国家级经济技术开发区。

近年来，南京经开区先后被国务院、环保部、科技部、商务部、国家知识产权局、国家质检总局和国家认监委等相关部委授予国家生态工业示范园区、国家低碳产业示范园、国家电子信息产业园、国家显示器件产业园、国家自主创新示范区、国家知识产权试点园区、国家级南京综合保税区、国家出口光电显示产品质量安全示范区、国家创新人才培养示范基地、国家检验检测认证公共服务平台示范区、国家火炬光电及激光特色产业基地和国家新型工业化产业示范基地。

在综合考核评价的 53 项指标中，涉及产业集聚、科技创新的 20 多项指标处于全国领先水平，土地集约利用率排名全国第六，产业基础排名全国第七。

(2) 绿色发展路径

① 坚持绿色理念

南京经开区坚持绿色园区发展理念，以构建“绿色园区、生态园区”为目标，认真落实绿色园区创建工作，奋力开创绿色生态新局面，同时注重绿色生态和可持续发展，坚持以生态聚集人气和资源，以生态促进社会经济发展，逐步提高园区生态文明水平。

此外，南京经开区关注绿色工业、绿色建筑、绿色交通、绿色照明和绿色生态等领域，逐步打造绿色产业，构建低碳循环产业链并且有序推进绿色园区建设工作。全面推进新能源示范应用和新兴产业发展,并依据产业特点不断优化现有产业布局,通过产业集聚的方式提高资源配置效率,实现集约化发展。

② 产业结构再优化

南京经开区着眼战略性新兴产业未来发展,主要发展光电信息、生物医药、高端装备制造、商务办公和科技服务产业,适当发展现代物流、轻工和新型能源及材料等无污染或低污染型产业,同时对现有不符合产业定位的入驻企业逐步淘汰或搬迁,出台产业转型升级配套扶持政策,通过优化产业规划、空间布局、政策促进,发展高新技术产业,做强光电产业集群,做大生物产业集群,完善装备产业集群,实现物流产业集群从 0 到 1 的质变。

③ 提高能源利用效率

一是能源、资源消耗的减量化。南京经开区根据工业产业的结构特征,针对重点能耗行业和企业,继续加强对重点行业的节能减排改造强度,支持企业对节能技术、节能设备的应用,大力宣传建筑节能概念,逐步实现能源的梯级利用。

二是新能源利用的大力推广。南京经开区积极推进分布式光伏发电项目,促进新能源的利用,近几年累计建成数十个分布式光伏发电项目,提高了能源资源利用效率。

三是实施清洁生产审核。清洁生产审核作为南京经开区一项长期工作,一直以来取得了良好的环境效益和经济效益。截至 2017 年底,包括 A. O. 史密斯、南京制药厂、中电熊猫液晶显示科技、正大天晴、华格电汽等 110 多家重点企业完成了清洁生产审核。其中 2015—2017 年之间,南京经开区内共有 63 家企业完成了清洁生产审核,其中 47 家重点企业完成了清洁生产审核。

四是环境第三方治理。第三方环境工程治理单位在园区建设发展过程中发挥了不可替代的作用,主要体现在区域的环境治理和企业的废水、废气工程治理方面。近年来,南京经开区在水环境治理方面投入了大量的资金,取得了显著成效。

从区域角度,南京经开区积极推进生态建设重点工程的实施,包括经开区新港片区北侧小漓江生态湿地建设、小漓江周边环境综合整治、七乡河沿线环境综合整治,打造七乡河沿线景观和休闲旅游带等。同时为改善区域水环境质量，南京经开区推进实施新港污水处理厂尾水脱磷工艺改造、提标改造工程；除此之外，南京经开区还通过清淤疏浚、控源截污等工程措施对区域内河道进行综合整治，形成了完善的污水系统收集系统，实现污水不下河，形成“排水通畅、水清岸绿、景观和谐、人水相亲”的城市水环境。

从企业方面，南京经开区推动了南京华格电汽有限公司、中电熊猫液晶显示科技有限公司、金陵药业股份有限公司等重点企业废气治理工作等，完成了喷涂、包装印刷、汽车维修等行业 VOCs 年度整治任务。推动了南京圣和药业股份有限公司的污水站环保技改工程、LG 化学（南京）信息电子材料有限公司废水工程改造工程等。

④ 循环化改造

南京经开区从以下几个方面推进园区循环化改造工作：

一是推进经开区产城融合，提高土地集约利用水平，推进闲置土地处置、低效用地再开发，以土地利用方式转变促进产业转型升级。清理区内闲置、低效用地，推进江苏金桐化学工业有限公司等低效用地再开发。

二是加强固废综合利用，提高固体废弃物综合利用率，结合园区行业特征，进一步提高危险固体废弃物综合利用及处置能力，开工建设南京经开区液晶显示行业危废处置项目。如南京绿联环境科技发展有限公司液晶玻璃面板减薄废酸、含酸玻璃渣及污水处理污泥综合利用项目、江苏嘉汇再生资源利用有限公司年储存 3.5 万吨废铅酸蓄电池项目等。

三是产业结构转型与升级。近年来，南京经开区紧跟“长江经济带”“长三角一体化发展”国家发展战略，聚焦紫东地区打造“创新之城、文旅之城、产业之城、生态之城”战略，围绕“扬子江城市群”“宁镇扬一体化”区域发展战略，坚持规划服务发展，推动恒广路沿线的华宏新材料、电子网版、南京中电熊猫磁电、金宁三环等企业的转型升级，培育和发展战略新兴产业，努力建设宜业、宜居、宜游的复合型产业园区。

四是构建新能源产业链。大力发展新能源产业，引进新能源汽车电池、电机、电控等关键部件生产企业，推动新能源汽车整车项目引进。

（3）绿色发展成效

① 地区生产总值方面

“十二五”期间，南京经开区经济运行保持平稳增长，地区生产总值年均增长 20.1%，其中，工业增加值年均增长 17.1%。“十二五”期间，经开区累计全社会固定资产投资超 1 300 亿元，外贸进出口总额 622 亿美元、实际利用外资近 30 亿美元，占全市比重分别达 22.3%和 16.5%。

② 经济结构绿色循环发展方面

近年来，南京经开区结合国家战略性新兴产业发展方向，重点发展光电显示、高端装备、生物医药和现代服务业。南京经开区已经形成了光电显示产业链(LCD 等)、生物医药产业链、高端装备产业链和现代服务产业链，且发展态势良好。

南京经开区引进英国太古冷链、中外运、招商局物流等一批国内外知名第三方物流企业，新加坡普洛斯、北京联东 U 谷等工业地产商和产业园区运营商，为经开区主导产业发展提供生产性服务，并逐渐引进夏普电子全球研发中心、西门子冰箱全球研发中心、LG 电子全球显示研发中心、阿特拉斯科普柯矿山机械全球研发中心、艾欧史密斯全球工程中心等高端外资研发机构；积极与高校、科研院所进行产学研合作，先后共建中科院上海光机所南京先进激光研究院、北京大学(南京)产业创新研究院、国家认监委信息中心等公共技术服务平台，大力开展技术转移、技术咨询、公共检测、产品认证等综合性科技服务。

南京经开区依托周边栖霞寺、龙潭水一方、桦墅新乡村等丰富文化旅游资源，并与华侨城集团共同打造集文化科技、生态旅游、娱乐体验、主题商业、人文社区等业态为一体的具有国际水准的南京华侨城大型文化旅游综合体项目，打造别具特色的文化旅游产业。

③ 污染集中治理和废弃物循环梯级利用方面

一是污水治理经开区采取“雨污分流”制。生产废水和生活污水均汇入污水管网，最终进入经开区污水处理厂(南京高科水务有限公司)。污水处理厂位于南京经开区二期地块西南角，服务范围覆盖整个经开区，污水处理能力为 4 万 m^3/d，目前尚有 1.5 万 m^3/d 的余量。经开区污水实现 100%收集并集中处理，尾水达到《污水综合排放标准》(GB8978—1996)一级标准后，排入兴武沟，最终汇入长江。目前南京高科水务有限公司已启动实施“污水处理厂一级 A 提标改造工程”，项目正在建设过程中。

南京经开区结合道路建设同步埋设雨水管道，根据河流、道路走向合理划分汇水区域，布置雨水管道，以重力流方式就近排入水体，通过兴武沟排入长江。

南京经开区内现已建设雨水提升泵房3座，能力分别为4 m^3/s、5 m^3/s、10 m^3/s，铺设雨水管道管径为D300～D2 000 mm，总长度为132.8 km。2016年，经开区进行了地下管线排查，并根据地下管线排查结果，完成经开区缺失、破损、堵塞污水管网修复，有效控制了污水管网跑冒滴漏。

二是固废处理。南京经开区加强固废综合利用，提高固体废弃物综合利用率，结合园区行业特征，进一步提高危险固体废弃物综合利用及处置能力，开工建设园区液晶显示行业危废处置项目。如南京绿联环境科技发展有限公司液晶玻璃面板减薄废酸、含酸玻璃渣及污水处理污泥综合利用项目、江苏嘉汇再生资源利用有限公司年储存3.5万吨废铅酸蓄电池项目等。

三是新能源使用及余热利用。南京经开区努力推广新能源使用及余热回收利用，实施分布式光伏电站建设工程，推进南京经开区低温余热利用技术及设备开发研制，实施企业余热利用工程，提高能源综合利用，例如：2015年引进了江苏福鹏新能源科技有限公司屋顶分布式光伏电站建设项目(年发电量约16万kWh)；南京天加空调设备有限公司低温余热发电项目等。

四是绿化工程。南京经开区组织编制防护林带绿地建设规划，建成区绿化面积超过600万平方米，绿化覆盖率超过40%；提升园区建筑外观设计水平，建设十月公社主席公园、萧伟墓公园、新港大道街心绿地等小游园，全面改造园区道路，新建改造出新园区道路四十余条，全面提升园区生态环境质量，已初步形成生态格局安全、空间布局合理、基础设施完善、人居环境优美、生活安全舒适、生态良性循环的生态工业园区。

8.3.2.3 扬州高新技术开发区环保科技产业园

(1) 园区概况

扬州高新技术开发区环保科技产业园成立于2008年，为国家级扬州高新区的所属园区，位于扬州市邗江区杨庙镇，近期规划用地3.51平方公里，远景规划11.82平方公里，是邗江区“两区两园”的重要组成部分。

园区自2013年获批省级“城市矿产”示范试点基地后，先后获得省级环保科技产业园(科技厅)、省级循环经济教育示范基地(省发改委)、省级环保科技特色产业园区(省商务厅)、省级科技企业孵化器(省科技厅)等省级园区称号7个,并于2017年获批国家级循环经济标准化试点园区,是扬州市固体废弃物综合处理与资源化基地,也是扬州市发展循环经济、建立循环型社会、实施可持续发展的重要基地。

(2) 绿色发展的战略与举措

① 绿色发展战略

坚持环保科技产业园绿色化、高质量发展转向,牢固树立生态文明理念,立足当前、着眼长远,以服务扬州市为宗旨,探索建立环保科技产业园与扬州高新区、周边各类开发园区或工业集中区现有产业与静脉产业的互动、互补机制,形成区域产业共生体系,提升全扬州市的资源、能源再生利用水平;进一步推进静脉产业、节能环保产业以及循环经济型产业纵向延伸与横向耦合,推动产业升级、优化产业结构、扩大产业规模、提高产业技术水平和竞争力,提高产业园区产业资源能源利用水平和高新技术产业的占比;集约与节约用地资源、科学配置生产空间、生态空间和生活空间;以企业为主体、以项目为依托,不断在实践中完善开发与招商的政策,不断规范市场,进一步加速形成园区适应性管理机制。

② 绿色发展举措

第一,积极推进能源绿色化和低碳化利用。园区引进全国生态环保领域龙头企业——天津泰达股份有限公司,中国领先的综合废物处理方案和环保基础建设服务供应商——首创环境控股有限公司等投资的垃圾处理处置项目,采用国际先进、国内领先的工艺技术,形成了年可回收生活垃圾60万吨、餐厨废弃物3.65万吨的处理规模,并通过垃圾焚烧发电、沼气发电实现二次能源的清洁生产,与扬州市绿色发展、循环发展、低碳发展的环境诉求紧密对接。此外,园区在建的废钢铁、废有色金属、废塑料、废橡胶等再生资源分拣中心,将大大减少扬州市在用废领域的一次能源(水、煤)和二次能源(电)消耗,提升"城市矿产"示范基地的节能减排成效。

第二,打造扬州乃至华东地区资源循环利用基地。目前,园区以扬州市城市废弃物无害化、资源化、循环化为主线,通过发挥项目间的协同效应,加强园区环保产业体系功能。

第三,形成全方位的绿色化基础设施。首先,园区的路网架构形成了“五纵四横”的交通格局,环科园向东和向南均直接高速出入口,企业对外联系的便捷性得到增强。其次,园区的给排水、供配电、燃气、通讯等基础设施建设也较为完善。再次,园区内的环保设施配备齐全。污水集中处理率达100%,园区已建成标准化厂房、宿舍楼、绿化、亮化、道路等配套设施,成立了综合管理、餐饮、物业、超市、住宿等一体化的创业服务公司,优化园区软环境配套能力,基本成为扬州市环境友好、生态安全的新型城市功能区。

第四,系统布局发展资源循环利用产业。截至2017年底,园区已经集聚了76家企业,初步构建了“生活垃圾处理与综合利用”、“餐厨垃圾处理与综合利用”等循环经济产业链条。园区立足环保科技产业园的特点与优势,坚持绿色招商,以产业分工明确和资源集约节约为原则,统筹考虑与市级县级总体规划的衔接性,以及与周边地区的配套协作性,设定产业发展方向和布局。产业结构上,园区形成了以资源循环利用和节能环保产业为主、再制造和服务业为辅的产业格局。

第五,初步打造形成优美宜居的生态环境。园区充分考虑对重要生态要素和生态敏感地区的保护,建设了以水系、道路等要素为依托的产业功能区间绿化隔离带,完善构建生态网络,整体提升园区的生态环境和生态承载能力。

第六,创新性构建高效的绿色运行管理机制。园区成立了扬州环保科技(静脉)产业园管理委员会(简称管委会)。管委会实施镇园合一管理模式,园区在招商选资中,严格执行江苏省和扬州市用地控制指标的规定,对工业项目建立投资强度、产出效益双控模式。初步建立了适用于“城市矿产—静脉产业”耦合型园区层面的循环经济标准化工作模式,搭建了以公共信息系统、产业信息系统、企业信息系统、信息交换系统为主要内容的信息平台。

(3) 绿色发展成效

首先,高端化发展引领布局。按照“高起点顶层设计、高质量过程把控、高标准监督管理、高效益生产运行”的理念(周莹,2010),全力推进园区高端化发展。

一是,高起点开展规划。面对园区提质扩容的发展需求,2014年委托中科院地理湖泊所开展产业规划，规划过程中汲取国内外循环经济产业园的发展经验，根据产业定位形成“三大集聚区”的空间开发总体结构，即“北部静脉产业发展区、南部装备产业发展区、东南部环保服务业示范区”，并据此对产业发展方向和布局进行优化调整。2016年，园区再次委托浙江省建筑科学研究院以园区环保服务业示范区为目标进行规划，旨在全力打造环保科创特色小镇，引领园区向扬州市循环经济城市客厅迈进。

二是，高质量推进基础设施建设。坚持“基础设施共有、相关企业共联、有效资源共享、环境污染共治”的原则，完成了东至规划袁巷路、南至双古路、西至镇域界限、北至规划创业路核心区3平方公里的基础设施建设，累计搬迁安置超过300户。目前园区“五纵四横”的道路发展框架已经拉开，水、电、通信等配套设施基本完备，污水收集处理系统得以完善。

三是，高水准服务城市发展。社会效益方面：截至2017年，基地处理各类废物129万吨，其中焚烧处理城市生活垃圾66万吨、回收处理建筑垃圾61万吨、处理医疗废弃物2750吨、回收处理餐厨废弃物2.2万吨、拆解报废汽车10000辆左右。经济效益方面：截至目前，园区开发面积超过2.5平方公里，2017年全年工业开票达到28.2亿元，完成基础设施投入达3.5亿元。持续的资源投入和工业项目落户，推动园区逐渐成长为扬州工业经济的重要载体平台，有力支撑了区域经济社会发展。

四是，高品质打造产业项目。循环经济产业链式集聚方面，按照节能减排的整体要求和发展循环经济的科学规律，依托老项目、引进新项目，全力构建“生活垃圾焚烧发电—灰渣制砖—沼气综合利用—建筑废弃物综合利用”、“餐厨废弃物—制备生物柴油—沼气综合利用—沼渣制备有机肥”、“建筑废弃物—废旧钢材综合利用—再生混凝土、再生建筑模块”、“废旧汽车拆解—废旧塑料综合利用、废旧金属材料再生利用—废旧轮胎综合利用”、“工业危险废物综合处理—工业危险废物综合利用—等离子体处置焚烧废渣”等五条横向联系、纵向到底的循环经济产业链条，产业链式发展，资源与能源的梯级利用不断增强园区的绿色化发展水平。

重大项目落户投产方面，“十二五”以来，先后落户建设泰达垃圾焚烧发电、勇龙汽车拆解、天魁环保机械、万福环保设备、首创餐厨废弃物处置、首拓工业废弃物处置等市级工业重大项目6个，重大项目压舱石的重要作用明显。

中小企业发展方面，培育出了一批科技含量高、特色鲜明的单打冠军，如博一环保以污泥脱水为主攻方向，自2012年入驻园区以来，年产值迅速实现倍增，跻身环保E20平台最有价值企业前20强，锁定细分领域前三名的产业业绩。以辛普森、博尔特电器、天扬环保等企业为代表的中小企业也实现了集群爆发式增长。

8.3.2.4 苏州工业园区

(1) 园区概况

苏州工业园区位于长江三角洲太平湖平原之东，地势平坦，自1994年5月签署《关于合作开发建设苏州工业园区的协议》以来，园区开启了迅速起飞、蓬勃发展的24年。依托特色产业体系和创新生态，苏州工业园区从洼田密布、阡陌纵横中摸爬滚打走出来，实现现代化产业新城的华丽转身(陈刚，2018)。目前，园区已布局商务、科教创新、旅游度假、高端制造于国际贸易四大功能板块，形成"产城融合、区域一体"的城市发展架构。园区已形成生物医药、纳米技术应用和人工智能三大特色产业板块，逐步成为国际化、现代化和园林化的新城，且呈现出良好的发展态势。2017年园区在全国经济技术开发区综合考评中位居第一；2019年，苏州工业园区贡献生产总值近3 000亿，进出口总额871亿美元，实际利用外资9.82亿美元，固定资产投资391亿；在国家级经开区综合考评中创造了四连冠的好成绩，在国家高新区考评中跻身前五，充分展现了苏州工业园区在我国产业园区发展中的领头羊作用(王建朋，2020)。

(2) 绿色发展的战略与举措

① 坚持规划引领，推进空间布局集约化

从建区之初就摒弃单一发展工业的模式，始终坚持"先规划后建设""先地下后地上"理念，通过科学的开发程序，实现各种资源要素的集约高效利用。尤为注重科学布局工业、商业、居住等城市功能，构成了广覆盖、多层次、全方位的科学规划体系；对区内大气、土壤、水体保护及固废处理等设定相应指标；充分关注城市建筑形态协调、各种业态合理布局以及绿色生态的有机融合，通过严格执法管理实现了"一张蓝图绘到底"；积极探索经济发展、城市建设、土地利用、生态环保等"多规融合"，实施城市更新、"退二优二”工程，建立差别化的土地资源分配制度，研究制定工业用地二次转让、产业项目用地等资源管理新办法，不断完善资源集约利用机制，有效提升城市发展的持续性和竞争力。

近年来，秉承“精明增长”理念，围绕有序控制开发强度，倡行绿色低碳生产生活方式和城市建设运营模式，不断提升城市发展的宜居性。目前，园区人均 GDP 约 4.5 万美元，单位面积 GDP 产出达 8.6 亿元/平方公里，居全国前列；单位 GDP 化学需氧量、二氧化硫排放强度分别为全国平均水平的 1/18 和 1/40，万元 GDP 能耗 0.249 吨标煤，接近国际先进水平。

② 引导转型升级，推进产业体系现代化

绿色发展的核心是处理好经济发展与资源环境间的关系，而资源环境问题，其本质是经济结构及其发展方式问题。在开发建设初期，坚持“开发与保护并重、源厂与基础设施先行”理念，按照“九通一平”标准，适度超前建设了一批重大基础设施和水、电、气、热等大型源厂，创造了良好投资环境，吸引了一大批高科技企业落户。随着区域大开发、大建设、大发展的全面展开，按照“产城融合”理念，推进生产、生活、生态的协调联动与融合发展。成立中新生态科技园，大力引进培育生态环保、绿色节能等产业，并将生态环保理念贯穿于开发建设、招商引资、生产生活等各个领域。进入产业转型升级的重要发展阶段，坚持“亲商亲民”理念，实施制造业升级、服务业倍增、科技创新跨越、生态文明优化等行动计划，工业模式由劳动密集型逐渐转向资本密集型和技术密集型，加快形成集聚化、特色化、高端化的现代产业体系。

当前，在“开放创新”理念的推动下，园区积极推进战略性新兴产业向更高层次发展，超前谋划布局战略性先导产业向产业集群方向发展，构筑“2＋3”特色产业体系（即电子信息、机械制造两大主导产业和生物医药、人工智能、纳米技术应用三大特色新兴产业），区域高新技术产业产值占规模以上工业总产值比重超过 70%，正在加快形成以创新为引领和支撑的经济体系和发展模式。

③ 注重资源节约，推进生产方式绿色化

大力发展绿色化、低碳化、循环化经济，构筑常态化可持续的绿色发展增长模式。在推进循环经济试点方面，设立环保引导资金，引导企业在生产全程中，开展清洁生产、中水回用、节能降耗和减污增效等循环经济试点，尚美、德尔福电子成为国际绿色工厂和绿色供应链企业园区获评全国首批国家生态工业示范园区和绿色园区示范试点。构建以电子废弃物回收综合利用为主体的静脉产业链，先后引进瑞环化工、富士施乐爱科等一批高水平资源回收企业，园区一般工业废弃物综合利用率超过98%，安全处置率和危险废物处理处置率均达100%。在推广新能源利用方面，推动区内企业建设光伏发电项目，建成并网发电的20个光伏项目，总装机容量达到47.6兆瓦；全面推广使用LED等高效照明光源产品，2007年以来，新建小高层以下住宅和改扩建公共建筑均安装太阳能热水系统；国际学校、朗诗国际街区、金龙客车等先后建成太阳能光伏发电、风能发电系统以及地源、水源热泵空调。与此同时，推进智能电网建设，鼓励合同能源管理模式，超过100家企业参与项目试点，逐步构建起数字化电网体系。在建设重大循环型基础设施方面，启动水污染防治行动计划，先后投资300余亿元，建成"污水厂—污泥干化厂—热电厂—集中供热制冷中心"四位一体的循环型基础设施。通过废弃物资源化循环利用，年均削减COD排放量24638吨、氨氮1643吨、总磷301吨、二氧化碳8000吨、二氧化硫70吨和氮氧化物70吨。实现雨污分流和全区域污水100%集中处理，在苏州市率先实现污水全收集、雨污全处理和管网全覆盖。

④ 营造宜居环境，推进生活方式低碳化

建设低碳城市是推进生态文明和绿色发展的必由之路。为此，苏州工业园区大力发展绿色建筑，以独墅湖科教创新区、中新生态科技城等区域为重点，积极推广以节能环保、自然采光、雨水收集为特色的绿色建筑，累计已有94个项目通过各级绿色建筑认证、7个项目取得绿色建筑运行标识，占全国获得运行标识项目的10%以上，获评省级建筑节能与绿色建筑示范区。积极开展环境综合治理，高标准建设环金鸡湖中央公园等十余个大型公共绿化工程，初步形成"一环、三湖、四园、六带、十二苑"的新型生态园林系统(杨晓敏等，2011)。全面开展"263"环保专项行动和"基层大走访、问题大普查、环境大整治、管理大提升"四大行动，抓好环保督查问题整改，全区域水环境综合整治取得明显成效。严格实施污染物排放总量控制和行业准入限制，建成大气自动监测站2座、水质自动监测站2座，实现PM2.5、臭氧、有机物等环境空气特征因子的在线监测和数据的实时发布。注重完善公共交通网络,推广普及电动汽车,通过“以桩促车、以车引桩”,累计建设电动汽车充电桩 1 590 个,投放清洁能源和新能源汽车 2 000 余辆;建成智能公交系统,实现公交车辆的统一调度、统一管理、实时定位和站点预报。累计建成公共自行车站点 400 余个、投放公共自行车 1 万余辆,每辆车使用频次 8.2 次/天,社会反响良好。

⑤ 完善保障体系,推进绿色发展制度化

制度建设是引导推进绿色发展的重要“利器”。制定出台《苏州工业园区环境保护引导资金管理办法》、《苏州工业园区建筑节能与绿色建筑专项引导资金管理办法》、《苏州工业园区节能专项资金管理暂行办法》、《中新生态科技城绿色建筑管理办法》等政策文件,规范指导区内企业、社区、学校、居民等积极参与生态文明建设。国家和政府每年提供环保专项资金(5 000 万元)和节能与循环经济引导资金(1 500 万元),为 400 余项节能环保重点示范项目提供资金激励,累计投入资金约 300 亿元。建立以园区管委会主任为组长的生态文明建设工作领导小组,形成由环保、经发、规划建设部门牵头、各单位和部门协同配合的工作体系。例如,由规建委负责推进绿色建筑建设,国土部门将节约用地和推广生态住宅作为工作重点,社会事业部门、教育部门和各街道则积极开展绿色社区、绿色学校的创建工作,共同为生态文明建设夯实组织保障。重视环保全过程管理,在项目引进中严格设置环保规划准入控制关、环保审批一票否决关、项目建设污染预防关、项目投产环保验收关和企业排污实时监管关“五道关口”,坚决将污染消除在“源头”。20 多年来,累计否决不符合园区节能环保要求的项目 300 余个,累计投资额超过 20 亿美元。

(3) 绿色发展成效

2017 年,园区实现地区生产总值 2 350 亿元,同比增长 7.2%;单位 GDP 能耗 0.248 吨标煤/万元,同比降低 2.1%;区域空气优良率 66.85%,工业用水重复利用率 91%,水资源产出率 1 833.1 元/立方米,清洁能源使用率 77%,能源产出率 2.32 万元/吨标煤。园区工业企业产值能耗 0.05 吨标煤/万元,清洁能源占比超 70%,原煤使用绝对量逐年降低,分布式光伏装机容量超 50 兆瓦,新建公共建筑实现 100%绿色建筑认证,推广使用智能交通管理系统,已拥有超 300 辆城市新能源公交车辆和超 10 000 辆公共自行车,制定低碳社区建设标准，首批 5 个小区已获得认证。园区绿地面积超 45.8%，区域环境质量综合指数达 97.4。具体来看：

一是空间布局绿色化：实现生态红线划定、公共交通效能提升、公共服务设施合理布局、地下空间开发利用、生态景观绿地覆盖等空间布局进一步优化调整。

二是能源利用绿色化：聚焦主营业务发展，形成新的能源产业经营体系，推广分布式发展，促进能源就地转化和消纳。以能源消费清洁化为核心，围绕绿色能源转型，苏州工业园区建立了多项“全国第一”工程（王海霞，2017），包括最大天然气电联供区域、集中制冷中心；完善分布式能源储备系统，2511 工程推动工业园区实现六位一体化能源管理体系建设；加强知识产权保护，成立智能电网示范区，为国内能源工程建设提供了宝贵经验。建成全国首个六位一体分布式能源系统、全国首个自主知识产权的天然气分布式能源和全国唯一的智能电网示范区。

三是资源利用绿色化：2017 年园区六大高耗能行业的综合能源消费量总计为 74.88 万吨标准煤，同比下降 2.47%。工业企业节能低碳化建设效果显著，实现工信部示范建设四大项目（绿色园区、绿色工厂、绿色产品、绿色供应链）全覆盖。

四是基础设施绿色化：区内已建成 2 座污水处理厂，污水处理总规模为 35 万 m^3/d，污水集中收集处理率约为 98%，另有惠氏营养品等 5 家企业建设中水回用系统；所有新建居住建筑节能率达 65%，新建公共场所全部使用 LED 照明，基本完成对公共场所照明工程的 LED 照明改造；至 2017 年底，累计建设电动汽车充电桩 2 534 根。

五是产业绿色化：近年来，苏州工业园区持续累积绿色产业发展优势，推动区域产业链协同竞合，强化制造业资源平台支撑，全方位打造循环型产业体系。同时围绕“人才引进，企业培育，产业带动”这一链式结构，加快人才储备和成果转化体系建设（董捷，2019），培养复合型和专业化人才，创新科技载体形式和水平，累计建成各类科技载体超 8 000 万平方米。以电子信息、精密机械等为前沿高精尖产业的集聚优势和辐射带动作用为园区经济增长赋予了新的血液，园区用跻身国际性一流高科技产业园区行列，以压倒性优势向时代交出了满意的答卷。

六是生态环境绿色化：园区坚持生态优先，每年实施一批重点生态治理项目，从衣食住行、源头预防、末端修复等环节提高环境承载力。高度重视环卫和交通体系建设，将绿色建筑与清洁能源融入城市建设管理，建立区域生态修复治理联动机制，完善污染减排考核机制，提高环境治理能力现代化水平（王小兵，2018），先后成功获批国家生态工业园区试点、低碳示范区、绿色园区。

七是运行管理绿色化：从指导思想、产业结构、绩效考核、生活方式等多方面实现绿色化运行管理。统一思想，从制度上保障绿色园区建设，环境保护、节能、技改等专项引导资金发挥积极作用。

8.3.3 案例发现与比较

8.3.3.1 示范效应

(1) 可直接推广的示范

① 高水平建设环保基础设施

工欲善其事，必先利其器。任何园区想要开展环保工作，首要的任务就是要完善园区的环保基础设施。随着人们对环境关注度的不断提高，政府对于各行各业的环保要求也越来越严格，为了充分发挥产业园区集中治理污染，节约治理环境的成本的优势，产业园区加大环境保护力度，高水平建设环保基础设施，主动积极地改善园区的环境条件。在“环保先行”的大环境中，环保对于企业来说变得至关重要甚至会影响到企业的生存，因此，为园区内的企业提供完善的环保基础设施成为一个产业园区必须履行的义务。目前，政府对于企业的环评政策不断完善，环保标准也不断在提高，这对于许多企业来说，是机遇也是挑战，对于环保水平高的企业来说，高标准的环保要求淘汰了一些环保做得不到位的同行企业，缓和了市场竞争，但对于环保水平低的企业来说，高标准的环保要求给其带来的挑战要远远高于机遇。因此，无论是企业还是园区要不断提高自身的环保水平，在环保问题上要变被动为主动，有前瞻性地走在目前环保政策的前面，高标准、高水平地建设环保基础措施，为企业、园区未来的发展打下坚实的基础。

② 园区资源循环化发展

相对于一个城市或者一个区域而言，园区具有推进资源循环化发展的管理优势。园区是生产要素集聚的载体，能够产生强大的“吸虹”效应，以信息平台为抓手，实现信息和资源的共享，抵御外部负效应，促进产业联动发展，将集聚效应外部化，提高资源利用效率。资源的循环化发展以合理的产业链为依托，实现资源循环化发展需要在园区引进入园项目或者企业的时候，站在产业链的角度构建适合本园区资源循环化发展的产业链，例如南京经济技术开发区实行产业链招商、补链招商，通过这样的方式为资源循环化发展提供可能性。在北京经济技术开发区，华润协鑫(北京)热电有限公司采用燃气—蒸汽联合循环，实现电、蒸汽、热水、冷水四联供分布式能源企业，有效解决了纯燃气锅炉供热成本高、资源浪费等问题。华润协鑫电能供应至京津唐电网，将饱和蒸汽供应至开发区热力管网，热水供应至中芯国际，冷水供应至北方微电子，能够带动周边七八家耗能耗电量大的企业。最终能量交换后的水会返回到华润协鑫，基本不会外排，即通过冷凝蒸汽水和能耗形成了闭环，实现了循环使用。可见，产业园区循环化改造是实现绿色发展的重要手段，也是缓解经济增长与环境保护矛盾的润滑剂。

(2) 需要结合地方实际推广的示范

① 构建合适的绿色产业体系

中国地域广袤，区域分异明显，园区是一个地区的缩影，所以园区在构建自身产业体系的时候要充分考虑所在地区的经济发展水平、产业布局、资源禀赋及其环境容量等。苏州工业园区所在的苏州市是国务院批复确定的中国长江三角洲重要的中心城市之一，国家高新技术产业基地，这样的地区环境为苏州工业园区形成“2＋3”战略性新兴产业发展格局，构建形成集聚化、特色化、高端化的现代产业体系提供了现实可能性(工业与信息化部、节能与综合利用司，2017)。所以苏州工业园区所构建的绿色产业体系只是对于那些所在地区的经济发展水平、产业布局等与苏州市类似的园区具有较强的示范意义，对于其他园区，就需要充分考虑所在地的资源禀赋和环境承载力，因地制宜地建设适合园区发展的产业体系。

8.3.3.2 园区绿色发展的驱动机制

(1) 绿色发展理念引领园区建设

思想是行动的先导，无论是北京经济技术开发区所致力于打造的“亦庄路径”还是其他三个园区在绿色发展中所采取的战略和举措都充分地体现了绿色低碳循环发展理念在园区绿色发展中的推动作用。在习近平新时代绿色发展理念的引领下，各园区坚持循环低碳式发展路径，推进资源循环式利用、产业循环式组合、区域循环式开发，不断实现绿色转型，促进绿色增长，逐步形成较为完善的园区绿色循环产业链，最终在跌宕起伏的经济大潮中站稳脚跟。

(2) 实施创新驱动战略，不断提升园区绿色发展的科技支撑能力

科学技术是解决环境问题的利器。现有园区要在推动产业升级改造上做功课，学经验。加强产学研合作，提高研发成果转化率，从设备、工艺、原材料等环节入手，加大清洁生产改造进程，从源头上减少“三废”的产生，实现从末端治理向源头减排的转变；采用先进节能、节水技术，开展节能、节水改造，提升园区能效水平，减少废水排放，采用废气、固体废弃物综合利用技术，减少废气和固体废弃物的排放，通过对现有企业和产品的升级改造，全面提升石化园区的绿色发展水平。另一方面要加强原始创新和集成创新保障机制建设，优化绿色技术的公共创新平台，组建绿色技术创新联盟，聚焦绿色发展需求，突破行业技术瓶颈，树立示范典型，通过创新为园区的绿色发展提供技术支撑和转型驱动力。

(3) 加强治理能力现代化建设，提升园区绿色全要素生产率

联合国环境规划署认为发展绿色经济有三个不可或缺的环境要点：工业、人、政府。在园区建设的初期，政府主要是通过宏观手段的调控，来引导、支持园区的发展，如园区的选址、工业共生系统构建等。而园区管理者是园区建设发展的维护者，入园项目的遴选、企业共生平台的搭建等都需要园区管理者通过制定相关的制度来实现。例如，北京经济技术开发区在最初项目入园的时候就严格把关，拒绝污染项目入园。而苏州工业园区则从建区之初就摒弃单一发展工业的模式，始终坚持“先规划后建设”、“先地下后地上”理念，通过科学的开发程序，实现各种资源要素的集约高效利用。

因此，提高管理水平有利于促进园区绿色发展。

8.3.3.3 园区绿色发展的保障机制

(1) 坚持法治思维，注重制度保障

法治是安邦固本的基石。要善于运用法治思维和法治方式谋划园区绿色发展，以科学立法、严格执法、公正司法、全民守法为引领，规范、促进、保障生态文明建设的有序推进。要强化园区环境污染执法，严格按照法律执法，做到违法必究、执法必严。要不断完善园区绿色发展政策机制，建立健全公众参与和监督机制，以政策研究、媒体宣传等手段，形成保护环境人人有责的社会环境，将习近平新时代绿色发展理念内化于心，外化于行，从生产生活的方方面面体验环保带来的便利，逐步形成园区绿色发展的广泛认同和自觉行为。

(2) 有效的考核惩罚机制

众所周知，企业建立有效的考核惩罚机制能充分发挥员工的工作积极性，调动干部和员工的创新能力，对于园区来说，有效的考核惩罚机制是高效率开展绿色发展的保障。例如苏州园区制定了《苏州工业园区节能降耗、低碳发展行动计划》，落实环保责任制和问责制，同时完善激励机制建设，奖惩并重，提高了园区企业参与积极性，也增加了园区企业在园区绿色发展中的责任感。

第9章

推进绿色发展的管理建议

9.1 构建推进“企业—产业—区域”绿色发展的系统管理体系

习近平新时代绿色发展理念是第二代可持续发展观，是对马克思主义绿色发展观的创新发展和对全球环境保护的科学认知（黄茂兴和叶琪，2017），强调经济系统、社会系统和自然系统间的系统性、整体性和协调性（胡鞍钢和周绍杰，2014），因而绿色发展是个复杂的开放巨系统，新时代背景下推进绿色发展更是一项复杂而艰巨的系统工程。在此认识基础上，本书认为要推进新时代绿色发展，必须严格遵循系统科学与系统工程的思想和方法，融合管理学、系统科学、经济学、环境科学、计算机科学以及政府公共管理学等学科，从理论上厘清影响贯彻习近平总书记关于绿色发展重要论述的微观行为动机与宏观制度环境，构建具有中国特色的政府、市场、社会多方主体协同共建共享的“微观—中观—宏观”立体式绿色发展路径及其保障机制，形成推进“企业—产业—区域”绿色发展的系统管理体系（如图9.1）。

如图9.1所示，推进“企业—产业—区域”绿色发展的系统管理体系主要包括以下几个方面：

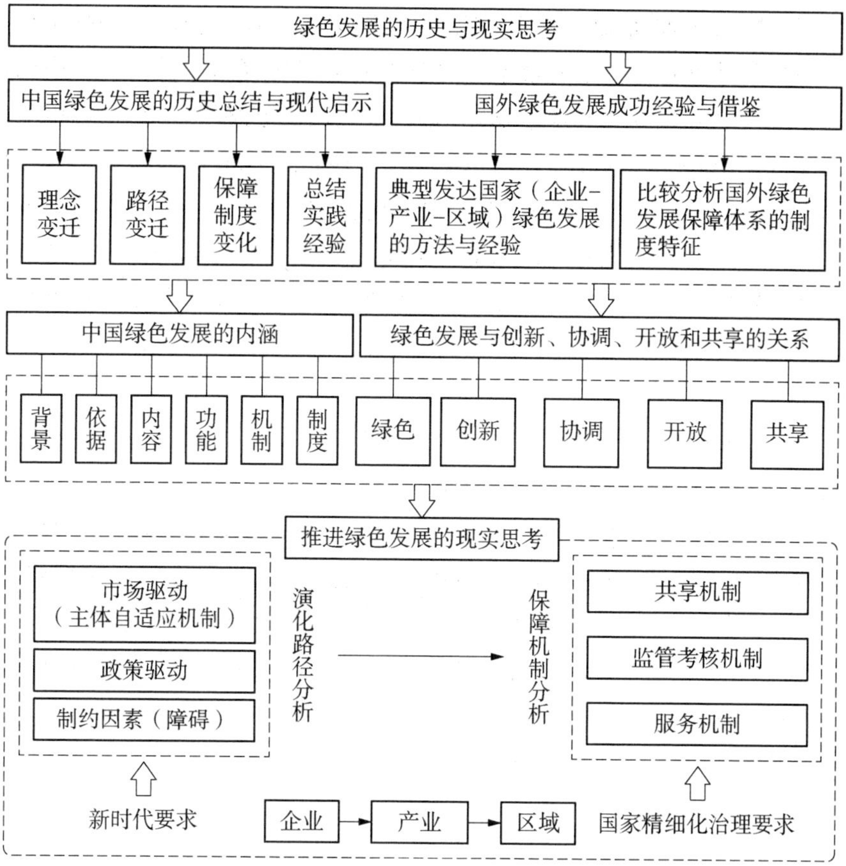

图 9.1 推进“企业—产业—区域”绿色发展的系统管理框架

(1) 阐述新时代绿色发展的中国特色内涵。这是构建推进“企业—产业—区域”绿色发展的系统管理体系的首要任务。习近平新时代绿色发展理念，不同于以往的“环保主义”和自下而上的民间呼吁，区别于西方发达国家提出的可持续发展道路，是带有高瞻远瞩的系统顶层设计和战略部署。习近平新时代绿色发展理念是在吸纳中国传统文化中的生态智慧、扬弃西方现代发展思潮、继承马克思恩格斯的绿色发展理念以及积极探索中国共产党对绿色发展观的过程中不断得以完善，从绿色经济、绿色政治、绿色文化、绿色社会、绿色生态五个方面落实，揭示了当代中国绿色发展的政治主张与世界贡献。

(2) 提取驱动“企业—产业—区域”绿色发展主体行为规则，明晰绿色发展系统的演化路径。这是开展推进绿色发展路径选择研究的关键。中国市场主体的绿色发展尚处于探索阶段，国外绿色发展道路不能全盘复制，如何促进企业、产业和区域的绿色发展仍是新问题，积极培育消费者的绿色偏好、鼓励企业间信息分享有助于企业绿色创新和绿色生产，提高消费者的购买力并重视制造商与消费者两类群体的交互作用有助于提升产业绿色发展的水平，优势互补、合理分工的区域一体化发展模式不仅能够实现更高的GDP增长，且能够更高效地降低资源消耗、减少环境污染、实现较好的区域绿色发展成效。

(3) 在新时代背景以及国家精细化社会治理要求下，构建制度体系保障习近平新时代绿色发展理念在“企业—产业—区域”三大层面的落实举措。鉴于“市场失灵”与“政府失灵”的存在，以及中国走出的一条区别于西方发达国家的绿色发展道路，必须运用绿色发展的最新思想方法开展研究，从“企业—产业—区域”三大层面分别探究绿色发展的保障机制，通过构建“共享—监管考核—服务”三大机制，以政治经济文化为手段，为实践绿色发展提供制度保障。

9.2 构建和完善引导社会主体参与企业环境污染治理体系

企业环境污染问题是我国当下面临的主要难题之一。2015 年 1 月 1 日实施的新《环境保护法》明确规定:“企业是环境保护的主体,是环境保护的重要参与者,应该承担环保社会责任。”然而,环境问题远非单纯的技术难题,而是复杂社会条件和多元利益冲突等相互作用的结果。由于环境问题的外部性,企业环境污染治理必然是一个多元主体参与的复杂过程,需要多种协调机制、经营机制和利益分配机制共存,不同主体在治理过程中发挥着各自不可取代的作用,即构建一套可以使社会各界力量共同参与治理的制度形态。在这过程中尤其需要发挥“市场拉力—政府推力”双重动力驱动的系统作用。

(1) 构建社会主体参与企业环境污染治理体系的共享机制

企业环境污染治理体系中的社会主体参与者可分为消费型社会主体、投资型社会主体以及监管型社会主体三大类,在治理体系中的多方主体间存在着经济效益与社会效益、短期效益与长期效益、直接效益与间接效益等目标的合作与冲突。因此,需构建以资源共享、责任共担、发展共赢为价值理念的共建共享机制，从“理念—技术—制度”三重解锁企业环境污染治理困境。消费型社会主体参与者通过绿色消费驱动企业环境创新，一方面有利于实现企业环境污染治理和生态环境可持续发展，另一方面有利于自身健康、满足对美好生活的需求，从而实现利益共享。同时，产品质量追溯系统可实现消费型社会主体对企业绿色生产过程的信息共享。投资型社会主体参与者通过证券市场参与企业绿色投资，既是投资者，也是消费者，是企业环境污染治理决策的受益人之一。通过参与对投资企业实施项目可能给环境质量造成的影响调查、预测和估价，并提出公开的处理意见和对策，形成公众投资者与企业绿色发展利益与信息共享。监管型社会主体参与者主要包括社区公众、社会组织、科研院所等社会主体，主要通过企业环境信息披露、环境项目影响评价、环境创新技术合作等途径实现企业环境信息与技术共享。

构建共享机制需提高社会主体参与企业环境污染治理的共容利益。共容利益一般指理性地追求自身利益的个人或拥有相当凝聚力和纪律的组织，如果能够获得稳定社会总产出中相当大的利益，同时会因该社会产出的减少而遭受损失，则他们在此社会中便拥有了共容利益。社会主体参与企业环境污染治理体系实质上是在政策机制和市场机制引导下的多元主体联合治理模式，社会主体和企业都是企业环境污染治理的主体，需从中找到利益共容点。

一是提高绿色产品的价值属性。研究表明，产品的价值属性会正向影响消费者绿色购买行为，因而提高绿色产品的价值属性，一方面可提升消费者的购买欲，另一方面可实现企业利润的增加，从而实现消费者与企业的共容利益。产品价值属性包括五个方面，即社会属性、功能属性、情感属性、条件属性和尝新属性。尝新性、情感性和社会性可通过提高消费者的环保意识、环境价值观来实现。功能性由生产者决定，要求企业在生产绿色产品时，不能因为绿色产品的成本高就不保证其质量。政府及相关部门加大对绿色产品的补贴政策，可以增加绿色产品的条件性。

二是提高企业绿色社会责任。企业绿色社会责任是企业在经营活动过程中应充分考虑其对环境和资源的影响，把节约资源、环境保护融入企业经营管理的全过程，使节约资源、环境保护和企业发展融为一体，在增进环境公益的前提下企业获得发展，从而实现社会公众与企业的共容利益。一方面，要先从企业家做起，对企业家进行绿色社会责任培训和教育。通过企业家自身树立绿色社会责任理念影响企业的绿色生产经营决策，从而影响企业环境行为、企业产品与服务的绿色度。另一方面，需发挥社会公众的环境监督作用，尤其是第三方评估和公众投资者对企业绿色社会责任的披露与公开。

(2) 构建社会主体参与企业环境污染治理体系的运行机制

构建一套治理体系包含机制设计、执行、监管、考核、完善等环节，其中，执行、监管、考核、完善等运行过程更为关键。在社会主体参与企业环境污染治理体系的运行机制构建中，需辨析制度执行困境，有针对性地提升企业环境污染治理的执行力；推进环境污染治理要明晰约束性指标，既涉及经济社会发展的绿色考核评价，也包括资源生态环境监管；同时，该考核指标体系也需能够灵活反映各地区、各产业、各行业发展需求；这一切都迫切需要整合各部门与社会各界力量，形成联合监管体系。

建设基于大数据的企业环境污染治理监测网络，提高执行力。目前，我国环境监测网络主要由碳排放实时监测系统、水土安全信息管理系统、绿色产品认证管理电子政务系统、排污权在线交易系统等组成，未来物联网和社会网络结构综合集成技术的运用，将有助于实现社会主体对企业环境污染治理的联合监管。同时，强化企业生产过程监管和产品绿色质量溯源制度、激励公众参与决策监管举报、提高环境处罚标准、完善社会主体环境监管立法等措施，也有助于形成多主体参与的司法与道德监管合力。

鼓励社会公众参与企业环境信息披露的监管体系，增强公信力。首先，以政府监管为主导，一方面，完善立法保障环境信息披露的顺利进行，提高监管的时效性；另一方面，政府监管可更多地通过运用税收政策和信贷政策发挥作用，避免直接补贴产生的市场失灵的隐忧。其次，发挥直接利益相关者监督作用，提高企业直接利益相关者的环保意识和环保责任，综合关注企业的经济绩效和环境绩效，提高企业的环境压力。再次，鼓励社会公众监督，包括对企业的环境监督和对政府有关环保行政的监督。

完善考核指标体系扩大参与主体，提升透明度。首先，按照各地产业结构、发展阶段和环境容量，重点细化地区分类考核制度，如对服务业比例高、人口密度较大的特大型城市，构建以服务业和居民消费能耗为重点，实行人均能耗和能耗总量双控制的企业环境污染治理考核指标体系。其次，发挥社会主体强大的社会网络作用，助力政府加强对企业环境污染治理的过程考核。鼓励、支持市场主体或第三方机构参与企业环境信用评价工作，如对企业绿色产品的鉴定、信息发布，以及绿色积分公示等市场化手段推动环境信息公开、提高环境信用评价公正独立性，实现对企业环境污染治理的第三方考核，制定规范完善的社会责任报告，来维护企业和社会公众双方的利益诉求。

(3) 构建社会主体参与企业环境污染治理体系的服务机制

以建立社会主体参与的市场化、多元化的企业环境污染治理体系为契机，转变政府职能，通过构建信息、知识、技术、教育等服务机制为主要载体，完善金融、立法、土地等基础性服务机制为支撑保障企业环境污染治理体系的运行环境。

信息服务机制的建立和完善有利于利益相关者和社会公众掌握和了解企业生产、产品消费的过程，提高多主体的参与决策。着力于构建基于大数据与“互联网＋”的多主体协同环境信息共享机制，发挥政府信息共享服务体系建设方面的作用，提高环境信息的处理速度与利用效率，实现环境行政执法的现代化。

知识与技术服务机制是指依据专家知识与技术整合各类有效资源，并迅速应用于企业环境污染治理实践过程的保障体系，主要包含环境治理与创新中的知识技术需求、组织整合、咨询、培训与实践等为一体的政策制度。

教育服务机制是指通过教育培训改变消费者与公众的环保意识和态度，引导社会公众及各类主体主动改变传统生产与消费方式的一系列政策体系。媒体是社会大众获取信息的主要渠道，更是公众参与的一种渠道。要发挥媒体传播在环境保护中的作用，提升民众环保意识。

基础性制度建设服务机制是指综合运用金融、土地、财税、投资、立法等手段，构建支持社会主体参与的、符合我国国情、适应市场规律的企业环境污染治理基础性制度和长效机制。

9.3 积极引导绿色消费，推进绿色产业发展

绿色产业是推动生态文明建设的基础和手段，而积极引导绿色消费是从需求侧促进供给侧的绿色产业发展重要驱动力。党的十九届四中全会提出，完善绿色生产和消费的法律制度和政策导向，发展绿色金融，推进市场导向的绿色技术创新，更加自觉地推动绿色循环低碳发展。这为我们在新时代背景下引导绿色消费、推进绿色产业发展明确了目标、指明了路径。绿色消费兼具发展经济和节约资源、保护环境的双重需求，有利于实现需求引领和供给侧结构性改革相互促进，正逐步地在以下四个方面有力推动着我国绿色产业高质量发展。

(1) 绿色消费全面渗透，驱动绿色产业结构优化。绿色消费在各行各业渗透，既有利于生态保护，又可以倒逼消费结构和产业结构优化。我国绿色消费的内容，不仅涉及新能源汽车、节能家电等绿色产品，还在不断地向家居、家装、生活等领域渗透。根据京东大数据研究院发布的《2019 绿色消费趋势发展报告》显示，在其平台上的"绿色消费"商品种类已经超过一亿种，其中粮油调味、面部护理、童装童鞋、家具和汽车装饰成为销量前五的细分

品类，足见绿色消费已渗入消费者的日常生活与服务，这种趋势将逐步带动传统产业绿色转型升级，在各行各业形成绿色产业链生态系统。此外，作为我国战略性新兴行业的新能源汽车产业，经过近20年的发展，产销规模突破100万辆、连续五年居全球首位、规模保有量占全球50%，有效拉动了我国新能源汽车产业的成长与结构优化。而无论是刚需的绿色消费升级还是新兴产业的消费体验，都依赖于强有力的绿色产业打造，多元化的消费需求和行业渗透，将从根本上促进我国绿色产业结构的不断优化。

(2) 绿色供需良性互动，强化绿色产业竞争优势。提升绿色产业的竞争力，离不开绿色生产和绿色消费的良性互动，包括绿色生产企业与绿色消费者之间的互动、绿色消费者之间的互动等。随着网络技术的不断发展，网络虚拟社区成为诸多企业与消费者直接联系的渠道，增强了消费者对绿色消费的服务体验和品牌忠诚度，提高了绿色产品的差异化竞争优势。作为互联网制造模式下智能电子电器产品绿色设计平台的牵头企业——小米通讯技术有限公司，自创业伊始一直坚持虚拟品牌社区的运作，通过开设讨论专区促成社区成员分享经验、共同解决产品使用问题，开设校园俱乐部、米粉俱乐部以及米粉达人版块促进互动、增加品牌情感，全方位立体地满足社区成员的现实需求，发掘潜在需求，在提高社区成员消费体验的过程中不断创新产品、完善服务，为小米公司获得了持续竞争力与行业优势。此外，全媒体时代背景下的线上线下消费者互动与推荐也积极推动了绿色产品的市场竞争扩散，随着绿色消费者网络的互动强度增大，绿色产业的市场竞争力也逐渐增强。

(3) 绿色消费价值诉求，倒逼绿色产业技术创新。为体现绿色产品的价值属性，绿色产品在开发设计、清洁生产、回收利用等诸方面均需支付额外成本，因而消费者在绿色消费过程中往往需要为绿色产品承担一定的溢价支出，这也因此产生了绿色消费的价值诉求。一方面，绿色消费价值诉求可提升绿色消费意愿，增加企业利润，促进产业绿色升级；另一方面，又要求企业在保证绿色产品质量的基础上要充分满足消费者的绿色需求，且绿色产品价格不能高于消费者的心理价值。这必然倒逼企业实施环境技术创新，降低绿色生产成本，改变产业或市场原有的架构，进而创造市场优势，在价格、质量、性能、产品环境可持续性等方面获得竞争优势和价值增项，从而满足消费者对绿色消费的价值诉求和消费期望，实现消费者与企业的共容利益。电商行业的领军企业阿里巴巴自2017年以来通过推行电子面单、绿色包裹、新能源智慧车等环境技术创新，降低了生产运营成本，促进全行业绿色发展，获得了消费者在信息、绿色、时尚、品质等价值诉求方面的认可。

（4）绿色维权意识增强，规范绿色产业标准。2014年3月15日实施的新版《中华人民共和国消费者权益保护法》第25条规定赋予的消费者后悔权，是消费者知情权、选择权的延伸，其目的在于矫正因信息不对称带来的利益格局失衡，进一步规范了我国消费市场的交易公平，同时也为当前绿色产品市场"以次充好、以假充真"的违法行为提供了消费者维权的法律依据。从企业角度看，随着消费者维权意识增强，消费者后悔权的行使必然加大企业非绿色生产的代价；从消费者角度看，消费者后悔预期越强烈，越倾向于购买标准化的绿色产品。因此，规范绿色产业标准和绿色产品认证，可有效保障我国绿色产品消费市场规范发展，树立消费者的绿色消费信心及维护合法权益，促进绿色产业的良好发展态势。为此，国家认监委于2018年发布了绿色产品认证标识；国家发展改革委、工业和信息化部、自然资源部等七部委于2019年发布了《绿色产业指导目录》，全面界定全产业链绿色标准与范围，力图破解当前绿色产业概念泛化、标准不一、监管不力等困境。各地方各部门以此"目录"为基础，出台了一系列实施意见，如江苏省政府于2020年发布了《关于推进绿色产业发展的意见》，以进一步落实绿色产业发展目标和保障体制机制。

为保障绿色消费推进绿色产业发展的路径有效实施，培育壮大新兴绿色产业、助力传统产业绿色化转型、优化绿色产业格局，还需从以下四个方面入手，完善当前的制度设计。

（1）培育消费者的绿色价值观与绿色消费习惯，打造绿色产业发展的需求引擎。从绿色价值观和消费习惯的源头出发，实现消费者绿色消费行为引导，才能显著提升我国绿色消费市场的需求力，为绿色产业发展奠定良好的消费引擎。消费者的绿色价值观在生态支付意愿、低碳交通方式选择、节约消费行为等情境下发挥作用，是绿色消费行为的源头。绿色价值观的培育可经由立法、正规教育、社会网络和大众媒介等方式实施，尤其在全媒体时代背景下，要充分发挥媒体的绿色价值观宣教功能，传播绿色知识与行为规范。此外，绿色消费行为的坚持也离不开消费者绿色消费习惯的培养。绿色消费习惯是以提高绿色重购意向为目标，通过“早期绿色消费→形成绿色时尚潮流→绿色消费模仿→绿色从众消费→绿色消费流行→绿色消费习惯→绿色消费风俗固化”的传播机制与途径实现，因而可通过绿色产品营销、亲友推荐、媒介推广、社区宣传等渠道打造绿色消费习惯新风尚，也可以通过网络虚拟社区互动、绿色消费与服务体验提升绿色消费的情感认同及品牌忠诚度、行业认可度。

(2) 提升绿色消费的品牌影响力，促进绿色产业链集聚发展。绿色消费的品牌影响力反映的是消费者对某一名牌绿色产品的信任度和依赖度，以及名牌绿色产品企业对供应链内企业的集聚力。随着绿色营销、绿色认证、虚拟品牌社区互动等策略的推进，绿色消费的品牌影响力将进一步促进名牌绿色产品企业实现对绿色产业链的整合与布局，这也将进一步影响未来绿色产业的发展格局。具体举措包括：首先，要支持名牌绿色产品企业打造集研发、设计、制造、运营服务于一体的绿色产业链，突破企业边界，利用品牌力优势，加强行业厂商与产业链的互动与参与；其次，要打造一批特色鲜明的绿色产品生产企业集聚区，强调集聚区内的品牌差异化与产品差异化布局，注重专业化分工合作；再次，鼓励名牌绿色产品企业基于品牌溢出效应和链责任分担效应，积极开展绿色供应链的全生命周期管理，实施绿色设计与开发、绿色采购、绿色制造、物料循环与资源化利用等，协同供应链上其它企业共同绿色发展。

(3) 加快构建绿色技术创新体系，提升绿色产品与服务的价值属性。绿色消费需求影响企业技术创新路线及产品环境价值属性，随着绿色消费需求水平的提升，越来越多的企业采纳环境创新路线替代传统的产品改良路线，产品环境价值属性也得到相应提升。而促进企业绿色技术创新，亟需从产业层面的顶层设计出发，构建绿色技术创新体系，促进企业主导、政产学研深度融合，实现绿色技术突破、创新成果转化、绿色产品与服务价值增值。一要面向客户价值链，加大绿色技术创新攻关，即聚焦绿色产业目录、加快突破客户价值链中的核心关键技术，建成市场导向的绿色技术创新体系；二要面向行业价值链，充分发挥绿色产业龙头企业的引领和示范作用，支持龙头企业整合创新资源建立一批绿色技术创新联合体、绿色技术创新联盟，力求突破行业绿色创新关键技术瓶颈；三要面向产业价值链，完善绿色技术全链条开发转移转化机制和利益共享机制，通过绿色技术创新联盟、绿色供应链联盟、绿色技术转移、交易和产业化服务平台，打造绿色技术创新利益共同体，推进关键技术的合作研发、先进技术成果转化和示范应用，充分尊重各主体对联盟和平台的贡献，强化知识产权管理与利益回报。

（4）加强质量和品牌监管，建设绿色产业标准和品牌强国。绿色产品与服务的质量与品牌监管，包括法律体系的构建、绿色产业标准的制定、绿色产品质量回溯制度的建设、消费者监管制度的安排等。与发达国家相比，我国的绿色消费法规建设相对滞后，对绿色产品与服务的质量与品牌监管制度性约束较弱。在立法时一是要强调企业的绿色责任，促进企业实施环境技术创新，提高企业环境绩效和绿色产品质量；二是要强调消费者的绿色责任，明确消费者在废旧商品回收、低耗能产品消费等方面应承担的义务，以及对不合格绿色产品的监督义务。鼓励企业制定实施严于国家标准或行业标准的企业标准，建设标准创新研究基地，协同推进绿色产业目录中的不同地区、不同行业和企业标准制定。支持绿色产品的品牌发展战略，以品牌企业为绿色供应链管理的核心，健全绿色产品质量回溯制度，通过链责任分担机制实现对绿色全产业链的质量监管和责任追究，培养一批市场信誉度高、国内外影响力大的具有特色的绿色产业品牌企业。加强绿色消费的消费者监管制度安排，营造绿色消费规范的市场环境。通过立法确立绿色产品的绿色认证标识与等级，保障消费者的知情权；在全国 12315 平台开通绿色产品监督通道，畅通监督渠道，健全监督反馈机制，完善绿色消费后悔权保障机制和环境污染损害赔偿、非法造假绿色产品追偿机制等。

9.4 推进现代环境治理的绿色信任体系建设

中办、国办印发《关于构建现代环境治理体系的指导意见》指出，要深入贯彻习近平生态文明思想，坚持多方共治，完善企业环保信用评价制度。推进绿色信任体系建设，是完善企业环保信用评价制度的重要任务，将为推动生态环境根本好转、建设生态文明和美丽中国提供有力支撑保障。

(1) 三个需要是确立绿色信任体系的驱动力

① 确立绿色信任体系是完善企业环保信用评价制度的需要。绿色信任是企业信用的长期累积的效用值，绿色信任评价与环保信用评价有差异。我国较早开始研究企业环保信用评价，2013 年进入实施层面。多年来在取得成绩与经验的同时，也呈现出制度理论与实践绩效不彰之间的错位。梳理问题的共性是政府本位和市场失灵，政府权力过大，市场并未发挥基础性作用。解决问题的有效途径之一，是吸纳并重构企业环保信用评价制度的科学基础、推进绿色信任体系建设。以共同绿色目标为主线，协调定位政府、企业、金融和公众的共治角色，共享绿色信任尺度，充分发挥信任市场作用和信任资本效用，严格实施分级分类治理保障机制。

② 确立绿色信任体系是打好污染防治攻坚战的需要。随着“十三五”期间企业环保信用制度的严格实施，各地主要污染物排放已越过排放峰值并进入下降阶段。我国生态环境质量出现了稳中向好的趋势，但成效并不稳固，企业环保信用评价制度难以满足生态环境根本好转的要求。绿色信任体系有利于畅通渠道，推进共治共享共信的新格局，营造信任市场环境和强化环境治理诚信，促进行业企业自律，是绿色信任体系实现联动诚信约束的必要条件。

③ 确立绿色信任体系是降低政企环保交易成本的需要。绿色信任体系以企业绿色信任评价为核心，建立绿色信任分级分类、守信激励、失信约束的多方共治机制，集约发挥相关政府部门、信任市场与公众参与的合力作用，倒逼企业环保改造升级的自律行为，在降低政府环境管理成本的同时提高环境治理绩效。绿色信任体系充分发挥信任市场在资源环境生态优化配置中的功能与作用，推进企业创新排污权交易模式，建立区域间、不同污染物之间以及点源与面源新的交易框架，促进企业从追求短期效益向追求中长期的环境质量改善转变，降低企业环保改造升级的综合成本。

(2) 三个“重点”是推进绿色信任体系建设的核心工作

① 政府主导是推进绿色信任体系建设的重点。政府由本位到主导的转变是绿色信任体系建设的首要任务。在国务院及各试点省市关于加强企业环保信用体系建设指导意见的基础上，围绕绿色信任体系建设的共同目标，由生态环境部门及社会信用体系建设小组，制定统一的绿色信任评价标准和“百分百量化指标”，形成“一企一档”分类分级标示数据库；建立绿色信任公信度动态调整机制以自律企业环保行为，规范评价机构、征信公司参与标准和要求以确保公开公平公正。

② 市场本位是推进绿色信任体系建设的重点。推进市场本位的征信评价、联动激励约束机制建设，建立评价机构、征信公司和潜在各方联动的绿色信任评价机制。借助大数据、区块链技术及时更新绿色信任分类分级数据库，实现企业绿色信任评价结果的动态呈现。建立绿色信任数据库与激励约束联动机制，主张推行事前信任承诺、事中分类分级监管、事后信任激励约束的全过程监管。由生态环境部门主导，金融机构、水电部门等联动，实施企业绿色信任分类等级差别化绿色授信、水价和电价关联机制，实现

"一处失信,处处受限"的"移动执法"机制。建立企业绿色信任与负责人联合激励约束机制,降低企业绿色信任等级的同时记入其法定代表人、主要负责人的个人信用记录。

③ 多方参与和监督是推进绿色信任体系建设的重点。搭建公众信息提供、广泛监督的公示公信平台,发挥新闻媒体的舆情引导作用,宣传绿色诚信企业,追踪绿色信任级别差报道;加强行业协会对评价结构、征信公司的监管;构建公众参与信任评价的畅通渠道,引导民众积极参与并主动发挥监管作用。

(3) 三个建议为推进绿色信任体系建设提供支撑与保障

一是建议推进绿色信任体系建设的市场本位环境。绿色信任体系运行绩效与经济社会的市场化程度呈正相关。政府是立法提供者和政策供给者,评价机构和征信公司对绿色信任评价应当在市场供求基础上自主展开,旨在提供绿色信任评级结果的公信力。绿色信任评级结果普及运用也与健全的市场环境密不可分,政府、保险、授信机构及企业共享评级结果,实施绿色融资、绿色价格、绿色财税、绿色采购等与评级结果的联动激励约束机制。

二是建议构建绿色信任体系与环境治理需求衔接。从评价指标和方法来说,追求管控的环保信用指标和方法与地方环境管理者关注点不完全一致。比较分析重庆、安徽、上海及江苏等省市的评价指标和方法差异较大,评价结果和应用模式呈现多样化,还没有发挥长期环境管理的经验优势,企业对环保信用评价制度认知度低,主动参与积极性差。从现代环境治理需求来说,追求生态环境根本好转,是可持续、长期的目标,也是企业环保信用累积的绿色信任潜在需求。鉴于绿色信任体系工作任务的艰巨性和迫切性,当前要主动引导和推进绿色信任体系研究与多方环境治理的现实需求衔接。

三是建议推进绿色信任体系建设的立法、评价指标和标准要求。长期以来环境立法相对滞后,处于"先污染,后治理"状态。随着现代环境治理体系指导意见出台,公民对环境的要求整体提高,环境立法由后治理转向先预防、由惩罚到激励约束并重,是推进绿色信任体系建设的前提。绿色信任评价指标包括规范性指标、行为指导性指标和鼓励性指标。坚持《环境保护法》、《环境影响评价法》等作为规范性指标评定依据;坚持部门规章、地方法规或行业标准作为行为指导性指标参考依据；坚持把企业自我加压、主动提升环境管理水平作为鼓励性指标设置。建议提升鼓励性指标作用，综合考虑社会影响因素。由于我国第三方评价机构和征信公司尚处在发展成长初期，政府制定标准是评价结构和征信公司筛选的依据，规定要求是评价结构和征信公司理性自律的规范。

参考文献

[1] Adepetu A and Keshav S and Arya V, "An agent-based electric vehicle ecosystem model: San Francisco case study," *Transport Policy*, vol. 46, 2016, pp. 109 - 122.

[2] Akanji A, "Cooperatives: An Imperative for a Holistic Environmental Management," *Encyclopedia of the World's Biomes*, 2020, pp. 390 - 396.

[3] Albino V and Balice A and Dangelico R M, "Environmental strategies and green product development: An overview on sustainability - driven companies," *Business Strategy and The Environment*, vol. 18, no. 2, 2009, pp. 83 - 96.

[4] Alvarez Gil M J and Borgos Jimenez J and Cespedes Lorente J J, "An analysis of environmental management: organizational context and performance of Spanish hotels," *Omega*, no. 29, 2001, pp. 457 - 471.

[5] Almutairi H and Elhedhli S, "Modeling, analysis, and evaluation of a carbon tax policy based on the emission factor," *Computers & Industrial Engineering*, vol. 77, no. 6, 2014, pp. 88 - 102.

[6] Atasu A and Sarvary M and Van Wassenhove L N, "Remanufacturing as a marketing strategy," *Management Science*, vol. 54, no. 10, 2008, pp. 1731 - 1746.

[7] Ariel R, *Modeling Bounded Rationality*, The MIT Press, 1997.

[8] Axsen J and Langman B and Goldberg S, "Confusion of innovations: Mainstream consumer perceptions and misperceptions of electric-drive vehicles and charging programs in Canada," *Energy Research & Social Science*, vol. 27, 2017, pp. 63 - 173.

[9] Bansal P, Roth K, "Why companies go green: A model of ecological responsiveness," *Academy of Management Journal*, vol. 43, no. 4, 2000, pp. 717 - 736.

[10] Bai C and Sarkis J, "Green supplier development: Analytical evaluation using rough set theory," *Journal of Cleaner Production*, vol. 18, no. 12, 2010, pp. 1200 - 1210.

[11] Baumann H and Boons F and Bragd A, "Mapping the green product development field: Engineering, policy and business perspectives," *Journal of Cleaner Production*, vol. 10, no. 5, 2002, pp. 409 - 425.

[12] Bekiroglu C and Erdil O and Alpkan L, "Variables perceived by managers as antecedents that lead firms to environmental management: An empirical research in the Turkish construction sector," *Procedia-Social and Behavioral Sciences*, vol. 24, 2011, pp. 101 - 122.

[13] Biswas A and Roy M, "Green products: An exploratory study on the consumer behavior in emerging economies of the East," *Journal of Cleaner Production*, 2015, pp. 463 - 468.

[14] Biglan A, "The Role of advocacy organizations in reducing negative externalities," *Journal of Organizational Behavior Management*, vol. 29, no. 34, 2009, pp. 21 - 230.

[15] Bournakis I and Mallick S, "TFP estimation at firm level: The fiscal aspect of productivity convergence in the UK," *Economic Modelling*,

2017, pp. 579 - 590.

[16] Bowen F E and Cousins P D, et al. , "The role of supply management capabilities in green supply," *Production and Operation and Management*, vol. 10, no. 2, 2001, pp. 174 - 189.

[17] Bilal M and Israr H and Shahid M, et al. , "Sentiment classification of Roman-Urdu opinions using naive Bayesian, decision tree and KNN classification techniques," *Journal of King Saud University-Computer and Information Sciences*, vol. 28, no. 3, 2016, pp. 330 - 344.

[18] Camerer C F and Ho T H, "Experience-weighted attraction learning in normal-form games," *Econometrica*, vol. 67, 1999, pp. 827 - 874.

[19] Chen K, and He Z, "Sentiment classification of hotel reviews based on sentiment dictionary," *Modern Computer*, Vol. 32, no. 4, 2018, pp. 34 - 39.

[20] Chen S, and Golley J, "Green productivity growth in China's industrial economy," *Energy Economics*, vol. 44, 2014, pp. 89 - 98.

[21] Cheng C J, and Yang C, and Sheu C. , "The link between ecoinnovation and business performance: A Taiwanese industry context," *Journal of Cleaner Production*, vol. 64, no. 2, 2014, pp. 81 - 89.

[22] Cheng Z H and Li L S and Liu J, "Natural resource abundance, resource industry dependence and economic green growth in China," *Resources Policy*, vol. 68, no. 49, 2020, pp. 101734.

[23] Chekima B and Wafa S a W S K, and Igau O A, et al. , "Examining green consumerism motivational drivers: does premium price and demographics matter to green purchasing?," *Journal of Cleaner Production*, vol. 112, 2016, pp. 3436 - 3450.

[24] Choi T Y and Hartley J L, "An exploration of supplier selection practices across the supply chain," *Journal of Operations Management*, vol. 14, no. 4, 1996, pp. 333 - 343.

[25] Constable D J C and Dunn P J and Hayler J D, et al. , "Key green

chemistry research areas — A perspective from pharmaceutical manufacturers," *Green Chemistry*, vol. 9, no. 5, 2007, pp. 411 - 420.

[26] Cowe R, *Williams S, Who are the ethical consumers*? London, UK: The Co-operative Bank, 2000.

[27] Conrad K, "Price competition and product differentiation when consumers care for the environment," *Environmental and Resource Economics*, vol. 31, no. 1, 2005, pp. 1 - 19.

[28] Cordano M and Frieze I H, "Pollution Reduction Preferences of U. S. Environmental Managers: Applying Ajzen's Theory of Planned Behavior," *Academy of Management Journal*, vol. 43, no. 4, 2000, pp. 627 - 641.

[29] Chung Y and Fare R and Grosskopf S, et al., "Productivity and Undesirable Outputs: A Directional Distance Function Approach," *Journal of Environmental Management*, vol. 51, no. 3, 1997, pp. 229 - 240.

[30] Dacin M T and Goodstein J and Scott W R, et al., "Institutional Theory and Institutional Change: Introduction to the Special Research Forum," *Academy of Management Journal*, vol. 45, 2002, pp. 45 - 56.

[31] Dai H and Xie X and Xie Y, et al., "Green growth: The economic impacts of large-scale renewable energy development in China," *Applied Energy*, vol. 162, 2016, pp. 435 - 449.

[32] Delmas M A, "The diffusion of environmental management standards in Europe and in the United States: An institutional perspective," *Policy Sciences*, vol. 35, no. 1, 2002, pp. 91 - 119.

[33] Diamantopoulos A and Schlegelmilch B and Sinkovics R, et al., "Can socio-demographics still play a role in profiling green consumers? A review of the evidence and an empirical investigation," *Journal of Business Research*, vol. 56, no. 6, 2003, pp. 465 - 480.

[34] Dobos I, "The effects of emissions trading on production and

inventories in the Arrow-Karlin model," *International Journal of Production Economics*, vol. 93, no. 4,2005, pp. 301 - 308.

[35] Doonan J and Lanoie P and Laplante B, "Determinants of environmental performance in the Canadian pulp and paper industry: an assessment from inside the industry," *Ecological Economics*, vol. 55, no. 1, 2005, pp. 73 - 84.

[36] Dost M and Pahi M H and Magsi H B, et al. , "Influence of the best practices of environmental management on green product development," *Journal of Environmental Management*, vol. 241, 2019, pp. 219 - 225.

[37] Dubey R and Gunasekaranb A and Ali S, "Exploring the Relationship between Leadership, Operational Practices, Institutional Pressures and Environmental Performance: A Framework for Green Supply Chain," *International Journal of Production Economics*, vol. 160, 2015, pp. 120 - 132.

[38] Engel J Blackwell R D and Miniard P W, *Consumer Behavior 8th ed*, Philadephia: The Dryden Press, 1995.

[39] Eva H, "The impact of environmental performance on firm performance: Short-term costs and long-term benefits," *Ecological Economics*, vol. 84,2012, pp. 91 - 97.

[40] Evans D, "Thrifty, green or frugal: Reflections on sustainable consumption in a changing economic climate," *Geoforum*, vol. 42, no. 5,2011, pp. 550 - 557.

[41] Etzion D, "Research on organizations and the natural environment, 1992-present: A review," *Journal of Management*, vol. 33, no. 4, 2007, pp. 637 - 664.

[42] Eppstein M J and Grover D K and Marshall J S, et al. , "An agent-based model to study market penetration of plug-in hybrid electric vehicles," *Energy Policy*, vol. 39, no. 6,2011, pp. 3789 - 3802.

[43] Farrow K and Grolleau G and Ibanez L, "Social norms and pro-

environmental behavior: A review of the evidence," *Ecological Economics*, vol. 140,2017, pp. 1 - 13.

[44] Fong C M and Chang N J, "The Impact of green learning orientation on proactive environmental innovation capability and firm performance," *African Journal of Business Management*, vol. 6, no. 3,2012, pp. 727 - 735.

[45] Frondel M and Horbach J and Rennings K, et al., "End-of-Pipe or Cleaner Production? An Empirical Comparison of Environmental Innovation Decisions Across OECD Countries," *Business Strategy and The Environment*, vol. 16, no. 8,2007, pp. 571 - 584.

[46] Frenken K and Faber A, "Introduction: Evolutionary methodologies for analyzing environmental innovations and the implications for environmental policy," *Technological Forecasting and Social Change*, vol. 76,2009, pp. 449 - 452.

[47] Gabriel Y. Fineinan S and Sims O*rganizing and Organizations*, London: Sage, 2000.

[48] George H and Anastasios S, "Can capital markets respond to environmental policy of firms? Evidence from Greece," *Ecological Economics*, vol. 63,2007, pp. 578 - 587.

[49] Gottberg A and Morris J and Pollard S, et al., "Producer responsibility, waste minimization and the WEEE directive: case studies in eco-design from the European lighting sector," *Science of the Total Environment*, vol. 359. no. 1 - 3,2006, pp. 38 - 56.

[50] Grimm J H and Hofstetter J S and Sarkis J, "Exploring subsuppliers' compliance with corporate sustainability standards," *Journal of Cleaner Production*, Vol. 112, 2014, pp. 1971 - 1984.

[51] Grant D and Vasi I B, "Civil Society in an Age of Environmental Accountability: How Local Environmental Nongovernmental Organizations Reduce U. S. Power Plants' Carbon Dioxide Emissions," *Sociological Forum*, vol. 32, no. 1,2016, pp. 94 - 115.

[52] Hafezalkotob A, "Competition of two green and regular supply chains under environmental protection and revenue seeking policies of government," *Computers & Industrial Engineering*, vol. 82, 2015, pp. 103 - 114.

[53] Haslinda A and Fuong C, "The Implementation of ISO 14001 Environmental Management System in Manufacturing Firms in Malaysia," *Asian Social Science*, vol. 6, no. 3, 2010, pp. 100.

[54] Hartmann P and Ibáñez V A, "Green value added," *Marketing Intelligence & Planning*, vol. 24, no. 7, 2006, pp. 673 - 680.

[55] Henngues l and Sadorsky p, "Embirical approach the determinants of an environmentally responsive firm: an empirical approach," *Journal of environmental economics and management*, no. 30, 1996, pp. 381 - 395.

[56] He Z X and Shen W X and Li Q B, et al., "Investigating external and internal pressures on corporate environmental behavior in papermaking enterprises of China," *Journal of Cleaner Production*, vol. 172, 2018, pp. 1193 - 1211.

[57] Horvathova E, "Does environmental performance affect financial performance? A meta-analysis," *Ecological Economics*, vol. 70, no. 1, 2010, pp. 52 - 59.

[58] Huang P and Shi H, "Effective environmental management through environmental knowledge management," *International Journal of Environmental Science and Technology*, vol. 6, no. 1, 2009, pp. 35 - 50.

[59] Ilker M A, "The impact of green product innovation on firm performance and competitive capability: the moderating role of managerial environmental concern," *Procedia-Social and Behavioral Sciences*, vol. 62, no. 24, 2012, pp. 854 - 864.

[60] Jănicke M, "Green growth: From a growing eco-industry to economic sustainability," *Energy Policy*, vol. 48, no. 9, 2012, pp. 13 - 21.

[61] Juan Z, "R&D for environmental innovation and supportive policy: The implications for new energy automobile industry in China," *Energy Procedia*, vol. 5,2011, pp. 1003 - 1007.

[62] Jorgenson D W and Goettle R J, Ho M S, et al., "Carbon taxes and fiscal reform in the United States," *National Tax Journal*, vol. 68, no. 1,2015, pp. 111 - 121.

[63] Kates and R. W, "Population and consumption: What we know, what we need to know," *Environment*, vol. 42, no. 3,2000, pp. 10 - 19.

[64] Kennedy J, "The particle swarm: social adaptation of knowledge," *Proceedings of* 1997 *IEEE International Conference on Evolutionary Computation* (*ICEC*, 97), 1997, pp. 303 - 308.

[65] Kemp R, *Environmental policy, and technical change: A comparison of the technological impact of policy instruments*, *Cheltenham*, UK; Brookfield, US: Edward Elgar, 1997.

[66] Kemfert C, "Induced technological change in a multi-regional, multi-sectoral integrated assessment model (WIAGEM): impact assessment of climate policy strategies," *Ecological Economics*, vol. 54, no. 2, 2005, pp. 293 - 305.

[67] Kerr M, "Integrating the supply chain though WEB-enabled CAX system," *The Institution of Electric Engineers*, no. 3, 1999, pp. 1295 - 1297.

[68] Kim B D and Blattberg R C and Rossi P E, "Modeling the distribution of price sensitivity and implications for optimal retail pricing," *Journal of Business & Economic Statistics*, vol. 13, no. 3, 1995, pp. 291 - 303.

[69] Kumar R and Saha R, Sekar P C, et al., "Examining the role of external factors in influencing green behaviour among young Indian consumers," *Young Consumers: Insight and Ideas for Responsible Marketers*, vol. 20, no. 4,2019, pp. 380 - 398.

[70] Kvimaa P and Mickwitz P, "The challenge of greening technologies-

environmental policy integration in finnish technology policies," *Research Policy*, vol. 35, no. 5,2006, pp. 729 – 744.

[71] Koutsoyiannis, D, "Scale of water resources development and sustainability: small is beautiful, large is great," *Hydrological Sciences Journal*, vol. 56, no. 4,2011, pp. 553 – 575.

[72] Lash J and Wellington F, "Competitive advantage on a warming planet," *Harvard Business Review*, vol. 85, no. 3,2007, pp. 94.

[73] Lippman S, "Supply chain environmental management: elements for success,". *Environmental Management*, vol. 16. no. 2,1999, pp. 17 – 182.

[74] Lesage J P and Pace R K, *Introduction to spatial econometrics*, Boca Raton: CRC Press, 2009, pp. 513 – 514.

[75] Lee Y Kand Kim M S, et al. , "Personal Values, Perceived Consumer Effectiveness and Demographic Effects on Green Purchasing Behavior of Korean Consumers," *Environmental engineering and management journal*, vol. 18, no. 2,2019, pp. 349.

[76] Guo L and Hu X M, "Green technological trajectories in ecoindustrial parks and the selected environment: The cases study of the Lubei Group and the Guitang Group," *Journal of Knowledge-based Innovation in China*, vol. 3, no. 1,2011, pp. 54 – 68.

[77] Li W and Wang J and Chen R, et al. , "Innovation-driven industrial green development: The moderating role of regional factors," *Journal of Cleaner Production*, vol. 222,2019, pp. 344 – 354.

[78] Li X W and Du J G and Long H Y, "Theoretical framework and formation mechanism of the green development system model in China," *Environmental Development*, vol. 32,2019, pp. 100 – 465.

[79] Li X W and Du J G and Long H Y, "Understanding the green development behavior and performance of industrial enterprises (GDBP-IE): Scale development and validation," *International Journal of Environment Research and Public Health*, vol. 17, no. 5,2020, pp. 1716.

[80] Li L, "Information sharing in a supply chain with horizontal competition," *Management Science*, vol. 48, no. 9, 2002, pp. 1196 - 1212.

[81] Li K and Mallik S and Chhajed D, "Design of Extended Warranties in Supply Chains under Additive Demand," *Production and Operations Management*, vol. 21, no. 4, 2012, pp. 730 - 746.

[82] Liu G and Liu X and Yang X, et al., "Research on the Development Strategy of China's Renewable Resource Industry Based on SWOT Analysis," *Mobile Adhoc and Sensor Systems*, 2010, pp. 1 - 5.

[83] Liu Z and Anderson T and Cruz J M, et al., "Consumer environmental awareness and competition in two-stage supply chains," *European Journal of Operational Research*, vol. 218, no. 3, 2012, pp. 602 - 613.

[84] Liu R and D Wang and Zhang L, et al., "Can green financial development promote regional ecological efficiency? A case study of China," *Natural Hazards*, vol. 95, 2019, pp. 325 - 341.

[85] Liu Y and J Zhu and Li E Y, et al., "Environmental regulation, green technological innovation, and eco-efficiency: The case of Yangtze River economic belt in China," *Technological Forecasting and Social Change*, 155(2020), pp. 119 - 993.

[86] Lin R J and Tan K H and Geng Y, "Market demand, green product innovation, and firm performance: evidence from Vietnam motorcycle industry," *Journal of Cleaner Production*, vol. 40, 2013, pp. 101 - 107.

[87] Lin B and Zhu J, "Impact of energy saving and emission reduction policy on urban sustainable development: Empirical evidence from China," *Applied Energy*, vol. 239, no. 1, 2019, pp. 12 - 22.

[88] Loncar D and Paunkovic J and Jovanovic V, et al., "Environmental and social responsibility of companies cross EU countries — Panel data analysis," *The Science of the Total Environment*, vol. 657,

no. 3,2019, pp. 287 - 296.

[89] Maïder S J, "Polluting emissions standards and clean technology trajectories under competitive selection and supply chain pressure," *Journal of Cleaner Production*, vol. 16, no. S1, 2008, pp. S113 - S12.

[90] Mainieri T and BarnettE G and Valdero T R, et al. , "Green Buying: The Influence of Environmental Concern on Consumer Behavior," *Journal of Social Psychology*, vol. 137, no. 2, 1997, pp. 189 - 204.

[91] Martin G and Timothy B, "Company environmental performance and consumer purchase intentions," *Journal of Business Research*, vol. 66, 2013, pp. 1945 - 1953.

[92] Meagan W and Anne S and Magda N, "The effect of 'green' messages on brand purchase and brand rejection," *Australasian Marketing Journal*, vol. 21,2013, pp. 105 - 110.

[93] Micheli G J L, Cagno E, Mustillo G, et al, "Green supply chain management drivers, practices and performance: A comprehensive study on the moderators," *Journal of Cleaner Production*, vol. 259, 2020, pp. 121024.

[94] McKibbin W J and Morris A C and Wilcoxen P J, et al. , "Carbon taxes and US fiscal reform," *National Tax Journal*, vol. 68, no. 1, 2015, pp. 135 - 139.

[95] Mccoy D and Lyons S, "Consumer preferences and the influence of networks in electric vehicle diffusion: An agent-based microsimulation in Ireland," *Energy Research & Social Science*, vol. 3,2014, pp. 89 - 101.

[96] Milner J and Hamilton I and Woodcock J, et al. , "Health benefits of policies to reduce carbon emissions," *BMJ (online)*, vol. 368,2020, pp. l6758.

[97] Monroe K B, *Pricing: making profitable decisions*, New York:

McGraw-Hill, 1990.

[98] Murillo-Luna J L and Garcés-Ayerbe C and Rivera-Torres P, "Barriers to the adoption of Proactive Environmental Strategies," *Journal of Cleaner Production*, vol. 19, no. 13, 2011, pp. 1417 - 1425.

[99] Mccoy D and Lyons S, "Consumer preferences and the influence of networks in electric vehicle diffusion: An agent-based microsimulation in Ireland," *Energy Research & Social Science*, vol. 3, 2014, pp. 89 - 101.

[100] Narayan P K and Sharma S, "Is carbon emission trading profitable," *Economic Modeling*, vol. 47, no. 5, 2015, pp. 84 - 92.

[101] Nguyen H V and Nguyen C H and Hoang T B, "Green consumption: Closing the intention-behavior gap," *Sustainable Development*, 2019, vol. 27, no. 2, pp. 1875.

[102] Noci G, "Designing 'green' vendor rating systems for the assessment of a supplier's environmental performance," *European Journal of Purchasing and Supply Management*, vol. 3, no. 2, 1997, pp. 103 - 114.

[103] Papaoikonomou E and Ryan G and Valverde M, "Mapping ethical consumer behavior: Integrating the empirical research and identifying future directions," *Ethics & Behavior*, vol. 21, no. 3, 2011, pp. 197 - 221.

[104] Paul W and Tommaso C and Chris B, "Environmental impact, quality, and price: Consumer trade-offs and the development of environmentally friendly technologies," *Technological Forecasting & Social Change*, vol. 76, 2009, pp. 552 - 566.

[105] Panayotou T, "Empirical Tests and Policy Analysis of Environmental Degradation at Different Stages of Economic Development," *Pacific and Asian Journal of Energy*, 1993, vol. 4, no. 1, pp. 1 - 23.

[106] Paço A and Gouveia Rodrigues R, "Environmental activism and consumers' perceived responsibility," *International Journal of Consumer Studies*, vol. 40, no. 4,2016, pp. 466 - 474.

[107] Peng Y and Chen Z and Lee J, "Dynamic Convergence of Green Total Factor Productivity in Chinese Cities," *Sustainability*, vol. 12,2020, pp. 4883.

[108] Peattie K, "Golden goose or wild goose? The hunt for the green consumer", *Business Strategy and the Environment*, vol. 10, no. 4, 2001, pp. 187 - 199.

[109] Pereira A and Vence X, "Key business factors for eco-innovation: An overview of recent firm-level emprical studies," *Cuadernos De Gestión*, vol. 12,2012, pp. 73 - 104.

[110] Pearce D and Markandya A and Barbier EB, *Blueprint for a Green Economy*, London: Earthscan, 1989.

[111] Pizer W A, "Combining price and quantity controls to mitigate global climate change", *Journal of Public Economics*, vol. 85, no. 3,2002, pp. 409 - 434.

[112] Polzin F, "Mobilizing private finance for low-carbon innovation — A systematic review of barriers and solutions", *Renewable & Sustainable Energy Reviews*, vol. 77, no. 9,2017, pp. 525 - 535.

[113] Potoski M and Prakash A, "Green clubs and voluntary governance: ISO 14001 and firms' regulatory compliance", *American Journal of Political Science*, vol. 49, no. 2,2005, pp. 235 - 248.

[114] Prakash A, "Green marketing, public policy and managerial strategies, "*Business Strategy and the Environment*, vol. 11, no. 5, 2002, pp. 285 - 297.

[115] Ramayah T and Jason W and Osman M, "Green product purchase intention: Some insights from a developing country", *Resources, Conservation and Recycling*, vol. 54,2010, pp. 1419 - 1427.

[116] Ritter A M and Borchardt M and Vaccaro G, et al., "Motivations

for promoting the consumption of green products in an emerging country: exploring attitudes of Brazilian consumers," *Journal of Cleaner Production*, vol. 106, no. 11, 2015, pp. 507 - 520.

[117] Roy M and Khastagir D, "Exploring role of green management in enhancing organizational efficiency in petro-chemical industry in India," *Journal of Cleaner Production*, vol. 121, 2016, pp. 109 - 115.

[118] Sarkis J and Zhu Q H and Lai K H, "An organizational theoretic review of green supply chain management literature," *International Journal of Production Economics*, vol. 130, no. 1, 2011, pp. 1 - 15.

[119] Sudmant B A and Colenbrander C B and Gouldson B A, et al., "Private opportunities, public benefits? The scope for private finance to deliver low-carbon transport systems in Kigali, Rwanda," *Urban Climate*, vol. 20, 2017, pp. 59 - 74.

[120] Sargentis G and Ioannidis R and Karakatsanis G and Igourou S and Lagaros N D and Koutsoyiannis D, "The development of the Athens water supply system and inferences for optimizing the scale of water infrastructures," *Sustainability*, vol. 11, no. 9, 2019, pp. 2657.

[121] Samantha S and Angela P, "Eating clean and green? Investigating consumer motivations towards the purchase of organic food," *Australasian Marketing Journal*, vol. 18, 2010, pp. 93 - 104.

[122] Stafford S L, "Can Consumers Enforce Environmental Regulations the Role of the Market in Hazardous Waste Compliance," *Joumal of Regulation Economies*, vol. 31, no. 1, 2006, pp. 83 - 107.

[123] Satyaveer, "Analysis of supply chain partnership with revenue sharing," International *Journal of Production Economics*, vol. 97, 2005, pp. 44 - 51.

[124] Schiederig T and Tietze F and Herstatt C, et al., "Green innovation in technology and innovation management — An exploratory literature review," *R & D Management*, vol. 42, no. 2, 2012, pp. 180 - 192.

[125] Seuring S, "Integrated chain management and supply chain management comparative analysis and illustrative case," *Journal of Cleaner Production*, vol. 12, no. 8 – 10, 2004, pp. 1059 – 1071.

[126] Shiffrin R M and Brner K, "Mapping knowledge domains," *Proceedings of the National Academy of ences*, vol. 101, no. Suppl 1(Supplement 1), 2004, pp. 5183 – 5185.

[127] Subramanian R and Gupta S and Talbot B, "Compliance strategies under permit for emissions," *Production and Operations Management*, vol. 16, no. 6, 2007, pp. 763 – 779.

[128] Shi Y and Eberhart R, "A modified particle swarm optimizer," *Evolutionary Computation Proceedings*, 1998. *IEEE World Congress on Computational Intelligence.*, The 1998 IEEE International Conference on, 1998, pp. 69 – 73.

[129] Shrivastava P, "Environmental Technologies and Competitive Advantage," *Strategic Management Journal*, vol. 16, 1995, pp. 183 – 200.

[130] Shrum L M and Mccarty J A and Lowrey T M, "Buyer Characteristics of the Green Consumer and Their Implications for Advert," *Journal of Advertising*, vol. 24, no. 2, 1995, pp. 71 – 82.

[131] Tang L and Wu J Q and Yu L A and Bao Q, "Carbon emissions trading scheme exploration in China: A multi-agent-based model," *Energy Policy*, vol. 81, no. 7, 2015, pp. 152 – 169.

[132] Taufique K and Siwar C and Sarah F, "Green food consumption in Malaysia: A review of consumers' buying motives," *International Food Research Journal*, vol. 22, no. 1, 2015, pp. 131 – 138.

[133] Torani K and Rausser G and Zilberman D, "Innovation subsidies versus consumer subsidies: A real options analysis of solar energy," *Energy Policy*, vol. 92, 2016, pp. 255 – 269.

[134] Tong W and Mu D and Zhao F, "The impact of cap-and-trade mechanism and consumers' environmental preferences on a retailer-

led supply Chain," *Resource Conservation and Recycling*, vol. 142, no. 5, 2019, pp. 88 - 100.

[135] Vachon S and Klassen R D, "Green project partnership in the supply chain: the case of the package printing industry," Journal *of Cleaner Production*, vol. 14, no. 67, 2006, pp. 661 - 671.

[136] Valentine S V, "Policies for enhancing corporate environmental management: a framework and an applied example," *Business Strategy and The Environment*, vol. 21, no. 5, 2012, pp. 338 - 350.

[137] Wang K and Tsai S B and Du X and Bi D T, "Internet finance, green finance, and sustainability," *Sustainability*, vol. 11, no. 4, 2019, pp. 3856.

[138] Wang M and Wang M and Wang S Y, "Optimal investment and uncertainty on China's carbon emission abatement," *Energy Policy*, vol. 41, no. 2, 2012, pp. 871 - 877.

[139] Wang Y and Hou G, "A duopoly game with heterogeneous green supply chains in optimal price and market stability with consumer green preference," *Journal of Cleaner Production*, vol. 255, no. 5, 2020, pp. 120 - 161.

[140] Welch C J and Brkovic T and Schafer W, et al., "Performance to burn? Re-evaluating the choice of acetonitrile as the platform solvent for analytical HPLC," *Green Chemistry*, vol. 11, no. 8, 2009, pp. 1232 - 1238.

[141] Wei W and Zhang W and Wen J, et al., "TFP growth in Chinese cities: The role of factor-intensity and industrial agglomeration," *Economic Modelling*, vol. 91, 2020, pp. 534 - 549.

[142] Wong C W and Lai K and Shang K, et al., "Green operations and the moderating role of environmental management capability of suppliers on manufacturing firm performance," *International Journal of Production Economics*, vol. 140, no. 1, 2012, pp. 283 - 294.

[143] Wunder S, *Payments for Environmental Services: Some Nuts and Bolts*, CIFOR: Bogor, Indonesia, 2005.

[144] Wu S H and Yang Q Y and Zheng D, "Delineation of eco-geographic regional system of China," Journal *of Geographical Sciences*, vol. 13, no. 3,2003, pp. 309 – 315.

[145] Wu H T and Li Y W and Hao Y, "Environmental decentralization, local government competition, and regional green development: Evidence from China," *The Science of the Total Environment*, vol. 708, no. 3,2020, pp. 135085. 1 – 135085. 15.

[146] Xu S and Zeng L J, "Correlation analysis between financial agglomeration and regional economic growth: a new perspective based on green development concept," *Fresenius Environmental Bulletin*, vol. 30, no. 4,2021, pp. 3744 – 3753.

[147] Xu X and Li J, "Asymmetric impacts of the policy and development of green credit on the debt financing cost and maturity of different types of enterprises in China," *Journal of Cleaner Production*, vol. 264,2020, pp. 121 – 574.

[148] Yang C J and Chen J L, "Accelerating preliminary eco-innovation design for products that integrates case-based reasoning and TRIZ method," *Journal of Cleaner Production*, vol. 19,2011, pp. 998 – 1006.

[149] Yang J and Su J and Song L, "Selection of manufacturing enterprise innovation design project based on consumer's green preferences," *Sustainability*, vol. 11, no. 5,2019, p. 1375.

[150] Yang Y and Lan Q and Liu P, et al., "Insurance as a market mechanism in managing regional environmental and safety risks," *Resources, Conservation and Recycling*, vol. 124,2017, pp. 62 – 66.

[151] Yao D and Yue X and Liu J, et al., "Vertical cost information sharing in a supply chain with value-adding retailers," *Omega-international Journal of Management Science*, vol. 36, no. 5,2008,

pp. 838 - 851.

[152] Yi H, "Green businesses in a clean energy economy: Analyzing drivers of green business growth in US States," *Energy*, vol. 68, no. 4, 2014, pp. 922 - 929.

[153] Yi G and Yang G, "Research on the tripartite evolutionary game of public participation in the facility location of hazardous materials logistics from the perspective of NIMBY events," *Sustainable Cities and Society*, vol. 75, no. 5, 2021, pp. 103017.

[154] Yue B and Sheng G and She S, et al., "Impact of Consumer Environmental Responsibility on Green Consumption Behavior in China: The Role of Environmental Concern and Price Sensitivity," *Sustainability*, vol. 12, no. 5, 2020, p. 2074.

[155] Lu Y L and Norse D and Powlson D S, et al., "Agriculture Green Development in China and the UK: common objectives and converging policy pathways," *Frontiers of Agricultural Science and Engineering*, vol. 7, no. 1, 2020, pp. 98 - 105.

[156] Yu W and Ramanathan R and Nath P, "Environmental pressures and performance: An analysis of the roles of environmental innovation strategy and marketing capability," *Technological Forecasting and Social Change*, vol. 117, 2017, pp. 160 - 169.

[157] Zhang T and Zhang D, "Agent-based simulation of consumer purchase decision-making and the decoy effect," *Journal of Business Research*, vol. 60, no. 8, 2007, pp. 912 - 922.

[158] Zhang J and Nie T F and Du S F, "Optimal emission-dependent production policy with stochastic demand," *International Journal of Society Systems Science*, vol. 3, no. 2, 2011, pp. 21 - 39.

[159] Zhang S L and Wu Z H and Wang Y, et al., "Fostering green development with green finance: An empirical study on the environmental effect of green credit policy in China," *Journal of Environmental Management*, vol. 296, no. 10, 2021, pp. 113 - 159.

[160] Zhu Q H and Sarkis J and Lai K H, "Green supply chain management: Pressures, practices and performance within the Chinese automobile industry," *Journal of Cleaner Production*, vol. 15, no. 11 - 12, 2007, pp. 1041 - 1052.

[161] Zhu Q H and Sarkis J, "Relationships between operational practices and performance among early adopters of green supply chain management practices in Chinese manufacturing enterprises," *Journal of Operations Management*, vol. 22, no. 3, 2004, pp. 265 - 289.

[162] Zsoka A, "Consistency and 'awareness gaps' in the environmental behavior of Hungarian companies," *Journal of Cleaner Production*, vol. 16, no. 3, 2008, pp. 322 - 329.

[163] 艾兴政、唐小我、马永开：《传统渠道与电子渠道预测信息分享的绩效研究》,《管理科学学报》2008 年第 11 卷第 1 期。

[164] 安景文、张志强：《中国煤炭企业低碳经营实证研究》,《煤炭学报》2014 年第 39 卷增刊 1。

[165] 安芝、宋良荣：《技术壁垒及《鹿特丹公约》对化工类产品出口贸易的影响研究》,《宏观经济研究》2013 年第 4 期。

[166] 白杨、郑华、欧阳志云、徐卫华、江波、方瑜：《海河流域生态功能区划》,《应用生态学报》2011 年第 22 卷第 9 期。

[167] 白晓娜、众盼之：《共期之,何时临？致永不落幕的智慧交通》,《人民交通》2020 年第 2 期。

[168] 包庆德、陈艺文：《生态消费：学界前沿探索及其相关研究述评》,《洛阳师范学院学报》2017 年第 36 卷第 12 期。

[169] 薄燕：《环境治理中的国际组织：权威性及其来源——以联合国环境规划署为例》,《欧洲研究》2007 年第 25 卷第 1 期。

[170] 曹東、吴晓波、周根贵：《制造企业绿色运营模式演化及政府作用分析》,《科研管理》2013 年第 34 卷第 1 期。

[171] 曹景山、曹国志：《企业实施绿色供应链管理的驱动因素理论探讨》,《价值工程》2007 年第 26 卷第 10 期。

[172] 曹海英、温孝卿：《基于博弈分析的政府主导型绿色供应链管理研究》，《中国流通经济》2011 年第 2 期。

[173] 蔡圣琼：《学习瑞士经验打造南平温泉风情小镇》，《今日海南》2014 年第 11 期。

[174] 陈超凡：《节能减排与中国工业绿色增长的模拟预测》，《中国人口·资源与环境》2018 年第 28 卷第 4 期。

[175] 陈刚：《苏州工业园区跑出发展加速度》，《宁波经济》(财经视点)2018 年第 8 期。

[176] 陈夫华、赵先德：《产业供应链服务平台是如何帮助中小企业获得融资的？——以创捷供应链为例》，《管理案例研究与评论》2018 年第 11 卷第 6 期。

[177] 陈金湘：《〈中国城市低碳发展 2011〉绿皮书在京发布》，《湖南工业大学学报》2011 年第 25 卷第 2 期。

[178] 陈兴红、武春友、匡海波：《基于 VAR 模型的绿色增长模式与企业成长互动关系研究》，《科研管理》2015 年第 4 期。

[179] 陈诗一：《节能减排与中国工业的双赢发展：2009—2049》，《经济研究》2010 年第 45 卷第 3 期。

[180] 陈燕：《淮东地区资源、环境与经济耦合协调发展研究》，博士学位论文，中国地质大学，2018。

[181] 陈健佳：《日本低碳社会建设经验对长株潭“两型社会”建设的启示》，《商场现代化》2010 年第 35 期。

[182] 陈凯：《绿色消费模式构建及政府干预策略》，《中国特色社会主义研究》2016 年第 3 期。

[183] 陈柳钦：《低碳经济：国外的动向及中国的当务之急》，《新远见》2010 年第 1 期。

[184] 陈钱：《太平洋地区气候变化的应对策略——区域组织的作用》(第三章至五章)翻译实践报告，硕士学位论文，西南石油大学，2019 年。

[185] 陈四清：《完善金融治理体系提升金融治理能力》，《中国金融》2020 年第 1 期。

[186] 陈伟平：《基于博弈视角的中国绿色经济发展研究》，博士学位论文，

武汉大学，2015 年。
[187] 陈秀双：《低碳农业发展模式》，《统计与管理》2010 年第 3 期。
[188] 陈志恒：《日本构建低碳社会行动及其主要进展》，《现代日本经济》2009 年第 6 期。
[189] 陈伯成、李英杰、闫学为：《补贴及惩罚模式下的排放许可交易生产优化》，《中国管理科学》2014 年第 22 卷增刊 1。
[190] 陈劲：《智慧花园城市——新加坡》，《信息化建设》2010 年第 3 期。
[191] 陈维军：《文献计量法与内容分析法的比较研究》，《情报科学》2001 年第 8 期。
[192] 陈雯、陈江龙、王宜虎、段学军：《江苏沿江地区工业企业环境压力的 LISREL 模型分析》，《地理研究》2007 年第 26 卷第 7 期。
[193] 陈泽文、陈丹：《新旧动能转换的环境不确定性背景下高管环保意识风格如何提升企业绩效——绿色创新的中介作用》，《科学学与科学技术管理》2019 年第 40 卷第 10 期。
[194] 程发新、程栋、赵艳萍、罗建强：《基于共识决策的低碳供应商选择方法研究》，《运筹与管理》2013 年第 21 卷第 6 期。
[195] 程发新、邵世玲：《基于阶段划分的企业主动碳减排创新策略实施研究》，《中国管理科学》2016 年第 24 卷第 8 期。
[196] 程发新、孙立成：《企业低碳制造战略形成与实施的机理分析》，《北京理工大学学报》(社会科学版)2014 年第 16 卷第 5 期。
[197] 程宏伟、冯茜颖、张永海：《资本与知识驱动的产业链整合研究——以攀钢钒钛产业链为例》，《中国工业经济》2008 年第 3 期。
[198] 程宇航：《论绿色发展的产业基础：生态产业链的构建》，《求实》2013 年第 5 期。
[199] 程航、王东：《基于文本挖掘的生鲜电商顾客满意度评价体系研究》，《物流科技》2019 年第 42 卷第 10 期。
[200] 程正双、王亮：《基于支持向量机的网络评论情感分析方法》，《电子技术与软件工程》2019 年第 16 期。
[201] 崔明悦：《建筑工程绿色债券信用评级模型优化研究》，硕士学位论文，北京交通大学，2019 年。

[202] 崔松虎、金福子：《京津冀环境治理中的府际关系协同问题研究——基于2014—2019年的政策文本数据》，《甘肃社会科学》2020年第2期。

[203] 达庆利、黄祖庆、张钦：《逆向物流系统结构研究的现状及展望》，《中国管理科学》2004年第1期。

[204] 党梓毓、付洪垒：《乳品产业链主体利益共享机制研究进展》，《黑龙江畜牧兽医(下半月)》2019年第11期。

[205] 邓存彬、虞慧群、范贵生：《燃气客服热线的中文文本情感分析》，《华东理工大学学报(自然科学版)》2019年第45卷第1期。

[206] 丁黎黎、赵红梅、王晓玲：《环境政策混合治理框架下的企业减排行为》，《系统工程》2017年第35卷第2期。

[207] 丁英：《新时代践行习近平绿色发展理念的路径探析》，《四川行政学院学报》2020年第1期。

[208] 丁雪峰、但斌、何伟军、郑浩昊：《考虑奢侈与环保偏好的再制造品最优定价策略》，《中国管理科学》2013年第21卷第5期。

[209] 丁振民、姚顺波：《小尺度区域生态补偿标准的理论模型设计及测度》，《资源科学》2019年第12期。

[210] 杜建国、王敏、陈晓燕、金帅：《公众参与下的企业环境行为演化研究》，《运筹与管理》2013年第22卷第1期。

[211] 杜少甫、董骏峰、梁樑、张靖江：《考虑排放许可与交易的生产优化》，《中国管理科学》2009年第17卷第3期。

[212] 杜雯翠：《环保投资、环境技术与环保产业发展——来自环保类上市公司的经验证据》，《北京理工大学学报(社会科学版)》2013年第15卷第3期。

[213] 杜雯翠、江河：《“绿水青山就是金山银山”理论：重大命题、重大突破和重大创新》，《环境保护》2017年第45卷第19期。

[214] 董捷：《“青山绿水”间再造发展优势》，《苏州日报》2019年11月11日，第3版。

[215] 范明明、李文军：《生态补偿理论研究进展及争论——基于生态与社会关系的思考》，《中国人口·资源与环境》2017年第27卷第3期。

[216] 范馨月、崔雷:《基于文本挖掘的药物副作用知识发现研究》,《数据分析与知识发现》2018 年第 2 卷第 3 期。
[217] 范跃民、余一明、孙博文:《旅游业收入增长对旅游业碳排放存在非线性影响吗?——基于环境库兹涅茨曲线(EKC)的拓展分析》,《华南师范大学学报(社会科学版)》2019 年第 3 期。
[218] 封晔:《绿色发展理念引领下消费升级的实现路径》,《商业经济研究》2020 年第 11 期。
[219] 冯之浚、周荣:《低碳经济:中国实现绿色发展的根本途径》,《中国人口·资源与环境》2010 年第 20 卷第 4 期。
[220] 傅志寰、宋忠奎、陈小寰、李晓燕:《我国工业绿色发展战略研究》,《中国工程科学》2015 年第 17 卷第 8 期。
[221] 高文静、赵国浩:《煤炭资源税费改革对工业"三废"排放的影响——基于山西的实证研究》,《生态经济》2011 年第 3 期。
[222] 高鹏、聂佳佳、谢忠秋:《存在绿色消费者的再制造供应链信息分享策略》,《管理工程学报》2014 年第 28 卷第 4 期。
[223] 高鹏、聂佳佳、谢忠秋:《考虑消费者绿色偏好的供应链信息分享策略研究》,《系统科学与数学》2013 年第 33 卷 12 期。
[224] 葛万达、盛光华:《基于联合分析的绿色产品属性选择偏好研究》,《干旱区资源与环境》2019 年第 33 卷第 8 期。
[225] 耿涌、王珺:《基于灰色层次分析法的城市复合产业生态系统综合评价》,《中国人口·资源与环境》2010 年第 20 卷第 1 期。
[226] 公彦德、陈梦泽:《考虑企业社会责任和公平偏好的绿色供应链决策》,《控制与决策》2021 年第 36 卷第 7 期。
[227] 光明日报:《"三旅"融合,绿色发展》,2017 年 10 月 25 日,https://epaper.gmw.cn/gmrb/html/2017-10/25/nw.D110000gmrb_20171025_7-07.htm。
[228] 郭廷杰:《日本"资源有效利用促进法"的实施》,《中国环保产业》2003 年第 9 期。
[229] 郭印、王敏洁:《国际低碳经济发展经验及对中国的启示》,《改革与战略》2009 年第 25 卷第 10 期。

[230] 郭彦丽：《员工外在社会资本对供应链合作关系的影响研究》，《物流技术》2009 年第 28 卷第 11 期。
[231] 郭永杰、米文宝、赵莹：《宁夏县域绿色发展水平空间分异及影响因素》，《经济地理》2015 年第 35 卷第 3 期。
[232] 郭珉媛：《绿色供应链管理：从理论到应用》，《中国社会科学报》2018 年 6 月 6 日。
[233] 郭渐强、杨露：《ICA 框架下跨域环境政策执行的合作困境与消解——以长江流域生态补偿政策为例》，《青海社会科学》2019 年第 4 期。
[234] 辜秋琴：《我国企业技术创新中的政策激励机制研究》，《经济纵横》2008 年第 8 期。
[235] 龚言浩、甄峰、席广亮：《"一带一路"倡议关注与响应的空间格局——基于新浪微博数据的分析》，《地域研究与开发》2018 年第 37 卷第 2 期。
[236] 工信部、发改委、科技部以及财政部：《绿色制造工程实施指南(2016－2020 年)》，《中国资源综合利用》2016 年第 34 卷第 9 期。
[237]《工业绿色发展规划出炉　助力绿色制造业做大做强》，《纸和造纸》2016 年第 35 卷第 8 期。
[238] 工业与信息化部、节能与综合利用司：《园区绿色低碳发展的先行者——苏州工业园区》，2017 年，http://www.miit.gov.cn/newweb/n1146285/n1146352/n3054355/n3057542/n3057545/c5687738/content.html。
[239] 国家工信部：《国家工信部新材料产业发展指南》，2017 年，https://wenku.baidu.com/view/b12e95dcd35abe23482fb4daa58da0116c171fe3.html。
[240] 国家环境经济政策研究与试点项目技术组：土金南、董战峰、李红祥、葛察忠、程翠云、龙凤、郝春旭、李晓亮、周全：《国家环境经济政策进展评估报告 2017》，《中国环境管理》2018 年第 10 卷第 2 期。
[241] 海欣：《瑞士：水法保护自然》，《中州建设》2003 年第 5 期。
[242] 韩君：《中国区域环境库兹涅茨曲线的稳定性检验——基于省际面板数据》，《统计与信息论坛》2012 年第 27 卷第 8 期。

[243] 韩万渠、原珂：《绿色价值链推进环境协同治理可持续发展机制探究——基于公众环境研究中心的个案考察》,《党政研究》2019 年第 2 期。

[244] 韩缨：《气候变化国际法问题研究》,博士学位论文,华东政法大学,2011 年。

[245] 韩永奇、韩晨曦：《《工业转型升级规划》与 2012 年我国染料产业发展》,《染料与染色》2012 年第 49 卷第 4 期。

[246] 韩英夫、佟彤：《自然资源统一确权登记制度的嵌套式构造》,《资源科学》2019 年第 12 期。

[247] 何继军：《英国低碳产业支持策略及对我国的启示》,《金融发展研究》2010 年第 3 期。

[248] 何德贵、范冬萍：《实现企业绿色管理价值观的软系统方法论》,《系统科学学报》2017 年第 4 期。

[249] 何爱平、李雪娇、邓金钱：《习近平新时代绿色发展的理论创新研究》,《经济学家》2018 年第 6 期。

[250] 何剑、王欣爱：《区域协同视角下长江经济带产业绿色发展研究》,《科技进步与对策》2017 年第 34 卷第 11 期。

[251] 何云、胡啸、王军：《关于新形势下推行企业环境报告制度的思考》,《环境保护与循环经济》2015 年第 7 期。

[252] 洪向华、杨发庭：《绿色发展理念的哲学意蕴》,《光明日报》2016 年 12 月 3 日,第 7 版。

[253] 胡鞍钢、周绍杰：《绿色发展：功能界定、机制分析与发展战略》,《中国人口·资源与环境》2014 年第 24 卷第 1 期。

[254] 胡鞍钢：《中国创新绿色发展》,北京：中国人民大学出版社,2012 年。

[255] 胡安军、郭爱君、钟方雷：《高新技术产业集聚能够提高地区绿色经济效率吗?》,《中国人口·资源与环境》2018 年 28 卷第 9 期。

[256] 胡珑瑛：《三级供应链收入共享协调机制研究》《哈尔滨工程大学学报》2008 年第 2 期。

[257] 胡江峰、黄庆华、潘欣欣：《环境规制、政府补贴与创新质量——基于中国碳排放交易试点的准自然实验》,《科学学与科学技术管理》2020

年第 41 卷第 2 期。
[258] 胡静宜、杨檬：《国内外碳排放领域工作研究》，《信息技术与标准化》2011 年专刊 1。
[259] 侯方淼：《绿色采购研究》，博士学位论文，对外经济贸易大学，2007 年。
[260] 黄承梁：《中国共产党领导新中国 70 年生态文明建设历程》，《党的文献》2019 年第 5 期。
[261] 黄茂兴、叶琪：《马克思主义绿色发展观与当代中国的绿色发展——兼评环境与发展不相容论》，《经济研究》2017 年第 6 期。
[262] 黄建欢、吕海龙、王良健：《金融发展影响区域绿色发展的机理—基于生态效率和空间计量的研究》，《地理研究》2014 年第 33 卷第 3 期。
[263] 黄姣、高阳、赵志强、李双成：《基于 GIS 与 SOFM 网络的中国综合自然区划》，《地理研究》2011 年第 30 卷第 9 期。
[264] 黄伟、陈钊：《外资进入、供应链压力与中国企业社会责任》，《管理世界》2015 年第 2 期。
[265] 黄小康：《区域工业绿色转型发展测评研究》，硕士学位论文，合肥工业大学，2016 年。
[266] 侯玉梅、孙曼：《绿色供应链管理新思路》，《物流科技》2012 年第 35 卷第 1 期。
[267] 贾德荣：《坚持和完善黄河流域生态文明制度体系路径研究》，《中共郑州市委党校学报》2020 年第 2 期。
[268] 贾璇：《基于文本挖掘的求职软件顾客评论情感分析》，《科技与创新》2019 年第 17 期。
[269] 贾军、张伟：《绿色技术创新中路径依赖及环境规制影响分析》，《科学学与科学技术管理》2014 年第 35 卷第 5 期。
[270] 蒋南平、向仁康：《中国经济绿色发展的若干问题》，《当代经济研究》2013 年第 2 期。
[271] 蒋洪伟、韩文秀：《绿色供应链管理：企业经营管理的趋势》，《中国人口·资源与环境》2000 年第 4 期。
[272] 蒋先玲、徐鹤龙：《中国商业银行绿色信贷运行机制研究》，《中国人口

资源与环境》2016 年增刊 1。
[273] 焦建玲、陈洁、李兰兰、李方一:《碳减排奖惩机制下地方政府和企业行为演化博弈分析》,《中国管理科学》2017 年第 25 卷第 10 期。
[274] 金帅、张洋、杜建国:《动态惩罚机制下企业环境行为分析与规制策略研究》,《中国管理科学》2015 年 23 卷增刊 1。
[275] 金晔、江可申、姚山季:《可持续消费研究综述》,《生态经济》2009 年第 11 期。
[276] 井绍平:《绿色营销及其对消费者心理与行为影响的分析》,《管理世界》2004 年第 5 期。
[277] 姜颖:《中国传统文化中的生态观》,《山东理工大学学报(社会科学版)》2007 年第 6 期。
[278] 姜春云:《人与自然关系六问——关于实现发展与环境双赢问题的探讨》,《求是》2010 年第 6 期。
[279] 康达华:《中华人民共和国成立 70 年来生态文明体制变迁的内在逻辑与实践启示》,《特区经济》2020 年第 3 期。
[280] 康沛竹、段蕾:《论习近平的绿色发展观》,《新疆师范大学学报(哲学社会科学版)》2016 年第 37 卷第 4 期。
[281] 柯水发:《绿色经济理论与实务》,中国农业出版社,2013。
[282] 匡兵、卢新海、胡碧霞:《经济发展与城市土地利用效率的库兹涅茨曲线效应——基于湖北省 12 个地级市的面板数据》,《地域研究与开发》2018 年第 37 卷第 6 期。
[283] 蓝庆新:《来自丹麦卡伦堡循环经济工业园的启示》,《环境经济》2006 年第 4 期。
[284] 兰梓睿、孙振清:《考虑碳排放的中国轻工产业绿色生产率及影响因素研究——基于轻工业 16 个细分行业面板数据》,《中国人口·资源与环境》2020 年第 30 卷第 5 期。
[285] 雷兵、钟镇:《B2C 商城畅销电子图书的分布特征与在线评论解析——以京东为例》,《图书情报工作》2018 年第 62 卷第 21 期。
[286] 李干杰:《以习近平生态文明思想为指导　坚决打好污染防治攻坚战》,《行政管理改革》2018 年第 11 期。

[287] 李萍、陈田、王甫园:《基于文本挖掘的城市旅游社区形象感知研究——以北京市为例》,《地理研究》2017 年第 36 卷第 6 期。

[288] 李佳霖、亦庄:《"机遇之城"全新发展》,《经济日报》2020 年 1 月 11 日,第 11 版。

[289] 李建强、宋盼、冉瑞平:《企业环境保护意愿影响因素实证分析》,《资源与产业》2013 年第 2 期。

[290] 李国平、韦晓茜:《企业社会责任内涵、度量与经济后果——基于国外企业社会责任理论的研究综述》,《会计研究》2014 年第 8 期。

[291] 李国平、张倩倩、周宏:《企业社会责任与财务绩效:理论、方法与检验》,《经济学动态》2014 年第 6 期。

[292] 李华晶:《基于科技创新的区域绿色发展体系研究——以京北地区为例》,《管理现代化》2017 年第 6 期。

[293] 李平:《中国工业绿色转型研究》,《中国工业经济》2011 年第 4 期。

[294] 李艳君:《世界低碳经济发展趋势和影响》,《中国石油和化工经济分析》2009 年第 12 期。

[295] 李岩、赖玥、马改芝:《绿色发展视角下生产与消费行为转化的机制研究》,《南京工业大学学报(社会科学版)》2020 年第 19 卷第 3 期。

[296] 李忠东:《瑞士公投通过《能源战略 2050》》,《上海节能》2017 年第 8 期。

[297] 李杰、陈超美:《CiteSpace 科技文本挖掘及可视化》第二版,北京:首都经济贸易大学出版社,2016 年。

[298] 李琳、楚紫穗:《我国区域产业绿色发展指数评价及动态比较》,《经济问题探索》2015 年第 1 期。

[299] 李卫宁、陈桂东:《外部环境、绿色管理与环境绩效的关系》,《中国人口·资源与环境》2010 年第 20 卷第 9 期。

[300] 李晓西、刘一萌、宋涛:《人类绿色发展指数的测算》,《中国社会科学》2014 年第 6 期。

[301] 李晓西、潘建成:《中国绿色发展指数的编制——《2010 中国绿色发展指数年度报告——省际比较》内容简述》,《经济研究参考》2011 年第 2 期。

[302] 李晓英、朱庆华:《不对称信息下餐饮企业绿色供应链管理实践多案例研究》,《管理案例研究与评论》2013 年第 6 卷第 5 期。
[303] 李雪娇、何爱平:《绿色发展的制约因素及其路径拿捏》,《改革》2016 年第 6 期。
[304] 李艳梅、曾文炉、周启星:《水生态功能分区的研究进展》,《应用生态学报》2009 年第 20 卷第 12 期。
[305] 李钰婷、高山行、张峰:《外部环境匹配下企业能力对绿色管理的影响研究》,《管理学报》2016 年第 13 卷第 12 期。
[306] 李媛、赵道致、祝晓光:《基于碳税的政府与企业行为博弈模型研究》,《资源科学》2013 年第 35 卷第 1 期。
[307] 李鑫:《浅析上市公司环境污染行为现状及其影响因素》《经济研究导刊》2013 年第 23 期。
[308] 凌六一、董鸿翔、梁樑:《从政府补贴的角度分析垄断的绿色产品市场》,《运筹与管理》2012 年第 21 卷第 5 期。
[309] 陆瑶、常江:《去产能背景下矿区转型绿色产业体系构建——以申家庄煤矿“光伏+”产业为例》,《科技进步与对策》2017 年第 34 卷第 9 期。
[310] 廖中举、程华:《企业环境创新的影响因素及其绩效研究——基于环境政策和企业背景特征的视角》,《科学学研究》2014 年第 32 卷第 5 期。
[311] 廖小平、邹巅、袁宝龙:《推动我国绿色发展的模式及路径研究》,《湖南师范大学社会科学学报》2020 年第 49 卷第 1 期。
[312] 吕宝龙、张桂涛、刘阳、姬茂旺:《考虑碳税和产品绿色度的闭环供应链网络 Nash 博弈均衡模型》,《中国人口·资源与环境》2019 年第 29 卷第 1 期。
[313] 吕福新:《绿色发展的基本关系及模式——浙商和遂昌的实践》,《管理世界》2013 年第 11 期。
[314] 吕薇:《绿色发展的体制机制与政策》,北京:中国发展出版社,2015 年。
[315] 吕一铮、田金平、陈吕军:《推进中国工业园区绿色发展实现产业生态

化的实践与启示》,《中国环境管理》2020 年第 12 卷第 3 期。
[316] 林火灿:《煤炭产业出路在绿色发展》,《经济日报》2016 年 2 月 24 日。
[317] 林立国、楼国强:《外资企业环境绩效的探讨——以上海市为例》,《经济学:季刊》2014 年第 13 卷第 1 期。
[318] 梁大鹏、刘天森、李一军:《环境政策视角下企业环境关注度与企业价值相关性研究》,《科技进步与对策》2015 年第 32 卷第 19 期。
[319] 刘长玉、于涛:《绿色产品质量监管的三方博弈关系研究》,《中国人口·资源与环境》2015 年第 10 期。
[320] 刘军、岳梦婷:《游客涉入、地方依恋与旅游生态补偿支付意愿——以武夷山国家公园为例》,《地域研究与开发》2019 年第 38 卷第 2 期。
[321] 刘传明、孙喆、张瑾:《中国碳排放权交易试点的碳减排政策效应研究》,《中国人口·资源与环境》2019 年第 29 卷第 11 期。
[322] 刘光富、田婷婷:《基于顶层设计视角的我国再生资源产业链协同发展研究》,《生态经济》2017 年第 33 卷第 1 期。
[323] 刘光富、张士彬、鲁圣鹏:《中国再生资源产业知识产权运用机制顶层设计》,《科学学与科学技术管理》2014 年第 35 卷第 10 期。
[324] 刘金花、郑新奇:《基于改进生态足迹模型的市域主体功能区划》,《农业工程学报》2013 年第 29 卷第 13 期。
[325] 刘津汝、曾先峰、曾倩:《环境规制与政府创新补贴对企业绿色产品创新的影响》,《经济与管理研究》2019 年第 40 卷第 6 期。
[326] 刘卫东、陆大道:《我国低碳经济发展框架与科学基础》,北京:商务印书馆,2010 年。
[327] 刘湘南、黄方、王平:《GIS 空间分析原理与方法》第 2 版,科学出版社,2008 年。
[328] 刘晶:《深圳:市场驱动的绿色供应链》,《环境经济》2016 年第 7 期。
[329] 刘秀秀、徐鹏、杜同庆:《睢宁县花生产业发展现状和对策探讨》,《上海农业科技》2020 年第 3 期。
[330] 刘海娟、田启波:《习近平生态文明思想的核心理念与内在逻辑》,《山东大学学报(哲学社会科学版)》2020 年第 1 期。
[331] 刘钢、张维石:《基于决策树的网民评价情感分析》,《现代计算机(专

业版)》2017 年第 32 期。
[332] 刘辉:《西方关于可持续消费行为的整体化研究趋势与借鉴》,《消费经济》2010 年第 26 卷第 3 期。
[333] 刘玉林、菅利荣:《基于文本情感分析的电商在线评论数据挖掘》,《统计与信息论坛》2018 年第 12 期。
[334] 刘建伟:《建国后中国共产党对环境问题认识的演进》,《理论导刊》2011 年第 10 期。
[335] 刘婧宇、夏炎、林师模:《基于金融 CGE 模型的中国绿色信贷政策短中长期影响分析》,《中国管理科学》2015 年第 23 卷第 4 期。
[336] 刘乃刚:《推动京津冀区域生态协同治理》,《河北经济日报》2020 年 4 月 4 日,第 3 版。
[337] 刘师嘉:《中国工业绿色转型的紧迫性及其对策研究》,《四川行政学院学报》2012 年第 2 期。
[338] 刘万啸:《我国外商投资企业环境责任监督制度的完善》,《中国海洋大学学报(社会科学版)》2013 年第 1 期。
[339] 刘小峰、盛昭瀚、金帅:《太湖流域不同管理模式的社会经济环境系统演化模拟》,《中国环境科学》2010 年第 30 卷增刊 1。
[340] 刘小峰、盛昭瀚、杜建国:《产品竞争与顾客选择下的清洁生产技术演化模型》,《管理科学》2013 年第 6 期。
[341] 刘焰:《中国高污染工业行业环境负外部性计量及其影响因素分析》,《武汉大学学报》2018 年第 1 卷第 71 期。
[342] 刘耀:《试论跨国公司及其供应商的环境责任——以苹果公司为例》,《法制与经济》2012 年第 306 卷第 3 期。
[343] 刘涛、吴钢、邓红兵:《流域水资源管理中政府角色与各国经验借鉴》,《长江流域资源与环境》2012 年第 1 期。
[344] 刘晔、单明威、董战峰:《实施电商行业绿色供应链管理助推绿色消费升级》,《环境保护》2019 年第 47 卷第 12 期。
[345] 刘志彪、凌永辉:《结构转换、全要素生产率与高质量发展》,《管理世界》2020 年第 36 卷第 7 期。
[346] 柳亮:《LEED 绿色建筑监理控制的要点及措施》,《高科技与产业化》

2008年第11期。
[347] 柳键、曾剑锋:《政府监管与绿色生产多阶段博弈行为》,《系统工程》2014年第8期。
[348] 卢宁:《从"两山理论"到绿色发展:马克思主义生产力理论的创新成果》,《浙江社会科学》2016年第1期。
[349] 罗成书、周世锋:《以"两山"理论指导国家重点生态功能区转型发展》,《宏观经济管理》2017年第7期。
[350] 罗植:《京津冀全要素生产率测算与区域差异比较》,《商业经济研究》2019年第24期。
[351] 吕振斌:《论马克思、恩格斯生态思想文化的新发展及其当代价值》,《学理论》2011年第1期。
[352] 吕江:《〈巴黎协定〉:新的制度安排、不确定性及中国选择》,《国际观察》2016年第3期。
[353] 梁慧刚、汪华方:《全球绿色经济发展现状和启示》,《新材料产业》2010年第12期。
[354] 梁喜、张余婷:《基于消费者偏好的低碳双渠道供应链定价与减排策略》,《运筹与管理》2020年第29卷第12期。
[355] 马秋卓、宋海清:《CDM机制下政府碳税及垄断企业最优定价与碳排放策略研究》,《运筹与管理》2015年第24卷第6期。
[356] 马勇、黄智洵:《长江中游城市群绿色发展指数测度及时空演变探析—基于GWR模型》,《生态环境学报》2017年第26卷第5期。
[357] 马克思、恩格斯:《马克思恩格斯全集　第四十二卷》,人民出版社,1979年。
[358] 马媛、侯贵生、尹华:《企业绿色创新驱动因素研究——基于资源型企业的实证》,《科学学与科学技术管理》2016年第37卷第4期。
[359] 马源:《北京经济技术开发区:为实现"无废城市"探新路》,《中国城市报》2019年10月21日,第12版。
[360] 毛涛:《践行绿色发展理念　创新构建绿色供应链》,《中国环境报》2020年6月1日,第3版。
[361] 苗向荣、尚智丛:《1979-2008年我国能源政策演化模式研究》,《自然

辩证法通讯》2013 年第 35 卷第 5 期。
[362] 梅冠群：《发达国家生态环保市场体系建设的经验与启示》，《宏观经济管理》2016 年第 10 期。
[363] 孟庆峰、李真、盛昭瀚、杜建国：《企业环境行为影响因素研究现状及发展趋势》，《中国人口·资源与管理》2010 年第 20 卷第 9 期。
[364] 那力、郭静：《联合国与环境保护》，《当代法学》2005 年第 19 卷第 5 期。
[365] 聂佳佳、熊中楷：《信息分享对制造商负责回收闭环供应链的影响》，《工业工程与管理》2009 年第 14 卷第 5 期。
[366] 聂佳佳：《预测信息分享对制造商开通直销渠道的影响》，《管理工程学报》2012 年第 2 期。
[367] 牛振华：《美国"再工业化"带给我们的启示》，《前线》2013 年第 8 期。
[368] 牛桂敏：《健全京津冀城市群协同绿色发展保障机制》，《经济与管理》2017 年第 31 卷第 4 期。
[369] 潘楚林、田虹：《利益相关者压力、企业环境伦理与前瞻型环境战略》，《管理科学》2016 年第 29 卷第 3 期。
[370] 潘霖：《中国企业环境行为及其驱动机制研究》，硕士学位论文，华中师范大学，2011 年。
[371] 彭敏、汪清、黄济民：《基于情感分析技术的股票研究报告分类》，《武汉大学学报(理学版)》2015 年第 61 卷第 2 期。
[372] 彭远春：《国外环境行为影响因素研究述评》，《中国人口·资源与管理》2013 年第 23 卷第 8 期。
[373] 彭诗言：《中国企业实施绿色管理的途径分析》，《社会科学战线》2013 年第 11 期。
[374] 裴艳丽：《大学生生态文明观教育研究》，博士学位论文，武汉大学，2018 年。
[375] 蒲沿洲：《论孟子的生态环境保护思想》，《河南科技大学学报(社会科学版)》2004 年第 2 期。
[376] 钱伯章：《国际可再生资源新闻》，《太阳能》2009 年第 9 期。
[377] 钱铭贵、施励行：《绿色供应链管理实物采行之驱动压力与组织绩效

关系之实证研究—以台湾电机电子产业为例》,《人文社会科学研究》2007 年第 1 卷第 1 期。

[378] 秦辰:《北京发展生态友好型农业探寻农业转型的生态路径》,《光明日报》2014 年 12 月 25 日。

[379] 秦书生:《习近平关于建设美丽中国的理论阐释与实践要求》,《党的文献》2018 年第 5 期。

[380] 秦书生、晋晓晓:《政府、市场和公众协同促进绿色发展机制构建》,《中国特色社会主义研究》2017 年第 3 期。

[381] 仇立:《基于绿色品牌的消费者行为研究》,博士学位论文,天津大学,2012。

[382] 仇立:《天津市居民绿色食品消费行为影响因素研究》,《生态经济》2016 年第 8 期。

[383] 丘水林、靳乐山:《生态产品价值实现的政策缺陷及国际经验启示》,《经济体制改革》2019 年第 3 期。

[384] 邱世美:《企业绿色管理障碍及对策研究》,《环境科学与管理》2017 年第 42 卷第 9 期。

[385] 人民网:《绿色发展谋新篇　建设"美丽杭州"更进一步》,2017 年 1 月 11 日,http://www.sohu.com/a/123997494_114731。

[386] 人民网:《红色央企绿色发展》,2017 年 7 月 3 日,http://tj.people.com.cn/n2/2017/0703/c38074730412417.html。

[387] 任平、刘经伟:《高质量绿色发展的理论内涵、评价标准与实现路径》,《内蒙古社会科学》(汉文版)第 40 卷第 6 期,2019 年 11 月。

[388] 任亚运、傅京燕:《碳交易的减排及绿色发展效应研究》,《中国人口·资源与环境》第 29 卷第 5 期,2019 年 5 月。

[389] 任懿、刘传哲、刘娜娜:《中国式财政分权对绿色经济发展的空间效应研究》,《金融与经济》2020 年第 5 期。

[390] 冉芳芳:《浅谈绿色供应链利益分配研究》,《现代国企研究》2016 年第 12 期。

[391] 冉景亮:《白酒企业生态责任机制研究——基于利益相关者理论视角的分析》,《四川理工学院学报》(社会科学版)第 28 卷第 4 期,2013 年

8月。
[392] 上创利、赵德海、仲深:《基于产业链整合视角的流通产业发展方式转变研究》,《中国软科学》2013年第3期。
[393] 斯丽娟、王佳璐:《农村绿色发展的政策文本分析与政策绩效实证》,《兰州大学学报》(社会科学版)第46卷第6期,2018年11月。
[394] 苏时鹏、张春霞:《论绿色经济网络》,《中国人口·资源与环境》2004年第3期。
[395] 沈灏、魏泽龙、苏中锋:《绿色管理研究前沿探析与未来展望》,《外国经济与管理》第32卷第11期,2010年11月。
[396] 沈洪涛、冯杰:《舆论监督、政府监管与企业环境信息披露》,《会计研究》2012年第2期。
[397] 孙剑、李崇光、黄宗煌:《绿色食品信息、价值属性对绿色购买行为影响实证研究》,《管理学报》第7卷第1期,2010年1月。
[398] 孙毅、景普秋:《资源型区域绿色转型模式及其路径研究》,《中国软科学》2012年第12期。
[399] 盛彦文、马延吉:《循环农业生态产业链构建研究进展与展望》,《环境科学与技术》第40卷第1期,2017年1月。
[400] 石敏俊:《中国经济绿色发展的理论内涵》,《光明日报》2017年10月17日,第11版。
[401] 石敏俊、袁永娜、周晟吕、李娜:《碳减排政策:碳税、碳交易还是两者兼之》,《管理科学学报》第16卷第9期,2013年9月。
[402] 石杰琳、秦国民:《经济发展方式转变与政府转型:角色转变和制度创新》,《中国行政管理》2014年第11期。
[403] 宋海鸥:《美国生态环境保护机制及其启示》,《科技管理研究》第34卷第14期,2014年7月。
[404] 宋国友:《再工业化与美国经济增长》,《外交评论》(外交学院学报)第30卷第3期,2013年5月。
[405] 宋玉春:《2005年美国能源政策法案分析》,《现代化工》2006年第3期。
[406] 宋猛、李文超、赵玉凤:《矿业绿色发展的路径选择和参考——基于国

际发展实践及差异分析》,《中国国土资源经济》第 33 卷第 4 期,2020 年 4 月。
[407] 宋雅薇、李建华:《基于绿色发展理念的政府生态责任》,《湖南城市学院学报》第 38 卷第 1 期,2017 年 1 月。
[408] 生态环境部环境与经济政策研究中心课题组:《江苏工业园区绿色转型的思路和建议》,《中国环境报》2019 年 5 月 15 日。
[409] 唐浩、蒋永穆:《基于转变经济发展方式的产业链动态演进》,《中国工业经济》2008 年第 5 期。
[410] 唐晓华、王广凤、马小平:《基于生态效益的生态产业链形成研究》,《中国工业经济》2007 年 11 期。
[411] 唐登莉、罗超亮:《基于技术风险的供应链纵向合作研发利益分配方式研究》,《科技进步与对策》第 12 卷第 2 期,2011 年 10 月。
[412] 唐啸:《绿色经济理论最新发展述评》,《国外理论动态》2014 年第 1 期。
[413] 陶宇红、井绍平、周庆元:《基于 BP 模型的消费者绿色品牌偏好变化趋势分析》,《消费经济》第 27 卷第 4 期,2011 年 8 月。
[414] 田江、钱广玉、秦霞:《基于碳交易价格波动环境下企业减排策略研究》,《生态经济》第 31 卷第 5 期,2015 年 5 月。
[415] 田苗、邓远建、夏庆利:《绿色农业生态补偿理论研究与实践应用探析》,《金融与经济》2012 年第 6 期。
[416] 田丹宇、徐华清:《法国绿色增长与能源转型的法治保障》,《中国能源》第 40 卷第 1 期,2018 年 2 月。
[417] 田晓飞:《国外碳排放评价制度介绍及启示》,《认证技术》2010 年第 4 卷。
[418] 田晖、亢远飞:《从北京节能超市绿色回收试点看我国废弃电器电子产品回收管理机制改革与探索》,《节能与环保》2019 年第 11 期。
[419] 童娜:《《2017 韩国外交蓝皮书》汉译报告书》,硕士学位论文,四川外国语大学,2019 年。
[420] 通环:《环保信用体系建设的南通实践》,《群众》2018 年第 15 期。
[421] 汪涛、王铵:《中国钢铁企业商业模式绿色转型探析》,《管理世界》

2014 年第 10 期。
[422] 汪应洛、王能民、孙林岩：《绿色供应链管理的基本原理》《中国工程科学》2003 年第 5 卷第 11 期。
[423] 王鑫、袁一达：《绿色发展：马克思主义发展观的继承与拓展》,《唐都学刊》第 35 卷第 5 期,2019 年 9 月.
[424] 王兵、吴延瑞、颜鹏飞：《中国区域环境效率与环境全要素生产率增长》,《经济研究》2010 年第 5 期。
[425] 王晰巍、张柳、文晴：《基于贝叶斯模型的移动环境下网络舆情用户情感演化研究——以新浪微博"里约奥运会中国女排夺冠"话题为例》,《情报学报》第 37 卷第 12 期,2018 年 12 月。
[426] 王鸿鹭、蒋炜、魏来、黄文坡：《基于物联网的产品全生命周期质量管理的模式创新与展望》,《系统工程理论与实践》2021 年第 41 卷第 2 期。
[427] 王知津、周鹏、韩正彪：《基于决策树算法的竞争对手识别模型研究》,《情报理论与实践》第 36 卷第 3 期,2013 年 3 月。
[428] 王金南、苏洁琼、万军：《"绿水青山就是金山银山"的理论内涵及其实现机制创新》,《环境保护》第 45 卷第 11 期,2017 年 6 月。
[429] 王珂、秦成逊：《西部地区实现绿色发展的路径探析》,《经济问题探索》2013 年第 1 期。
[430] 王立和：《当前国内外生态文明建设区域实践模式比较及政府主要推动对策研究》,《理论月刊》2016 年第 1 期。
[431] 王玲玲、张艳国：《"绿色发展"内涵探微》,《社会主义研究》2012 年第 5 期。
[432] 王民、蔚东英、霍志玲：《从环境教育到可持续发展教育》,《环境教育》2005 年第 11 期。
[433] 王明喜、鲍勤、汤铃、汪寿阳：《碳排放约束下的企业最优减排投资行为》,《管理科学学报》第 18 卷第 6 期,2015 年 6 月。
[434] 王欧、宋洪远：《建立农业生态补偿机制的探讨》,《农业经济问题》第 26 卷第 6 期,2005 年 6 月。
[435] 王宜虎、陈雯、陈江龙等：《江苏沿江地区工业企业环境压力的

LISREL 模型分析》《地理研究》2007 年第 26 卷第 4 期。
[436] 王韶华、张伟、何美璇、刘晔：《供给侧改革驱动绿色发展的文献综述》，《商业经济研究》2020 年第 14 期。
[437] 王旭、王非：《无米下锅抑或激励不足？政府补贴、企业绿色创新与高管激励策略选择》，《科研管理》第 40 卷第 7 期，2019 年 7 月。
[438] 王兆华、丰超：《中国区域全要素能源效率及其影响因素分析——基于 2003－2010 年的省际面板数据》，《系统工程理论与实践》第 35 卷第 6 期，2015 年 6 月。
[439] 王德铭：《可持续发展与绿色经济》，《长江流域资源与环境》2000 年第 2 期。
[440] 王海燕：《上海合作组织成员国能源合作：趋势与问题》，《俄罗斯研究》2010 年第 3 期。
[441] 王金南：《黄河流域生态保护和高质量发展战略思考》，《环境保护》第 48 卷第 1 期，2020 年 1 月。
[442] 王树义、周迪：《论法国环境立法模式的新发展——以法国《综合环境政策与协商法》的制定为例》，《法制与社会发展》第 21 卷第 2 期，2015 年 3 月。
[443] 王晨：《《新材料产业发展指南》发布》，《精细与专用化学品》第 25 卷第 2 期，2017 年 2 月。
[444] 王海霞：《协鑫多能互补项目入选国家示范工程》，《中国能源报》2017 年 2 月 13 日，第 5 版。
[445] 王建朋：《长三角版"苏州工业园"何以这般多》，《新华日报》2020 年 6 月 8 日，第 12 版。
[446] 王淑慧、袁薇：《大庆市居民绿色农产品购买行为的影响因素分析》，《农村经济与科技》第 28 卷第 5 期，2017 年 3 月。
[447] 王文军、李琪、刘丹：《论人工智能时代绿色发展的挑战及应对》，《西安财经学院学报》第 33 卷第 1 期，2020 年 1 月。
[448] 王小兵：《工业园区：走出"绿色发展"新路径》，《苏州日报》2018 年 6 月 5 日，第 9 版。
[449] 王建友、李琴：《低碳消费：环境保护的核心议题》，《生产力研究》第 1

期， 2013年1月。
[450] 王冶英、任以顺：《法律视角下的海洋环境责任强制保险制度——墨西哥湾原油泄漏事件对我国海洋环境责任保险制度的启示》,《太平洋学报》2012年第20卷第3期。
[451] 王新霞：《国际持续发展法初探》,《政法论坛：中国政法大学学报》1994年第2期。
[452] 王燕、王煦、赵凌云：《钢铁企业环境绩效评价指标体系研究——基于生态文明的视角》,《生态经济(中文版)2016年第32卷第10期。
[453] 魏一鸣、刘兰翠、范英、吴刚：《中国能源报告：碳排放研究》,北京：科学出版社,2008年。
[454] 温肇东、陈泰明：《台湾的绿色创新组织初探》,《台大管理论丛》第8卷第2期,1998年。
[455] 吴克昌、叶阳澍：《顺势而为：公共事件网络舆情干预策略——基于“寿光洪水”新浪微博文本》,《华南理工大学学报》(社会科学版)第21卷第2期,2019年3月。
[456] 吴传清、黄磊：《演进轨迹、绩效评估与长江中游城市群的绿色发展》,《改革》2017年第3期。
[457] 吴传清、黄磊：《长江经济带绿色发展的难点与推进路径研究》,《南开学报》(哲学社会科学版)2017年第3期。
[458] 吴婷婷、肖晓：《供给侧结构性改革视角下中国绿色金融体系的构建研究》,《西南金融》2018年第1期。
[459] 吴点明：《中华传统“和合文化”精神与生态文明愿景》,第八届寒山寺文化论坛论文集(2014),苏州市寒山寺,2014年9月。
[460] 吴文洁、王小妮：《陕西碳排放与经济增长关系研究——基于“EKC”与“脱钩”理论》,《西南石油大学学报》(社会科学版)第33卷第6期,2011年11月。
[461] 吴玉萍、董锁成：《中国草地资源可持续开发的制度创新切入点——构建绿色经济制度》,《资源科学》2001年第3期。
[462] 习近平：《环境保护要靠自觉性为》,《浙江日报》2003年8月8日。
[463] 郗亚辉：《产品评论中领域情感词典的构建》,《中文信息学报》第30

卷第 5 期,2016 年 9 月。
[464] 夏咸淳:《刘基的生态智慧——论《郁离子·天地之盗》》,《鄱阳湖学刊》2013 年第 4 期。
[465] 夏显泽:《道家自然观的生态意蕴》,《云南民族大学学报》(哲学社会科学版)2006 年第 2 期。
[466] 夏立新、楚林、王忠义:《基于网络文本挖掘的就业知识需求关系构建》,《图书情报知识》2016 年第 1 期。
[467] 解学梅、罗丹、高彦茹:《基于绿色创新的供应链企业协同机理实证研究》,《管理工程学报》第 33 卷第 3 期,2019 年 4 月。
[468] 熊琳:《A Green Future: Our 25 Year Plan to Improve the Environment(节选)汉译实践报告》,硕士学位论文,湖南师范大学,2019 年。
[469] 徐建中、贯君、林艳:《制度压力、高管环保意识与企业绿色创新实践——基于新制度主义理论和高阶理论视角》,《管理评论》第 29 卷第 9 期,2017 年 9 月。
[470] 徐曙光、何金祥、孙春强:《澳大利亚矿山环境保护和治理新动向——保护生物多样性》,《资源导刊》2011 年第 7 期。
[471] 徐祥民:《"两山"理论探源》,《中州学刊》2019 年第 5 期。
[472] 徐翀崎、李锋、韩宝龙、陶宇:《动态适应性生态经济区划模型及其应用》,《生态学报》第 37 卷第 5 期,2016 年 7 月。
[473] 徐红、王辉、刘栩君:《快递废弃物回收产业链演化仿真研究》,《中国人口·资源与环境》第 27 卷第 1 期,2017 年 1 月。
[474] 徐建中、徐莹莹:《基于演化博弈的制造企业低碳技术采纳决策机制研究》,《运筹与管理》2014 年第 5 期。
[475] 徐建中、吕希琛:《低碳经济下政府,制造企业和消费群体决策行为演化研究》,《运筹与管理》2014 年第 6 期。
[476] 许士春、何正霞、龙如银:《环境政策工具比较:基于企业减排的视角》,《系统工程理论与实践》第 32 卷第 11 期,2012 年 11 月。
[477] 许斌丰:《技术创新链视角下长三角三省一市区域创新系统协同研究》,博士学位论文,中国科学技术大学,2018 年。

[478] 薛涵:《习近平总书记关于人与自然和谐共生重要论述研究》,硕士学位论文,湘潭大学,2019 年。

[479] 薛求知、伊晟:《企业环保投入影响因素分析——从外部制度到内部资源和激励》《软科学》2015 年第 29 卷第 3 期。

[480] 谢骁、董利民:《城市空气污染、区域联系与经济发展——基于环境库兹涅茨曲线形成机制的视角》,《江汉论坛》2019 年第 1 期。

[481] 谢小丽:《政府配额拍卖和消费者环保意识下企业减排策略》,《经营管理者》2016 年第 1 期。

[482] 熊中楷:《闭环供应链协调》,北京:科学出版社,2014 年。

[483] 肖黎明、张仙鹏:《强可持续理念下绿色创新效率与生态福利绩效耦合协调的时空特征》,《自然资源学报》第 34 卷第 2 期,2019 年 2 月。

[484] 严建援、李扬、冯淼:《用户问答与在线评论对消费者产品态度的交互影响》,《管理科学》2020 年第 2 期。

[485] 严良、李姣宇、谢雄标:《资源型企业绿色战略形成过程研究——基于湖北兴发集团的案例》,《科技进步与对策》2014 年第 10 期。

[486] 杨静、施建军:《社会网络视角下企业绿色战略利益相关者识别研究》,《管理学报》第 9 卷第 11 期,2012 年 11 月。

[487] 杨仁发、李娜娜:《环境规制与中国工业绿色发展:理论分析与经验证据》,《中国地质大学学报》(社会科学版)第 19 卷第 5 期,2019 年 9 月。

[488] 杨晓杰:《基于对绿色化学工艺的应用与发展的探究》,《冶金与材料》第 40 卷第 3 期,2020 年 6 月。

[489] 杨昕:《发达国家环境教育的经验及对我国的启示》,《环境保护》第 45 卷第 7 期,2017 年 4 月。

[490] 杨昶:《明代的生态观念和生态农业》,《中国典籍与文化》1998 年第 4 期。

[491] 杨丹辉:《从污染治理到绿色发展的环境保护之路》,《中国国情国力》2019 年第 10 期。

[492] 杨骞、刘华军:《技术进步对全要素能源效率的空间溢出效应及其分解》,《经济评论》2014 年第 6 期。

[493] 杨晓敏、刘浩、钱峰:《苏州工业园区低碳生态型城市规划与管理的初步探索》,《江苏城市规划》2011 年第 6 期。
[494] 杨广银、左义林:《关于魏晋时期自然观的形成和对中国绘画影响的研究》,《陇东学院学报》2008 年第 3 期。
[495] 杨风:《市场环境与研发投资——基于创业板上市公司的经验证据》,《科学学研究》第 34 卷第 6 期,2016 年 6 月。
[496] 杨华、刘春路:《澳大利亚高职教育可持续发展探索——基于对澳大利亚"绿色技能协议"的政策解读》,《当代职业教育》2016 年第 1 期。
[497] 杨宏伟、李雅莉、郑洁:《区域协同视角下丝路中道工业绿色发展差异演化及影响因素研究》,《工业技术经济》第 38 卷第 11 期,2019 年 11 月。
[498] 叶飞、张婕:《绿色供应链管理驱动因素、绿色设计与绩效关系》,《科学学研究》第 28 卷第 8 期,2010 年 8 月。
[499] 叶锋、马敬桂、胡琴:《产业融合发展对农业全要素生产率影响的实证》,《统计与决策》第 36 卷第 10 期,2020 年 6 月。
[500] 叶桂香:《德国节能减排政策措施及其监管体系对我省的启示》,《九江职业技术学院学报》2011 年第 3 期。
[501] 尹传斌、蒋奇杰:《绿色全要素生产率分析框架下的西部地区绿色发展研究》,《经济问题探索》2017 年第 3 期。
[502] 佚名:《中国传统文化的生态智慧——儒家生态观念》,《浙江林业》2011 年第 3 期。
[503] 尹希成、季正矩:《全球化时代的全球性问题》,《当代世界与社会主义》1999 年第 3 期。
[504] 余醒:《电子政务知难而进——访北京经济技术开发区管委会副主任顾宝华》,《中国电子商务》2003 年第 17 期。
[505] 禹湘:《国家试点工业园区低碳发展分类模式研究》,《中国人口・资源与环境》2018 年第 28 卷第 9 期。
[506] 于宏源:《非国家行为体在全球治理中权力的变化:以环境气候领域国际非政府组织为分析中心》,《国际论坛》2018 年第 2 期。
[507] 岳鸿飞、徐颖、吴璘:《技术创新方式选择与中国工业绿色转型的实证

分析》,《中国人口·资源与环境》第27卷第12期,2017年12月。
[508] 詹小洪:《管窥韩国的绿色增长计划》,《经济学家茶座》第3期,2009年。
[509] 张栋、张怡、梁艳:《绿色金融改革的实践研究——以新疆为例》,《金融发展评论》2019年第6期。
[510] 张化楠、葛颜祥、接玉梅、郑云辰:《生态认知对流域居民生态补偿参与意愿的影响研究——基于大汶河的调查数据》,《中国人口·资源与环境》第29卷第9期,2019年9月。
[511] 张家明:《发达国家在科技创新体系建设上的经验及启示》,《生产力研究》2011年第5期。
[512] 张建军、霍佳震、张艳霞:《基于价格博弈的闭环供应链协调策略设计》,《管理工程学报》2009年第2期。
[513] 张炳、毕军、袁增伟:《企业环境行为:环境政策研究的微观视角》,《中国人口.资源与环境》第17卷第3期,2007年6月。
[514] 张倩、曲世友:《环境规制下政府与企业环境行为的动态博弈与最优策略研究》,《预测》第32卷第4期,2013年7月。
[515] 张琦琳:《习近平生态文明思想研究》,硕士学位论文,武汉轻工大学,2019年。
[516] 张廷栖、范建华:《张謇的生态观研究》,《南通大学学报》(社会科学版)2006年第2期。
[517] 张旺、周跃云:《北京与主要世界城市低碳发展状况的比较研究》,《世界地理研究》第21卷第4期,2012年12月。
[518] 张欣:《从美国制造业促进法案看我国机床产业的发展》,《中国贸易救济》2010年第11期。
[519] 张旭、杜瑶:《绿色增长战略实施能力体系研究》,《科研管理》第35卷第12期,2014年12月。
[520] 张国兴、张绪涛、程素杰:《节能减排补贴政策下的企业与政府信号博弈模型》,《中国管理科学》第21卷第4期,2013年8月。
[521] 张海燕、邵云飞:《基于阶段门的企业主动环境技术创新战略选择实施分析:以四川宏达集团有限公司为例》,《研究与发展管理》第24卷

第6期,2012年12月。

[522] 张倩、吴梦瑒:《煤炭产业绿色转型与绿色技术创新协同发展研究》,《煤炭经济研究》第36卷第12期,2016年12月。

[523] 张胜雷、张峰、王文英、田大江、宗颖俏、王胤瑜、吴洁:《智慧城市顶层设计理论与方法实践总结》,《建设科技》2017年第13期。

[524] 张艳丽、胡小建、海洪、卢朝东:《政府补贴下考虑消费者策略行为的绿色供应链决策模型》,《预测》第36卷第2期,2017年3月。

[525] 张义丰、张吉福、马彦平:《资源型城市转型发展的绿色实践——以山西省"大同蓝"为例》,《中国科学院院刊》第32卷第8期,2017年8月。

[526] 张志奇:《我国绿色供应链的现状、问题和对策建议》,《环境保护》第47卷第7期,2019年4月。

[527] 张娟、耿弘、徐功文、陈健:《环境规制对绿色技术创新的影响研究》,《中国人口·资源与环境》第29卷第1期,2019年1月。

[528] 张俊娥:《基于绿色消费视角的我国现代流通体系创新构建》,《商业经济研究》2018年第3期。

[529] 张嫚:《环境规制与企业行为间的关联机制研究》,《财经问题研究》2005年第4期。

[530] 张麒、卜小芮:《上海绿色产业园区建设现状研究及建议》,《上海节能》2016年第8期。

[531] 张文君:《联合国环境署组织签署《斯德哥尔摩公约》》《农药科学与管理》2001年第3期。

[532] 张雪瑞:《试论儒家的"天人合一"观及其对生态文明建设的启示》,《湖州师范学院学报》2011年第3期。

[533] 张小静、李延喜、栗庆伟:《企业环境自我规制的动因及其政策启示》,《生态经济》(中文版)2011年第8期。

[534] 赵爱武、杜建国、关洪军:《绿色购买行为演化路径与影响机理分析》,《中国管理科学》2015年第11期。

[535] 张梅、马中:《关于中国农产品区域品牌发展方向的思考》,《湖北农业科学》2020年第59卷第5期。

[536] 赵建军:《人与自然的和解:“绿色发展”的价值观审视》,《哲学研究》2012年第9期。
[537] 赵黎明、殷建立:《碳交易和碳税情景下碳减排二层规划决策模型研究》,《管理科学》第29卷第1期,2016年1月。
[538] 赵莉:《京津冀协同发展背景下北京市属企业迁移的政策需求分析》,《新视野》2020年第1期。
[539] 赵晓东、汪克夷:《神华集团实施循环经济产业化的发展路径分析》,《管理案例研究与评论》第4卷第6期,2011年12月。
[540] 赵晓丽、姚进、刘志文:《基于ABM模型的企业低碳行为管理模式转变分析》,《管理评论》第25卷第10期,2013年10月。
[541] 赵若楠、马中、乔琦、昌敦虎、张玥、谢明辉、郭静:《中国工业园区绿色发展政策对比分析及对策研究》,《环境科学研究》第33卷第2期,2020年1月。
[542] 赵淑莉:《近年来我国环境污染事件浅析》,《环境与可持续发展》2012年第3期。
[543] 赵刚:《美国先进制造业伙伴计划及对中国的影响》,《科技创新与生产力》2012年第1期。
[544] 赵娜、何瑞、王伟:《英国能源的未来——创建一个低碳经济体》,《现代电力》第22卷第4期,2005年8月。
[545] 甄霖、杜秉贞、刘纪远:《国际经验对中国西部地区绿色发展的启示:政策及实践》,《中国人口·资源与环境》第23卷第10期,2013年10月。
[546] 镇江市工业和信息化局:《镇江市六大举措促进工业绿色转型发展》,《中国工业和信息化》2019年第12期。
[547] 郑宝华、谢忠秋:《基于低碳经济的中国区域全要素生产率研究》,《经济学动态》2011年第10期。
[548] 郑立捷:《坚持开拓创新　实现科学发展》,《经济》2008年第1期。
[549] 郑丽莹:《改革开放40年来中国生态文明建设的历史演进与经验启示》,《中国社会科学报》2019年1月29日,第4版。
[550] 郑若娟:《西方企业社会责任理论研究进展——基于概念演进的视

角》,《国外社会科学》2006 年第 2 期。

[551] 郑少春:《从传统工业化模式向生态文明模式的历史性跨越研究》,《中共福建省委党校学报》2013 年第 10 期。

[552] 郑德凤、臧正、孙才志:《绿色经济、绿色发展及绿色转型研究综述》,《生态经济》2015 年第 2 期。

[553] 中共中央文献研究室:《毛泽东论林业(新编本)》,北京:中央文献出版社,2003 年,第 40 页。

[554] 中共中央文献研究室:《改革开放三十年重要文献选编(上)》,北京:中央文献出版社,2008 年,第 307 页。

[555] 中共中央文献研究室:《建国以来毛泽东文稿(第 2 册)》,北京:央文献出版社,1988 年,第 293 页。

[556] 中共中央文献研究室:《习近平关于社会主义生态文明建设论述摘编》,北京:中央文献出版社,2017 年。

[557]《中共中央关于坚持和完善中国特色社会主义制度 推进国家治理体系和治理能力现代化若干重大问题的决定》,《人民日报》2019 年 11 月 6 日,第 1 版。

[558] 中国环境科学研究院、武汉大学环境法研究所:《中华人民共和国环境保护研究文献选编》,北京:法律出版社,1983 年,第 7 页。

[559] 周洪军、王维杰:《绿色发展:破解生态资源瓶颈的科学发展模式》,《循环经济》2016 年第 8 期。

[560] 周华:《高效生态农业:农业现代化的必然选择》,《光明日报》2013 年 12 月 25 日。

[561] 周健奇、李黎明:《绿色转型发展的国内企业案例》,《中国经济时报》2016 年 7 月 29 日。

[562] 周鹏、周德群、张钦:《江苏新能源利用及产业发展研究》,北京:经济出版社,2013 年。

[563] 周颖、尹昌斌、张继承:《循环农业产业链的运行规律及动力机制研究》,《生态经济》2012 年第 2 期。

[564] 周银香:《浙江省经济增长的环境代价之测度——基于长期均衡视角的环境库兹涅茨效应研究》,《统计与信息论坛》第 26 卷第 4 期,2011

年 4 月。

[565] 周佳儒、罗权隆:《四平市城市居民绿色消费行为及影响因素分析》,《现代农村科技》2019 年第 5 期。

[566] 周莹:《静脉产业类生态工业园的综合评价研究》,硕士学位论文,湖南大学,2010 年。

[567] 周诣、胡议丹:《加快形成绿色发展方式》,《吉林日报》2020 年 3 月 26 日。

[568] 周国梅:《环境保护支撑供给侧改革的建议》,《环境保护》2016 年第 44 卷第 16 期。

[569] 钟昌宝、魏晓平、聂茂林、姜殿玉:《一种考虑风险的供应链利益两阶段分配法——正交投影熵值法》《中国管理科学》2010 年第 18 卷第 2 期。

[570] 朱海燕:《岩佐茂的循环型社会思想研究》,《法制与社会》2017 年第 4 期。

[571] 朱远程、刘燕:《构建环境友好型社会中的绿色供应链》,《经济论坛》2007 年第 3 期。

[572] 朱庆华、曲英:《中国制造企业绿色供应链管理实践统计分析》,《管理科学》2005 年第 2 期。

[573] 朱庆华、杨启航:《中国生态工业园建设中企业环境行为及影响因素实证研究》,《管理评论》2013 年第 3 期。

[574] 朱庆华、窦一杰:《绿色供应链中政府与核心企业进化博弈模型》,《系统工程理论与实践》第 12 卷第 21 期,2007 年 12 月。

[575] 朱庆华、窦一杰:《基于政府补贴分析的绿色供应链管理博弈模型》,《管理科学学报》第 14 卷第 6 期,2011 年 6 月。

[576] 朱清、余瑞祥、刘江宜、余韵:《企业积极环境行为的层次及其政策设计》,《中国人口·资源与环境》第 20 卷第 2 期,2010 年 2 月。

[577] 朱群芳:《绿色经济与我国外贸的发展》,《经济与管理研究》2000 年第 2 期。

[578] 朱利、武宏:《充分发挥政府引导作用建设绿色低碳生态港口——从盐田区案例看低碳生态港区建设》,《交通与港航》2016 年第 1 期。

[579] 朱守银:《着眼生态文明　着力绿色发展——习近平生态文明建设与绿色发展重要论述学习体会》,《农业农村部管理干部学院学报》2019年第4期。

[580] 左世全:《美国“先进制造业国家战略计划”对我国的启示》,《经济》2012年第6期。

图书在版编目(CIP)数据

推进绿色发展的路径选择与保障机制研究/杜建国，许玲燕，金帅著. —上海：上海三联书店，2021.12
ISBN 978-7-5426-7631-3

Ⅰ.①推… Ⅱ.①杜… ②许… ③金… Ⅲ.①绿色经济-经济发展-研究-中国 Ⅳ.①F124.5

中国版本图书馆 CIP 数据核字(2021)第 246356 号

推进绿色发展的路径选择与保障机制研究

著　　者 / 杜建国　许玲燕　金　帅

责任编辑 / 徐建新
装帧设计 / 一本好书
监　　制 / 姚　军
责任校对 / 王凌霄　张　亓

出版发行 / 上海三联书店
(200030)中国上海市漕溪北路 331 号 A 座 6 楼
邮　　箱 / sdxsanlian@sina.com
邮购电话 / 021-22895540
印　　刷 / 上海惠敦印务科技有限公司

版　　次 / 2021 年 12 月第 1 版
印　　次 / 2021 年 12 月第 1 次印刷
开　　本 / 710 mm × 1000 mm　1/16
字　　数 / 460 千字
印　　张 / 30.25
书　　号 / ISBN 978-7-5426-7631-3/F·854
定　　价 / 99.00 元

敬启读者，如发现本书有印装质量问题，请与印刷厂联系 021-63779028